不堪回首

中国人民大学校史管窥
（1966-1970）

Too Painful to Recall:

Five Years of the Cultural Revolution at Renmin University

Editor: Tian Zi / Ti Xiao

主 编

田子　　啼晓

美国华忆出版社

Remembering Publishing, LLC. USA

Copyright © 2021 by Remembering Publishing, LLC. USA

Too Painful to Recall:
Five Years of the Cultural Revolution at Renmin University

Editor:　　Tian Zi / Ti Xiao

ISBN:　　978-1-951135-96-6　(Print)
　　　　　978-1-951135-97-3　(Ebook)

Remembering Publishing, LLC
RememPub@gmail.com

不堪回首：中国人民大学校史管窥（1966-1970）

编委会：　张宝林　陆伟国　李豫生
　　　　　高　宁　陈　原　王碧滢　赵　萌
主　编：　田　子　啼　晓

出　版：　美国华忆出版社
版　次：　2021年12月第一版，第一次印刷
字　数：　389千字

美国国会图书馆编目号码 LCCN：2021 91919264

All rights reserved.
No part of this book may be reproduced in any form or by any electronic or mechanical means including information storage and retrieval systems, without permission in writing from the publisher. The only exception is by a reviewer, who may quote short excerpts in review.

作品内容受国际知识产权公约保护，版权所有，侵权必究

目 录

代序　我是"文革"中的反动学术权威　　　高　放......1

概述　无"档"可查
　　　——中国人民大学"文化大革命"
　　　初期历史探析　李豫生......7

第一章　"文革"纪事
中国人民大学"文化大革命"纪事　　　陆伟国......41

第二章　重大事件
一、我与"中国人民大学七同学的一封信"　李豫生......81

二、我和短命的"人大文革筹委会"　李豫生......93

三、几个红卫兵组织的成立及演变　侯成亚　张联瑜......97

　　附录一　紧跟毛主席就是胜利
　　　　　——从首都三司"人大毛泽东思想红卫兵"到
　　　　　以她为主体的"新人大公社"　辛任达......112

　　附录二　"新人大公社"是保守组织"八一八"
　　　　　"赤卫队"的重新纠合......114

四、人大的两次大辩论　林俊德　张联瑜......116

　　附录一　毛泽东关于"600农民进城保郭影秋"的
　　　　　批示和相关背景资料......128

　　附录二　人民大学的"二月兵变"风波　陆伟国......130

　　附录三　"文革"中我曾为陶铸挡石块　侯成亚......136

五、关于中国人民大学的停办... 139
　　　　1. 人大停办原因探究　　郭影秋............................. 139
　　　　2. 为什么解散人大　　冯其庸............................... 146
　　　　3. 人大解散前后　　方汉奇................................. 148
　　　　4. 关于人员安置的建议　　郭影秋........................... 149

第三章　孙泱之死

　　一、孙泱遇难　　石琦... 150
　　二、孙泱死亡之谜　　李豫生................................... 163
　　三、"今天就让他回老家"
　　　　——阎志民的回忆　　阎志民口述，张宝林整理............... 169

第四章　血腥武斗

　　一、染血的回忆　　李豫生..................................... 174
　　二、五十年前我见证的人大血腥武斗　　陆伟国................... 199
　　三、我经历的人大武斗　　张林南............................... 209
　　四、我在"5·22"武斗中　　李德山............................. 212
　　五、长矛刺入他的头颅7公分
　　　　——沈士根同学之死　　李豫生............................. 214
　　六、人大"818"微群2017年7月11日"文革武斗"
　　　　相关讨论... 217

第五章　惊魂痛史

书摘篇

　　一、挨批挨斗的那几年　　郭影秋............................... 221

二、风雨伴君行　　刘　炼 242

三、乌台今日已无诗　　冯其庸 305

杂忆篇

一、"四清"回来我就直接进了"牛棚"　　方汉奇 313

二、在"运动"中保持清醒的头脑　　宋　涛 315

三、经受运动磨炼　　孙国华 317

四、"文化大革命"来了　　唐孝纯 321

五、"文革"时就是应付怎么能够生存的问题　　王传纶 323

六、运动中的坎坷经历　　卫兴华 326

七、我在"文革"中遭受了毒打　　高承宗 329

第六章　亲人遥祭

一、追忆父亲，我能写成一本厚厚的书　　孟小灯 338

二、母亲阮季，永远活在我的生命延续中　　尚晓援 347

三、基隆吹来暖暖的风
　　——在台湾寻找父亲的脚印　　李　杭 358

四、寸草心犹在，不忘慈父情　　项　威 371

五、祖母，你因何受难　　陈　原 375

第七章　我们五届

一、关于人大"文革"的日志　　林俊德 381

二、我所经历的人大"文革"一件事　　张联瑜 437

三、人大"文革"亲历记　　张林南 441

四、我要回母校道歉　　许景禹 458

五、我从"铁杆老保"到"武斗队长"　　李德山 462

六、青袍瘦骨不低头
　　——人民大学文革保郭纪事　　徐东明 473

第八章　祭坛血泪

一、蒋荫恩教授之死　　张宝林 479
二、关于许惠尔被打死的情况　　高 放 485
三、被"王光美专案组"审讯至死的杨承祚　　叶永烈 489
四、阚玉瑶之死　　陆伟国 491
五、我了解的阚玉瑶　　宋 雪 494

附录　中国人民大学"文革"罹难者名录　　陆伟国 496
后记　张宝林 499

代序

我是"文革"中的反动学术权威

高 放

1966年"文化大革命"开始不久，我即被当作反动学术权威、反革命修正主义分子和漏网右派而挨批挨斗。"文革"中的"造反派"为了给我扣上"反毛泽东思想"的大帽子，除了继续批判我于1956年曾经支持赫鲁晓夫提出的"和平过渡"等观点外，几次抄家也找不到什么新论据。于是他们就说：在我参与撰写并负责统修的、准备作为全国文科统一教材的《国际共产主义运动史》教本中，全书多达50万字，为什么只引证毛主席的两句话？这不是极大地贬低毛泽东思想吗？其实当时编书时，全国文科教材办公室有统一规定：只引用毛主席对某一历史事件的直接论述，不必引用毛主席对一般原理的论述。按照这个规定，我们只引用毛主席直接论述辛亥革命的两句话。而这一部分恰好就是分工由我撰写的。如果说我贬低了毛泽东思想，其他参与撰写的十几位同志一句话都不引，岂不更是贬低了毛泽东思想？可见这种批判完全是强词夺理。红卫兵到我家抄家时，看到我把《马克思恩格斯全集》《列宁全集》《斯大林全集》摆满了大书架，而把《毛泽东选集》另放在靠近我书桌的小书架中，就气势汹汹地质问我："你为什么把《毛泽东选集》另放在小书架中？这不是贬低毛泽东思想吗？"我机智而又如实地说："因为小书架靠我办公桌近，我要经常拜读、查阅毛主席的著作，这样顺手取书很方便，不必起身再到大书架上去拿。""文革"中诸如此类毫无道理乱批判的事例不胜枚举。

尽管我靠边站，被强制劳动，甚至被关押拷打，我依然万分关切党和国家的命运。我尽可能地在校内并到北大、清华等校看各种大字报，采购各种小报和有关资料，还同几位信得过的同志时常交流各种见闻。种种异常情况迫使我深沉思考十分尖锐的政治问题，但是在那种翻云覆雨的气候下我只能是敢想不敢说。那时不乏儿女揭露父母、妻子揭发丈夫"炮打无产阶级司令部"的事例，所以有许多疑问和想法只好自己关在房间里自言自语、自问自答，以致家里人还以为来了什么稀客（那时除了"红卫兵""造反派"来抄家和审问之外，很少有人来造访）。我读过老解放区出版的《毛泽东选集》，其中有一篇是1930年毛泽东给林彪的一封信（收入解放后出版的《毛泽东选集》时定名为《星星之火，可以燎原》，题解中笼统地说："这是毛泽东同志的一篇通信"），信中批评的明明是林彪的观点，怎么能够说林彪"一贯紧跟毛主席、一贯高举毛泽东思想"呢？这岂不是伪造历史的不实之词吗？1967年元旦我从西郊校园骑车进城，沿途到处看大字报，西单十字路口居然有这样一条横幅标语："欢呼毛泽东纪元元年到来"，我只好暗自发笑而不敢在大庭广众之中公开摇头。当时还买到一本《刘少奇反毛泽东思想一百例》，其中把毛、刘二人在不同时期、不同场合针对不同情况而提出的观点掐头去尾排列在一起对照。我读完之后就想到：按照这种做法，岂不是可以另编一本《毛泽东反毛泽东思想一百例》吗？在"文革"动乱中思想上涌现了一系列问题，难以求得其解，我想还是抓紧时间通读、细读马列著作，力求从中寻找答案。为了不虚度光阴，我把平时来不及读的《马克思恩格斯全集》和《列宁全集》中的文稿全部翻读了，（《斯大林全集》较为浅显，数量又少，"文革"前已通读过），自己感到更充实了，理论基础更加坚固了。尤其是马克思与恩格斯的深厚友谊和列宁对马克思主义既坚持又善于向前发展的精神，给我留下了异常深刻的印象。我时常这样想：如果搞共产主义运动的人都能有这种精神，少在自己战友之间搞内斗，少犯教条主义的错误，共产主义运动岂不可以少走弯路、高歌猛进？！1969年我恢复了组织生活之后，1970年至1972年到江西余江"五七"干校劳动三年。时值江西在穷山沟里修建共产主义新村的做法和林彪的乘飞机逃跑坠毁使我思考了很多问题。1973年中国人民大学停办后，我校国际政治系的教工都合并到北京大学国际政治系，在这里我教了五年工农兵学员。除了国际共运史和经典著作外，还教过哲学课、经济学课。这时我还同工农兵学员一起下乡下厂开门办学。极左路线的推行使我对国家和党的命运更感忧虑。1976年1月8日，从广播中惊悉周恩来总理病逝时我从来没有那么悲伤地失声痛哭，深感折此栋梁，国家和党危难更重。最痛苦的莫过当时无法正常表达自己的思想。在给学生讲哲学时，开列了普列汉诺夫的名著《个人在历史上的作用》，我只能含蓄地要学生特别注意读此书第六章。其中写了这样引人深思的历史教训：法皇路易十五宠爱贪求虚荣的蓬帕杜尔夫人，而这位宠妃大力支持庸碌无能的苏俾兹将军，因此使法国军队在七年战争中处于劣势，打了败仗。可见，平庸的人，尤其是贪求虚荣的女人能在历史上起多么重大的消极作用，这是因为有皇帝的宠信这个特定的社会条件。有的老朋友对我这种煞费苦心的巧妙讲法交口称赞，同时又为我捏一把冷汗。

粉碎"四人帮"的第二天，我就从好友处得到消息，真是喜出望外，心情无比激动！由衷地感到我们党和国家得救了，今后大有希望。我不顾当时北大还处于"四人帮"严密控制之下的恶劣环境，立即把这一喜讯悄悄告诉另外的北大好友。1978年中国人民大学复校，我又回到人大执教。十一届三中全会端正了党的路线，1979年人大党委复查了过去对我的错误批判和处理，予以彻底平反。我自己也进行了反思和总结。我深感应该着力清除"左"的影响，同时警惕右的侵袭，坚持并发展马克思主义，重新探索无产阶级和全人类解放的过去、现在和未来的一系列问题。教育工作者重担在肩，应该对学生重新传播马克思主义，用全面的、真正的马克思主义武装年青一代，武装我们的广大干部，大力推进社会主义的改革开放，不能再误人子弟了。从此，我焕发了青春，以不减当年的锐气和激情，投身理论教学与研究工作。这时我不仅早已过了"四十而不惑"之年，而且也超越"五十而知天命"之年，理应成熟、沉着一些，不能再像年轻时那样天真、冒失，要力求做到独立思考，善想善说。要善于思考问题，即要从事物发展客观规律的高度、事物本质特征的深度，以及中外古今发展变化的广度和长度来思考问题；既要考虑理论本身的发展，又要考察实践的新经验和实际的新变化；既要深入领会党的新论断和新决策，又要结合理论与实际独立探索；要明辨是非，着眼于用创造性的新理论来分析新情况，解决新问题。要善说，是指要善于区分不同场合与对象，有分寸地探讨问题、表述问题：有时引而不发，有时发而有度；有时画龙点睛，指明要害，有时蜻蜓点水，擦边而过；有时只讲或多讲理论原理，不讲或少讲现实难点；有时只讲或多讲外国与历史，不讲或少讲中国与现状；有时只讲或多讲下面问题，不讲或少讲上面情况。总之，要尽量讲得言辞有度，写得恰到好处，适可而止，藏而不露，令人心中有所震动，值得回味。理论工作者在研究中新体会、新见解，理应直言不讳，和盘托出。但是鉴于"左"的思想根深蒂固，往往只能煞费苦心，迂回婉转，少露锋芒，这样才容易为人们所接受，又不易被抓小辫子。

2010 年 1 月，《炎黄春秋》月刊在封面上首篇刊出我写的《斯大林怎样破坏党内民主》，这与该刊 2009 年 11 月也是在封面上首篇刊出的《高放：什么是党内民主》，可谓是姊妹篇，是从正反两方面说明共产党党内民主的存废，实乃党生死兴亡的首要关键。这两篇文章在社会上引起较大反响，我已接到好几位朋友来电话和素不相识的读者来信叫好。1 月初刚发表的这篇文章，已被北京《生活周刊》和福建《每周文摘》摘登，香港凤凰卫视"有报天天读"栏目在 2 月 8 日中午杨锦麟主播的"天天扬言"评论中，还以"前车之辙，值得借鉴"为题，评论了拙文，提出一定要汲取苏共由于破坏党内民主而亡党的教训，避免重蹈覆辙。黑龙江省委党校主办的《理论探讨》2010 年第 1 期还把拙文《改革开放以来中国政治体制改革的回顾与展望》作为重点文章推出。本文原是我于 2008 年底在北京市政治学行政学学会年会上的主题发言，重点强调政治体制改革不能只限于走碎步，而要适时迈出中步和大步。但愿来年我们党内民主能够得到新发展，政治体制改革能够迈出新步伐，这是构建和谐社会与和谐世界的首要前提。

我最欣赏的格言是马克思在《资本论》第 1 卷法文版序言中所说的："在科学上没有平坦的大道，只有不畏劳苦沿着陡峭山路攀登的人，才有希望达到光辉的顶点。"还有宋朝范仲淹所说的："宁鸣而死，不默而生"，以及楚图南为戴震纪念馆所题："治学不为媚时语，独寻真知启后人。"

我的座右铭是：生命不息，奋斗不已；勤学不懈，运思不泥；求索不倦，矢志不移；笔耕不辍，乐此不疲。

纵观我的学术生涯，我想可以用四种颜色的金属概括我人生的四个时期。1949—1957年像紫铜，1957—1966年像白银，1966—1978年若黑铁，1979年以来为黄金。回想1956年前后，我的确有点红得发紫，被人们称为中国人民大学四大理论课的"四大金刚"之一（另外三位是中国革命史的胡华、哲学的肖前、经济学的苏星）。可是1957年遭批判之后，被认为是走"白专"道路的典型，依然银光闪闪。经过下放劳动后，照样活跃在讲坛和文坛上。到"文革"时我被打成黑帮，我犹若铁塔，铁骨铮铮，坚强挺立。经过长久磨炼，我最终放射出黄金般的光芒。我在"高放教授八十华诞学术研讨会"的答谢辞中曾经朗诵一首《八十感怀》的七言律诗其中有句云："黄红白黑呈奇彩，真假是非探至知。"这表明我们这一代知识分子，在探索真理的坎坷风雨征程中，是怎样铸就了多彩的传奇人生。

老骥伏枥期盼青春永驻，烈士暮年唯思昂然奋起，尽心培育桃李，竭智求索真理，这是我有生之年的夙愿至理。

（作者是国政系教授）

概述 无"档"可查

——中国人民大学"文化大革命"初期历史探析

李豫生

站在中国人民大学校史馆十年"文化大革命"展板之前不禁欲哭无泪，在下方标示为1966—1976年时间段的长近3米的展板上空空如也，茕茕孑立着一幅中国发射导弹核武器试验成功的图像，时间是1966年10月27日。那场大风暴仿佛从未在脚下这片校园中发生过，所有那些逝去的灵魂、那些凶残和暴虐、那些歇斯底里的疯狂……仿佛都未曾存在过，一切已了无印痕。

我们是"文革"中在校的老五届，是伟大领袖呼唤出来的"天兵天将"——"红卫兵"。"文化大革命"就是我们五年大学的核心"学业"，中国人民大学"文革"的历史，就是我们的大学生涯。如今，它已化作一片虚无，在中国人民大学，这段历史已无"档"可查。

何谓无"档"可查？确切含义是今天的中国人民大学不存在本校1970年以前的档案，复校以后的人大校史办公室的工作人员无法查阅1970年学校一度停办之前的所有档案，所以也无从记述、研究、展示这段校史，结果即是校史展览中的这段空白。这个令人啼笑皆非的事实，是人大复校后设立的校史办公室的负责人——陈伟杰告知笔者的。中国人民大学1970年10月曾经被停办，自有一番清产、移交的过程。复校后的校史办工作人员了解到，当时学校所有的原有档案悉数上交到了上一级档案管理部门。那么，1978年人大既已复校，档案为何未曾回归？其中尴尬的原因竟是——级别不够！

原来，中国的大学是有行政级别的，而一所大学的行政级别是部级还是副部级，将直接导致各种等级权限差异。"文革"之前的中国人民大学为正部级，原因或许是由人民大学的名誉校长是吴老——

吴玉章所致。因为吴老的级别高，学校沾了光；而复校后的人民大学降了一级，仅为副部级。按照规定，副部级单位人员不具备到上一级档案机构查阅档案的权力。于是乎，做校史的人就看不见自己学校的档案了。当然也不是绝对不允许，那就是非得要经过各种更严格的申报、审查、批准手续不可。复校后的校领导为什么没能做，或者做不成这项努力，情况不得而知。档案反正是至今没有看到。所以严格说来，并非无"档"可查，而是有"档"不能查。然而再往下细想，这个障碍其实是非常符合当前管事者的意愿和要求的；在"文革"历史于数十年之后越来越成为"禁区"的大背景下，这自当是题中应有之义。只是，对于既设有中共党史、又设有历史档案等国家权威专业的人民大学来说，事情就显得颇有些滑稽。

所幸，真正发生过的历史绝不会雁过无痕。这场历时十年的民族大疯狂、大灾难怎么可能不留下铁证如山的白纸黑字？感谢那些背负着强烈使命感、责任心的民间仁人志士为我们搜集、整理、结集、出版了"红卫兵资料"这一珍贵的历史文献。当我们在香港中文大学中国研究中心看到由宋永毅、丁抒等人编辑的《中国"文化大革命"文库》中厚厚的几十本"红卫兵资料"，且中国人民大学当年曾先后出现的各个"红卫兵"主办的10余种小报几近悉数在册时，真是如获至宝，赞佩之情由衷而生。真真是"踏破铁鞋无觅处，得来全不费工夫"啊！经整编，中国人民大学"文革"小报内容为：

1.《人民大学新校刊》（试刊）共18期，1966年9月10日到1967年1月12日出版，中国人民大学"文化革命筹备委员会"主办；

2.《红卫兵报》共11期，1966年9月8日到11月26日出版，中国人民大学"八一八毛泽东思想红卫兵"主办；

3.《无产者》共4期，1966年9月16日到12月12日出版，中国人民大学"赤卫队"工人大队主办；

4.《红卫战报》共13期，1966年10月1日到1967年4月13日出版，中国人民大学"红卫兵"、中国人民大学"红卫队"、中国人民大学"毛泽东思想红卫军"主办；

5.《战地文艺》共8期，1966年10月18日到1967年2月15

日出版，战地文艺社编；

6.《红卫兵报》1 期，1966 年 12 月 18 日出版，中国人民大学"八一八红色暴动委员会"主办；

7.《红色造反者》共 5 期，1967 年 1 月 16 日到 2 月 20 日出版，中国人民大学"红旗战斗团"主办；

8.《追穷寇》共 2 期，1967 年 1 月 18—30 日出版，南京邮电学院"红色造反团""中国人民大学红卫兵驻宁联络站""全国革命造反串连总队"合编；

9.《珠江风暴》共 3 期，1967 年 1 月 19 日到 2 月 3 日出版，中国人民大学"南下革命造反团"主编；

10.《新人大》共 77 期，1967 年 3 月 2 日到 1968 年 8 月出版，"新人大公社毛泽东思想红卫兵"主办；

11.《新人大报》（红 1～3 号）共 3 期，1967 年 12 月 16 日到 1968 年 8 月 4 日出版，"新人大公社革命造反联络站"主办（红 2、3 号与"人大三红"合编）；

12.《人大三红》（14～71 期）共 57 期，1967 年 4 月 20 日到 1968 年 8 月 9 日出版，"首都红代会中国人民大学红卫兵""红卫队""东方红公社"主办（原中国人民大学"人大三红"主办的《红卫战报》从第 14 期改名为《人大三红》报；《人大三红》报第 15 期与《新北大》合刊，1967 年 4 月 20 日出版；第 17 期与北京矿业学院东方红联合主办，1967 年 5 月 1 日出版；第 18 期与《新北大》合刊，1967 年 5 月 4 日出版；第 38 期与《光明战报》合编，1967 年 8 月 16 日出版；第 49 期与《光明战报》合刊，1967 年 10 月 9 日出版）；

13.《人大三红》报共 2 期，1967 年 12 月 30 日、1968 年 3 月 9 日出版，"首都红代会人大三红《八一一战报》"编辑部主办；

14.《冲锋号》共 1 期，1967 年 2 月 18 日出版，"中国人民大学红卫兵驻宁联络站"编；

15.《红卫兵报》（长征串连版——南昌）共 3 期，1966 年 11 月 22 日到 12 月 4 日出版，中国人民大学"八一八毛泽东思想红卫兵"主办；

16.《人大红卫兵》1 期，1967 年 1 月 29 日出版，"中国人民大学红卫兵驻沪联络站"编；

17.《人大三红》（武汉版）共 6 期，1967 年 8 月 15 日到 9 月 17 日出版，"首都红代会中国人民大学人大三红中南联络站"。

岁月可以流逝，记忆可以淹没，但白纸黑字就在那里。它记下了时人之所思所想、所作所为。不管你知不知道、见没见到，它，就在那里。这就是纸上文字的魅力，它使我们得以反思。本书几篇反思文字，都参阅并借鉴了这些小报留存的资料。

"红卫兵运动"是"文革"史中最具特色的一个重要部分。"文化大革命"中最大的"史无前例"，就是"红卫兵运动"，这一发明创造至今仍然有人在仿效。古来造反只有对立双方，以下反上谓之"造反"。"文化革命"则亘古未有——是由最高指挥直接召唤底层民众，合力将自身一手建立的层层任命制架构砸个稀巴烂。这就是所谓的"全国的全面的内战""从天下大乱到天下大治"，目的在于在"落花流水"之上建立起"五七"指示中的理想国。

一般说来，"文革"时期是指 1966—1976 年十年，人民大学因其被停办只能算是 1966—1970 年"文革"五年。但从"红卫兵运动"的角度来说，这段"史无前例"仅只撑了两年，从 1966 年兴起搅得天下大乱，到 1968 年武斗不止不可收拾，"红卫兵"终于被武力清场、彻底抛弃，昔日的嫡系、御林军变为日后的"三种人"、阶下囚、清算对象。自 1968 年 7 月 27 日夜间三万工人、解放军攻入清华，曾经"通天"的"红卫兵"退出了历史舞台，并被清算至今。随后，工宣队、军宣队进入各大院校，因循了历次运动自上而下指派工作队伍的旧例，虽然避去了"工作组"的旧讳，冠之以"毛泽东思想宣传队"的新名，但终归是重新返回到了上令下行的模式，算不得什么"史无前例"了。

囿于前文所述之无"档"可查的因由，本文只能依据人大师生有限的几本回忆录，和人大的"红卫兵小报"，对人大的"红卫兵运动"史做一概述。"红卫兵"消亡之后，人大从停办到复校的历史，依然是无"档"可查。

整个"红卫兵运动"的存续时间，可以说是从 1966 年 7 月 26 日到 1968 年 7 月 27 日，恰好两年。为什么要从 1966 年 7 月 26 日算起？这是因为那一天夜晚，在北京大学大操场召开的两万人大会上，"文化革命"的"旗手"江青声嘶力竭地高喊："要撤销工作组""要罢张承先（当时的北京大学工作组组长——作者注）的官"；康生亦跟着阴阳怪气地说："毛主席一个工作组也没有派！"就此宣告了工作组的终结。自《五一六通知》吹响了"文化大革命"的号角，直至工作组垮台，过程中的一切都还只是序幕和前奏，扳倒校领导、扳倒校党委、踢开新市委、踢开工作组，清除一切障碍，空出舞台，"文革"大幕拉开，登台亮相的主角正是"红卫兵"。

1966 年 7 月 26 日那个夜晚之后，8 月 1—12 日中国共产党八届十一中全会召开。8 月 5 日，毛泽东《炮打司令部——我的一张大字报》横空出世，严斥"五十多天里（自 6 月上旬派工作组以来——作者注），从中央到地方的某些领导同志……站在反动的资产阶级立场，实行资产阶级专政，将无产阶级轰轰烈烈的文化大革命运动打下去"的罪行，8 月 8 日，全会通过的《关于无产阶级文化大革命的决定》（简称《十六条》）中盛赞："一大批本来不出名的革命青少年成了勇敢的闯将""他们的革命大方向始终是正确的"。

既然对待革命群众的态度是两条路线斗争的症结，不需要任何"反动路线"管辖约束的革命群众，又应该以怎样的态势鼓动起这场天翻地覆的"革命"呢？1966 年的 6、7 月份，在北京一些中学秘密出现的"红卫兵"组织，进入了伟大领袖的视野。8 月 1 日毛主席写信给清华附中的"红卫兵"，对他们写的"说明对反动派造反有理"的大字报"表示热烈的支持"，并说："不论在北京，在全国，在文化大革命运动中，凡是同你们采取同样革命态度的人们，我们一律给予热烈的支持。"这之后，中学老"红卫兵"组织由秘密转为公开，杀向社会；大学"红卫兵"组织随之纷纷成立，站到了学校运动的领导位置。紧接着，毛泽东又在天安门 8 次接见来自全国各地的"红卫兵"，总人次达 1100 万之众。在伟大领袖的挥手之间，北京"红卫兵"奔向全国各地，俨然以革命火种、钦差大臣自居，以"红卫兵运动"为标志和特色的"文化大革命"运动就这样在全国范围内轰轰烈烈地开展起来。

中国人民大学的"红卫兵运动"可分为三个阶段：第一阶段"保郭"与"反郭"之大辩论及"保皇派"的终结（1966年8月到1967年2月）；第二阶段"人大三红"与"新人大公社"争当革命左派（1967年3月到8月）；第三阶段"人大三红"与"新人大公社"武装割据，血腥武斗（1967年9月到1968年7月）。

第一阶段"保郭"与"反郭"之大辩论及"保皇派"的终结（1966年8月到1967年2月）。

人民大学的"文化大革命"运动自一开始就围绕着"保郭"和"反郭"的激烈对立展开。与清华大学蒋南翔、北京大学陆平长期在本校担任校长不同，郭影秋则是在"文革"前的1963年才调来人民大学担任党委书记兼副校长的。他非但没有背负"前十七年"历次政治运动的积怨，相反正是为解决这些问题而来。当时，背负这些历史旧账的原人大副校长胡锡奎因无法和校长吴玉章配合工作而被调走，经周恩来总理推荐、吴老选中，郭影秋才从南京大学调到了中国人民大学。一位当时直接在郭影秋身边工作的人大校友宋士忠这样回忆："20世纪60年代初的人大，由于1959年'反右倾'和1960年'反修教学检查'等政治运动的影响，在领导干部和教职员工中积累了许多错综复杂的矛盾。因为矛盾长期未能解决，不少人思想不愉快，使得学校纪律松弛，人心比较涣散。郭校长到校以后，从调查研究入手，逐渐理清了头绪，澄清是非，明确责任，消除隔阂，化解矛盾，使人大重新焕发出勃勃生机。"短短两年时间，郭影秋就在人大师生员工中获得了极高的威望。他的作风、品德、能力、学识都深受广大师生员工的尊重和爱戴，也深得吴老的信任、喜爱、倚重。1965年郭影秋带队到京郊的苏家坨公社参加"四清"，时间不到一年，同样受到了农民群众的赞佩和欢迎，被农民誉为"焦裕禄式的好干部"。

唯其如此，运动伊始，针对郭影秋的大字报一出现，就在群众中引发了强烈反响，学校很快形成了大多数"保郭派"和较少数"反郭派"的尖锐对立，而此时，吴老还多次情绪激动地表明态度："谁反对郭影秋，谁就是反革命！"

"反郭"的人群中，有的是消息灵通人士，有渠道知道郭影秋这次站错了队，犯了路线错误；有些是"政治嗅觉灵敏"、对"路线斗争"深悟其道、能紧紧跟上前进步伐者；当然还有一些是在人大过去运动中跟原副校长胡锡奎跟得比较紧，而郭来后纠错批胡，胡调离人大后感觉受到压抑者……这些人汇聚成一股"反郭"的力量。

人民大学关于郭影秋问题的两次大辩论是"文革"初期的一个典型事件，几十年后回望历史，才恍然醒悟到这一事件在当时历史进程中所处的节点位置。

关于郭影秋问题的两次大辩论的直接导火索，是康生1966年7月27日在北师大群众大会上所散布的"二月兵变"谣言。继7月26日晚在北大赶走工作组之后，"中央文革小组"康生等人隔日又急忙跑到北师大继续煽动群众挖黑线、赶工作组。为了敲实黑帮、黑线的组织存在，康生信口雌黄，扯出了一个煞有介事的"二月兵变"谎言。康说："在今年二月底，三月初，彭真这个大黑帮策划政变，策划把无产阶级专政推翻，变成他们的资产阶级专政，计划在北京大学、人民大学各驻上一个营的部队，这件事是千真万确的。而且在北大、人大都看过房子。这件事包含着极大的阴谋，陆平知道，人民大学的郭影秋也完全知道。"

郭影秋在他的回忆录中清楚地记录了他与康生这个造谣者的当面较量："早在1966年5月中下旬，在北京大学、人民大学和北师大相继就'二月兵变'贴出过大字报，甚至指名道姓地质问：'郭影秋是什么人？'我知悉有这样的大字报后，一笑置之，根本不当成什么事。不料，在一次'中央文革'的会上，康生突然向我发问：'关于'二月兵变'的大字报你知道不知道？'我说：'大字报我虽未看过，但我知道这件事。'康生又进一步说：'你知道，为什么不汇报？'我又说，'我认为大字报揭发的事是不可能的，是没有的事，所以没有汇报。'当时，康生冷笑着'嗯'了一声，随手从包里拿出个材料给我看，原来是他的联络员给他写的一个汇报。材料中说：北大××大字报揭发北大、人大都曾有过驻军，是要搞兵变。康生用红铅笔在材料上画了大杠杠，还指着说：'二月兵变'明明是有的嘛！'"为此，我不得不把事情的经过与原委向他说明。

"这件事本来是很清楚的，1966年初我正在海淀苏家坨搞'四清'时，北京卫戍区曾派人到人民大学借过房子。据来人说是中央军委为了加强地方武装建设，决定北京市新建一个团，归卫戍区建制。该团组建后，一时没有营房。为此，卫戍区先后到各处找房，均无结果。后来海淀区武装部向他们介绍说，海淀区有几个大学的学生都下乡搞'四清'去了，有些空房，是否可去联系暂时借用。当他们到人民大学联系时，在学校的同志表示可以安排些房子暂时借用。学校的同志也向我汇报过此事。但是，后来卫戍区政委刘绍文同志认为部队住在学校不一定合适，决定不在学校借房，而住到郊区的一个靶场。从这件事的前后经过看，怎么能得出是彭真想搞兵变的结论呢？不料，康生却未就此善罢甘休，他于7月27日在北师大的群众大会上讲了那番耸人听闻的话。这不明明是凭空捏造，有意栽赃陷害，且趁机打我一耙吗？！"（见郭影秋"我所亲历的'文革'发动内幕"）

康生之流为什么"凭空捏造，有意栽赃陷害"且乘机打郭影秋一耙？一方面正如郭影秋所披露的，是对他们多次拉他入伙"反刘司令部"、而郭拒不理睬的一种报复；另一方面更重要的是，他们当时正是伟大领袖最倚重、最信赖的一群，是伟大领袖痴迷钟情的"无产阶级专政下继续革命理论"的炮制者、鼓吹者、推动者。离开他们的捕风捉影、臆想妄断、捏造污蔑，就难以构陷出一个个反党集团、一群群黑帮、一条条黑线，乃至偌大的一个所谓的"资产阶级司令部"来。而只有这种"敌对势力"有鼻子有眼、确实存在，才能证明无产阶级"文化大革命"的"完全正确、非常及时"，证明伟大领袖有天纵英才。

人民大学刘炼老师的回忆录《风雨伴君行》中也把当时情况记述得很清楚："疯狂起来的学生们7月29日凌晨3点钟，看到法律系的学生转抄了康生在师大的煽动性讲话，说彭真搞'二月兵变'的阴谋时，郭影秋知道此事而没有报告。一句话引起学生更大的疯狂，立刻去北京新市委把郭影秋揪回来，搜了他的文件，打了他的司机，并在学校新饭厅召开斗争大会。他们给郭影秋戴上纸高帽，并把他夫人凌静也揪上来陪斗。"（见刘炼《风雨伴君行》）

以人大法律系为主的"反郭派"学生把郭影秋揪回学校批斗以后，激起了"保郭派"学生的极大愤慨，当时的计划统计系四年级陆伟国同学详细记录了那两天的情况：

"第二天晚上（已是 29 日凌晨——作者注），郭影秋就被"造反派"揪回学校在新饭厅批斗。震天的大喇叭，把我们都吵了过去。会后，郭还是被押到我所住的宿舍东风三楼底层法律系的男生宿舍（就在新饭厅旁边一点）。结果，大批不赞成批郭的学生、员工尾随过来围在楼前，我也在其中。直到黎明将至，人数越来越多，人声鼎沸，争吵不息，情况渐渐趋向激化，最后，"造反派"只得把他放出，这边的人把他转移到了农经系的学生宿舍。

"7 月 29 日，郭影秋被撤销了刚担任两个月的北京市委书记职务和作为华北局代表列席参加'中央文革小组'的资格。当晚我们正在文化广场上看大字报，消息传来，大家为此实在气不过，一时群情激愤。不知谁喊了声'我们到市委去要个说法！'马上一呼百应，迅速聚拢起几百人的队伍，浩浩荡荡向着台基厂的市委大楼径直而去。进去之后，市委第二书记吴德（原吉林省委第一书记）、大学工委的陶鲁笳（原山西省委第一书记）、张经武（原西藏工委第一书记）等先后出面接见我们，作了一番说明，但都是推托之词、不得要领。

"彻夜不眠之后，我们一行上百人，又从市委去了北海西侧的'中央文革'驻地找康生……等回到学校，已是连续两天两夜没合眼，这一生还没有过。进了宿舍倒头就睡。"（见陆伟国《人民大学的"二月兵变"风波》）。

从 1966 年 7 月 27 日晚康生关于"二月兵变"的造谣，到 29 日凌晨郭影秋被揪回人大批斗，再到 29 日晚郭影秋被撤职，再到当晚数百名师生先去市委而后第二天又去康生处讨说法……人大师生持续几天几夜的群情激愤，是到了新市委、"中央文革"不能不给个答复的时候了，这就是人大"八二"大辩论直接的起因。

郭影秋被宣布撤职的事发生在 7 月 29 日傍晚，在人民大会堂召开的"北京市大专院校和中等学校师生'文化大革命'积极分子代表大会"上。会上新任北京市委书记李雪峰宣布了撤销工作组的决定，同时宣布了撤销郭影秋北京市委书记处书记的决定。邓小平、周恩来先后讲话，都说这是"老革命遇到了新问题"。刘少奇在讲话中说："至于怎样进行'无产阶级文化大革命'，你们不大清楚，不大知道，你们问我们，我老实回答你们，我也不晓得。"

这次大会人民大学积极分子的选派，是由新市委派遣的联络员张经武、陶鲁笳直接到人民大学"深入群众"摸查找到的，他们来前已经弄不清当时人大是否还有任何可以联络的基层组织。

　　现在看来，当时的这个"文化大革命积极分子代表大会"是行将倒台的中央"一线司令部"对紧跟伟大领袖积极行动起来的群众的一个无奈而必须的交代。

　　本来，任命以李雪峰为书记的北京新市委和向各大学派出工作组开展"文化大革命"，是执行5月4日至26日由刘少奇主持的中共中央政治局扩大会议的决定。这次会议遵循伟大领袖3月底在上海与康生、江青、张春桥讲话定下的调子，即"彭真旧市委是'独立王国'、陆定一中宣部是'阎王殿'，批判了新的'彭罗陆杨'反党集团，通过了毛泽东亲自制定的发动'无产阶级文化大革命'的《五一六通知》。"会后，按毛主席指示派工作组的第一例，就是5月31日陈伯达带工作组到《人民日报》夺权。所以以后陆续派工作组的举措根本就不存在什么伟大领袖不知情、和伟大领袖对着干的问题。但是，自领袖7月18日从武汉返回北京之后，事情起了急骤的变化，25日领袖对工作组问题明确表态：工作组"起坏作用，阻碍运动"。"不要工作组，要由革命师生自己搞革命"。于是就有了26日江青、康生在北大的直接发威。

　　工作组已派出50多天，最高领袖突然说工作组错了，那就只能撤掉，撤掉之后怎么办？在一线工作的刘、邓除检讨承担责任以外，已经完全无法预知，"你们不知道""我也不晓得""老革命碰上新问题"，只能大实话告知。职责所在，"不晓得"也要继续，最高领袖还有指示，就是要求一线中央的领导通通下去，听取群众的意见，于是就有了邓小平和陶铸到人民大学参加郭影秋问题的大辩论。

　　在8月2日的第一大辩论会上，邓小平说："我们是遵循毛主席的教导来向你们取经的。"陶铸说："我同小平同志来，这是毛主席的指示。毛主席叫我们去各个大学向同学们学习，向同学们问好。"

　　在刘炼老师回忆中记述的，她当时注意到的情况也证实了以上说法。刘炼回忆说：

概述　无"档"可查——中国人民大学"文化大革命"初期历史探析

"后来从陶鲁笳的交代中得知，早在7月13日中午，邓小平、陶铸到北京新市委说响应毛主席的号召，中央领导人要下来联系一所大学，指导'文化大革命'，他们商量后决定到人民大学来。陶铸给郭影秋定的调子是犯错误，所以7月29日群众大会上陶鲁笳按陶铸的意见讲了话，说郭影秋与'二月兵变'无关，但学生们进而批判陶鲁笳。这时邓小平、陶铸才亲自出马到人大参加郭影秋的辩论会，这实际上是直接抵制康生的挑动。"

人民大学就郭影秋问题展开两次大辩论的时间，正值中国共产党八届十一中全会举行期间。当"保郭派"的群众执着于弄清郭影秋到底是几类干部，所谓"二月兵变"是不是空穴来风时，他们绝对不可能知道，也绝对不可能想到，郭影秋之所以首当其冲被撤销了新市委文教书记的职务、被同意揪回学校批斗，并非因为他不是一、二类干部，也不是因为有否"二月兵变"，而是因为他作为新市委的文教书记，在"派工作组"这个问题上，被推到了风口浪尖。

在领袖断言"百分之九十的工作组都是干尽了坏事的"严峻气氛中，尽管从十一中全会会议的一开始，刘少奇就承担了责任、做出了检讨，随后两天中央各部委、各大区的负责人也纷纷跟着检讨，说"跟不上形势""跟不上主席""犯了方向、路线错误"，领袖仍不满意。在8月4日的会议上他发出了更加严厉的指责。他说："这是镇压，是恐怖，这个恐怖来自中央。"他认为派工作组是"明明白白站在资产阶级方面反对无产阶级"，并且公然说："牛鬼蛇神，在座的就有"（注：见席宣、金春明著《文化大革命简史》，第99页）。在当日召开的小会上，毛泽东大发脾气，严斥刘少奇害怕群众，刘少奇忍不住高声道："革命几十年，死都不怕，还怕群众？！"毛泽东批"派工作组是镇压群众搞专政"，刘少奇抗辩："怎么能叫专政呢？！派工作组是中央决定的。"继而愤言："无非是下台，不怕下台！"这是刘少奇平生第一次，也是唯一一次与毛泽东正面冲突。刘的抗辩彻底激怒了毛，终于使其雷霆震怒"炮打司令部"，这就是8月5日"炮打司令部——我的一张大字报"横空出世的炮引（引自《把历史的真相告诉人民——孙兴盛采访王光美》）。

"派工作组"的问题在短短几天内被上升到两大司令部对垒的

高度，一方面是出于伟大领袖已决意要以"天下大乱"的方式解决"党变修、国变色"的执念；另一方面也绝对缺少不了江青、康生、陈伯达一干心腹对领袖的应和。置身于这场如此尖锐险恶的政治斗争当中，负责派遣工作组的执行要员郭影秋又如何能脱得了干系？在担任新市委文教书记并列席"中央文革小组"会议的一个多月时间里，江青、康生、陈伯达一伙对郭影秋极尽又拉又打的阴谋伎俩。作为临危受命的北京新市委文教书记，北京各大院校的工作组从人员选派到实施跟进，都由郭影秋担负，江青、康生、陈伯达等人参与其中，明明知道事情的真相，却大耍两面派手法，出尔反尔，把事情描摹成上至刘、邓下至新市委蓄意对抗伟大领袖的模样。在雷霆万钧的压力之下，7月28日北京市委只能做出《关于撤销各大专学校工作组》的决定，7月29日在"文化大革命积极分子代表大会"上，郭影秋成为首个被撤除职务的新市委书记处书记。身为当事人，郭影秋在回忆录《往事漫忆》中，对这段历史的来龙去脉讲得清清楚楚。

8月2日晚，关于郭影秋问题的大辩论在人民大学南大操场举行，邓小平、陶铸、吴德、陶鲁笳、张经武等中央和北京市的领导人出席，本校师生员工加之外校、外地旁听者，数计有万余人众。晚8时许，辩论开始，新市委第二书记、北京市大学文化革命委员会主任吴德主持。"保""反"双方旗鼓相当、针锋相对，一方断言郭影秋是坏人、是黑帮头子，另一方坚称郭影秋是犯了错误的"左派"，争论激烈、言辞犀利。辩论进行到深夜12时，谁也说服不了谁，且越争越激烈、越辩越对立。

邓小平和陶铸在辩论暂告截止后发表了讲话。

邓小平重申了"文化大革命"是"老革命碰上了新问题"的观点，并说明工作组是新市委根据中央的指示派的，派工作组的责任，由中央在北京的同志来负。对于"二月兵变"，邓明确表示没有那回事，说："我们的军队，彭真调不动，别人也调不动，（用食指指着自己的鼻子）我也调不动。"

陶铸针对郭影秋是不是"黑帮"的问题，给了一个服从群众辩论结果的答复，所谓群众说是就是，群众说不是就不是。

从以后了解的八届十一中全会的真实情况来看，无论邓、还是陶当时都是在尽量理解和紧跟领袖的伟大战略部署，尽量动员和说服群众响应伟大领袖的号召，积极参与"文化大革命"。他们不会想到下一步的革命就是直接革到他们头上。

在第一次大辩论的8月2日到第二次大辩论的8月20日当中，人大的两派"红卫兵"产生。8月8日，"反郭派"的"中国人民大学红卫兵"成立，8月18日"保郭派"的"中国人民大学八一八毛泽东思想红卫兵"成立。在校党委被冲垮以后，吴老秘书王宗伯联络各系各单位代表组成了"文化革命委员会筹备委员会"（简称"筹委会"），成为当时学校的临时行政机构。

8月20日第二次辩论大会的场面更加激烈，已成立的"保郭""反郭"两派"红卫兵"代表分坐主席台两侧，轮流发言。由于苏家坨600名农民的到来参与，大大地增加了现场的紧张气氛。"保郭派"占了压倒性优势，"反郭派"表示不服高压，双方对立情绪不断升温。邓小平因已被"靠边"，未来参加。新上升为中央四号领导的陶铸因清楚了解领袖支持"造反派"、反对工农干预的态度，对农民到校"保郭"提出了批评，从而引起了"保郭派"的大大不满，有人向台上的陶铸投掷石块……处于弱势的"反郭派"感觉受到了陶铸的保护，从此倾向于"保陶"；而"保郭派"认为自己充分有理竟遭陶铸批评，就此决意"反陶"。一场混战，终无结果。不幸的倒是其中派生出来的"600农民进城保郭影秋"问题，被伟大领袖抓了重点，作为调动工农镇压学生的典型，成了压垮郭影秋的最后一根稻草。

进入10月，《红旗》杂志1966年第13期社论《在毛泽东思想的大路上前进》推出，一切都明朗化了。10月9日至28日，毛泽东主持的中央工作会议在北京举行。陈伯达作《无产阶级文化大革命中的两条路线》的报告，大肆批判所谓"资产阶级反动路线"。林彪在会上讲话，指名攻击刘少奇、邓小平执行的是"一条压制群众、反对革命的路线"，并说"这次'文化大革命'运动的错误路线主要是刘、邓发起的"。此后全国掀起批判"资产阶级反动路线"的高潮。

郭影秋7月3日所做的《北京市文教系统文化大革命运动汇报要点》曝光，坐实了他在路线斗争中的"黑线"位置，"保郭派"土崩瓦解。10月13日和15日，部分"八一八毛泽东思想红卫兵"起来造反，参加了"反郭派"召开的批郭大会。10月16日"八一八毛泽东思想红卫兵""红色造反一连"成立；10月21日"八一八造反大队"成立；11月3日"八一八红色造反二连"成立……12月15日晚8时，"八一八毛泽东思想红卫兵红色暴动委员会"举行暴动，暴动委员会冲进"八一八"团部、《红卫兵报》编辑部实行接管。

一部分暴动者投向了"人大三红"（人大"红卫兵""红卫队""红卫军"的总称），一部分造反者成立新的"红卫兵"组织，如"人大红旗战斗团""北京公社"等。但还有原来"八一八"的最顽固核心成员又最后挣扎了一把。1967年2月23日《红旗》杂志第4期社论发表后，他们还是固执地认为，郭影秋是犯了错误的好干部，还想解放他。为此，他们做了一系列串连和策划工作，这一切被反戈一击的新"造反派"视为大忌，避之唯恐不及，急忙和他们撇清关系。至此，"保郭派"烟消云散。在"人大三红"的争取下，这次事件的主要策划人李德山（哲学系学生、原人大武术队队长、"铁杆""保郭派"）参加了"人大三红"，并在后来的两派武斗中起到了关键作用，为"人大三红"减小了不少牺牲。这正是历史的令人唏嘘之处！

1967年元月伊始，与人大初期"文革"纠结不清的陶铸突然被拉下马，他的罪名只有一个，就是从来没有把"中央文革"放在眼里！1月4日陈伯达、江青在接见"广州专揪王任重革命造反兵团"的讲话中宣布了陶铸的罪状。陈伯达说："陶铸同志到中央来，并没有执行以毛主席为代表的无产阶级革命路线，实际上是刘、邓路线的坚决执行者……他是文化革命小组顾问，但对文化革命问题从未跟我们商量过，他独（江青插话：独断专行。）他独断专行，他不但背着'文革'小组，而且背着中央！"陶铸被诬陷为"中国最大的保皇派"，突然被打倒，受尽残酷迫害，于1969年11月30日在安徽合肥含冤去世。

陶铸突然倒台，对"人大"革命群众组织的震动非同小可。如前所述，陶铸本来就是由领袖钦点来参与人民大学的"文化大革命"的。对郭影秋问题的两次大辩论后，"反郭派"成为"保陶派"，"保郭派"成为"反陶派"，"人大红卫兵"还一度被对立面讥为"陶小三"。陶铸既倒，脱胎于垮台的"老保红卫兵"的"中国人民大学红旗战斗团"（简称"人大红旗"）等组织士气大振，由"红旗战斗团"主办的《红色造反者》1967年1月16日创刊号在第八版简讯中报道："元月四日晚，《红旗》广大战士在校园举行示威游行，声讨新形式的资产阶级反动路线的代表人物陶铸。当日夜，部分《红旗》战士乘车赴中南海，强烈要求陶铸回人大做检查。次日晨六点，周总理接见了他们，并讲了话。元月五日上午，我《红旗》战斗团和人大'红卫兵'《红尖刀》战斗队、《革命造反兵团》《一心为公》战斗队、《红五星》、造反二连、《遵义》《平型关》等革命组织发起，并在新饭厅举行彻底批判陶铸资产阶级反动路线大会。当日晚，北航《红旗》、医大《红旗》、北师大《井冈山》和我校《红旗》及其他革命组织在我校大教室，联合召开批判陶铸资产阶级反动路线大会。外地一些革命组织的代表也参加了大会。会后在人大校园游行示威。"

陶铸的突然倒台，对一直自认为其"嫡系"的"人大红卫兵"不啻当头一棒。不知道是不是因为打击过大、一时不知如何应对，"人大红卫兵"主办的《红卫战报》在1967年1月1日出版了第7期之后就停止出报了，直至1967年2月22日才出了又一个第7期。这个第7期的头版头条标题为"把陶铸踢出党中央"，副标题为"人大三红等革命造反派掀起批陶高潮"。并非凑巧，这一天正好是几经整合后，人民大学一个新的革命"造反派"群众组织"新人大公社"成立的日子。

第二阶段"人大三红"与"新人大公社"争当革命左派（1967年3月到8月）。

在扫清了"保郭"和"保陶"的障碍之后，人民大学的两派革命群众终于和无产阶级司令部接上了更密切的关系，在"中央文革"的直接领导下冲锋陷阵，杀上了大革命的前沿。1967年元月30日"中央文革"大员戚本禹到人大讲话，指明了人大文革的方向和任务：

"人民大学是我们新建立的，是我们中国解放以后，自己人民建立的大学，但是由于党内走资本主义道路的（当权派）在文化思想战线相当长的时间占统治地位，成了推行资产阶级思想修正主义思想的一个阵地……

"差不多文化大革命里面所碰到的全党全国党内走资本主义道

路的当权派，那些重大事情，你们这里都涉及了，什么陶铸、什么邓小平、什么刘志坚、什么王任重，都跟你们这里有关系……都到你们这里来过……所以你们这里的斗争任务是很艰巨的、光荣的。

"我们'中央文革小组'是非常关心人民大学的。毛主席从外地回来以后，要了几个大学的材料看，其中就有人民大学的。还专门向我们要了你们学校的全套材料看，其中有清华大学的、北京大学的、师范大学的、人民大学的。所以我们的统帅、我们最伟大的领袖、最伟大的舵手、我们伟大的导师是非常关心我们的。"

1967年元月，在张春桥、姚文元的直接策划指挥下，以王洪文为头头的上海"造反派"夺了原上海市委的权，史称"一月风暴"。对此，毛泽东十分兴奋非常赞赏，说："这是一个阶级推翻一个阶级，这是一场大革命。"

"一月风暴"掀起的夺权狂潮把矛头直接指向了所有一线工作的老干部。一时间各大区、各大局、各省部委、各军兵种乃至各军事院校……所有的一把手统统成为被揪斗、被打击、被残害的对象。除"中央文革"一小部分人以外，几乎全党所有干部都被推到了伟大领袖的对立面上。

老干部不干了！于是就有了军队干部的"大闹京西宾馆"和"三老四帅"的"大闹怀仁堂"。

1967年2月16日，在周恩来主持的怀仁堂碰头会上，谭震林、陈毅、李富春、李先念等副总理和叶剑英、徐向前、聂荣臻等老帅对"文化大革命""大乱天下"的强烈不满爆发了。叶剑英质问"中央文革"一干人等："你们把党搞乱了，把政府搞乱了，把工厂农村搞乱了，你们还嫌不够，还一定要把军队搞乱，这样搞，你们想干什么？"

16日晚，张春桥、姚文元、王力秘密整理了《二月十六日怀仁堂会议》材料，经与江青密谋，向毛泽东做了汇报。毛泽东18日晚严厉训斥了这批鞍马故旧。自2月25日至3月18日，中央7次开会，江青、康生、陈伯达、谢富治等，以"二月逆流"的罪名，对这批老革命进行批斗。从此，中央政治局停止活动，"中央文革"完全取代了中央政治局，天下终于彻底大乱。

继1966年12月15日人大的"红色暴动委员会"接管"八一八"团部、《红卫兵报》编辑部以后，经过整合，12月27日"红色暴动委员会"宣布解散，"红色造反连"自1967年1月1日正式更名为"中国人民大学红旗战斗团"（简称"人大红旗"）。至2月22日"新人大公社"成立之前，"人大红旗"成为与"老造反派人大三红"（一度改称"东方红公社"）相对立的"新造反派"组织核心。

"老造反派"不接受这些个反戈一击、冒出来和自己平起平坐的"新生造反派"，多次暴力袭击，想把对方荡平。其间有：1967年1月13日抢劫生产用纸6卡车；1月14日打砸"井冈山公社""秋收暴动"战斗团办公室；1月15日抢砸交通股，封闭车辆、砸毁牌照、放瘪轮胎；1月20日，两次洗劫"人大红旗""北京公社""遵义兵团""南征北战"兵团等组织办公室，损毁设施，抄走全部纸张、文具、资料。

1月15日，"人大三红"还仿效上海"造反派"单方面宣布夺权，结果只不过是到15个校务部门兜了一圈，宣布了一圈，没有得到任何认可。

1月21日，一些"老造反派"急于建功，和中央高级党校的一派纠集在一起，炮打康生，在人大校园贴出反康生的大字报，"人大三红"总部先是予以支持，隔日，又急忙发表声明，承认错误。

1月24日，"人大三红"参与反对康生的几个人，前往"中央文革"，向康生当面请罪。

1月25日，反康生的寇金和、鲁从明等4人又被带到中央党校，向党校"红旗战斗队"认错。离开时，刚走到党校门口，就被等候在那里的近百名"人大红旗"等组织成员截住，拖回学校，在学校大教室批斗，4个人遭到残酷殴打。"人大三红"召集人员前去抢人，双方混战。事后"人大三红"称，自己一方有7人被打，4人重伤住院，其中2人昏迷。

2月22日，在"红旗战斗团""北京公社""遵义红卫兵团""毛泽东思想红卫兵"等组织联合的基础上，"新人大公社"宣告成立，负责人是赵桂林、张祖义。"人大三红"攻击"新人大公社"是保守组织"八一八""赤卫队"的重新纠合，但是"中央文革"不这样看，原来，新成立的"新人大公社"领导成员之前就与"中央文革"王力、关锋、戚本禹等人以及他们在（中国科学院）哲学社会科学学界的派系有千丝万缕的联系。

　　成立伊始，"新人大"就显露出了它的背景和根基。在"新人大公社"成立的次日2月23日，人大哲学系主任肖前贴出第一张"亮相"大字报，不久肖前即加入"新人大公社"，并成为"新人大公社"的副社长，核心组成员。肖前和关锋是师友关系，一直受关锋的提携；从20世纪50年代后期开始，关锋、林聿时、吴传启三人就以"撒仁兴"（即"三人行"）为笔名写了不少文章，名噪一时；肖前和吴传启是西南联大的同学；林杰在《红旗》杂志社师从关锋，两人合名写过多篇重头文章；1966年8月底，赵桂林在武汉与林杰结识，赵从此说："我们今后有任何材料都可以通过林杰同志往上送"；王力、关锋、戚本禹是领袖的马前卒、爱将，他们的文章对"文革"发起、推动起到了不可替代的作用……

　　3月3日凌晨，戚本禹来人大召开大会，直接给人大的"文化大革命"布置任务。戚本禹说："我看你们人民大学的第一位敌人是孙泱。孙泱要打倒，但是没打倒，你们团结不起来，打不倒孙泱；第二是郭影秋；第三是胡锡奎。"戚本禹又对人大前一阶段的运动做了评判，他说：要允许过去的保守派革命，造反不分先后，说他们是"保皇派"不利于团结，不利于大联合。戚不赞成"人大三红"前一阶段的打砸抢行为，且特别对"人大三红"炮打康生严厉批评。他给了"人大三红"一个"三七开"的评价，要求两派团结、联合。在延续到次日晨的小会上，戚本禹宣布解放肖前。

　　戚"三三"讲话后，人大两派群众组织在"中央文革"的直接领导下进行的革命任务主要有两项：一、审孙泱；二、大批判。

　　戚本禹宣布孙泱是人大的一号敌人，使一些人大师生感觉愕然，直至"文革"之后，人们才得知这背后的罪恶主使原来是江青。

　　在公审戚本禹的法庭上，公诉人指出："现在，已经彻底查清，在'文化大革命'中，社会上出现的诬陷朱德委员长的活动，主要是戚本禹秉承江青的旨意煽动起来的。"在后来的回忆录中戚本禹这样说："在中南海里面贴朱德、康克清的大字报，也是江青叫我去布置的。""康克清和江青的矛盾由来已久,她和党内那些老大姐都反对江青和毛主席结婚。""在延安时,党内的那些老大姐,包括康克清,都不喜欢江青,都孤立江青,说江青是妖精。"

1967年1月21日晚,在全国政协小礼堂戚本禹就对"人大红卫兵"明确提示:"不要以为打倒刘、邓、陶就完了,还有呢。""你们人大不是有个'走资派'叫孙泱吗?他给朱德当过秘书。你们可以通过搞孙泱的问题,把朱德的问题搞清楚。"他还说:"孙泱是蓝衣社特务。"

搞孙泱的目的很明确,就是要搞全国人大委员长朱德同志。朱德与孙泱的父亲——中共早期革命烈士孙炳文是生死挚友、莫逆之交,而周恩来是朱德和孙炳文的入党介绍人。以后数年,孙泱被朱德视为义子,担任朱德的秘书,孙泱的妹妹孙维世被周恩来收为养女。

为从孙泱这里找到打倒朱德的突破口,"中央文革"成立了专门的"孙泱专案组",人大两派也设立了同样的专案组。

"人大三红"1967年10月14日第61期"'从孙泱罢官'到'孙泱之死'"一文对"三红"批斗孙泱的业绩记述详细:

"三月四日以后,'三红'加强了孙泱专案组的工作,深入开展调查研究。提出了孙泱是日特、苏特的质疑,并列为专题,分赴全国数十个地方,调查了三百多人次。

"五月上旬,'三红'向戚本禹同志做了关于孙泱问题的专题报告:(一)杨尚昆之弟杨××系×××特务;(二)孙泱与杨××的密切联系;(三)直至六三年孙泱与蓝衣社成员密切联系的情况。

"这一时期,'三红'战士贴出了大量揭发、批判孙泱的大字报,还编出五本孙泱'罪行录'约计二十五万字左右。

"七月五日中共中央专案审查小组办公室来校,传达伯达、富治、戚本禹等同志在'三红'孙泱专案组报告上的批示。

"七月十四日中央专案审查小组派人跟我们一起研究孙泱案情,并在他们的领导下展开工作。

"七月二十四日到八月十九日,'三红'总部作战组组织了七次中、小型会议,对孙泱进行轮斗。

"九月十七日'新人大公社'偷偷劫走孙泱……十月六日孙泱在

'新人大公社'总部突然死去。"

事涉机密,这些专案组是怎么配合工作的,未见小报报端。但显然正是这些反复审查导致了10月6日孙泱在"新人大"的拘押处莫名死亡。当孙泱在9月17日被"新人大"抢到其总部图书馆大楼关押之后,中央专案组有否来过?死亡当晚何人值班、看守?这些情况照常理怎么可能无人知晓?但竟都成了永恒的谜团!原因一定是所有知情人都默守同盟,终生缄口了。孙泱因朱德而死,孙泱妹妹孙维世又继因江青的妒恨被迫害惨死。

人民大学被"中央文革"看重,主要是因为人大多"笔杆子"。"文化大革命"的巨大威力就在于"拿起笔,做刀枪","全党共诛之,全民共讨之"。革命需要炮弹,人大可以充当制造炮弹的兵工厂,在人大成立的以"新人大公社"为组织联络者的"批资联委会",就充当了这个角色。

据《新人大》第五期(1966年3月29日)报载:"三月二十四日上午,'批判资产阶级反动学术权威联络委员会'筹备会议在我校图书馆大楼召开。(中国科学院)'哲学社会科学学部红卫兵联队''北师大井冈山公社''中央党校红旗战斗队''教育部延安公社''人民教育出版社红旗联队''中国人民大学新人大公社'等6个发起单位的负责人出席了会议。会议讨论了成立'批判资产阶级反动学术"权威"联络委员会'的有关事宜。与会同志一致表示要全力以赴地承担起这一光荣而艰巨的任务,为彻底批判资产阶级反动学术'权威',批判一切剥削阶级的意识形态,使毛泽东思想永远占领意识形态阵地而作出自己的努力。"其中的关键句是"全力以赴地承担起这一光荣而艰巨的任务",下达任务的当然是"中央文革"。

"批资联委会"后来总共组织写作了多少"重磅炸弹"批判文章,缺乏统计,但从1967年9月7日《新人大》报第37期第三版一篇报道"新人大战士奋战红八月"中可窥一斑。报道称:"为了把革命的大批判推向社会,使这场彻底埋葬刘邓王朝的伟大革命运动,做到家喻户晓,深入人心,我'新人大公社'先后组织了六次大字报上街,一张张革命的大字报像匕首,如投枪刺向了刘、邓、陶,大长了无产阶级革命派的志气!""我公社'红色尖刀连'的同志们在北京城里日夜奋战，他们搭起了大量的宣传专栏，贴出大批判的革命大字报。""我公社广大战士响应党中央号召……纷纷挥笔上阵写出了大量批判文章""仅在八月上中两旬就被《人民日报》《北京日报》《解放军报》选登了三十多篇文章，中央人民广播电台、北京人民广播电台还播送了我们已发表的文章的三分之一强。"

同为大批判，两派仍有一争，一定要分出个路线胜负来。在"人大三红"1967年9月7日第42期第一版社论"大批判中两种根本对立的方针"中，攻击"新人大"的方针是"突出资产阶级政治……让一些不三不四的所谓'硬笔杆'，甚至是'牛鬼蛇神'，关起门来写文章送报社，搞经院式批判，脱离现实斗争，脱离工农群众，脱离思想革命。"而肯定自己的方针正确，是"突出无产阶级政治……大搞群众运动，打人民战争，面向社会、面向工农，有组织、有计划地，全心全意地进工厂、下农村，和工农一起批判刘、邓的反革命修正主义路线……"

为此，"三红"搞得大批判是"千军万马　龙腾虎跃"：

"从去年十二月开始，'三红'战士就把揭发批判刘邓的大字报用通俗易懂的语言，用群众喜闻乐见的形式贴满北京城街头、火车站、饭馆、医院乃至小胡同，送到工厂农村……又在市区许多重要区域开辟了大批判专栏，定期出版，每周至少一次……据不完全统计，已在市区开辟大批判专栏近四十个。

"《红卫评论》组一共九个人，办了四个大批判专栏，每出一次计两万余字，已经出版了六十五期……

"元月份以来'人大三红'？先后派人分赴石景山钢铁厂、门头沟煤矿、北京内燃机厂、北京光华木材厂和起重机厂等几十个工矿企业和京郊房山、顺义、平谷、通县、海淀等十多个县、区、农村人民公社进行宣传，他们协助当地"支左""支农"的解放军同志，和工农群众在一起，在工厂农村摆开了革命大批判的战场。"

"战无不胜的毛泽东思想是'三红'战士克敌制胜、克难制胜的巨大动力。他们牢记毛主席没有什么困难可以阻碍人的前进的教导，在大字报上街、开辟革命大批判专栏、下乡下厂宣传等斗争中，排除干扰，克服了物质条件等方面的困难。没有卡车，他们就骑自行车；

没有平板三轮，就凭两条腿；缺糨糊，他们就代用黄泥；纸不够，他们就想办法一纸多用。有时下乡去为贫下中农作宣传，每天要在崎岖的小道上跑上上百里路；有的女同志跑一天，全身酸痛，甚至被摔得遍体鳞伤，晚上连上床都困难……"（见《人大三红》报1967年9月7日第42期第2～3版《千军万马追穷寇》）

数月当中，人民大学的两派组织、参加了校内外多次批刘、批邓、批陶、批朱、斗彭德怀、斗谭震林、斗余秋里等大型批判活动。

自戚本禹3月3日在人大发表讲话，特别强调要团结、联合以来，人大两派毫无联合的迹象，而且相互攻击，斗争愈来愈烈，根由很简单，就是因为亮相在两派的干部不同，把学校十多年的运动旧账又带到两派中来。既然有了"中央文革"同时都承认的两个山头，谁肯甘拜下风？在校内，"三红"攻击"新人大"总部"是人大黑党委的招牌换记"，说黑党委中的十多名特务、叛徒、"走资派"、反革命分子——孙郭胡、李培芝、凌静、赵德芳、肖前、黄达、方志西、徐景秋、罗髭渔、薛政修等校系领导，是"新人大"的黑后台。"新人大"则攻击"三红"是由"以聂（真）、崔（耀先）、朱（真）、铁（华）为核心的人大地下黑党委"操纵的反动"臭老保"组织。在校外"人大三红""新人大公社"则分属于北京大专院校"红卫兵"的两大派别，一个是"天派"、一个是"地派"。

按照伟大领袖的构想，冲破资产阶级反动路线的障碍，无产阶级革命派夺权以后，革命群众就会自然而然地联合起来，与革命干部、"支左"军队实行革命的三结合，建立新的无产阶级革命政权，天下即此就能从"大乱"达到"大治"。然而，事实恰恰相反，争当"革命派"的斗争岂止是残酷甚至是血腥，在军队、民兵的武装介入之下，大乱之中连续发生了重庆大武斗、广西大武斗、广州大武斗、各地大武斗……

1967年7月20日发生了震惊中外的武汉"七二〇"事件，客观上为伟大领袖挡了枪、从武汉载誉归来的"中央文革"干将王力，顿成"当世英雄"。

此后形势便如脱缰野马，发生了过山车般的眼花缭乱。

为"文革"发起立下汗马功劳的少壮派王力、关锋、戚本禹开始

"造反过头"了。

一方面,他们在宣传口推出了更加惊骇、更加醒目的"打倒军内一小撮"的大标题,瞬间席卷报界、覆盖神州。

另一方面,他们在外事口鼓动"造反派"夺大印、斗陈毅,直至"火烧英国代办处",酿成举世侧目的外交事件。

伟大领袖警觉了。面对《红旗》杂志1967年第12期社论"揪军内一小撮",毛义愤填膺地喊出"还我长城"!8月22日火烧英国驻华代办处的恶性事件发生后,他同意周恩来的紧急要求:拿下王、关、戚!8月30日,王力、关锋被隔离审查,次年一月,戚本禹遭同样处理。江青、康生、陈伯达见势急忙掉转口风,推卸责任,把自己洗脱干净。

对于王、关、戚的倒台,知情人阎长贵(江青首任专职秘书)的评价不失为公允,他说:"他们的倒台和刘(少奇)、邓(小平)、陶(铸)以及许多被打倒的党政领导人不同:刘、邓、陶等人都是因所谓'不贯彻执行革命路线'被打倒,而'王关戚'他们则是因积极(或过分积极)推行革命路线、极左路线被抛弃。"总之是造反造昏头了。

此前,作为王、关、戚的"嫡系",无论是发表"打倒军内一小撮"社论,还是到"火烧英国代办处"现场助阵,人大两派都有积极参与。此时领头人翻车,紧急刹停,何去何从的问题严峻地摆在了人大两派特别是"新人大公社"面前。更严重的内斗——血腥武斗拉开了大幕。

第三阶段"人大三红"与"新人大公社"武装割据血腥武斗(1967年9月到1968年7月)。

王力、关锋8月30日在中南海被隔离审查,疑似"人大三红"在第一时间就得到消息,急速行动,9月1日晚,把毫无防备的肖前从家中抓走,带到"三红"成员比较集中的东风三楼法律系学生宿舍。不明就里的"新人大公社"得知消息,立即出动了近500人把东风三楼团团围住,双方发生冲突,这就是此后互抓互占、两派逐步分踞校园一侧武装对峙的开端。

去抓肖前的正是遭"新人大"嫌弃,无奈投奔"三红"的哲学系四年级学生，原人大武术队队长李德山。

是夜，东风三楼外人越聚越多，"三红"与同为北京大专院校红卫兵"天派"的北京体育学院联系，从东风三楼临街后窗把肖前包上棉被扔到接应的卡车上，转移到体育学院的一个游泳池看押起来。夜半，肖前翻窗逃脱，大约是在逃跑途中听到了广播中王、关倒台的消息，知道大势已去，无路可逃，自己又灰溜溜地回到人大。

这边，"新人大"一把手赵桂林不甘心，9月2日一早就到学部民族所打探消息。后来据在场的王恩宇交代说："赵坐（下）后讲：他们（指'人大三红'——编者注）把肖前抓走了，打了一顿，打完后捆在门板上，打得半死，扔在外面，我们到地下水道找，也没找到。他们对我们攻得很紧，可能要砸我们，搞武斗，我们也得准备。我们把水池（游泳池）的铁棍子都拿来了，武装自己。洪涛说：是啊，也要像民院这样，搞武斗。赵说：我们也得把人员集中一下，占几个楼，准备一下，把我们的人组织一下。"

9月4日晚，人大两派都被通知参加了中央文革召开的一个小型会议，会上江青宣布了王、关的问题，说"人大三红"反肖前反对了，批评了赵桂林。会后赵桂林告诉向他打探消息的洪涛说："江青同志说穆欣是特务，吴传启是陶铸的人，肖前是特务，林杰是《红旗》的一个小编辑，他的问题中央会解决。你们不要插手。"

大树即倒，"新人大"向何处去？

"新人大"中立即有人"弃暗投明""再次造反"。9月12日"新人大斗肖联络站"成立，其后发布的"肖前与反党阴谋集团的若干罪行"一文，细数肖前操纵"新人大"的种种秘事，大至与林杰、吴传启的种种关联，小至内部的每一次会议、每一个部署、每个人的发言、每一通电话……

此等投名状之细备，着实令人不寒而栗！从"文革"小报记载来看，两派都有此等"叛来叛去"之人，这也是"文革"派性之下人性弱点的大暴露吧。

至1967年12月中，仿佛上一年的历史重演，中国人民大学"新人大公社革命造反联络站"宣告成立，造反再造反，反出"八一八"，再反出"新人大"，城头变幻大王旗。

他叛由他叛,"新人大"总部自有脱身大法,那就是迅速切割。

9月11日,"新人大公社"召开"打倒反革命两面派陶铸掀起革命大批判新高潮大会",借"热烈欢呼姚文元同志的重要文章《评陶铸的两本书》发表"之机,找到说辞,把肖前说成是与陶铸一样的"反革命两面派"式的人物,借以与肖前斩断切割,脱身自保。会上,"新人大公社"负责人张祖义代表总部指出"混进我们队伍中的肖前,是一个地地道道的陶铸式的反革命两面派。在'中央文革'的亲切关怀下,反革命两面派肖前被揪出,这是战无不胜的毛泽东思想的胜利,也显示出我'新人大公社'无比坚强和巩固。以前由于我们警惕性不高,没有及时地识破肖前这个反革命两面派,今后我们一定遵照毛主席教导……"云云。

9月12日,"新人大公社"召开斗争肖前大会,报道称:"九月十二日下午,'新人大公社'全体战士坚决按照江青同志的指示办事,满怀对于以毛主席为首的无产阶级司令部的无限忠诚、无比热爱;满怀对阶级敌人的刻骨仇恨,在公社委员会的组织下,召开了斗争'三反'分子、反革命两面派肖前大会,无情地揭露了'三反'分子肖前反党、反社会主义、反毛泽东思想的滔天罪行。这个大会大长了无产阶级革命派的志气,大灭了一小撮阶级敌人的威风,也打击了某些别有用心的人妄图利用肖前问题打击我'新人大'的罪恶阴谋。"

"新人大公社"之于肖前,从9月1日的"拼死相救",到十余天后的高帽子、喷气式伺候,哪有什么原则、立场,唯紧跟而已。

"新人大"向何处去?正如赵桂林9月2日决心的"我们也得把人员集中一下,占几个楼"。人大两派大规模武斗在悄悄酝酿中。

人民大学的武装割据血腥武斗自1967年9月1日"人大三红"抓肖前事件始,至1968年8月22日第三批军宣队进校、群众组织被取缔止,历时十一个月。其间有两个高峰期:

其一,1967年9月1日到11月底。这三个月间通过血腥的互抓互打、驱赶抢占,至"11·11""11·16""11·18"连续几次几十、上百人暴力冲突之后,两派初步形成武装割据,一个学校分裂为南北两区,为进一步的大规模武斗摆开了战场。

其二，1968年3月27日到5月底。这一波高峰由所谓的"文化大革命的第五个回合——打倒杨、余、傅"引发，在经过1967年12月到1968年3月27日之间一个相对平缓的相持期之后，战火重燃，在激烈的抢粮、抢物、驱人占楼、加筑工事、对阵互攻当中，连续发生"5·11""5·12""5·14""5·17""5·22"几次白刃血战，终致将"新人大"一派同学刺死五人！

（关于人大两派血腥武斗十一个月的具体过程及分析，在本书第四章"血腥武斗"拙文"染血的回忆"中有所详述，请参考。）

"文化大革命"开始时的1966年，人民大学的新教学大楼和新图书馆大楼都还落成不久，新图书馆大楼还未正式投入使用。以校区中轴线划分，教学大楼在南，图书馆大楼在北。作为老牌"造反派"的"人大三红"，早就把总部设在了教学大楼，而待新生的"造反派""新人大公社"成立以后，便把总部设在了新图书馆大楼。两总部虽然南北对峙，但开始时两派的大多数成员——学生还是在原系宿舍、教工还是在教工宿舍区混杂居住的。随着两派矛盾激化、升级，这种混居状况便严重威胁到每个人的正常生活乃至人身安全。在当时"无产阶级专政下继续革命"理论的一统之下，两派"革命群众组织"为争当"革命左派"，动辄就将分歧上升到"阶级斗争""路线斗争"的高度，从而变得你死我活。又由于那是个特别的"群众专政"的年代，群众组织拥有随便抓人打人、刑讯逼供的权力，所有各色人等的"阶级标签"、生杀罪名都交由自由结伙、自认大王的群众组织及下设的所谓专案组来调查审定，于是，抓打逼供、暴虐凶残假革命之名大行其道。自肖前被抓之后，双方展开"抓人"比赛——9、10月间，两派互抓并毒打残害被抓者事件时有发生，一时间校园内血雨腥风。

"三红"当时的记录是："'新人大公社'社长赵桂林、作战部副部长黄达等不断挑起武斗。据不完全统计，从九月初至十月底，'新人大公社'共挑起十一起武斗，打伤我'人大三红'战士三十三名。绑架了亮相在'人大三红'一边的革命领导干部朱真同志，砸了我'三红'毛泽东思想宣传队、首都揪邓联络站、首都哲学批判联络站、'三红'法律兵团资料室、经济兵团资料室。"（见《人大三红》

1967年11月23日第54期第四版"反动老保新人大总部有组织有计划挑起武斗大事记")

"新人大"当时的记录是:"据不完全统计,在'三红'挑起的大规模武斗流血事件中,我'新人大'战上被打伤五十多人,其中重伤近二十人。国家财产遭到很大破坏,五处共六排近百房平间(间平房),大部门窗、电灯、家具被破坏,'新人大公社'的资料和战士个人财物被抢劫;许多战士除只身一人外,衣被财物全被抢光,生活受到极大影响。"

"在'三红'总部一手制造的白色恐怖下,我'新人大'战士数百人无处居住,都拥挤在总部大楼……"(见1967年11月29日《新人大》报第五十期第四版"人大地下黑党委操纵'人大三红'总部挑起大规模武斗罪责难逃")

在此之间,如前文提及,人民大学又发生了一起绝非缘由人大自身,而是深度牵涉中央高层中枢关系的命案,那就是人大副校长,一直被"中央文革"、戚本禹死死盯住为人大头号敌人的孙泱,10月6日在"新人大公社"被关押处离奇死亡。("孙泱之死"迷案在本书第三章详述。)

在近年对历史真相的追寻中,我们得到确切讯息,这一波导致孙泱死亡的加剧审查,是延后倒台的戚本禹本人直接向人大两派头头布置的。9月17日,人大两派群众组织的负责人,曾被戚本禹特地叫到人大会堂"中央文革"办公室,耳提面命。戚本禹是分别找两派谈的话,两派本来是同乘一座大轿车而来,而先同戚本禹谈完话的"新人大"赵桂林等人不等另一派"三红"孔宪龙等人和戚本禹谈完,便急匆匆地先赶回了学校,抢先把当时正被"三红"控制的孙泱抢到了自己手中,关押到了"新人大"总部所在的图书馆楼内。显然,这是"新人大"急于摆脱肖前问题上被动局面的抢功之举。然事与愿违,新人大非但没有抢先得到他们想从孙泱口中逼出的口供,反而成了逼死孙泱的最大嫌犯。

对照当时公众已知的事实,一条清晰的脉络呈现,9月17日,戚本禹对人大两派头头"抓紧挖孙泱问题"的强调布置,正是对"顶头上司"江青前一天反复点名"孙泱是特务"这一定性的具体贯彻。9月16日，中央首长（周恩来、陈伯达、康生、江青、谢富治、姚文元、叶群、戚本禹、傅崇碧等）在人民大会堂接见北京大专院校"红卫兵"（主要是天派，"人大三红"有刘庆库等参加，"新人大"没去），谈"天派""地派"联合问题。江青在讲话中，有几处对着"人大三红"的刘庆库发飙，她说：

"……'人大三红'就言而无信，你们'三红'里就有很多特务，回去把它搞出来。我怀疑你（指刘庆库）不是学生。你们保大特务孙泱。"

"……你（指聂元梓）与王任重打得火热，他是一个'CC'特务。孙泱也是一个特务（又拐到孙泱——作者注），可能是一个日本特务，还与苏修有关。"戚本禹插话："孙泱的秘书就是你们'三红'战士。"

江青还说：

"你们人大有相当多的特务，为什么日修、苏修对你们学校的动态报导那样迅速呢？两派都有，那派（指新人大）是肖前。

"这里有一小撮'走资派'在后台操纵。另外还有苏修、美帝、日修和蒋匪特务在后边伸黑手。他们不直接出面，如人大的孙泱。"

这充分说明，江青当时最关心的并不是什么人大两派革不革命、联不联合的问题，而是在继续紧逼人大两派，假群众之手打倒她想打倒的人！江青没根据的瞎说，却要群众组织去搜寻证据，何其荒唐！指挥者已经明确下达了"抓特务"的指令，人大两派焉能不拼命互抓互打？革命群众就是这样直接被绑在了"旗手"的战车之上。

孙泱死讯一出，"三红"立即到处抓捕"新人大"可能了解孙泱关押有关内情的人，"新人大"雪上加霜、被动愈加。

然机变难料，王、关倒台的多米诺骨牌效应旋即又演化出一波更大狂澜，关联派系的各群众组织被认定为"五一六"组织，他们的头头都被定性为"五一六"组织的坏头头。

1967年9月1日，陈伯达、康生接见"三军无产阶级革命派"和首都部分"红卫兵"组织，发出："对'五一六'组织的坏头头要坚决镇压，要立即逮捕，专政机关和广大群众结合起来"的指示，并提了一个名单，将林杰、赵易亚、《光明日报》总编穆欣定为"反党小集团",将中国科学院哲学社会科学部的吴传启、林聿时、潘梓年等几十人都列入反党集团内,让革命派抓捕他们。

"新人大"迅速从抓"五一六"这个大事变中找到了翻盘机会:原本"三红"就有反康生、反总理的"前科",这些可以重新翻出来戴上"五一六"的帽子;至11月初"新人大"又发现了"三红"一个主要成员王昆顺的"五一六"嫌疑,"新人大"遂于11月11日诱捕王昆顺,给"三红"以猛力还击。

王昆顺是"文革"前人大新闻系五年级(61级)学生,又是"三红新闻兵团"负责人、"三红"政治部主任、"东方红公社"负责人之一,1967年2月至6月调《红旗》杂志社工作。在他担任记者期间,参与了北京第二外国语学院所谓"五一六"分子串连会,二外所谓的"五一六"分子张广武、吴昂等人被揪出后,交代并揭发了王昆顺、王英明的问题。这个情况,早在两个月前"三红"总部就已知晓,但蓄意包庇。

11月11日,"新人大"在人大西门诱捕王昆顺,"三红"随即报复,出动大批人员把新闻系学生宿舍南一楼团团围住,抓走"新人大"战士严刑毒打。两派斗殴更趋白热化,一直在酝酿进行中的各占一侧的计划更为加速。以校园中轴共青团路为界,"人大三红"对学校南侧——教学大楼南面的东风楼、南楼一线实施清理占领;"新人大公社"对学校北侧——图书馆大楼北面的北楼、林园楼、红一楼等处实施清理占领。

当时小报的相互揭发,清晰地留下了双方割据对战"战略部署"的痕迹。在1967年11月29日《新人大》第四十九期第四版"人大地下黑党委操纵'人大三红'总部挑起大规模武斗罪责难逃"一文中这样记载:"十一月十四日晚,'三红红卫'队员,共同政治理论教员×××在东风一楼三层28号对财贸系部分'三红'战士说:'看来人大总得打一次。过去没有打过……现在我们学校要补课。''要是打起来,咱们在东面占领东风一、二、三楼,在西面占领南五楼,这是不大困难的。'红卫队'的人家属都搬到东风楼。然后控制办公楼占领财务科、伙食科,掌握钱财粮票。如果'新人大'把水电卡了,咱们有办法,就用三建的水电。进一步攻占红楼、林园楼及北五楼,能攻下就攻下。这样对新图书馆楼（新人大总部）形成一个包围圈，把他们都围在楼内，连校门都出不去，最后彻底解决问题。'"

继11月11日为诱捕王昆顺事两派南一楼（新闻系所在地）大打出手之后，冲突连日持续：11月12日，东风二楼农经系，"三红"抓人，"新人大"救援，互殴；11月14日，南楼、五处、六处、新闻系、经济系、档案系、国政系片区，"三红"抓人、砸抄对方同学宿舍，并一度攻至"新人大"广播站所在地北一楼前，砍伤新人大同学、抢走对方自行车，下午"新人大"反击，数百人返回南楼、五处、六处区域，救人、抄砸、抢劫自行车；11月15日晚，"新人大"入户驱赶校北侧区域十余户"三红"教工；11月16日，"新人大"正式进占红一楼，楼内"三红"方面百多人被强行驱出，"三红"二三百人围楼救援，"新人大"再从外围把围楼的人围住，楼上、楼下砖石如矢、棍棒横飞……

11月18日在卫戍区的主持下，双方签订了制止武斗协议，要求：双方无条件地"拆除全部武斗工事""交出一切武斗工具""不准以任何借口抓对方的人""已抓者一律释放""一律搬回原单位、原住处和原来办公位置""恢复到今年八月份的情况"……

事实却是：工事可以拆除、武器可以上缴、"俘虏"可以交换，但"一律搬回原单位、原住处和原来办公位置""恢复到今年八月份的情况"已经没有可能。在两个山头依然同样被"中央文革"认可，两个"山大王"仍旧同存并立的情况下，只能是"涛声依旧"——山头各自为政，群众各听各派。至11月底割据基本定型，"楚河汉界"势成，为武斗的进一步升级摆开了战场。

"文化大革命"的车轮风驰电掣，1968年3月又发生了扑朔迷离的"杨、余、傅事件"，代总长杨成武、空军政委余立金、北京卫戍区司令傅崇碧被说成是新的"不大不小"的反党集团，罪行是：杨成武同余立金勾结要篡夺空军的领导权，要打倒吴法宪；杨成武同傅崇碧勾结要打倒谢富治。余立金历史上是叛徒。傅崇碧擅闯中南海，冲击中央文革、冲击江青同志。林彪说，杨的问题是"山头主义、宗派主义和曲解马克思主义"。"山头主义"具体说就是"华北山头主义"，矛头直指聂帅。所谓"曲解马克思主义"指的是一篇杨成武个人署名的"大树特树伟大领袖毛主席的绝对权威"的文章，伟大领袖特别授意林彪要加以说明。以后的历史事实证明，以上罪名都是彻头彻尾的捏造、构陷。1971年"9·13"事变林彪覆亡以后，领袖承认"此案处理可能有错"。那么，这么重大的决策，为什么会搞错？史家分析，这个"反党集团"的被揪出纯属当时继续"文化大革命"的大局需要。"杨、余、傅反党集团"的罪行是"中央文革"1968年3月27日于东郊工人体育场召开的题名为"彻底粉碎'二月逆流'新反扑，夺取'无产阶级文化大革命'全面胜利誓师大会"上向革命群众公布的，很明显，抓"杨、余、傅"，就是为了"粉碎'二月逆流'新反扑"、继续把"无产阶级文化大革命"进行到底。"二月逆流"已时隔一年，但当时大闹的"老人们"似乎未必心服，明里暗里总还让领袖不那么顺心，大革命的阻力需进一步铲除，林彪、江青两个集团需进一步倚重。于是，领袖认可了林彪、江青的各种编造，一些偶发事件被借题发挥，捏出了一个互有勾结的反党集团。"杨、余、傅"被打倒的结果——"老人们"得到了"敲打"；林彪班底组成的军委办事组取代了原中央军委常委会；接触过江青历史材料的人被撤职、被关押，让江青出了一口恶气……（参见王年一著《大动乱的年代》，席宣、金春明著《"文化大革命"简史》等）。

打倒"杨、余、傅"既是在中央领导层面为"无产阶级文化大革命"扫清障碍，同时也是向革命群众发出的新的动员令，号召群众组织向上抓"杨、余、傅"的"黑后台"，在组织中间抓"杨、余、傅"伸出的"黑手"。震源裂变、震波涌动，刚刚平缓了一段时间的人大校园，气氛再次凝重。"军阀重开战"——已经适应了这种大翻个儿的人大尖锐对立的两派，立即行动起来，一方面积极备战，一方面伺机进攻。双方都在积极寻找对方的把柄，把对方往"杨、余、傅"的黑线上拉。

"新人大"发布："杨成武反党集团与人大三红总部是什么关系？——十八个为什么"，"三红"还报以"三十六个为什么"，双方开足高音喇叭对骂，12小时不停歇。

据"三红"揭发："'三二七'大会以后，'人大公社'的武斗准备逐渐达到了高潮……他们……盗用修建科仓库大量钢材，打制长矛一千多支、匕首四五百把。四月份又拆掉校园四周的铁栏杆作钩镰枪，并非法砍伐大量树木；出动大卡车装运砖石；动用公款17万元购置武斗用具。四月二十七日晚八时许，他们竟然在交通股一带试验了炸药包、毒气弹。"

"新人大"称："五月十日，他们（指'三红'）在得到解放军宣传队即将离校集中学习的消息不到两小时，就用法西斯手段非法绑架贫农出身，曾经参加过八路军的我新人大革命工人李德山（与哲学系的同学同名同姓）同志，从而打响了武斗第一枪。"

"文革小报"记载下的"'三二七'之后的备战升温"和"'五一〇'之后的战幕重开"，使我们发现了问题的关节点，那就是四十余日中，卫戍区军宣队作用的缺位。

上一年（1967年）11月18日，双方尚能在卫戍区的主持下，签订制止武斗协议；11月25日北京卫戍区副司令员李钟奇还来校视察，检查协议的落实执行。当时卫戍区派驻了第一批军宣队进校，"支左不支派"，督促两派联合。1968年2月16日卫戍区派驻的第二批军宣队进校。

3月，卫戍区司令员傅崇碧突然成了"新反党集团"成员，卫戍区下派各校军宣队应当只能是原地停摆，不知所措。于是，校内仅存的一点居中调和的力量化为乌有。两派故态复萌，新一轮的"抓黑手"角逐开始。直至5月10日第二批军宣队离校集中学习，权力位置彻底真空。"三红"迅疾抓走"新人大"方面武斗队的主力工人李德山，双方展开夺人大战，互指对方"打响了武斗第一枪"。

自此，开启其后的"5·11""5·12""5·14""5·17""5·22"……恶斗连续升级。从5月10日晚开始至5月11日，"新人大公社"在学校北面一侧实施全面、彻底的清理、占领，"强占家属住宅林园1—9楼、一处、二处、四处、北五楼、医务所、幼儿园、图书馆、校工厂以及职工食堂。""人大三红"则进行南侧连线占领，11日下午1时开始占领东大门、办公楼总机机房、收发室。5月12日，"新人大"占领校内重要的物资基地——校西北角校办工厂，那里有大量可以打造长矛的无缝钢管和可以构筑工事的多种物资。5月14日凌晨,"三红"偷袭校办工厂,抢劫物资,刺死"新人大"方面值班护厂的"新人大公社""语文分社"负责人王锡中同学。杀戒开启,仇恨燃发,"新人大"悼念逝者的哀乐震荡在校园上空,寻求复仇的怒火隐埋着更大的杀机。5月17日,"三红"捣毁并洗劫双方临界处的体育用品仓库。5月22日,在阅览室南侧构筑防御围墙的"新人大"人员和对面游泳池东侧空地上游弋的"三红"人员发生摩擦:先是互掷石块、对骂泄愤;进而少数人员交锋对搏;你来我往之间,各自救兵到援,终于酿成双方均有百多人加入的近身白刃血战,"新人大"一派因武器、训练、指挥方面的弱势,当场有廖金妹、杨大志、陈荣祖三位同学被刺身亡!沈士根同学重伤年余后不愈身亡。"三红"亦有30余人被扎伤。

逝者的血终于敲响了警钟,双方此后再没有发生短兵相接的状况。1968年6、7月间,双方互相偷袭,捣毁前沿工事;用大弹弓隔楼对射,有人被击中。又据"三红"报载:7月2日凌晨"新人大"曾向"三红"区域连投十余颗手榴弹,并用步枪、土炮连续射击,当场打伤"三红"战士多人……

与人民大学的情况相仿,1968年6、7间,北京市其他的各个高校,都同样发生了愈演愈烈的两派武斗,局势几近难以收场。

7月27日,数万名工宣队员在解放军的配合下,突然开进清华大学占据校园,与学生发生冲突。工宣队员死5人。

7月28日凌晨,毛泽东在人民大会堂召见北京高校"五大造反领袖"。告知:"你要抓黑手,那个黑手就是我,工人是我派的。""如果谁再不听劝告,谁就是国民党,谁就是土匪,就歼灭!"毛泽东在讲话中还有两处提到了人民大学,一是说"'人大三红'反谢富治(时任北京市革命委员会主任、北京军区政委、北京卫戍区第一政委——作者注),总部不出面,叫一个小小的战斗队出来";二是说"我看赵桂林不是反革命么"。

8月22日,以北京人民机械厂为主的工、军宣队进驻人民大学,全校开始实行"大联合"。师生员工各回原来的系、部,由工、军宣队领导。两派组织头头集中办学习班,审查有无"杨、余、傅"黑手问题。

"红卫兵"组织就此星散。

工、军宣队进校以后，学校的运动纳入了领袖设想的"正轨"："一斗、二批、三改"。在工、军宣队的领导下，随后开始"清理阶级队伍"，对校、系领导、教职员工一一定性，对认为有问题者进行批斗。至此，在全校两千多名教职员工里，被打倒的有340名，意即在人民大学的两千多名教职员工中有高达近百分之十七的阶级敌人。再联系到'中央文革'首长一再强调的人民大学的敌人是"孙郭胡"，前后两任主持工作的副校长都是"敌人"、副校长孙泱是"特务"，不是更验证了"人民大学"这所大学，领导权"不在我们手里""成了推行资产阶级思想修正主义思想的一个阵地"吗？

1968年7月21日，毛主席在《从上海机床厂看培养工程技术人员的道路》的调查报告批示中指出："大学还是要办的，我这里主要说的是理工科大学还要办……"也就是说文科大学要不要办，就另当别论。

到1969年1月，在工、军宣队的主持下，召开教职员工代表座谈会，专门讨论人民大学今后还要不要再继续办下去的问题，讨论结果是，大部分与会者都发言要求——"撤销人民大学"！工、军宣队在此意见的基础上形成报告，提交给北京市革委会决定。1969年10月，教育部通知：中国人民大学由原教育部领导下放到北京市革命委员会领导。领导体制的这种改变，使北京市革委会就可以决定人民大学的命运。随即，就在当月，北京市革委会通知：中国人民大学停办。

剔除各种因果关系，也可以这样直接认为：当年的人民大学是当时经过"文化大革命洗礼"的"人大"为数不少的教职员工自己要求停办的！

随着北京市革委会一纸通知，中国人民大学这所中国共产党建政肇始独立创办的"重点综合性文科大学"画上了句号。随后，"二炮"（中国人民解放军第二炮兵部队）进驻校园。一个著名学府吵吵嚷嚷了五年的"文化大革命"也戛然而止。

2021年4月14日初稿　8月22日改定

（作者是1964级国际政治系学生）

第一章 "文革"纪事

中国人民大学"文化大革命"纪事

陆伟国

1966 年

5月4—26日，中共中央政治局扩大会议在北京召开（简称五月政治局会议）。毛泽东主席未回京参加会议，委托副主席刘少奇主持。会议情况指定由康生负责向毛泽东汇报请示。这次会议主要议程有两项：一是揭发批判彭真、罗瑞卿、陆定一、杨尚昆等人的所谓"反党错误"；二是通过《中国共产党中央委员会通知》（即《五一六通知》），标志着无产阶级"文化大革命"的全面展开。

5月19日，中国人民大学党委书记、第一副校长郭影秋到改组后的北京市委报到，被任命为北京新市委书记处书记，分管文教，兼任北京市文化革命委员会主任，并代表华北局出席"中央文革小组"的有关会议。郭影秋在人大的职务仍然保留，学校日常工作由副校长孙泱主持。

5月24日，人民大学校内开始大量出现大字报，内容由批判"三家村"（北京市委书记处书记邓拓、北京市副市长吴晗、北京市委统战部长廖沫沙）转向主要针对旧北京市委和中宣部。当晚，学校召开批判旧市委大会。

5月26日，学校传达毛泽东的"五七指示"，重点讲到"学制要缩短，教育要革命，资产阶级知识分子统治我们学校的现象再也不能继续下去了"。

5月27日，校党委副书记、副校长孙泱主持召开中共中国人民大学第七届委员会第166次常委会。会议总结了前一时期"文化革命"工作，并讨论了以后的工作方向。

5月28日，中共中央宣布"中央文化革命小组"正式成立，组长陈伯达，顾问康生，副组长江青、张春桥等，组员有王力、关锋、戚本禹、姚文元等。这个小组逐步取代中央政治局和中央书记处，成为"文化大革命"的实际指挥机构。8月底，由江青代理"中央文化革命小组"组长。

6月1日晚，经由毛泽东亲自决定，中央人民广播电台直接播放了北京大学聂元梓等人的"第一张马列主义的大字报"。这种不寻常的非逐级传达的公开广播方式，使整个社会直接感受到一场政治大风暴的来临。

6月2日，在海淀区苏家坨前沙涧参加"四清"的哲学系五年级（61届）2班的12名学生最早贴出针对本校的大字报。因为远在郊区农村，校内师生并不知道。

6月3日，新华社正式发布中共中央改组北京市委的消息。公布李雪峰为新市委第一书记，吴德为第二书记。郭影秋、高扬文、马力为书记处书记。文教书记郭影秋，分管文化、教育、体育、卫生方面的工作，首当其冲是"文化大革命"方面的工作，立即着手接管《北京日报》《北京晚报》。清算两报在"三家村"问题上的错误，使报纸尽快以新的姿态投入"文化大革命"之中。

6月4日，人大校内贴出针对本校的第一张大字报，由经济系教师罗肇鸿撰笔，题目是"向我校反党反社会主义黑帮分子开火"。

6月7日，哲学系教师、校团委书记姚中原贴出比较有影响的批判校党委的大字报。

6月8日，经济系江春泽等7名研究生在人大校内红二楼西侧贴出批判经济系主任宋涛的大字报，这是最早直接点名批判系级领导的大字报。

6月10日，校党委派出以函授学院副院长傅瑞峰为组长的工作组进驻经济系，两天后即告撤销。

6月11日上午，语文系研究生马畏安贴出批判副校长孙泱的大字报。下午，共同政治理论课教师麦农等29名教工贴大字报表示支持。这是校内最早直接点名批判校级领导的大字报。

6月12日晚，校党委副书记、副校长孙泱主持召开中共中国人民大学第七届委员会第176次常委会。孙泱作了自我批评，会议讨论了学校领导职务调整的问题。这是"文革"大规模群众运动来临前最后一次校党委常委会。

6月13日，北京市委宣布撤销孙泱的职务。上午10点，孙泱等人在学校文化广场上被批斗，这是人民大学召开对当权派的第一场大批判会。当晚，副校长崔耀先等校领导在教工食堂被批斗。

6月13日，中共中央和国务院发出通知，1966年高等学校招收新生工作推迟半年进行。

6月14日，人大函授学院的徐一志等5人贴出了批判校党委书记郭影秋的大字报，说他是孙泱的后台。

6月14日下午，新市委派工作组进驻人民大学，当天召开了动员大会。组长为海军副参谋长赵一萍，副组长为水产部副部长丛子明，另一副组长为张伯瑜。当晚，就有法律系同学贴出反工作组大字报。

6月15日，徐一志、余飘等5人被持"保郭"观点的群众拖出来在文化广场批斗。校内"保郭"、"反郭"两派群众不同观点的对立公开化。批斗大会有工作组到场，并说："这个大会开得很好。"

6月15日，还在西郊龙泉寺不清楚校内情况的人大历史系党总支派出两卡车"轻骑队"约50人，携带没有子弹的半自动步枪，驶回学校支持校党委，原想先占领广播站，但刚进校门就被冲散了。

6月16日，工作组宣布"工作组代行校党委职权"，"一切权力归工作组"。

6月17日，最后一批在外参加"学工学农"的历史系师生从龙泉寺回校。

6月18日，全国大中小学全部停课。

7月5日，人大校党委副书记赵德芳被大会批斗。

7月12日，中央人民广播电台广播我校李豫生等七位同学就要求改革现行教育制度的问题给毛主席、党中央的信。

7月22日，人大师生参加北京百万军民在天安门广场举行的抗美援越大会。新市委第一书记李雪峰主持。刘少奇、周恩来、邓小平、宋庆龄等党和国家领导人参加。

7月26日，党中央政治局扩大会议决定撤销工作组。工作组在校期间斗争矛头更多的是对准基层干部和学生。他们在全校内定了538个"右派"，占全校总人数的12%。其中，教师169人，占教师人数的19.7%；干部145人，占干部人数的20.2%；学生215人，占学生人数的9%。所有的辅导员都被赶上楼。工作组除了内定划"右派"，还划有"重点斗争对象""运动注意对象"。在计划统计系的学生中，这些对象就划了50个，占学生人数的15%。

7月26日，北京大学召开万人批斗大会。就在江青等人的旁边，北大附中"红旗战斗小组"的彭小蒙用铜头皮带打了北大工作组组长张承先，就此开始了"恐怖红八月"。

7月27日，驻人大工作组感到自身处境不妙，在文化广场主持召开了中国人民大学第一场对校系领导的大规模批斗会。会后，对被批斗的校系领导、教授等五十余人进行了游街。

7月27日，康生在北京师范大学的群众大会上编造"二月兵变"谣言。他说："在今年二月底、三月初，彭真这个大黑帮策划政变，策划把无产阶级专政推翻，变成他们的资产阶级专政，计划在北京大学、人民大学各驻上一个营的部队，这件事是千真万确的。而且在北大、人大都看过房子。这件事包含着极大的阴谋，陆平知道，人民大学的郭影秋也完全知道。"

7月27—28日，人大各系纷纷开批斗会，全校批斗了五六百人。

7月28日下午，计划统计系在学校老俱乐部开批斗大会。基层干部斗了12人，办公室工作人员5人斗了4人，教师斗了5人。10个辅导员几乎都被揪上台。系资料室王命先老师（王稼祥之子）会后去了京西运河投河自尽。第二天，尸体被发现。他是人民大学在"文革"中的第一个罹难者。

7月28日夜里，郭影秋被"造反派"揪回学校。过了零点，又被拖到新饭厅批斗。会后，郭被押到东风三楼法律系学生宿舍的底层。"保郭"观点的数百人围了过去，又把他转移到了法律系旁边的东风二楼2层28号农经系宿舍。这是人民大学在"文革"中不同观点的群众第一次比较激烈的直接对抗。

7月29日，由吴老秘书王宗伯牵头，从12个系和学校各部各找一位代表，暂时组成"中国人民大学文化革命筹备委员会"（简称"筹委会"）。临时指定主任余景清，副主任李豫生、王宗伯。因校党委、校办机构已冲垮，"筹委会"暂时代行学校行政职能。到10月份批判"资产阶级反动路线"，"筹委会"就自行解散了。

7月29日上午，"北京市文化革命委员会"副主任陶鲁笳到校，在文化广场群众大会上讲话。

下午，党中央在人民大会堂召开"北京大中学校文化革命积极分子大会"，毛泽东、刘少奇均到场讲话。会上宣布撤出工作组，并撤销了郭影秋刚担任两个月的北京市委书记职务和列席"中央文革小组"会议的资格。

当晚和次日，人民大学部分学生去市委和康生处，就罢免郭影秋问题讨要说法。

8月2日晚，党中央在人民大学就郭影秋问题的不同观点举行大辩论会。大会由北京市委书记处书记吴德主持。在北京参加中央全会的许多领导也参加了大会。就在这个会上，总书记邓小平做了总结发言，说"'二月兵变'没有那回事。我们的军队，彭真调不动，我也调不动"，并讲了那句有名的话："文化大革命我也不理解，老革命遇到了新问题。"他指出，对郭影秋在中国人民大学的工作，大家可以辩论，但是要更细致地研究问题，更冷静地分析问题。

8月5日，毛泽东写出"炮打司令部——我的一张大字报"，矛头直指刘少奇。

8月5日，北京师范大学附属女子中学党总支书记、副校长卞仲耘被本校的"红卫兵"活活打死，首开北京市教育界打死人的先例。

8月6日，人大校内成立"东升联络组"，推举造纸厂老职工李文华担任组长。这大概是全市相当早的在学生之外成立的群众组织。

8月8日，党的八届十一中全会通过了《中国共产党中央委员会关于无产阶级文化大革命的决定》，即《十六条》。

同日，人民大学的朱佳木等十几个高干子女，在中山公园音乐台成立了"人大红卫兵"。朱佳木任大队长，刘平凡任政委。傅民族为大家发了红袖章。

8月上旬，吴玉章校长在他的住宅里接见了吴廷嘉、沈大德等7名学生，对郭影秋给予高度评价。他说，郭影秋来人民大学后，学校的变化是有目共睹的。

8月11日夜，"人大红卫兵"贴出"严正声明"，表态批判郭影秋。

8月12日，有人说"人大红卫兵"将纠集5000名"红卫兵"来斗郭影秋（事后知道这个说法是假的），结果大批持"保郭"观点的职工、学生把东风二楼（将郭保护起来的暂住地）团团围了起来，加以守护。开始了两派"武装割据"的苗头。

8月13日，中央人民广播电台广播了中共八届十一中全会公报，全校师生当即去校外庆祝游行。

8月14日晚，邓小平、陶铸在人民大会堂河北厅接见人大"校文革筹委会"成员。邓小平正面评价郭影秋，说："郭影秋调到北京，不是因为他在南京工作得不好，而是因为他南京工作得好"，"他还是共产党员，职还没有撤，还是你们的校长和党委书记。"

8月17日，陶铸在人民大会堂接见"人大红卫兵"的代表，同样肯定了郭影秋。

8月18日，天安门广场举行数十万人的"庆祝无产阶级文化大革命大会"，毛泽东身穿军装在城楼上接见"红卫兵"。这成为"文化大革命""红卫兵运动"兴起的标志性事件，并将"红卫兵运动"迅速地推向全国。

吴玉章校长和人大的两派代表也都上了天安门城楼。毛泽东先后8次共接见1100万"红卫兵"，人大两派"红卫兵"数次参加活动和维持秩序。

8月20日，"八一八毛泽东思想红卫兵"在"东生联络组"的基础上，由徐永健、张联瑜等同学组织宣告成立，持保护郭影秋的态度。

当日，人大师生曾参加"社教运动"的西郊海淀区苏家坨公社，有 600 多名群众来到人大要保护郭影秋，还贴出了"郭影秋万岁""郭影秋是我们心中的红太阳"的大字标语。

当日晚，党中央再次在人民大学就郭影秋问题召开大辩论会。陶铸代表"中央文革"讲话，认为郭影秋的问题是人民内部的问题。

8月22日上午，"八一二串连会"批斗孙泱。下午举行批斗孙泱等全校领导干部、学术权威大会，会后举行了游街。其后，类似的大小批斗和游街不计其数。

8月23日，开始对领导干部、学术权威大规模抄家。

8月24日晚，传来消息说，"中央文革"赞同北京的学生出去闹革命，北京的学生就此蜂拥而出，"大串连"开始。

8月26日，人大学生参加在苏联驻华大使馆门前的大规模游行示威。

8月27日，"首都大专院校红卫兵司令部"成立（简称"一司"）。

8月29日，计划统计系十余名师生组成的"长征红卫队"出发，前往延安。这是有书面记载的我校第一批步行串连队。

同日，计统系28名"八一八红卫兵"下到两丈多深的井里，去打捞李景汉教授担心被抄家而扔下去的黄金，捞上来黄金的具体数量不得而知。

8月30日，由于学生大批外出串连，对"黑帮"的大规模批斗有所缓解，校筹委会勒令"黑帮"们集中劳动，在新教学楼打扫卫生等。各系也有相应的"劳改队"。

同日晚，"校筹委会"举行大会，庆祝越南民主共和国成立21周年。余景清和越中友协的代表讲话。

8月31日，毛泽东第二次接见"红卫兵"。

9月3日，"八一八红卫兵"在人大图书馆新楼举办的"革命造反战果展览会"开始预展，陈列一些抄家来的物品。后改名为"中国人民大学阶级斗争展览会"。

9月5日，中共中央、国务院发出了大串连的通知《关于组织外地学校革命师生、中等学校革命学生代表和革命教职工来北京参观文化大革命运动的通知》。

同日，"首都大专院校红卫兵"总部（简称"二司"）在工人体育馆召开成立大会，参加大会的有49个高校的群众组织，其中有人大的"八一八红卫兵"。

同日，北京"红卫兵"再次发起对"黑帮"的大规模抄家活动。人大校内"红卫兵"也同时行动。在9月里多次抄家，甚至在同一天里，几帮"红卫兵"轮番去抄同一家。

9月6日，"首都大专院校红卫兵造反总司令部"成立（简称"三司"）。同日，在新教学楼二楼，以"八一二串连会"为主的新成员，改组了"人大红卫兵"的领导班子。选举曾国乱为团长（两个月后改为董庆东任大队长），孔宪龙为政委。

9月7日，毛泽东在山东王效禹写的报告上作批示："中国人民大学曾调六百农民入城保郭影秋"；又说"组织工农反学生，这样下去是不能解决问题的。似宜由中央发一指示，不准各地这样做。然后再写一篇社论，劝工农不要干预学生运动"。

同日，全国各地来京"红卫兵"和革命师生誓师大会在人大的大操场举行，有十万以上的人参加。周恩来、陶铸、康生、叶剑英、谢富治、王任重、张春桥、王力、戚本禹、周荣鑫等到会。鉴于外地来京学生爆满，周恩来动员外地滞留学生尽快离京，还代表林彪宣读了林彪8月31日在天安门接见外地来京师生大会上的讲话。会后，放了"毛主席和百万文化革命大军在一起"的纪录片。意思是"也听了，也看了，你们可以走了"。

同日，人大俄语老师阚玉瑶因其妻林莉（林彪的侄女）被江青指为"苏修"特务，在宿舍里上吊自杀。

9月11日，以复原转业军人为主体的持"保郭"态度的"八一红卫兵"成立。

9月12日下午，人大举行外国留学生新学年开学典礼。此时全校共有留学生219人，来自：越南、喀麦隆、刚果（布）、乌干达、阿尔及利亚、美国、日本、泰国等8个国家，其中越南留学生的汉语专修班有120人。

9月15日，毛泽东第三次接见"红卫兵"。

9月17日，以教职工为主体的持"批郭"态度的"人大红卫队"成立。

9月18日，以教职工为主体的持"保郭"态度的"人大赤卫队"成立。李文华致开会辞。

9月19日，"校筹委会"发布"关于当前运动的六点意见"。

9月21日，在文化广场热烈欢迎横排简化字新版《毛泽东选集》在我校发行。

9月22日晚，在人大文化广场召开将原校长胡锡奎从西北局揪回来后的首场批斗会。胡锡奎在1963年以前长期主持人民大学的工作。

9月23日，以转业复员军人为主体的持"批郭"态度的"红卫军"成立，后来融入"人大三红"。

9月26日，人大"八一红卫兵"发出通知"向32111英雄钻井队学习"。1966年6月22日，位于四川合江县的32111钻井队发生重大井喷事故，燃起大火，导致6人死亡、21人受伤。3个月后，《人民日报》发表社论，把它作为"奋不顾身、保护国家财产"的"革命英雄主义"典型，号召全国人民学习。

9月30日，"八一八红卫兵"举行"向32111英雄钻井队学习誓师大会"。

9月30日，应"八一八红卫兵"之邀，北京市文工团来校举行文艺演出。

10月1日，毛泽东第四次接见"红卫兵"。

10月3日，《红旗》杂志发表社论《在毛泽东思想的大路上前进》，进一步明确地鼓动群众批判（以刘邓为代表的）"资产阶级反动路线"。

10月3日，应"人大红卫兵"的邀请，32111英雄钻井队来校做报告。

10月6日，"人大红卫兵"和"八一八红卫兵"分别召开"彻底批判资产阶级反动路线誓师大会"。

10月9日至28日，党中央召开工作会议，提出批判（刘邓）

"资产阶级反动路线"。基层党组织就此停止活动，各级党委陷于瘫痪。

10月12日，"八一八红卫兵"在文化广场召开"坚决彻底批判郭影秋的资产阶级反动路线大会"，郭影秋上台检讨。"人大红卫兵"派人进场干扰，两派群众组织公开冲突。

10月13日和15日，"人大红卫兵"召开"彻底批判郭影秋破坏文化大革命罪行大会"。

10月16日，"八一八红卫兵"的几十名成员成立"八一八红色造反连"，造自己团部的反。这是一派群众组织内部首次出现公开分裂。

10月18日，毛泽东第五次接见"红卫兵"。

10月21日，"八一八红色造反连"举行"革命造反大会"。

10月22日，为减轻大串连对交通造成的压力，《人民日报》发表社论《红卫兵不怕远征难》，提倡步行串连。人大学生步行串连的主要方向是经大寨去延安。

10月24日晚，在文化广场举行"最强烈抗议苏联政府无理赶走我全部留学生大会"。

10月27日，我国发射导弹核武器试验成功。晚上，全校师生游行欢呼。

10月27日上午，"人大红卫兵"召开"斗争反革命分子郭影秋大会"。

10月29日，由"首都大专院校红卫兵第一司令部"在人大西大操场召开近10万人的"彻底批判北京市资产阶级反动路线代表人物郭影秋大会"，重点批判了郭拟定的"北京市文教系统文化大革命运动汇报要点"。

10月29日，由于一些"红卫兵"以外出串连为借口，向"黑帮"索要钱财吞为己有，"八一八红卫兵"总部发出通告，对此类行为加以限制。

10月底，吴玉章校长支持吴廷嘉等几位学生去北大荒考察，说："出去看看吧，要有点志气"，并告诫同学们"看问题，就要学会看历史，看历史发展"。

11月3日，毛泽东第六次接见"红卫兵"。

11月5日，应"赤卫队"之邀，劳动模范、掏粪工人时传祥来校作报告。时传祥后来被当作刘少奇的"狗腿子"遭到残酷迫害。

11月10日，毛泽东第七次接见"红卫兵"。

11月19日下午，被苏联政府勒令回国的留苏学生代表张万年等3人应"人大红卫兵"之邀来校作报告。

11月25日和11月26日，毛泽东在西郊机场接见"红卫兵"，两天接见了250万人次。

11月25日，"革命暴动野战兵团"冲击"八一八红卫兵"转移藏匿有关材料的高压配电室、自来水塔等处。"赤卫队"负责人带领上百人前来阻挠，发生肢体冲突。

11月30日，中国人民大学"十一红卫兵"更名为"毛泽东思想红卫兵"。

12月5日晚，"八一八红卫兵造反联络站"召开"彻底批判资产阶级反动路线，革命造反者联合起来"誓师大会，"人大红卫兵"前来支持。

12月6日晚，"人大红卫兵"召开"捍卫以毛主席为代表的无产阶级革命路线，打退资产阶级反动路线猖狂反扑誓师大会"。

12月8日下午，"八一八红卫兵"召开"坚决捍卫以毛主席代为表的无产阶级革命路线"誓师大会。

12月12日，由中央文革牵头在工人体育场召开10万人大会，批斗原北京市委领导彭真、刘仁、万里等。这是名义上由群众组织首次发动的对高层领导的公开批斗大会。

12月12日，中共中央委员、中国文字改革委员会主任、中国教育工会主席、中国人民大学校长、老一辈无产阶级革命家、教育家、马克思主义历史学家、语言文字学家吴玉章病逝于北京医院，终年88岁。到医院向吴玉章遗体告别和参加追悼会的有：朱德、邓小平、李富春、陈毅、李先念、贺龙、谭震林、聂荣臻、谢富治、郭沫若、杨明轩、周建人、高崇民、蔡廷锴、沈雁冰、许德珩、李德全、杨秀峰、张鼎丞等党和国家领导人。

14日上午，在八宝山公墓举行吴玉章追悼会，由郭沫若致悼词。

12月15日晚8点钟，"八一八红色暴动委员会"举行"红色暴动"，接管"八一八"团部和它的广播站、《红卫兵报》、展览馆等处。

晚12点，"八一八红色暴动委员会"与"人大红卫兵"举行联合庆祝活动。其间，"赤卫队"一些家属前来骚扰。（参与造"八一八"团部反的有："八一八造反兵团""遵义战斗兵团""镇恶浪战斗兵团""平型关战斗兵团""赤卫队红星战斗组""五星战斗组"等，还有"八一八红色少年"大队）

12月16日，由"中央文革"牵头在工人体育馆召开万余人大会，批斗中共中央宣传部及文教系统领导陆定一、张闻天、林枫、杨献珍、李维汉、蒋南翔等人。

同日，公安部取缔中学"红卫兵"西城区、东城区"纠察队"，打击"联动"（"首都红卫兵联合行动委员会"）。

同日，由中国人民大学文艺社发起的"北京毛泽东文艺长征队"三十余人在天安门举行宣誓，踏上去大寨、延安的路程。

12月19日上午，由"人大红卫兵""八一八造反兵团"等发起，在学校新饭厅举行人民大学"革命造反联合会"成立大会，有两千余人参加。

同日，"八一八毛泽东思想红卫兵红色造反连"在《人民大学》（新校刊）上发文说，"八一八红卫兵'东方红'革命造反联络站"是改头换面的"八一八红卫兵"总部。

12月21日下午，人大"红卫兵""揪邓兵团"前往中南海要求邓小平回人民大学检讨。陶铸接见了他们的7位代表并讲了话。这是人民大学第一次公开针对邓小平的活动，矛头开始指向党内最高层。

12月22日晚，"革命造反联合会"召开"向以郭影秋为首的校党委执行的资产阶级反动路线猛烈开火"大会。郭影秋、胡锡奎、孙泱、崔耀先、赵德芳、凌静以及一大批中层领导和教授被揪上台批斗。

12月26日下午，"人大红卫兵""红卫队""红卫军"发起的"东方红公社"成立，成员约有两千多人。后来把"人大红卫兵""红卫队""东方红公社"这三个组织统称为"人大三红",召集人为孔宪龙同学、刘庆库（刘梦溪）同学和安维华老师。"人大三红"没有明确的成立日期。实际上这个名称,还是"新人大"广播站先叫出来的。

12月27日,"红色暴动委员会"解散。

12月30日晚,人民大学"红旗战斗团"成员去中央新闻记录电影制片厂等单位,索要刘少奇访问印尼等几部影片。("红旗战斗团"成员多为原"八一八红卫兵"成员,后者没有明确的解散日期)

12月31日晚,部分影片作为大毒草,进行批判放映。

1967年

1月初,北京街头出现"打倒朱德"的大字报,"人大三红"有人参与。

1月初,"揪朱联络站"在人民大学成立,地点在教学楼317号,具体日期不详。参加单位有:"人大三红"、北京矿院"东方红"、中国人民解放军高等军事学院"井冈山革命造反兵团""北大红卫兵""新北大革命造反军"、中央监委"狂飙革命造反团"等。

1月1日,"八一八红色造反连"更名为中国人民大学"红旗战斗团"。

1月4日,"红旗战斗团"成员在校内游行,声讨新的"资产阶级反动路线"代表人物陶铸。晚上,他们前往中南海要求把陶铸揪回人大批判。次日凌晨6点,周恩来接见了他们。

1月5日上午,以"红旗战斗团"为主、部分"三红"成员参加,在校内新饭厅举行"彻底批判陶铸资产阶级反动路线大会"。

1月5日,中国人民大学"革命造反兵团"发表声明,加入"红旗战斗团"。

1月9日,毛泽东亲自决定向全国广播上海各界群众组织的《告上海人民书》,祝贺向上海市委、市政府夺权的"一月革命"胜利成功。"文化大革命"进入向党内一小撮走资本主义当权派全面夺权的新阶段。

1月15日,"人大三红"对学校进行夺权尝试。

1月20日凌晨和晚上,"人大三红"两次袭击"红旗战斗团"总部。

1月21日晚,戚本禹在全国政协小礼堂对人民大学的"红卫兵"头头说:"不要以为打倒刘邓陶就完了,还有呢。""你们人大不是有个'走资派'叫孙泱吗?他给朱德当过秘书。你们可以通过搞孙泱的问题,把朱德的问题搞清楚。"他还说:"孙泱是蓝衣社特务。"

同日,"人大三红"总部发表"坚决支持揭发康生错误的革命行动"的文告,说:"《康生究竟是哪个司令部的人?》这张大字报和'人大红卫兵'法律系'无畏战斗队'的《火烧康生》的大字报写得好,我们坚决地支持这种行动。"

1月22日,"人大三红"总部对"三红"中有人参与反对康生的活动发表声明,承认错误,同时又说昨天那个支持揭发康生的文告未经总部的讨论通过。当晚,"人大三红"总部代表将有关材料和总部声明交到中央文革,并向毛主席、党中央请罪。

1月24日,"人大三红"参与反对康生的几个人,前往中央文革,向康生当面请罪。

1月25日,"人大三红"总部撤销几个参与反对康生的有关人员的职务。

同日,"人大三红"将参与反对康生的寇金和、鲁从明等四人带到中央党校,向党校的"红旗战斗队"认错。离开时,在党校门口被近百名"新人大"成员强行带走(此时已不再用"八一八"的名义活动)。回学校后,在大教室开批斗会。"三红"人员闻讯前去援救。在带离和援救时,双方发生肢体冲突。据"三红"统计,"三红"方面有7人被打,4人重伤住院,其中2人昏迷。

1月30日晚至31日凌晨,戚本禹来人大分别接见两派代表(共14人),并发表讲话。讲话的主要意思是:"差不多'文化大革命'里面所碰到的全党全国全军党内走资本主义道路的当权派,那些重大事情,你们这里都涉及了。什么陶铸、什么邓小平、什么刘志坚、什么王任重,都跟你们这里有关系。而且你们这里,他们很多大人物都来过……所以你们这里的斗争任务是很艰巨的、光荣的。""由于走资本主义道路的(当权派)在文化思想战线相当长的时间占了统治地位，所以他们干了许多坏事情。人民大学在他们的统治下变了颜色，成了推行资产阶级思想、修正主义思想的一个阵地。""应该看到因为资产阶级的统治，人民大学在相当（长的）时期里面，没有很好地培养我们的接班人，相反的培养出了很多受资产阶级思想影响很深的一些人，散布了很多毒。这一点，我们大家都应该感到痛心的。"他还说："我们'中央文革小组'是非常关心人民大学的。毛主席从外地回来以后，要了几个大学的材料看，其中就有人民大学的，还专门向我们要了你们学校的全套材料看。所以我们的统帅、我们最伟大的领袖、最伟大的舵手、我们伟大的导师是非常关心我们的。我们一定不能辜负他的希望，人民对我们的委托。我们一定要努力把这次'文化大革命'搞好。"

2月2日，"人大三红"参与了一些高校联合组织的"反朱德大会"，会后在市内举行游行。

2月3日，"红旗战斗团""红色造反者"等举行"批判朱德誓师大会"。

2月7日晚，"革命造反联络站"在大教室召开"彻底揭发批判大党阀大军阀朱德大会"。

2月8日下午，首都一司、二司、三司在人民大会堂召开大会，成立"首都革命造反红卫兵"，以代替原来的三个司令部。

2月22日下午，"首都高等院校革命造反'红卫兵'代表大会"在人民大会堂召开。

同日晚，人大校内召开"庆祝首都红代会胜利召开暨'新人大公社'成立大会"。原"八一八红卫兵"改组成"新人大公社"，负责人为赵桂林（经济系五年级-61级学生党支部书记）、张祖义同学。

2月23日，"首都大专院校红代会"成立。

2月25日，首都"批陶联络站"（"人大三红"是其主要成员）举行批斗陶铸大会，陪斗的有：雍文涛、郭影秋等。

2月，住人大校内东风一、二、三楼的"新人大"同学撤往图书馆楼（"新人大"总部）和北五楼等处居住。两派在校内双方对垒的"武装割据"局面基本形成。

3月3日凌晨，戚本禹来人大召开大会，直接插手人大的"文化大革命"。他主要讲了三点：一、挑明了"人民大学的敌人就是孙泱、郭影秋、胡锡奎"。尤其是着重讲了"我看你们人民大学的第一位敌人是孙泱"。二、说："那时有'八一八''赤卫队'，这样的组织不是革命组织，那是保守组织。后来他们造反了，表示愿意革命。这样的组织最好不要叫什么保皇派。有疤疤要革命也是允许的"。三、说："'三红'有很大的错误么，要搞康老么。这个错误是很大的。""那对它（指三红）如何估价呢？它有缺点错误，我看就三七开吧。"

同日晚，"新人大公社"委员会、"毛泽东思想红卫兵"总部决定成立"开门整风动员大会"。赵桂林代表"新人大"作动员报告。

3月4日上午，"人大三红"在新饭厅召开"开门整风动员大会"。孔宪龙代表总部作动员报告。戴万春代表"新人大公社"发言，表示坚决支持"三红"开门整风这一革命行动，要与"三红"广大战士互相帮助，为实现"大联合"作出贡献。

下午，"新人大"派出三名代表前往"人大三红"总部协商相互帮助，共同搞好开门整风。

同日，"人大三红"部分人成立了"揪朱（德）联络站"，月底撤销。

3月10日，"人大三红"成员前往曾经的"联动"老窝——位于海淀镇的八一学校，参观"摧毁反革命组织联动展览会"。

3月13日，"新人大"参加"批谭（注：时任国务院副总理谭震林）联络站"。

同日，"新人大"参与发起"批判余秋里联络站"，参加的还有：北京石油学院"北京公社"、北师大"井冈山"、哲学社会科学学部"红卫兵联队"等。

3月17日晚，"新人大"召开"彻底粉碎资本主义自上而下反革命复辟逆流大会"。

3月18日，"批余联络站"在石油工业部召开批判部长余秋里大会。

3月20日下午，为反击"二月逆流"，"批谭联络站"在北京工人体育场召开"击溃谭震林复辟资本主义逆流"大会。中国农业大学"东方红""新人大公社""新北大公社""北航红旗""农科院红旗"等四十多个单位约万余人参加。（反击"二月逆流"，被称为"文化大革命"的第三战役。而打倒刘、邓、陶，则被称为是第二战役。）

3月21日、22日，"人大三红"召开"批判总部错误，开门整风大会"，其成员上台批评总部的一些错误。

3月23日，戚本禹给"人大三红"和"新人大"发来一封信，推荐外国人大卫·库普的一张大字报。

同日，在北师大召开"彻底粉碎余秋里资本主义复辟誓师大会"，"新人大"参加。

同日，人大新闻系两派联合召开"斗争罗列（时任新闻系主任）、甘惜芬（新闻系教授）大会"。

3月24日上午，在人大图书馆楼召开"批判资产阶级反动学术'权威'联络委员会"筹备会议。发起单位有：北师大"井冈山"、哲学社会科学学部"红卫兵联队"、中央党校"红旗战斗队"、教育部"延安公社"、人民教育出版社"红旗联队""新人大公社"等。

3月25日，"人大三红"总部发出"关于认真学习戚本禹同志来信的通知"。

3月26日，"批谭联络站"在北京农机学院召开"批斗谭震林大会"。"人大三红"是该联络站成员，派人参加了大会。

同日，"新人大"300多人去四季青公社义务劳动。

3月27日晚，"人大三红"和其他一些群众组织召开"胜利会师大会"，人大"红色造反队""毛泽东思想革命造反总部""共产主义红卫兵""人大红旗（春节暴动）"等组织加入"人大三红"。

3月29日，"人大三红"和"新人大"联合召开"彻底粉碎孙、郭、胡资本主义复辟反革命逆流大会"。

同日下午，"人大三红"的"批判《论修养》联络站"，与长期受资产阶级反动路线迫害的《狂人日记》作者陈里宁进行座谈。据说陈早在"文革"前就因反对刘少奇而受到迫害，是被中央文革发现的一个典型。后来发现陈确实有一定程度的精神疾病，弄得戚本禹很被动。

3月30日下午，北京红卫医院"红旗战斗队"召开"彻底批判刘邓资产阶级反动路线大会"，请陈里宁到会控诉。"新人大"派人参加，并与陈进行了"亲切交谈"。

当日晚，"新人大"召开"彻底批判资本主义反革命复辟急先锋谭震林、余秋里大会"。

3月31日，"新人大"派出"毛泽东思想宣传队"前往河北沧州灾区进行慰问。

当日晚，中央人民广播电台播出戚本禹的文章《爱国主义还是卖国主义》，直接向刘少奇发起攻击。人大校内立即游行，敲锣打鼓，"打倒刘少奇"的口号震天动地。此后，"打倒刘少奇"的大字报、批判会便铺天盖地而来，"文化大革命"又升了一级。

4月2日晚，"新人大"和"人大三红"在校内新饭厅联合召开"愤怒声讨党内最大走资本主义当权派刘少奇、邓小平滔天罪行大会"。

4月3日下午，在北师大召开"彻底批判党内最大的走资本主义道路当权派刘少奇誓师大会"，"新人大"参与发起并参加了大会。

同日，《新人大》报第7期头版头条介绍新闻系五年级（61级）一班"按班级实行革命大联合"的经验。

当日晚，"新人大"与"人大三红"就戚本禹来校讲话一个月举行联席座谈，表示要搞好整风，实现革命"大联合"。

4月5日，《新人大》报第8期头版刊登陈里宁给"新人大"的一封信。

4月8日晚，"人大三红"将人大党委原副书记、副校长李培之（注：王若飞夫人）揪回学校。

4月10日，在清华大学召开了十几万人的批斗王光美大会。

4月13日，"新人大"派出"毛泽东思想宣传队"前往房山县农村进行为时8天的宣传和演出。

4月14日，在故宫午门外，由中宣部"革命派联合总部"、北师大"井冈山"、哲学社会科学学部"红卫兵联队"、中央党校"红旗战斗队"、教育部"延安公社""新人大公社"等联合召开"彻底批判反动影片《清宫秘史》大会"。

同日,"新人大""奔腾急"等战斗队贴出大字报,称李培之是"大叛徒"。

4月21日下午,在工人体育馆召开"声讨伍修权(时任中共中央外联部副部长)大会","人大三红"参加。

当日晚,"人大三红"召开"彻底砸烂以彭真为首的旧市委和反革命修正主义集团誓师大会",人大附中"井冈山"参加了大会。

4月24日晚,"新人大"召开"斗争彭罗陆杨反党集团忠实走狗反革命修正主义分子孙泱大会",中宣部理论处处长陈道陪斗。

4月26日下午,山西大寨大队党支部书记陈永贵来人大作报告,表态支持"人大三红",并为"人大三红"题字。其中红字还多了一点,写成了错别字。

4月27日上午,在北京大学召开"批斗彭真大会"。

4月,"新人大"贴出大量针对所谓"胡锡奎死党"崔耀先的大字报。

5月3日,中央文革批准"人大三红"批斗党内高层"走资派"。

5月4日,"人大三红"总部为拟举办的批斗大会发布"紧急动员令"。

同日,由"新人大"等组织发起、三十多个单位参加的"纪念'五四'联欢晚会"在我校召开。

5月7日,"人大三红"在大操场举行六万多人参加的"斗争彭、陆、安、薄反革命修正主义分子大会",被揪上台批斗的有:彭真、陆定一、许立群、安子文、薄一波、杨秀峰、宋硕、吴子牧、吴晗、廖沫沙、陆平、孙泱、郭影秋、胡锡奎、李培之等党政高层领导。那时,各派群众组织以能够揪来多大级别的、多少个当权派来批斗为荣耀,各种各样的批斗会名目繁多目不暇接。

"新人大"试图冲击这个大会。见"人大三红"已集结队伍,遂退出,一场冲突得以避免。

5月8日,人大文化广场上,两派群众有小冲突。

5月11日下午,戚本禹在人大附中又讲到了人大的"文革"情况。他指责"人大三红"说:"你们很反对我……反对我不要紧,我这个人就喜欢人家反对的,越反对越高兴,可以反对的。但是反对我,我不赞成。"

5月14日,"新人大"在大操场召开"斗争彭真、陆定一、薄一波、安子文大会"。

5月15日上午,"人大三红"召开大会,孔宪龙讲话。他说,全体"三红"战士要高举革命"大联合"的旗子,逐步实现以"人大三红"为核心的革命"大联合"。

同日,首都"红代会""工代会"举行反对武斗的大游行。校内紧张空气稍有缓和。

5月16日上午,千余名"新人大"成员前往英国驻华代办处周围举行游行示威,强烈抗议港英当局迫害我爱国同胞。

同日上午,"批判刘邓修正主义外交路线联络站"在我校召开"批判刘邓修正主义外交路线大会"。会上揪斗了张闻天、伍修权等。"人大三红""新北大"、外交部"革命造反联络站"等参加。

当日下午,哲学系教师姚中原贴出大字报,攻击站在"新人大"一边的哲学系副主任肖前,同时也把矛头指向了周恩来总理。当即被"新人大"拉到大教室进行批斗。

5月17日晚,"新人大"召开"最最热烈欢呼《五一六通知》发表和'中央文革'成立一周年,坚决击退攻击周总理,攻击'中央文革'反动逆流大会",表示要对姚中原之流给予迎头痛击。

当日晚,"人大三红"召开"彻底批判反革命'二月提纲',斗争大特务孙泱大会"。

5月18日下午,"新人大"派人参加在北师大举行的斗争李立三(老革命家,全国总工会副主席)大会。

5月19日上午,"新人大"联合中央社会主义学院"造反团"、民族学院"东方红"在我校新饭厅召开"斗争反革命修正主义分子聂真大会",陪斗的有李维汉、张执一(李、张为统战部部长、副部长,聂真是中央社会主义学院主持工作的副院长、党组书记,同时兼人民大学副校长,之前长期在人民大学担任领导工作)。

5月23日晚,"新人大"举行文艺晚会,隆重纪念毛泽东《在延安文艺座谈会上的讲话》发表25周年。

5月24日晚,"人大三红"举行"斗争大叛徒、反革命修正主义分子胡锡奎大会"。

5月25日晚,"新人大"举行"狠斗反革命修正主义分子崔耀先大会"。

5月中下旬,"新人大"作为战果,又公布揭出了一批所谓的"叛徒"名单,其中有:计划统计系铁华、中共党史系戴逸、工业经济系王家膜等。"新人大"和"人大三红"在"中央文革"的鼓动下,双方先后都争先公布自己挖出了数百名"叛徒、特务、'走资派'、黑五类、现行反革命、阶级敌人"。

6月2日,"人大三红"向"新人大"发出"紧急建议",成立中国人民大学"革命委员会筹备小组",以促进全校大联合的早日实现。

6月3日,"新人大"举行对国家档案局局长曾三的斗争会。

6月4日,"新人大"等18个组织加入"首都红代会"。

6月5日,"人大三红"的"红人大纵队"阻拦前来进行宣传的中国农业大学"东方红"的广播车,与赶来的"新人大"成员发生冲突,有人受伤。

6月6日,《新人大》报第22期刊登简报说:近日来,我公社召开多次斗争会,被斗争的有:林铁、崔耀先、胡锡奎、铁华、何干之、胡华、宋涛等。

6月7日,"人大三红"发出"紧急通知",要求在外的成员立即返校,参加校内的"革命运动"。

6月8日,"人大三红"批斗孙泱。

6月11日,"新人大"与中央社会主义学院"毛泽东思想革命造反团"等在人大校内联合批斗聂真。

6月13日,"新人大"举行批斗孙泱、郭影秋等大会。

同日,"人大三红"发出紧急倡议,呼吁立即停止打内战,做革命"大联合"的促进派。

6月15日,"人大三红"举行批斗孙泱、郭影秋等大会。

6月16日,"新人大"发表"关于促进我校革命派'大联合'

的四十五条建议"。

6月17日，两派"红卫兵"为我国第一颗氢弹爆炸成功在校内举行庆祝活动，并结队去市里游行。

6月19日，"新人大"和"人大三红"在新饭厅联合召开大会，"最最隆重纪念毛主席光辉著作《关于正确处理人民内部矛盾的问题》发表十周年"。

6月22日，"人大三红"发表就开展"开门整风"给全校革命师生的公开信，表示要进行认真的自我批评，并建议双方停止相互攻击。当晚，"人大三红"召开"开门整风大会"，安维华作动员报告。

6月26日，经济系"三红"和"新人大"成员联合召开批斗系主任宋涛大会。

当日晚，"人大三红"举行"下乡、留校革命战友胜利会师大会"。

6月27日，"人大三红"向"新人大"提议，为促进教育革命，建议成立"联合教改小组"。

当日早晨，"人大三红"在大操场举行大会操。

7月5日，《人大三红》报发表评论员文章《奈温，放老实点！》批判缅甸政府掀起的反华恶浪。之前，7月3日首都"红卫兵"冲砸了缅甸驻华大使馆。

同日，中央专案审查小组办公室来校，传达陈伯达、谢富治、戚本禹在"人大三红""孙泱专案组"报告上的批示。

7月10日，两派"红卫兵"联合召开"复课闹革命誓师大会"。

同日，"人大三红"等首都高校群众组织和在京日本左派共产党人联合集会，声讨日共领导层反对中国"文化大革命"的罪行。日本著名人士西园寺公一作了重要发言。参加大会的有：北师大"井冈山"、北航"红旗""新北大公社"、矿院"东方红"、体院"毛泽东思想兵团"、轻工学院"红鹰"、农大"东方红"等。

7月12日，"复课闹革命"的第一天。有的班级，如经济系五年级（61级）一班全班同学一起坐到了教室里。但由于大环境所致，没能坚持多久。

7月13日开始,由北京建工学院"八一战斗团"发起,全市数千群众组织以围困中南海的方式要挟中央交出刘少奇任由群众批斗,在府右街搭起数百个棚子,组成所谓"揪刘火线"。游行队伍终日不断,数百个高音喇叭日夜吼叫,使得中南海里面不得安宁。"新人大"和"人大三红"都有参与。

7月15日,《人大三红》报报道,人大部分领导干部召开广播誓师大会声讨"彭真反党集团"。孙存锁、朱真、宋德敏、樊亢等发言。

7月16日,人大新建的游泳池在"庆祝毛泽东畅游长江一周年"之际正式开放。

7月17日,中南海西门外召开了有几十万人参加的"揪斗刘少奇誓师大会"。

当日晚,人大部分领导干部召开"彻底埋葬彭真反革命修正主义集团大会"。

7月14日、16日、19日,"人大三红"总部连续三次召开大会,反复动员,要掀起大批判的新高潮。

7月20日,爆发武汉"七二〇"事件。仗着有武汉部队的支持,武汉的一派群众组织"百万雄师"拘押了表态支持另一派的"中央大员"王力、谢富治,并打伤了王力。因而惊动了当时就住在武汉东湖宾馆的毛泽东。

7月21日下午,"人大三红"召开全体战士大会,紧急声援武汉地区"无产阶级革命派",愤怒声讨王任重、陈再道。会后冒雨上街游行,并有几百人到永定门车站抓捕想要来京游行上访的所谓"百匪"(武汉的群众组织"百万雄师")。

7月22日,"人大三红"部分成员去西郊玉泉山宾馆抓武汉军区司令陈再道,未得逞。

7月24—8月19日,"人大三红"连续组织了7次对孙泱的中小型批斗会。

7月25日,首都革命"造反派"在天安门广场举行百万人大会,欢迎谢富治、王力从武汉回到北京。

8月2日,"新人大"的大队伍去"揪刘火线"游行示威。

8月3日,"人大三红"的大队伍去"揪刘火线"游行示威。

同日,"新人大"总部发布"把革命的大批判进行到底"的号召书。

同日,首都高校"红卫兵"和在京的日本"红卫兵"在人大文化广场联合召开"打倒日共宫本修正主义集团大会"。

同日,北京高校部分群众在机场候机室批斗要撤回国的日本共产党驻中国代表和日共中央《赤旗报》驻北京记者砂间一良和绀野纯一,"新人大"和"人大三红"都有参加。

8月4日,对砂间一良和绀野纯一在机场的批斗升级,进行了殴打,造成两人受伤。这一天,"人大三红"部分人员起了主要作用。

8月5日,为纪念毛泽东"炮打司令部——我的一张大字报"发表一周年,在天安门广场举行百万群众"声讨刘邓陶"的大规模集会。

8月7日早上,人大印刷厂两名"人大三红"女成员被"红色革命造反大队"打伤。当晚,"人大三红"开大会声讨。

8月8日,"人大三红"开大会,庆祝"十六条"发表和"人大三红"成立一周年。

8月9日,首都"工代会""农代会""红代会"等在天安门广场召开"揪出邓小平誓师大会"。

当日晚,"新人大"在校召开大会,"隆重纪念毛主席发表支持美国黑人斗争声明四周年",坚决支持美国黑人的武装抗暴斗争。到会的还有:地质学院"东方红"、北师大"井冈山"、清华"四一四"等一万多人。

8月10日,由于武汉事件的影响,围困中南海的群众基本撤离。

同日,首都政法界在工人体育馆召开"批斗彭真、罗瑞卿大会","人大三红"参加。

8月11日晚,在文化广场由"人大三红"和建工部对外局等单位召开"愤怒揭发、批判刘少奇叛徒集团滔天罪行大会"。

8月12日,《新人大》报第32期发表社论《打倒军内一小撮走资派》。

8月14日,《人大三红》报第37期发表编辑部文章《打倒拿枪的刘邓》。

8月18日,"新人大"与外校一些单位举办"纪念毛泽东首次接见'红卫兵'一周年"大会。

8月21日,北京军区"无产阶级革命派"在工人体育场召开"斗争反革命修正主义分子彭德怀大会","人大三红"参加。

8月22日晚10点40分,数千群众冲砸、火烧英国代办处,"新人大"人员有参与。两三天后,"人大三红"也去示威游行。

8月26日,在人大校内,由"新人大"联合校外几个单位,批斗了中央社会主义学院副院长聂真。

9月1日,"新人大"围攻东风三楼。

同日,"新人大"发布"拥军公约"。

9月5日、16日,江青连续表态支持"人大三红"打倒人大哲学系副主任肖前。后来知道,江青是误把肖前以为是翻译家萧乾了。而之前,戚本禹是支持"解放"肖前的。

9月8日,"人大三红"在文化广场召开"斗争反革命修正主义分子肖前大会"。

9月9日,"新人大"和人大附中"红旗"联合召开"坚决执行毛主席最新战斗号令誓师大会"。

9月11日,"新人大"在校内大教室召开"打倒反革命两面派陶铸,掀起革命大批判新高潮大会"。

9月12日,脱离"新人大"总部的"新人大公社斗肖联络站"成立。

9月15日,"新人大"参加在轻工业学院举行的"拥军爱民大会"。

同日,"新人大"的一些分社分别举行斗争廖鲁言(农业部长)、陈漫远、肖克(均为农垦部副部长)和安岗(人民日报副总编辑)大会。

当晚,"人大三红"、人大附中"井冈山"和"三军无产阶级革命派"在人大文化广场举行"拥军爱民大会"。北京卫戍区副司令李钟奇到会并讲话。

9月16日,中央首长(周恩来、陈伯达、康生、江青、谢富治、姚文元、叶群、戚本禹、傅崇碧等)在人民大会堂接见北京大专院校

"红卫兵"（主要是"天派""人大三红"有刘庆库等参加，"新人大"没去），谈"天派""地派"联合问题。江青在讲话中，有几处对着"人大三红"的刘庆库发飙，说："'三红'里面特务多，保大特务孙泱。"又说孙泱是"日本特务""苏修特务"。

9月17日，"新人大"把孙泱转移到"新人大"总部关押。之后，"人大三红"要求批斗孙泱时，"新人大"不再理会。

9月19日上午，"人大三红"法律、计统系兵团召开"批斗历史反革命分子凌静大会"。

9月21日清晨，两派经过一夜谈判，宣告成立"中国人民大学大联合委员会"，当晚还举行了庆祝大会。但很快就无疾而终。

同日，"新人大"发布"关于立即无条件实现我校无产阶级革命派大联合的决定"，以及就此给"三红"总部的"紧急建议"。

9月26日，陈伯达、江青在外校群众大会上再次讲孙泱是"大特务"。

9月29日，"新人大"举行纪念"八一八毛泽东思想红卫兵成立一周年"大会。

10月3日，"人大三红"召开学习贯彻"斗私批修"广播大会。

10月4日，"人大三红"举行"热烈响应毛主席的伟大号召斗私批修誓师大会"。

当晚，"人大三红"举行革命文艺晚会，沈阳地区群众组织"八三一"来校演出了革命样板戏《奇袭白虎团》。

10月5日，"新人大"召开大会，斗争语文系副主任曹景春、图书馆馆长张照、修建科副科长金仑等。

10月6日凌晨，"新人大"从人大林园4楼17号的家中抓走朱真，关到图书馆楼地下室。

10月6日，孙泱被害死在"新人大"关押地——图书馆楼地下室。据说，有个"上吊自杀"的现场。

10月8日，国务院秘书长周荣鑫来校，传达周恩来的指示。他说："总理有指示，孙泱突然死亡，一定要调查清楚，要有个专门调查组。你们'三红'要参加，'新人大'也要参加。"

当日晚，"新人大"举行"热烈欢送革命战友支援'三秋'大会"，部分成员去郊区农村参加"三秋"劳动。

10月9日,"人大三红"发表"我们愤怒我们呼吁——就夏菊花问题给《光明日报》革命同志的一张大字报",就武汉地区"文革"形势与"新人大"发生争论。

10月10日,李水清来到人大图书馆,专门就组成三方调查组进行安排。调查组由北京卫戍区、"新人大"和"人大三红"三方组成。卫戍区副司令李钟奇具体负责。

10月14日,《人大三红》报发表社论《彻底揭开"孙泱之死"的内幕》。

同日,《新人大》报发表"斗胡战地通讯组"的文章,称"今年以来,'新人大'和所属各战斗单位对胡锡奎进行了数十次审讯、质问和斗争"。

10月19日下午,"人大三红"举行对财贸系党总支书记、系副主任黄达的批斗会。

11月1日,"新人大"在校内不同地点殴打"人大三红"成员肖明、张扬、王朝文、张起瑞等。

下午2点,"新人大"成员将校区西部的两处西墙推倒,砖头运至北五楼备战。

晚6点半,"新人大"成员在人大城内校区铁一号门口,殴打乘坐交通车从西郊回来的"三红"成员。

11月3日,"新人大"策划攻击"人大三红"总部大楼,因未安排好而未果。

11月4日,闻讯"新人大"要进攻"人大三红"总部所在的新教学楼,"人大三红"连夜作准备,搬砖头堵窗口。

11月6日,法律系两派同学"复课闹革命",无果而终。

11月11日,"新人大"在西校门抓走"人大三红"的王昆顺(新闻系五年级学生,"人大三红"新闻系兵团负责人)。

11月11日晚,"人大三红"冲击南一楼新闻系"新人大"同学的宿舍,殴打并抓走扈瑞清、徐珠宝、章××三人至"人大三红"总部,次日才放出。

11月12日中午,"人大三红"在东风二楼抓走"新人大"的农业经济系学生李亚模。

11月14日中午，"新人大"新闻系的林长青、田润光在经济系食堂前被"人大三红"抓走。"新人大"来了几十人，想要救回，结果"人大三红"一边更来了三百余人，冲击了五处和北一楼、北二楼，打伤多人。

下午2点，"新人大"抓走"'孙泱之死'三方调查组"的"人大三红"首席代表谭立清，将其毒打3天后扔在大字报区。"人大三红"将其送至309医院救治。"'孙泱之死'三方调查组"从此再无进展。

同日，"新人大"抓走"人大三红"成员张阁林进行毒打。

同日，"新人大"占据红一楼，打伤多人。

11月15日，"人大三红"在东风一楼工业经济系宿舍抓走"新人大"工业经济分社负责人梁志玉。

当日，许多"新人大"成员向其总部图书馆楼集中住宿。

"新人大"成员殴打函授学院教师龚维丽、邝鸿夫妇。

11月16日，"新人大"强占红一楼，驱赶"人大三红"成员，造成多人受伤。

11月17日，"人大三红"和"新人大"双方在北京卫戍区主持下举行谈判。

同日，"新人大"成员冲击六处的"人大三红"成员住处。

11月18日，"人大三红"占据留学生楼。

同日，"新人大"冲击二处和北四楼的"人大三红"成员住处。晚10点，"新人大"进占林园一楼、二楼、七楼、九楼。

11月22日，北京卫戍区副司令李钟奇亲自来校主持"新人大""人大三红"双方参加的会议，达成七条协议，并召开大会，作了要求制止武斗的讲话。

11月24日，"人大三红"方面开始拆除工事、上交武斗工具。

同日，"人大三红"召开"坚决支持新人大起来造反大会"。

11月25日，卫戍区副司令李钟奇再次来校，在文化广场讲话，要求双方都要严格执行制止武斗的协议。"新人大"方面响应，上交武斗工具。

当日晚，两派组织在大教室举行交换双方被扣押人员的仪式。"新人大"方面释放了王昆顺等人。

12月12日，"新人大公社革命造反联络站"成立，脱离"新人大"。

12月22日，《人大三红》报发布战报，宣称又揪出一批"阶级敌人"：高放、饶友基、范若一、胡钧等学术权威。

12月，"新人大"又公布揪出了一大批"叛徒特务反革命分子"：法律系何思敬，党史系胡华，经济系刘呦勤，档案系潘嘉，哲学系马玉珂，财贸系邹颖堂，庶务科朱运新、项冲、付积嘉、付强等。

12月，"新人大"释放朱真，由"人大三红""保护"在总部所在的新教学楼。

1968年

1月27日，《新人大》报第二版以整版篇幅发表文章《无产阶级杰出的政治家理论家——陈伯达同志》。

2月5日，北京市"革委会"举办"北京高校群众组织负责人学习班"。

2月20日，"军训团"进校，在文化广场举行了欢迎仪式。

3月3日晚，"人大三红"在戚本禹来校一周年之际举办"庆祝打倒王关戚文艺晚会"，以示划清界限。

3月13日和15日，由"新北大"组织发起，召开了两次北京高校"天派"组织的串连会，矛头指向"市革委会"举办的学习班。"人大三红"有人参加。

3月16日下午，"人大三红"的"一一二二纵队"贴出"打倒变色龙谢富治"的大字报。

3月17日，"新北大""人大三红"等8个北京高校"天派"的人员在人民大学开会商讨"倒谢"计划。

3月22日深夜，在人民大会堂举行了驻京团以上军队干部万人大会，由周恩来主持，林彪宣布"打倒杨成武、余立金、傅崇碧"三人。次日晨，毛泽东到场讲话。此事被称为"文化大革命"的"第五战役"。"第四战役"则是指"打倒王关戚"。

3月27日下午，在工人体育场召开"彻底粉碎'二月逆流'新反扑，夺权无产阶级文化大革命全面胜利誓师大会"，传达中央对"杨余傅事件"的处理。

3月29日，北大发生大规模武斗，伤数百人，开始了北京高校校内武斗的又一轮高潮。

3月30日，北京卫戍区副司令李钟奇作检讨，承认高校学习班没办好。

4月7日，新闻系蒋荫恩教授在被"三红"关押的南一楼15号房间上吊自尽。

4月14日，法律系何思敬教授（中国著名哲学家、法学家，一级教授）被"新人大""学工农战斗队"关押在北二楼洗脸房里批斗。他们围成一圈，把何老推过来揉过去。老人患有高血压症，戴着深度近视眼镜，在推揉殴打中脚步不稳，撞在水泥池边沿上，当时眼镜撞碎，眼珠突出眼眶，血流不止，并造成脑出血，于当日死于积水潭医院，终年72岁。

4月16日晚，"新人大"打伤"人大三红"一名女同学。双方大喇叭激烈对骂，紧张气氛迅速加剧。

4月19日，原想消除派性、促进联合的高校群众组织学习班未能取得应有效果，草草收场。

4月25日晚，"新人大"强占"人大三红"档案系和研究所"兵团"的办公室。

4月26日，"新人大"在总部大楼（新图书馆楼）抢修工事。

4月28日，"新人大"抓走"人大三红"成员黄茂祥。

同日，"人大三红"转走幼儿园口粮1万余斤。

4月29日，"人大三红"占据办公大楼。

当晚，毛远新在接见沈阳"八三一"成员时，说："'人大三红'的姜长喜（经济系四年级一班学生，'人大三红'驻沈阳'八三一'的首席代表），他在'八三一'总司比一个常委还有权威，今年一直还在起作用。"毛远新还说："'三红'后面有'三红'的问题，它还有另外的问题，咱们不管，他们之间的问题有别人管。""他们是和上面有关系的,要发动群众,清查黑线,斩断黑手。"

同日,思想解放的先驱者、新闻系资料室管理员林昭被枪杀于上海龙华刑场。

4月,《新人大》报第67期列出"文革"以来人民大学被正式逮捕的人,有:胡锡奎(1968年2月1日被捕)、聂真(1967年10月被捕)、李培之(1968年3月被捕)、孟××("三红"成员、组建中国××××党)、张××("三红"成员,与孟×同案)、陶××(与孟×同案)、王强铭("三红"成员,曾被拘留)、陈章伦(三红成员)、王化民、姚洪芳、王忠海(这三人与许惠尔死亡有关)、宋长英、乌兰琪琪格(在内蒙被捕)、范秀济(计统系"反动学生")

5月6日晚,"新人大"袭击六处六排学生宿舍,打伤两名"人大三红"成员。

5月7日,计划统计系吴景超教授因受极左路线迫害不幸逝世,终年68岁。

5月10日,驻校"军训团"面对失控局面无能为力,突然撤走。

5月10日,"人大三红"抓获"新人大"的李德山(工人"造反派"头目)。

5月10日、11日,军训团撤走后,"新人大"立即进占教工家属宿舍的林园楼。有11户"人大三红"教师的家被打砸抢,人员被赶走,并抓走部分"人大三红"教工。教师董久昌家中门窗家具全被砸烂,自行车、收音机、热水瓶都被摔碎。计统系党总支秘书王纪霆老师(女),因病已卧床一月多,竟然也被"新人大"成员打断双腿,造成终生残疾。

5月11日,人民大学爆发第一场双方冲突的大规模武斗。下午1点开始,"人大三红"先占据东大门。下午3点,强拆"新人大"设置在五处的广播喇叭,接着又占据电话机房和收发室。到了傍晚,则开始攻打"新人大"占据的红楼。经过一番争夺后,"新人大"撤出,"人大三红"进驻红楼,未造成死亡。

5月12日,"新人大"驱逐校办工厂的"人大三红"人员。

5月14日凌晨两点半,"人大三红"向校办工厂发起反击。"新人大"中文系负责人王锡中同学不幸被刺中颈动脉当场身亡。

5月17日中午，"人大三红"捣毁可能被对方用于埋伏的位于校园主干道北侧的体育用品房。

5月22日下午，一场空前的血腥武斗在图书馆西南的空地爆发。双方在修筑中间隔离带时发生冲突，矛盾很快升级，竟然出动武斗队，进行面对面刺杀。"新人大"方面陈荣祖（计划统计系）、廖金妹（农经系）、杨大志（农经系）三位同学当场身亡。如经济系的沈士根同学被刺瞎眼睛，于1970年去世。

5月23日，"新人大"方面为死难同学举行追悼大会。王锡中同学的父亲作为死难者家属代表发言。

5月26日下午，"人大三红"武斗队集合出发，要去打伏击，被对方发现，未成功。停留在学校东墙边，引起墙外许多路人围观，遂撤回。

6月，"人大三红"陆续发表"战报"，又揭发出一批"黑帮"，大多是各系的领导，有：方志西、徐景秋、许征帆、罗髻渔、李焕昌等。

7月1日晚，"新人大"捣毁"人大三红"的部分工事。

7月2日凌晨，"人大三红"方面回击，去捣毁"新人大"工事。结果"新人大"方面扔出了手榴弹，并有枪声。人大校内武斗用上了热兵器，幸未发生大的伤亡。

7月6—7日，"人大三红"一方修补工事，"新人大"以大弹力弓干扰。

7月10日，何思敬死后，何思敬女儿、何理良的先生外交部长黄华将此事报告周恩来。周恩来7月10日批示公安部部长谢富治："这类被打致死，或系自杀，或系被人灭口，人大最多。我建议，公安部转告（市）公安局军管会成立专门机构，追查此类事件，总要查出一个究竟。否则，任何一个群众组织都可以私捕私抓，打人致死，专政机关置之不问，决非善策。"但最后也没有查出什么结果。

7月23日，"新人大"切断"人大三红"东区部分区域供电，紧张气氛加剧。

7月27日，北京水电学院学生来人大游行，与"人大三红"发生冲突。

7月,据《新人大》报某期第三版报道,因枪支问题"人大三红"有4人在武汉被捕,有3人在沈阳被捕。

7月27日,数万名工宣队员在解放军的配合下,突然开进清华大学占据校园,与学生发生冲突。工宣队员死5人。

7月28日凌晨,毛泽东亲自出面,在人民大会堂召见了北京高校的"五大造反领袖"。晚到的清华大学"造反派"头头蒯大富向毛泽东哭诉,他们遭到了工人的镇压。毛极其严厉地对他说:"你要抓黑手,那个黑手就是我,工人是我派的。"毛泽东最后又说:"现在是轮到你们小将们犯错误的时候了,我再说一遍,如果谁再不听劝告,谁就是国民党,谁就是土匪,就歼灭!"说完这话,毛泽东头也不回地走进另一间屋去了。

毛泽东在讲话中还两处提到了人民大学,一是说"'人大三红'反谢富治,总部不出面,叫一个小小的战斗队出来";二是说"我看赵桂林不是反革命么"。(赵桂林,"新人大"的负责人)

8月22日,以人民机械厂为主的工宣队、军宣队进驻人民大学,开始进行"大联合"。军、工宣队进校后,高校中以学生为主体的群众运动就此结束。各个群众组织就此消散,再没有活动。

8月底,"新人大"学生回东风楼、南五楼等原宿舍,"人大三红"教工回林园等原宿舍。

9月初,1966、1967届毕业生分配工作并离校。其中:1966届本科毕业生407人,研究生2人,进修班毕业生30人,专修班毕业生40人;1967届毕业生418人。

10月21日,工宣队、军宣队召开全校大会,号召为建立校革委会努力。

10月26日,召开批判朱真大会。朱真是人民大学的校党委宣传部长。

11月15日,召开批判哲学系副主任肖前大会。

11月23日,"工宣队"中的人民机械厂职工换成北京橡胶总厂的职工。

1968年11—1969年5月,清理阶级队伍。在全校各系批斗了许多领导和教师。从"文革"开始至此,全校两千多名教职工里,被打倒的有 340 名。

12月15日，历史系教师阮季（女，尚钺夫人）在人大城内校区的铁一号家中浴室里悬梁自尽。

12月18日，召开全校清理阶级队伍的"宽严大会"，对"顽固不化"的典型卞占魁进行批斗。

12月27日，中文系教师李尚公在北五楼关押处，用烧红的铁条直刺心脏自杀。

1969年

1月8日，驻人大的工宣队——北京橡胶总厂工宣队成员进行轮换。

1月17日，驻校工军宣队召开座谈会，要求撤销人民大学，并将此意见提交给北京市革委会。

下午，召开全校"落实政策大会"，有几位经教育表现好的人员作大会发言。

1月31日，再次召开清理阶级队伍的"宽严大会"。公安部门对"坦白、认识较好"的计划统计系一年级（65级）学生陈仓仓，当场教育释放；对"顽固不化"的该系五年级（61级）学生范秀济，宣布戴上"反革命分子"帽子，押回原籍交群众专政。

2月6日下午，召开"清理阶级队伍，进一步体现党的政策"全校大会。由郭子诚、陆大壮、董代耕三位教工交代问题。

2月28日，召开全校"专案工作经验交流会"。

3月2日，中苏冲突发生"珍宝岛事件"。从3月3日起，连续十多天，全校师生去苏联驻华大使馆前游行示威。

3月26日，军宣队召开有关"珍宝岛事件"的全校大会。

4月1日，中共"九大"召开。当晚和次日，全校师生去天安门游行庆祝。

4月14日晚，中央人民广播电台广播：在毛泽东主持下，"九大"通过了新党章和林彪所作的政治报告，全校师生去长安街游行庆祝。

4月24日,"九大"闭幕。当晚,全校进行庆祝集会。

4月25日,全校师生又去天安门游行庆祝。

4月27日晚,中央人民广播电台全文广播了在"九大"开幕式上林彪所作的政治报告,全校举行校内庆祝集会,会后又有游行。

5月7日上午,开会批斗了喀麦隆留学生韦拉德吉。

5月14日,宣传队召开全校"落实干部政策大会",宣布解放了一批干部。已知的,有历史系主任何干之。清理阶级队伍工作基本告一段落。

8月11日,开始整党运动。

8月24日,成立由军宣队、工宣队领导的中国人民大学"革命委员会"。主任是军宣队的杨培基,副主任有原副校长崔耀先等。

9月28日,召开"校革委会"成立庆祝大会。北京卫戍区第一副司令员吴忠、副司令员李钟奇、北京市"革委会"副主任丁国钰等出席。

10月10日上午,全校召开"掀起整党新高潮"大会。

10月17日,林彪发出全军进入紧急战备状态的"紧急指示"(即所谓"一号命令")。

10月20日,全校召开"防空战备动员"大会。

10月25日上午,全校召开"加强战备,走出校门,接受工农兵再教育"大会。

10月26日,中共中央发出《关于高等院校下放问题的通知》。人民大学由此划归北京市"革委会"领导,由其负责学校的撤销、合并、搬迁等事宜。

10月28日,军宣队、工宣队依据林彪"一号命令",把学校教职员工和在校学生疏散到郊区工厂、农村劳动。历史系等11个单位步行到苏家坨公社劳动,宣传队和"校革委会"驻北庄子村;计划统计系等6个单位到东方红炼油厂劳动。

11月7日,经北京市"革委会"批准,中共中国人民大学整党领导小组正式成立。党员通过"斗私批修",分批恢复组织生活,基层支部逐渐开始活动。整党工作到12月中旬基本结束。

11月,同时开始"整团活动",历时大体一个月。

11月7日，学校"革委会"和整党领导小组决定成立江西省余江县中国人民大学"五七"干校。崔耀先任干校临时党委书记。

11月16日，历史系教授何干之因受连续数年的批斗迫害，突发心梗，死于苏家坨前沙涧大队，终年63岁。何干之和何思敬是中国人民大学在20世纪50年代评定的仅有的两位一级教授，都在"文革"中罹难。

11月19日，去"五七"干校的先遣队出发。

11月27日，第一批教职工528人去余江干校（刘家站）。11月，在苏家坨公社的历史系等11单位的师生转移到第二毛纺厂等8个工地劳动。

12月18日，学校欢送北京起重机厂、第三轧钢厂派驻学校的工宣队成员回厂。

12月22日，第二批去江西干校的教工和家属150多人出发。

12月，1968届本科毕业生639人分配工作离校。

1970年

1月3日，开始"批判极左思潮，清查'五一六'反革命分子"的"批清运动"，历时两年多。这两年中，有不少两派组织负责人和有关人员在江西"五七"干校被隔离审查，最后没有查出一个"五一六分子"。但在江西"五七"干校，至少有项冲老师（服毒自杀）、陈秋梅老师和总务处会计杨树贵（自己扑向电锯劈脑袋自杀）被迫害致死。

另，意外死亡的还有计划统计系总支书记铁华，为救溺水的妻子而身亡。

1月11日，第三批228名教工及家属去江西干校。

3月1日，第四批200名教工及家属去江西干校。

3月17日，"校革委会"将中国人民大学"五七"干校改名为"五七学校"。

3月26日、27日，第五批255名教工及家属去江西"五七学校"。

4月25日，第六批54名教工及家属去江西"五七学校"。

5月2日，经济系教授项冲在"五七学校"喝敌敌畏自杀。

5月18日，开始"打击现行反革命活动，反对贪污盗窃、投机倒把、铺张浪费"，即"一打三反"运动。

6月15日，"校革委会"和整党领导小组决定成立"五七学校"核心领导小组。

7月9日，学校召开"应届毕业生毛泽东思想学习班动员大会"，布置毕业离校工作。

7月28日，在大教室宣布全体毕业生（1969、1970两届）的毕业分配方案。

8月7日，人大天津函授站的房屋及物品移交给天津市公安局军管会。

8月，1969届本科毕业生635人、1970届本科毕业生447人分配离校。至此，在校学生已全部离校。

人大附中移交给海淀区教育局。

9月5日，学校在苏家坨北庄子劳动基地的房屋及物品移交给苏家坨公社。

9月22日，学校在北戴河滨海区休养所的房屋及物品移交给北京市"革委会"。

10月22日，学校太原函授站的房屋及物品移交给太原市"革委会"。

10月23日，人大原党委书记、副校长胡锡奎冤死狱中。

10月26日，学校在十三陵铁帽山绿化基地的房屋及物品移交给昌平县"革委会"。

10月，北京市"革委会"通知中国人民大学停办。

11月3日，学校机械厂和报卡社职工130余人以及房屋和物品移交给北京工业大学。

11月15日，学校档案室存放的原陕北公学、华北联合大学、北方大学、华北大学的材料移交给中共中央档案馆。

12月3日，学校军、工宣队指挥部和"校革委会"决定把学校领导中心搬到江西"五七学校"。除个别老弱病残外，其余教职工及家属全部迁往江西"五七学校"。在北京设留守处。

12月9日，第七批110名教工及家属去江西"五七学校"。

1970年，国务院、中央军委批准第二炮兵（102部队）迁入人民大学校区。

1971年

1月，第一批近600名教职工被分配到北大、清华、北京市"革委会"等单位。

1972年

5月14日，人民大学余江"五七学校"撤销。至12月底，教职工和家属分批回到北京。在"五七学校"开办的3年中，先后有1583名教职工、480户家庭分8批去到那里。

1973年

6月，第二批1420名教职工按建制成块分配到北大、北京师范学院、北京经济学院等单位，另有160位教职工回家庭所在地工作。

9月29日，北京市规划局将林园东侧8000平方米批给大华衬衫厂使用。

11月10日，北京市委、市"革委会"通知，撤销中共中国人民大学领导小组和中国人民大学"革命委员会"。军宣队全部撤离学校。中国人民大学正式宣告结束。

1973年，始终未被改正的著名学生右派、人大校友林希翎（程海果）在刑期将满之时被提前几个月释放。

1975年

4月4日，人大校友张志新烈士在辽宁盘锦监狱被割喉杀害。

1976年

10月揪出"四人帮","文革"结束。

1978年

7月,中国人民大学恢复,成仿吾任校长。
7月11日下午,学校召开恢复大会。
7月26日,举行全校会师大会。
9月29日,成立校党委,成仿吾、郭影秋分别任第一书记和第二书记。

主要参考资料

1. 陆伟国:《风霜雨雪忆年华》,漓江出版社2012年版。
2. 陆伟国:《中国人民大学"文化大革命"大事记》,微信公众号《新三届》,2017年8月6日。
3. 1966年9月至1968年8月期间,人民大学校内印行的各种报纸,其中主要有:《中国人民大学新校刊》,中国人民大学"文化革命筹备委员会"主编;《红卫兵报》,中国人民大学"八一八毛泽东思想红卫兵"主编;《无产者》,中国人民大学"赤卫队"工人大队主编;《红卫战报》,中国人民大学"红卫兵""红卫队""红卫军"主编;《红卫兵报》,中国人民大学"八一八红色暴动委员会"主编;《红色造反者》,中国人民大学"红色造反团"主编;《新人大》,"新人大公社""毛泽东思想红卫兵"主编;《新人大报》,中国人民大学"新人大革命造反联络站"主编;《人大三红》,中国人民大学"红卫兵""红卫队""东方红公社"主编;《人大三红》报,"人大三红八一一"战报编辑部主编等。
4. 中国人民大学干部、教师和历届校友印行的回忆录:
(1)《往事漫忆》,郭影秋口述,王俊义整理,中国人民大学出版社 2009 年版；

（2）刘炼：《风雨伴君行——我与何干之的二十年》，广西教育出版社 1998 年版；

（3）李新：《流逝的岁月》，山西人民出版社 2008 年版；

（4）石琦：《我的崎岖之路》，回忆久久出品，2012 年出版；

（5）李恒山：《恒山之路》，2017 年，未正式出版；

（6）梁澄宇：《逝年流风》，2008 年，未正式出版等。

5. 中国人民大学校史研究丛书编委会主编，《中国人民大学纪事》，中国人民大学出版社 2007 年版。

6. 当事人家属直接提供的资料和情况，以及互联网上知情人的回忆文章，如：孙冰的《怀念父亲孙泱》、朱真的《琐记杂谈》等。

2018 年 9 月

（作者是计划统计系 1962 级学生，南京审计大学退休教授）

第二章 重大事件

一、我与"中国人民大学七同学的一封信"

李豫生

1966年7月12日,《人民日报》头版头条发表了人民大学七同学给党中央、毛主席的一封信,标题是:"人民大学七位学生写信要求坚决彻底迅速地砸烂旧的教育制度 向党中央和毛主席建议实行崭新的文科大学学制"。这封信发表后被习惯性地称为"人民大学李豫生等七同学给党中央、毛主席的一封信"。作为这封信落款中排在第一位的署名人,我很容易被人误认为是这封信的发起人、组织者,抑或撰稿人,以至于多年以后还有外校当年老五届的同学打问此事。问我怎么会参与签署这封信?怎么会不假思索地签在了第一位?信是怎样送达的?发表后对我个人的人生轨迹又产生了什么影响?这倒促使我认真地作了一番回顾。

这封信的发起人和组织者,其实是语文系63级同学刘平凡。当时中央已经发布了正式开展"无产阶级文化大革命"的"五一六通知"。"大鸣、大放、大辩论、大字报"的运动狂飙已经席卷了北京各个高校,不同观点的人自由组合,用大字报发表自己的意见。有执笔者,也有赞同者,赞同者只要支持文章观点,经发起人认可,就可以签上自己的名字。发起人一般愿意吸引更多的人签署名字。

我和刘平凡本不熟悉,她的父亲刘志坚当时是解放军总政治部副主任、新成立的"军委文革小组"副组长、"中央文革"副组长。

因为不熟，对这点也没有什么特别在意。但刘平凡的表哥张兴孟与我同班，都是国际政治系64级的学生，我的加入更多的应是与他有关。这封信的第一次酝酿会，就是由张兴孟同学召集，在我系宿舍（六处五排）一间乒乓球室召开的。在此之前某日，我在校园经过一条小路时，忽然有人从后面拍了拍我肩膀，回头一看是刘平凡。她对我说了一些"干部子弟要行动起来，积极参加无产阶级文化大革命"等等的话，我不免诧异，心想"你怎么会认识我？"

第一次酝酿时，来了几个外系同学，都不怎么熟悉，其中一个女同学是财贸系的程辛联，后来知道她的父亲是程坦，在冀鲁豫根据地工作过，我就揣测也许是由于父辈有闻吧？那次刘平凡手里拿了一篇一张纸的小稿子，内容是当时经常宣传的要搞教育革命的事情，刘平凡征求大家的意见，问同意不同意，支持不支持，同意就由她修改后大家签名送上去。来的同学自然是没什么意见，支持、拥护。后来张兴孟同学还告诉我，我班团支部书记蔡金发和另一个同学曾写信给过某上级部门，要求扩大我们学生的阅读权限，这也算是来自群众的一个教改要求。

没过几天，刘平凡就拿来了正式的稿件，我感到视角权威、口吻决断，并不像是我们学生自己写的，私下以为可能是领导秘书执笔。但彼时彼刻，在大浪潮的裹挟下，几乎每个年轻大学生的心中都涌发着一股强烈的冲动，要向党和领袖指引的方向冲锋！支持、支持！签名、签名！我毫不犹豫地表明了态度，拿起笔就第一个签上了自己的名字。当时签名的顺序是：李豫生　张兴孟　蔡金发　程辛联　吕平　耿胜利　刘平凡。时间：1966年6月22日。我们班的三位：我、张兴孟、蔡金发排在了前头，刘平凡的名字签在了最后。

实际上，我们这些人，不但从小一直接受着我们是"共产主义接班人"的革命教育，而且从高中起更加强化：国际形势是反修防修，警惕修正主义的和平演变；国内形势是"千万不要忘记阶级斗争"，不断深挖自己所受到的资产阶级思想侵蚀……高中毕业时，我们"向雷锋同志学习"，向侯隽、邢燕子学习，曾经决定不考大学了，争着要到农村去，只是在老师的劝解下，才同意"一颗红心，两种准备"，勉强走进了大学校门。至于所选专业，也是在"先知先觉"同学的影响下，要站在"反修防修"的前哨。据说我们这届"国际政治系共运史专业"学生是要为继续写作"九评"储备资料人才，为的是和"赫鲁晓夫修正主义"一百年论战下去！在这样的思想背景下，积极参与签署上书党中央、毛主席，要求"坚决彻底迅速地砸烂旧的教育制度"完全是发自内心，势在必然。至于因为与刘平凡是间接认识，无意间踏入了一个可以下达上传的渠道，那又是一种偶然。而恰恰是由于这种偶然，影响和决定了我在"文革"之中及之后的人生轨迹。

20天后，这封信上了《人民日报》头版头条。当天学校就召开了庆祝大会，我被安排在主席台就座，并被当作七同学的代表发言、接受采访。事态的轰动效应使自己猝不及防、没有时间考虑如何应对得当。没有人来询问过程，关心的只是发自群众，上下呼应，推波造势。各种"革命辞藻"已经烂熟于心，只需再次鼓吹一番。

一天下来，问题发生了：刘平凡找到我，叫我立即到她家里去一趟。我在傍晚时分来到了刘平凡的家，刘平凡严肃批评我的自由行动，她正告我，说我无权代表"七个人一封信"，无权随意发表意见。今后有关"七人信"事宜，我要向她汇报、听她指挥。我这才意识到自己的言行有所失当。但年轻气盛的我一向有点儿我行我素，当下心有不服，想"签不签字是我个人意志，听不听你指挥也是我个人意志"。就此不以为然地走了。而此后不久，刘平凡就联合其他一些干部子弟成立了"中国人民大学毛泽东主义红卫兵"。我想，如果那次不闹翻，她也许也会游说我来参加，但即便如此，我也不会参加，因为彼此观点对立，在对待校长郭影秋的问题上，我保她反。即便那次不反目，以后还是会分道扬镳。

2017年4月，我去福建看望朋友，顺便探访了久不联系的老同学蔡金发，聊起了"七人信"这个几十年不曾直面的话题。作为这封信的签署人之一，在他以后的人生起落中也曾是一个引起质疑的问题。蔡金发后来在福建省委党校工作，按相关规定，对干部提职使用时，组织会对他在"文革"中的表现进行审查。为此，审查人员曾经走访刘平凡。审查人员向刘平凡询问的一个重点问题是："'七人信'与江青有无关系？"而刘平凡的回答则很明确："'七人信'就是主席的杭州会议讲话精神。"蔡同学的告知对我真是"一语点醒梦中人",使我方才看清自己当年的懵懂幼稚。这封信的组织、撰写、发表都来源于"最高指示","坚决彻底迅速地砸烂旧的教育制度"不是什么革命小将的自发行动,而是最高领袖的思想体现;冲昏头脑的"革命豪情"不过是提线木偶的前台表演罢了。

  应该说明的是,一些老干部在"文化大革命"运动的初期一直是想紧跟伟大领袖步伐的,他们曾通过自己的子女在北京各高校对运动推波助澜,但始料不及的是,在他们参与推动的一浪高过一浪的革命巨浪中,自己很快也变成了绊脚石、革命对象。刘平凡的父亲刘志坚是当时"中央文革小组"中军队的代表,作为老帅们意见的代表在军队"文革"、军事院校"文革"等一系列问题上很快与江青、康生一伙发生了尖锐冲突。1967年1月3日始,首都"红卫兵"掀起了揪斗陈毅的狂潮。是日晚,49所大专院校派出100多名代表,到人民大会堂要求"中央文革"同意召开批陈大会。刘志坚根据周总理的指示出面劝导,未能说服学生。1月4日晚,在人民大会堂"中央文革"继续跟学生代表谈话时,康生发难,把矛头引向刘志坚。他拍着桌子厉声大喝:"刘志坚,你不是什么折衷主义,你就是刘、邓资产阶级反动路线在军队里的代表。这个会要开!要批!要斗!要揭开军队里阶级斗争的盖子,首先要批判刘志坚,打倒刘志坚!"学生代表立刻大轰大嗡起来,高呼口号"打倒刘志坚",接见会变成了打斗会。1月5日,5000多名"红卫兵"前往国防部,要求交出刘志坚。刘志坚到场以后立即陷入重围。他的帽徽、领章被揪了下来,一顶高帽子按在他的头上,"打倒刘志坚"的口号声震耳欲聋。当天晚上,刘志坚就被"造反派"关押。此后大会批、小会斗,他头上的"帽子"也越来越多,从"资产阶级反动路线在军队的代表",升级到"两面派""反革命修正主义分子""三反分子"。最后在陈伯达的直接揭发下,被定为"叛徒",开始了长达8年的隔离审查。

(资料来源 互动百科)

  刘平凡所说毛泽东1966年在杭州会议上讲话的主要内容如下:

  "现在这种教育制度,我很怀疑。从小学到大学,一共十六七年,二十多年看不见稻、菽、麦、黍、稷,看不见工人怎样做工,看不见农民怎样种田,看不见商品是怎么交换的,身体也搞坏了,真是害死人。我曾给我的孩子说：'你下乡去跟贫下中农说，就说我爸爸说的，读了几十年书，越读越蠢。请叔叔伯伯、姐妹兄弟做老师，向你们来学习。'

"大学教育应当改造，上学的时间不要那么多。文科不改造不得了。不改造能出哲学家吗？能出文学家吗？能出历史学家吗？现在的哲学家搞不了哲学，文学家写不了小说，历史学家搞不了历史，要搞就是帝王将相。要改造文科大学，要学生下去搞工业、农业、商业。至于工科、理科，情况不同，他们有实习工厂，有实验室，在实习工厂做工，在实验室做实验，但也要接触社会实际。

"高中毕业后，就要先做点实际工作。单下农村还不行，还要下工厂、下商店、下连队。这样搞他几年，然后读两年书就行了。大学如果是五年的话，在下面搞三年。教员也要下去，一面工作，一面教哲学、文学、历史，不可以在下面教吗？"

实际上，要在文艺界和教育界大搞"文化革命"的想法早就在伟大领袖的心中筹谋多年。对知识分子、现行教育制度的反感、鄙视、一定要彻底砸烂的决心早就在多次讲话中发表、重申。他不止一次说"知识分子是最无知识的""外行必须而且能够领导内行""卑贱者最聪明，高贵者最愚蠢"。他还曾极端地说："对于资产阶级教授们的学问，应以狗屁视之，等于乌有，鄙视，藐视，蔑视，等于英美西方世界的力量和学问应当鄙视藐视蔑视一样。"

最近又读到了1966年4月14日毛泽东对《在京艺术院校试行半工（农）半读》一文的批语：

"一切学校和学科（小学、中学、大学、军事院校、医学院校、文艺院校以及其他学校例如党校、新闻学校、外语学校、外文学校、外交学校等等，学科包括社会科学、自然科学及二者的常识）都应当这样办。分步骤地有准备地一律下楼出院，到工厂去，到农村去，同工人、农民同吃同住同劳动，学工学农，读书。工读比例最好一半对一半，最多是四比六。因此读书的部分要大减。书是要读的，但读多了是害死人的。师生一律平等，放下架子，教学相长。随时总结经验，纠正错误。许多无用的书，只应束之高阁。就像过去废止读"四书"

"五经"，读二十四史，读诸子百家，读无穷的文集和选集一样。革命反而胜利了。譬如共产党人和我们的军事干部，一字不识和稍识几字的占了百分之九十几，而多识一些字的，例如读过三几年中学，进过黄埔军校、云南讲武堂、苏联军事院校的，只有极少数，大学毕业生几乎一个没有。所以有人说，共产党'无学有术'，而他则是'有学无术'。这话从形式上看来是有些对的。但从实质上看，则是完全错误。共产党人曾经进过二十几年的军事大学和革命大学（注：即二十几年的战争与革命），而那些大学教授和大学生们只会啃书本（这是一项比较最容易的工作），他们一不会打仗；二不会革命；三不会做工；四不会耕田。他们的知识贫乏得很，讲起这些来，一窍不通。他们中的很多人确有一项学问，就是反共反人民反革命，至今还是如此。他们也有'术'就是反革命的方法。所以我常说，知识分子和工农分子比较起来是最没有学问的人。他们不自惭形秽，整天从书本到书本，从概念到概念。如此下去，除了干反革命，搞资产阶级复辟，培养修正主义以外，其他一样也不会。一些从事过一两次'四清'运动从工人农民那里取了经回来的人，他们自愧不如，有了革命干劲，这就好了。唐人诗云：'竹帛烟消帝业虚，山河空锁祖龙居，坑灰未冷山东乱，刘项本来不读书。'有同志说：'学问少的打倒学问多的，年纪小的打倒年纪大的，'这是古今一条规律。经、史、子、集成了汗牛充栋，浩如烟海的状况，就宣告它自己的灭亡，只有几十万分之一的人还去理它，其他的人根本不知道有那回事，这是一大解放，不胜谢天谢地之至。因此学校一律要搬到工厂和农村去，一律实行半工半读，当然要分步骤，要分批分期，但是一定要去，不去就解散这类学校，以免贻害无穷。"

伟大领袖的这个批语写在中共中央办公厅机要室1966年4月12日编印的《文电摘要》第168号上。这期摘要刊登的《在京艺术院校试行半工（农）半读》一文，介绍了中国音乐学院抽调一年级学生和部分教师分别到中国汽车工业公司北京分公司试行在工厂办学、到北京市海淀区温泉公社试行半农半读的情况。毛泽东的这个批语当时没有印发，但"中央文革小组"的成员是看到、了解和必须执行的，于是伟大领袖的教导化作了革命小将的行动。

下面重温一下充满了阶级斗争"火药味"的"七个人的一封信"。

敬爱的党中央、敬爱的毛主席：

当我们听完北京市女一中高三（四）班和北京四中高三（五）班同学写给您的信和人民日报的社论后，无论如何也抑制不住心头的激动，热泪夺眶而出。这些革命小将们说出了我们几年来憋在心里想说的话，说出了我们革命青年的心愿，它长了我们无产阶级的志气，灭了资产阶级的威风。

我们是中国人民大学的学生，也是旧教育制度的受害者。多少年来，您每次对教育工作的指示都讲到了我们的心眼里，可那些"权威"老爷们，却总是千方百计地用各种条条框框对抗这些指示。他们上不执行毛主席的指示，下不听取群众的呼声，他们阴险的目的就是妄想让我们革命先辈开创的事业后继无人，妄想让我们无产阶级断子绝孙，企图使我们青年变成资本主义复辟的工具！今天，我们要正告这些资产阶级"权威"老爷们：你们的黄粱美梦永远也不会实现！你们不听毛主席的话，我们听！你们不执行毛主席的指示，我们执行！

敬爱的党中央，敬爱的毛主席，我们是在革命的炮火中诞生，在党的哺育下成长，在毛泽东思想阳光照耀下前进的革命青年。有人说我们整天充满了火药味。对！在这场文化大革命中，我们就是要按照您的指示，和工农兵群众一起，坚决、彻底、迅速地砸烂一切旧的教育制度，向资产阶级"权威"老爷们猛烈开火！

我们认为，现行的学制年限太长，罪状累累，必须缩短！

其罪状如下：

一、这种学制根本违反了毛主席的认识论，把书本知识奉为至宝，轻视实践，脱离工农，脱离三大革命运动，其结果不出修正主义，就出教条主义。

二、扩大三大差别，为资产阶级传子续孙。那些资产阶级"权威"老爷们，唯恐青年们在校时间太短，唯恐读的本本太少，唯恐受资产阶级影响不深，唯恐他们成不了资产阶级的孝子贤孙！

三、现行学制小学六年、中学六年、大学一般五年，从八岁上学到大学毕业,已二十五六岁了,在学校的时间占去了人的生命中最宝贵的时间。十七年寒窗苦熬苦度,真是误人青春,误人子弟。

四、学校的师生每日钻书堆,读死书,不问政治,不知校外别有天地。

五、现在在校的学生是:住的高楼大厦,吃的大米白面,读古洋"名著",灌的名利思想,想的个人成名成家,走的白专道路。长此下去,工人和贫下中农的子弟怎么会不忘本呢?

六、拼命强调所谓系统知识,实际上是在宣传教条主义、形而上学和烦琐哲学。

七、学习内容庞杂重复,越学越糊涂。教师在那里进行无聊的考证,填鸭式的灌注,学生则整天、整月、整年埋在故纸堆里,其后果是弄得青年们晕头转向,体弱多病。

八、国家急需人材,学生迟迟不能走出校门。由于学制太长,学校的周转率极低,既不能尽快满足国家的需要;又不能使广大工人、贫下中农子弟、复员军人入学。

九、浪费师资,浪费人力。如果能够把学制缩短一半,那么一个教师,就可以多教出一倍学生。

十、由于长期脱离实践,脱离阶级斗争,不少学生在学校形成了一套资产阶级的人生观,改也不好改,结果国家花费那么多钱培养出来的大学生是不受欢迎的。这样的学生远不如那些只有小学、初中文化水平,但经过生产斗争或实际工作锻炼过的基层干部;更不如那些只读过几天书,甚至一天书也没有读过,却经过长期革命斗争和实际工作锻炼出来的革命老前辈;更不如雷锋、王杰、欧阳海、麦贤得、陈永贵、王铁人、李素文等先进人物。可见,真正的革命者不是学校里培养的,真正的英雄不能在学校里产生。

因此,我们建议:

一、这次文化大革命一结束,凡文科大学读过两年以上的学生,一律提前毕业,分配到三大革命运动中去,长期地、无条件地与工农兵相结合。

二、文科大学必须以毛主席著作为教材,以阶级斗争为主课。

三、今后文科大学学制应根据毛主席的指示和国家的需要,改为一年、二年、三年，而且每年要拿出一定的时间参加工农业生产劳动，学军事和参加社会的阶级斗争。

四、教学方法应以自学、讨论为主，教师适当辅导，发扬民主教学，走群众路线，坚决废除灌注式、填鸭式的教学方法。

五、今后大学应招收在三大革命运动中经过锻炼、政治思想进步、具有一定文化水平的青年，不一定非高中毕业不可，使那些广大工人、贫下中农和复员军人中的优秀分子能够入学。

敬爱的党中央，敬爱的毛主席，党和国家培养我们，人民用大米白面养活我们，最敬爱的领袖毛主席把无限的希望寄托在我们这一代身上，我们怎么能还犹豫等待呢？既然革命的小将们敢于砸烂旧的升学制度，我们就应有勇气冲破旧的学制的束缚，采取提前毕业的革命行动！

敬爱的党中央，敬爱的毛主席，是您教导我们，在革命的道路上"多少事，从来急"，应该有"一万年太久，只争朝夕"的英雄气概。我们多么渴望您能批准我们的请求啊！等这次文化大革命一结束就走出学校门，到实际工作中去摔打，到火热的斗争中去锻炼改造，到工农兵群众中去补课，请他们发给"思想毕业证书"。把大学的位置让给那些经过三大革命锻炼的、真正优秀的革命青年，入学深造。

我们坚信，在党中央和毛主席的英明领导下，无产阶级文化大革命汹涌澎湃的浪潮，必将把旧的教育制度彻底埋葬！一个共产主义的、完全崭新的教育制度即将在社会主义中国诞生！毛泽东思想伟大红旗，将在无产阶级的教育阵地上高高飘扬！永远飘扬！

最后，再一次请党中央、毛主席放心，我们会像革命前辈一样坚决革命，为占领无产阶级教育阵地冲锋陷阵，为保卫毛泽东思想奋斗终生，使中国永不变色！

未来的世界是属于我们的！

祝

我们最敬爱的领袖毛主席万寿无疆！

中国人民大学　李豫生　张兴孟　蔡金发　程辛联　吕平　耿胜利　刘平凡

一九六六年六月二十二日

今天重读这封信真是"恍如隔世"。当年"汗牛充栋"的大字报已不见踪影，大字报中那类热昏的语式也已沦为笑柄，然而有如"七个人一封信"一样登上《人民日报》头版头条的文章，却以它的白纸黑字成为抹不去的历史印痕，给我们永远的警醒。印证着从小接受的"政治教育"，树立的学习榜样，像毒药、像致幻剂，足以置人疯狂。

"七人信"的开首提到了1966年6月18日《人民日报》发表的北京市女一中高三（四）班学生和北京四中高三（五）班同学写给党中央、毛主席的信以及相关的人民日报的社论。北京女一中高三（四）班学生信的内容是"强烈要求废除旧升学制度"，北京四中全体革命师生的信是"响应女一中同学的革命倡议，赞成废除旧的升学制度"。在同一天的报纸上还刊登了中共中央、国务院6月13日发出的通知，宣布将1966年高等学校招收新生工作推迟半年进行。高考制度从此被废，这一废就是十年。

女一中学生控诉信的内容摘要如下：

现行的教育制度并不是按毛主席的指示办的。实际上是在扩大并延续体力劳动和脑力劳动、工人和农民、城市和乡村这三大差别。其具体罪状如下：

（一）使许多青年不是为革命而学，是为考大学而钻书堆，不问政治。不少同学有严重的"唯有读书高""成名""成家""个人奋斗""走白专道路"等剥削阶级的反动思想。现行的考试制度助长了这种思想。

（二）使许多学校片面追求升学率，而造成许多"特殊""重点"学校，专收"高材生"，这种学校为一些只钻书本、不问政治的人大开方便之门，把大批优秀的工农、革命干部子女排斥在外。

（三）对学生德、智、体的全面发展起严重的阻碍作用，特别是德育。这种制度从根本上忽视青年的思想革命化，其实质是邓拓一伙黑帮所说的"量材而教之"，"量材而用之"。

因此，这种升学制度，是为资本主义复辟服务的，是造就新资产阶级分子、修正主义分子的工具。难怪邓拓反党黑帮把它奉为至宝，难怪美帝国主义洋洋得意地把"和平演变"寄托在中国的"技术官像""意识形态专家"们的身上呢!

敬爱的毛主席,您一再教导我们:"凡是敌人反对的,我们就要拥护;凡是敌人拥护的,我们就要反对。"敌人使劲为旧制度拍手叫好,难道我们还能让它存在下去吗?不能,一天也不能!就在今天,在这场史无前例的文化大革命中,我们要和工农兵一起将它彻底砸烂!我们的具体建议如下:

一、从今年起就废除旧的升学制度。

二、高中毕业生直接到工农兵中去,和工农兵相结合。我们想:十七、十八岁的青年,正是世界观形成的时期,应在三大革命运动的风浪中锻炼、成长。应首先取得工人阶级、贫下中农给予的"思想毕业证书"。党从无产阶级的优秀儿女中挑选出更好的、真正为广大工农兵服务的青年去升学。我们绝不同意等到大学毕业以后再到工农兵中去,因为那时一个人的世界观基本形成,再改造就困难了;而且有些人有了"知识",就认为有了向党、向人民讨价还价的资本了。

三、假如今年一定要有一批人去升学,就请党在高中毕业生中直接挑选。我们的一切都属于党和人民,没有任何讨价还价的权利,党指到哪里,我们就坚决奔向那里,在那里生根、发芽、开花、结果。

北京四中高三(五)班同学的信摘要如下:

现行高考制度的反动本质越来越暴露无遗了。它的流毒极广,影响甚大。多少年来它一直是剥削阶级愚昧人民,培养统治阶级接班人的工具。在社会主义的今天,它又成为培养资产阶级接班人,进行修正主义复辟的重要手段。

它,严重地违反了党的阶级路线。不是政治挂帅,而是分数挂帅,不是培养无产阶级接班人,而是培养资产阶级的接班人。

它,突出业务、贬低政治,鼓励走"个人奋斗"、追逐个人名利地位的资产阶级的"白专"道路,严重地阻碍了青年的革命化。

它,是新的科举制度,束缚了革命青年的思想,使他们不能按照毛主席指出的,在德、智、体诸方面生动、活泼、主动的发展。

在社会主义文化大革命深入开展的今天,在伟大的毛泽东时代,我们决不能容忍这种罪恶制度再毒害新中国的青年一天,我们要坚决打倒它。我们建议：

一、立即废除高等学校入学考试。

二、高中毕业生先到工农兵中去锻炼，在三大革命运动中得到工农兵的批准，取得他们给予的"思想毕业证书"。

三、大量从工农兵中吸收在阶级斗争中经过考验的坚强的革命者入学深造。

四、加速实行半工半读、半农半读的教育制度，这是社会主义、共产主义的教育方向。

五、从应届毕业生中挑选在文化大革命中立场坚定、表现积极的同学升学。

他们还坚决表示："高考不作彻底的改革，没有党中央，没有毛主席的命令，我们坚决不进考场。我们誓作社会主义的工农兵，决不当资产阶级的大学生！"

所有这些激昂都来自一个源头："毛主席挥手我前进"。由此开始，高考被砸烂了，高等教育招生停止了。所有教育机构——大、中、小学统统砸烂了、荡平了。随后，按照"革命小将"的自觉要求，中小学毕业生一律"上山下乡"去，未修满学业的大学生一律到基层工矿农村、部队农场去。当我们在无数回忆录中看到对知识青年苦难、老五届大学生不公平待遇的控诉时，有没有想到一个"旧世界"正是借我们这一代"革命小将"之手，轰轰烈烈地摧毁的！"荡涤一切污泥浊水"，荡涤掉的正是这一代革命小将受教育的机会。一切并非历史的吊诡，事实是，伟大领袖的"挥手"，没有亿万群众的"前进"是不能完成的，一群被煽动起来的疯子在砸烂一切的同时，并没有意识到，自己生存的世界也连同一切一起被砸烂了！

（作者是国际政治系 1964 级学生）

二、我和短命的"人大文革筹委会"

李豫生

1966年7月25日、26日,"中央文革"去北京大学宣布撤销工作组、撤销新市委,数万人参加了大会。26日那天,我跟着同学在北大看大字报。那天的经历至今想起来仍觉得惊心动魄。下午大约两三点钟的时候,不知道是听了什么人招呼,我来到了一间位于地下室的大教室,里面聚集了大约有三四百人。一会儿一个中高个、身材偏胖的女同学上台讲话了,有人窃窃私语,说这是"邵华",是毛主席的儿媳妇。邵华发表了鼓动性很强的讲话,大意是:"革命形势到了最危急的关头,一伙反革命分子已经纠集起来,准备夺共产党的权。我们干部子弟要挺身而出,保卫党中央、保卫毛主席,注意保护好广播室、档案室等各个要害部门。我们要立即行动起来,准备和他们进行殊死的搏斗!"

有关这次神秘的动员,我以后从未再听别人提起过。当时的反应是蒙圈,精神高度紧张,不知道该干什么,只能继续在北大校园里溜达,等待大事的发生。晚上所有人都涌到了北大的一个大操场,听取"中央文革"首长的指示。人山人海,后来有人说约有两万人。我们挤在后面的山坡上,虽然远但还看得清楚。近夜11点钟的时候,人群轰动起来,江青出来了,她从台后面的座席站起来走到前台,因为下着小雨,由李讷给她撑着伞挡雨。江青讲着讲着,突然提高了嗓门,她说的话我至今还记得清楚。她说:"阶级斗争到处都有,我们家里也有,毛主席家里也有。有人说,张少华是毛主席的儿媳妇,我不承认!!"好像还重复了一遍"我不承认!!"这句话的效果非常强烈,听着的感觉像电影音效中的延时处理一样,炸得人脑子轰轰作响。真出大事了!联想到下午刚听到的邵华的总动员,真是无所适从,莫非毛主席家里的人也打起来了不成?

乱哄哄地散了会、乱哄哄地跟着人流飞奔回校。跑到学校门口，大门早已关闭，毫不犹豫地翻墙而入，一直跑到文化广场。那里，已经挤满了全校各系的学生。台上已经开始了对各系领导的批斗。一些反应快、跑得快的学生已经紧跟毛主席司令部的指示抢先赶回学校，冲到校系领导家里，把他们控制起来，扭送到文化广场，排着队准备挨个批斗！台前还拉起了大幅标语"踢开工作组　自己闹革命"。我在混乱中找到了本系同学集中的地方，不知情况将如何发展。不一会儿传来了要各系派代表上台议事的消息，因为"七人信"的缘故，我被推举为国际政治系的代表。

上台以后，全校12个系的12名代表在靠近天幕处围成一小圈，紧张地讨论起来。大家一边讨论，一边不约而同地望着台口，那边还在继续上演批斗的惨剧。所谓的"走资派"一个个被揪到话筒面前，被逼着承认自己的"三反"罪行。"造反派"学生扭住他们的胳膊、按下他们的脑袋，说一句要他们学一句，"说！你反党、反人民、反社会主义！"肯低头的"走资派"算过堂通过，在群众高呼"打倒三反分子×××"口号声中被押下台去。不肯认罪的校系领导则遭了殃，不低头就拳脚相加，有的被踢倒跪在地上，有的额头上撞出血来……情势十分危急。我心里飞速盘算着解决的办法。抬头看看，心照不宣，我从大家的眼睛里读出了一致——"不能再继续下去，会出人命！必须停止！必须疏散！"

我心里拿定了主意，对大家说："大家下去，到各系整顿好队伍，听我到台前指挥。"代表们同意，下去集合队伍去了。我走到台前，站到麦风后面大声要求大家安静。我先大赞了一通"革命形势好得很，革命行动好得很"，所谓充分肯定群众的革命热情，总不能同"中央文革"对着干吧？！然后话锋一转说："为了把对'走资派'的斗争深入下去，我们应该把他们押回各系，进行更深入的揭发、批判、斗争！各系听我指挥，西六系在北侧出口集合，按照顺序××系、××系……排好队伍。东六系在南侧出口集合，按照顺序……排好队伍，接在西六系的后面……大家绕校内游行一周，然后把'走资派'带回本系深入批判！"

也许因为那时那刻，在所有的权威都一扫而光的情况下，我这个不几天前刚刚因"七人信"被大家所认识的新面孔竟然具有了一定的权威性。台上乱哄哄的批斗暂告中止。所有的人服从了我的指挥，在绕校游行一周以后，大部散去，那一天总算没有在当场闹出更大的乱子。

多年以来，我一直以为这是在大混乱中自己做得比较好、比较对的一件事。我想这是人性使然、良知使然、父母所给予的正确教育使然。

没过几天，那天同在台上的经济系学生代表余景清找到我，说12个系的学生代表要开一个会，成立校"文化革命委员会筹备委员会"，我就跟着去了。成立"筹委会"是根据7月26日晚陈伯达在北大宣布撤销工作组的讲话精神，他说："好像没工作组就不能革命。我们要破坏这个习惯势力。任何革命都不能由别人包办代替。""建议，在你们这里成立文化革命小组、文化革命委员会、文化革命师生代表会，这是文化革命的权力机关。这个小组成员、委员会成员、代表会代表，不能由人指定，而应由民主选举。"最后他说："党的领导的标准是什么呢？就是党中央的领导，毛主席的领导。党代表怎么才能代表党的领导？就是执行党中央、毛主席的指示。"人大当时成立的"文化革命委员会筹备委员会"就是为以后选举出正式的"文化革命委员会"做准备。

筹委会的实际主持者是吴老的秘书王宗伯。名义上，余景清是筹委会主任，王宗伯和我是副主任。筹委会也没有开过什么会，通常是接到王宗伯的通知大家就去碰头。王宗伯根据吴老的指示安排一些事情，余景清给大家做分工，再由大家分头去办。只记得筹委会历史系的代表是万德琦，我跟他原来就很熟悉。另外还有我们国际政治系四年级的同学伍连连，她是筹委会的干事，我们几个人经常在一起。筹委会法律系的代表是江春泽，她是筹委会中唯一的"反郭派"，非常孤立。由于学校大部分师生都是"保郭派"，筹委会的成员除江春泽以外也都是"保郭派"，但是在中央三令五申不得打击"造反派"的大形势下，我们觉得作为学校的临时管理机构，也不应表现出明显的倾向性，所以筹委会采取了"伪装中立"的立场，在处理问题上尽量做出一视同仁的姿态，在这个原则下按"中央文革"的指示组织了人大关于郭影秋问题的两次大辩论。

1966年的8月18日毛主席第一次接见"红卫兵"以后，人大"八一八红卫兵"成立，除原来的"毛泽东主义红卫兵"以外，各类群众组织也纷纷成立。他们各自为政，校"筹委会"已经没有什么作用了。

1966年8月1日至12日，在中国共产党召开的八届十一中全会上，毛泽东和刘少奇公开摊牌。8月5日，毛泽东写下了《炮打司令部——我的一张大字报》。8月7日，会议转为集中揭发批判刘少奇，当天会后，刘少奇写信给毛主席，书面提出辞去现任职务，并告知毛泽东："我已失去自由。"8月8日全会通过了《关于无产阶级文化大革命的决定》（十六条），在党内完成了全面发动"文化大革命"的有关程序，"文化大革命"的方向开始明朗。

但是，从中央到各级党委，许多负责同志仍对之持保留态度，毛泽东很不满意。他对"中央文革小组"部分成员表示："文化大革命是要搞到底，要枪毙，我和你们一起枪毙。"自"八一八"以后毛又多次接见"红卫兵"，直接发动群众。"批判资产阶级反动路线"的提法，是10月1日《红旗》杂志第13期社论根据林彪当天在天安门城楼的讲话反复酌定后公开提出的。此后更逐渐明确，"文化大革命"就是毛主席的革命路线和以刘少奇为代表的资产阶级反动路线的斗争。

人大筹委会由于明显的保守倾向，当然地成为人民大学执行资产阶级反动路线的代表，《红旗》杂志社论一出，我们筹委会的几个同学不知道将会面临什么样的命运，"三十六计走为上"，当即决定和其他"红卫兵"小将一样，步行串连去！于是我、余景清、伍连连、万德琦还有另一名同学，在10月初的一个清晨，出人大西门，一路向西，向延安进发了。

三、几个红卫兵组织的成立及演变

侯成亚　张联瑜

【编者按】"文化大革命"初期，人民大学围绕"反郭"和"保郭"的问题，群众组织分为"反保"鲜明的两大派。首先在学生中出现了"反郭"的"人大红卫兵"（1966年8月8日成立）和"保郭"的"八一八毛泽东思想红卫兵"（1966年8月18日成立）。紧接着教工中的"反郭派"成立了"中国人民大学红卫队"（1966年9月17日成立）、中国人民大学毛泽东思想红卫军（1966年9月23日成立，成员是人民大学的复原、转业、退伍荣誉军人）；"保郭派"成立了"中国人民大学赤卫队"（1966年9月13日），"八一红卫兵"（1966年9月11日），另外还短期存在过一个名为"东升联络组"的类似碰头会一类的组织。1966年10月随着"资产阶级反动路线"被批判，郭影秋被打倒，"保郭派"的"八一八毛泽东思想红卫兵""中国人民大学赤卫队""八一红卫兵"轰然倒塌。部分起来暴动造反的"八一八红卫兵""赤卫队"成员立即投向了"人大三红"（人大"红卫兵""红卫队""红卫军"的总称）；而另一些人则自行成立了自己的新组织，一时间各种大大小小的"红卫兵"出现有几十个，谁都可以自立为王。随着时间的推移，这些各自为战的小组织又逐渐聚合为"人大红旗战斗团""北京公社"等几个较大组织。

经过三个多月一系列复杂的分化重组，这些分散组织终于在1967年2月22日聚合联手，树起了"新人大公社"的大旗，组成了一个与"老造反派""三红"对立的"新造反派"组织。同日，由原"人大红卫兵""人大红卫队""人大红卫军"主办的"红卫战报"在未曾出报两个月之后重出第七期，主办方署名为"人大红卫兵、人大红卫队、东方红公社"，说明组织内部也起了变化。自此，

"人大"的"文化大革命",就开始以这两大派对立的"红卫兵"为主体继续进行了。

关于"人大红卫兵""八一八毛泽东思想红卫兵"的成立,有直接当事人侯成亚、张联瑜的回忆文章记述,脉络清晰,刊载于后。

另外有两篇附录摘引自小报:

附录一:紧跟毛主席就是胜利

——从首都三司"人大毛泽东思想红卫兵"到以她为主体的"新人大公社"(刊于 1968 年 8 月《新人大》末期)

这篇发表于工宣队、军宣队进校前夜的雄文,以北京"第一、第二、第三红卫兵总司令部"的产生发展为背景,详述了"人大"前后几个"红卫兵"的发展历程,坚信"紧跟毛主席就是胜利"。直到那时,"红卫兵"们还完全不明白"紧跟"到哪里去了,浑然不觉末日来临——回眸历史,这正是悲剧之所在!

附录二:"新人大公社"是保守组织"八一八""赤卫队"的重新纠合(刊于 1967 年 11 月 11 日《人大三红》第 53 期)

本文是"人大""文革"各种"红卫兵"发展演变的最翔实的记录,对还原当时的乱象有主要贡献。

1."人大三红"和"人大红卫兵"

侯成亚

中国人民大学原是一所文科综合大学,其老班底来自延安的陕北公学、华北联合大学。它正式成立于 1950 年,校长是"四朝元老"(从满清到同盟会、到国民党、再到共产党)、"延安五老"之一的吴玉章，由毛泽东亲自任命。当时的党和国家的副主席刘少奇代表中央出席了中国人民大学的第一次开学典礼和庆祝大会，并发表了重要讲话。

据称，中国人民大学是中国共产党自己创立的第一所马克思主义的新型大学，其任务是用马克思主义、列宁主义、毛泽东思想为新中国培养建设人才，为党政军及各条战线输送干部（包括理论干部和领导干部）。20世纪50年代，它所招收的对象主要是来自部队、党政机关及各条战线上有一定实际工作经验的青年及模范人物，如高玉宝、郝建秀等，由所在部门、单位保送或推荐。

1960年代，人民大学开始招收高中毕业生，但思想政治条件要求较严，学生大都为干部和工农子弟。亦有极少数非劳动人民家庭的子弟，但本人必须表现良好，成绩优异，且一般都是共青团员。所有这些因素，决定了中国人民大学的干部、师生思想政治上比较正统。

因此，"文化大革命"在人民大学的发动比较迟缓，也因此人大在"文革"中没有出现如"五大学生领袖"那样的风云人物。但随着运动的发展，还是出了"人大三红"这样一个在北京市甚至在全国都有一定影响的群众组织，甚至连毛泽东也知道人民大学有个"人大三红"。他于1968年7月28日夜召见"五大学生领袖"的谈话中，有一段话还专门谈到了"人大三红"。

当时北大、人大等高校出现了反公安部长谢富治事件，毛泽东很不赞成。他说："人大三红总部不出面，只让个小战斗队提打倒谢富治。只是一个战斗队，追究责任，他说只是一个战斗队，我们总部没有打倒谢富治。他们提出打倒反革命赵桂林。赵桂林我不认识，但他怎么是反革命呢？"（赵桂林是"人大三红"对立面组织的头头。毛泽东没有料想到，"文革"后，赵桂林还真的成了反革命，被开除了党籍。）

所谓"人大三红"，是对"人大红卫兵""人大红卫队"和"人大东方红公社"三个组织的总称。其实这三个组织是"三位一体"的，其核心和主体是"人大红卫兵"。因此，说到"人大三红"，就不能说到"人大红卫兵"——"中国人民大学红卫兵"。

"中国人民大学红卫兵"是"文革"中全国高校最早成立的"红

卫兵"组织（此事至今在众多的研究"文革史"的著述中尚无一人提及）。1966年8月8日，十来个来自人大各系的学生在劳动人民文化宫中山纪念堂前的"月台"上举行了一次秘密会议，我应邀参加了这次会议。会议的发起人和主持者说，把大家召集来，是要商量组织一个"我们自己的组织"。

他说：现在，"文化大革命"已在全国开展起来，中国革命又到了一个重要关头。人大"文化革命"的形势已落后于北大、清华及一些中学，我们应当自己组织起来，自己闹革命，自己解放自己。要高举马列主义毛泽东思想伟大红旗，在"文化大革命"中经风雨见世面，以实际行动保卫党中央，保卫毛主席，捍卫无产阶级专政，保无产阶级社会主义的红色江山永不变色。

那么成立一个什么组织呢？发起人提出以当年苏联的"青年近卫军"为榜样，叫"中国青年近卫军"，也有人提出了其他的名称。我则认为，现在苏联已经变修，我们用它的名称，容易引起误解。现在人家中学的造反组织都叫"红卫兵"，红卫兵的旗号已经打响了，我们就跟着他们叫"红卫兵"算了。

当然也有人认为，中学"红卫兵"都是一些瞎胡闹的毛孩子，我们是大学生，不应和他们混同起来。但经过讨论，再三斟酌，大家还是采纳了我的意见，将组织名称定为"中国人民大学红卫兵"。会上起草了"人大红卫兵"的章程和成立宣言，规定了组织纪律，协商成立了组织机构：其核心领导机构取"作为人民服务的勤务员"之意，叫勤务组；勤务组设政委一人，大队长和副大队长各一人，下设政治宣传组、组织组、联络组和办公室，各组组长由勤务组成员兼任。

"人大红卫兵"的发起人和骨干成员，都是一些高干子弟。而我这样一个平民子弟是如何混迹其中的呢？这是因为，人大的高干子弟比较脱离群众（其表现是他们在同学、老师中自觉不自觉地表现出某种优越感，他们一般都有平民百姓子弟所没有的手表、自行车、黑白照相机，比较会玩，有的学习也不太认真刻苦。当然，这些情况与现在的官二代、富二代比起来，根本就不算什么事。但在当时的社会风气下，却是不大不小的问题）。而脱离了广大学生群众，如何能带领大家一起闹革命呢？所以为了让大家觉得他们并不是纯粹的高干子弟组织，就有意地吸收了少量非高干子弟的学生，以扩大群众基础。我因为在"文革"前就已是"知名人士"，于是就作为贫下中农子弟代表被安排进了勤务组，被分工负责办公室的工作。主要任务是搞搞内务、后勤。另一进勤务组的工人子弟代表叫蔡××，后来在一次行动中私自拿了人家的东西，被开除出了"人大红卫兵"。

"人大红卫兵"成立之初处于秘密状态。这是因为在此之前校内已在以山西省委书记陶鲁笳为首的工作组主持下，成立了"中国人民大学文化革命委员会（筹）"（简称"校革筹"），负责具体领导人大的"文化大革命"，是一个合法的权威机构。在这种情况下，如果有什么人还要另搞一个组织，那就是非法的活动，它不但不会被承认，而且还要遭到打压和取缔。所以"人大红卫兵"的串连、成立等活动只能在"地下"秘密进行。但是，这种秘密状态并没有持续多久，"文化大革命"的进程很快就使它浮出水面，并被推向了风口浪尖。

"人大红卫兵"成立时，校内的"文化大革命"已闹得沸沸扬扬。师生在对校党委书记、副校长郭影秋（校长吴玉章一般每年只来人大两次，郭实际上是人大的主要领导人）的态度上出现了两种相互对立的观点、派别，并展开了激烈的辩论。

一派是"揭郭派"，主张对郭影秋的问题进行揭发批判，持这一观点的多是学生和青年教师；另一派是"保郭派"，认为郭影秋是"走社会主义道路的当权派"，是"焦裕禄式的好干部"，持这一观点的多是工人、干部。为了避免郭受到冲击，他们把郭从家中转移出来，保护了起来。"保郭派"还到郭影秋带队搞"四清"的北京郊区农村，动员了700名（一说600名——编者注）贫下中农冲到人民大学，保护郭影秋，声言谁反对郭书记谁就是反革命，就打死谁（此事后来受到了毛泽东的批评）。

面对这种局面，"人大红卫兵"认为有必要亮出旗帜，表明态度。于是就在8月11日夜深人静之时贴出了《中国人民大学红卫兵严正声明》的大字报，指出，郭影秋究竟是什么人，应在"文化革命"中经过群众的揭发、审查后才能做结论，广大师生揭发批判郭影秋的错误是革命行动，应当予以支持。

第二天，人大校园一下子就炸开了锅。"保郭派"很快就贴出了许多的大字报，对"人大红卫兵"的"声明"进行声讨、批驳，说"人大红卫兵"是"黑组织"，要夺"校革筹"的权，是"反革命"，并到处寻找被怀疑可能是"人大红卫兵"的学生，对之进行围攻、辱骂，弄得"人大红卫兵"成员东躲西藏，其活动也只能在"地下"进行。而"揭郭派"则认为"人大红卫兵"是革命组织，"人大红卫兵"的"声明"好得很，坚决予以支持。

正在闹得不可开交的时候，一件谁也没有料到的事情发生了。1966年8月17日，当时已进入中南海、成了中央政治局常委和"中央文革"领导小组顾问的陶铸，突然在人民大会堂接见了"人大红卫兵"的代表（在此之前，陶铸曾于8月2日和8月20日两次到人大参加全校师生辩论大会，并发表讲话。第一次是陪同邓小平，第二次是以他为主），和"人大红卫兵"代表进行了座谈，询问了人大"文革"的情况，表示了对"人大红卫兵"的支持。他还特意要"人大红卫兵"回去像中学"红卫兵"那样，把红袖章戴起来。

更令人做梦也没有想到的是，在陶铸接见后的第二天，8月18日，毛主席第一次接见北京市及来京串连学生、群众的大会上，"人大红卫兵"的代表被安排登上了天安门城楼，受到了毛主席、周恩来总理及其他中央领导的接见。

具体情况是，8月17日"人大红卫兵"受到陶铸接见后，感到受宠若惊，还没有回过神来，当天夜里人大"校革筹"即接到北京市新市委的紧急通知，要人大"校革筹"和"人大红卫兵"各派5名代表第二天到天安门广场参加群众大会。"校革筹"不敢违命，连夜设法联系到了"人大红卫兵"，并让"校革筹"的代表和"人大红卫兵"的代表一起乘一辆卡车按时赶到了天安门广场。

据当事人回忆："在天安门广场负责接待的解放军战士先是把10名人民大学代表安排在观礼台上。但不多一会儿，他们又找到我们，要我们跟他们走。他们没说，我们也不知道他们究竟要把我们带到何处，只是懵里懵懂地跟着他们走。当大家经过天安门城楼下的通道，登上层层台阶，在楼梯口上猛然迎头看见站在那里并鼓掌欢迎我们的周总理的时候，才感到像腾云驾雾一般飞到了天安门城楼上。

"那里还有其他北京市及外地来的学生、群众代表一百多人。先是周总理帮大家排好队形,并亲自指挥大家唱《大海航行靠舵手》等革命歌曲,然后是听大会讲话、发言。到会议快要结束时,大家感到虽然上了天安门城楼,但却没有见到毛主席,感到很遗憾。于是大家就齐声一遍又一遍地高喊'我们要见毛主席!'

"不一会儿,毛主席就在周总理、林彪、江青等陪同下,走到了我们中间。这时,大家已顾不上秩序,一边呼喊着'毛主席万岁',一边蜂拥而上争抢着和毛主席握手,急得周总理不断大声呼喊,'请大家不要乱,不要挤着毛主席!'毛主席则慈祥地与每个人都握了手。最后在周总理的指挥、安排下,大家和毛主席一起照了相(其照片第二天发表在了《人民日报》上)。在这个过程中,毫不夸张地说,大家真的是喉咙喊哑了,手掌拍麻了。

"最有意思的是,当我们走下天安门城楼,回首向上望去,看见刘少奇主席仍一个人站在天安门城楼的一角抽着雪茄。我们几个'人大红卫兵'不由自主地站成一排,向着城楼上的刘少奇主席举手宣誓:刘主席,我们'人大红卫兵'向您保证:永远忠于党,忠于毛主席、誓死保卫党中央!誓死保卫毛主席!誓将无产阶级文化大革命进行到底!"

这一突来的变故,一下子把"校革筹"和"保郭派"搞得晕头转向,他们虽然难以理解,但也再不敢公然刁难、围攻"人大红卫兵了"。"人大红卫兵"也一下子由"地下"走到了地上,由秘密转为公开、由不合法变成了合法。但当他们清醒过来之后,马上就拿出了对策:你们不是叫"红卫兵"吗?那好办,我们也可以搞个"红卫兵"。

他们利用自己的权力,经过紧张策划、筹备,很快地,一个叫"八一八红卫兵"的组织就于8月21日被打造出来了,其成员数达千人,并隆重地举行了成立大会,还高姿态地邀请"人大红卫兵"代表参加了他们的成立大会。这样,在人大校园内就出现了两个观点对立的"红卫兵"组织。而且从那以后,北京及全国各高校的"红卫兵"组织便如雨后春笋般冒了出来。

"人大红卫兵"既然得到了毛主席、周总理和陶铸等中央领导的认可、支持,成了合法组织,因此,一些与"人大红卫兵"观点一致的学生纷纷要求加入。但是,按照"红卫兵"发起者和主要负责人的规定，"人大红卫兵"只吸收"红五类"，而且不得有半点这样那样的毛病。当时有一种议论，说加入"人大红卫兵"比加入中国共产党还难，因为学生中有的人早已是党员，但却参加不了"人大红卫兵"。这样，一大批包括中农出身、甚至是中共党员的学生就被挡在了"人大红卫兵"的门外。对此，许多人就提出了批评，说"人大红卫兵"实行的是"左倾关门主义"，并在"人大红卫兵"内部引起了激烈的争论。我作为一个平民子弟，认为大家的批评是正确的，而且认为这种脱离大多数学生群众状况如不改变，"人大红卫兵"是搞不出什么名堂的。

在内外双重压力下，"人大红卫兵"勤务组不得不进行改组。先是撤换了政委（其父是解放军中将，在军内担任要职，恰在这个时候传说"出了问题"），接任的是政治经济系一个在班上任支部书记的61级学生。他其实也是一个干部子弟，只是其父级别不高（好像是个县委书记）。接着，中央有精神，高干子弟一律退出群众组织的核心机构。于是，原"人大红卫兵"大队长亦辞职，由财贸系一个出身于工人家庭的63级学生接任，勤务组其他人员及下设机构也作了相应调整。

我因是"人大红卫兵"的元老，又是平民子弟，被留在了新的勤务组，具体分工主要是负责组织方面的工作，兼管办公室。此后，我的工作主要就是以下几项：一是深入基层，宣传、解释"人大红卫兵"的观点，争取群众支持，扩大"人大红卫兵"的组织；二是管理"人大红卫兵"内部，执行纪律，对犯了错误、违反纪律的"人大红卫兵"予以处分；三是在征求各方意见的基础上提名、任免除一、二、三把手之外的"人大红卫兵"各级负责人，调配各机构的工作人员；四是调解"人大红卫兵"内部的矛盾、纠纷；五是设法到对方组织中"策反""挖墙脚"、拉队伍，分化瓦解对方组织。此外，有关斗、批、改的各项事宜，基本上不予过问。

改组后的勤务组规定，凡非剥削阶级家庭出身、思想政治、生活作风和道德品质上无大问题者，经个人申请、基层组织（小队、中队）讨论批准，皆可加入"人大红卫兵"。此后，由于人大学生非劳动人民家庭出身的只占极少数（每班约一两个），所以"人大红卫兵"的队伍迅速发展壮大起来，最后达到在校学生的 70%左右。

那么，怎么又闹出个"人大三红"呢？原来，自 8 月 18 日毛主席在天安门上接见了"红卫兵"和群众代表之后，人大校园不仅出现了"八一八红卫兵"，而且还出现了其他一些群众组织，其中重要的有：一部分由部队来的、观点与"人大红卫兵"一致的学生组成的"红卫军"；一部分与"人大红卫兵"观点一致的教职工组成的"红卫队"。此外还有"十一红卫兵""共产主义红卫兵"等，皆由一些与"人大红卫兵"观点一致、但由于种种原因而未能加入"人大红卫兵"的学生组成，但他们人数很少（200 人左右）。所有这些组织都与"人大红卫兵"联系密切，行动协调一致。

到了 1966 年底，"八一八红卫兵"解体，其成员有的倒向了"人大红卫兵"，有的成了"男装女织"（男同学装收音机，女同学织毛衣）的"逍遥派"，有的外出串连，到外地造反、闹革命去了。"人大红卫兵"也不知道下一步该干什么了。

正当大家迷惘彷徨之际，突然间，1967 年 1 月传来了上海"工总司"夺了市委的权、成立了上海市"革委会"的消息，全国各地迅速地掀起了"夺权风暴"（时称"一月风暴"）。这时，"人大红卫兵"才如梦初醒，才明白"文化大革命"到头来还是要夺权的，并开始筹划夺权行动。但其计划尚未付诸实施，形势又突然大变。

原"八一八红卫兵"有一个叫赵桂林的人（政治经济系 61 级学生），在其组织解体之后，带了几个弟兄，到武汉去造湖北省委和陈再道的反，闹得天翻地覆，名声大振，被武汉"造反派"视为英雄。这时，他顶着从外地挣来的"响当当的造反派"的光环，"杀"回了人大，把原"八一八红卫兵"的一些成员又聚拢起来，成立了一个叫"新人大公社"的新组织，而且气势汹汹，与"人大红卫兵"开展了新的斗争。

这时，"人大红卫兵"一派才恍然大悟，感到"革命尚未成功，同志仍需努力"。于是，乃重整队伍，迎接新的战斗。经多方反复沟通、协商，"人大红卫军"和"共产主义红卫兵"集体加入"人大红卫兵"（"十一红卫兵"的头头因遭"人大红卫兵"冷遇，愤而率众加入了"新人大公社"）。

为了团结大多数，壮大力量，经"人大红卫兵"勤务组研究决定，成立"人大东方红公社"，将所有观点一致、但不适合加入"人大红卫兵"的学生和教职工全部吸收进来，作为"人大红卫兵"的外围组织。这样，"人大红卫兵"一派至此名义上就成了三个组织，即"人大红卫兵""人大红卫队"和"人大东方红公社"。但为使"东方红"成员不感到低人一等，对外则统称"人大东方红公社"。

这以后，人大两派的斗争又趋激烈。两派不仅在校内对一些问题观点对立，而且在地盘上也以一条水沟和一条路（共青路）为界，南北各霸一方。两派都有自己的广播站，先是在大喇叭上你来我往地"文明"的辩论，后来逐渐演变为隔空争吵、叫骂。起初"新人大公社"在每次广播中，都要对"人大红卫兵""人大红卫队""人大东方红公社"三个组织一一点名，后来可能是觉得太啰嗦、麻烦，干脆就简称为"人大三红"（有时又讥称为"陶小三"，因为他们认为"人大三红"是陶铸扶持起来的，是"保陶"的）。对方的大喇叭一响，声震八方。

久而久之，周围的群众都得知人大有个群众组织叫"人大三红"。这样一来，"人大东方红公社"尚未打响，而"人大三红"却被对方叫出了名。怎么办？经"人大红卫兵"勤务组研究决定，索性依歪就斜，今后我们就叫"人大三红"吧！谁知在这以后，"人大三红"还真的"红"起来了。

为了适应新的形势，"人大红卫兵"勤务组决定再次进行调整：成立"三红总部"，改勤务组为"核心组"，并增设了相应的下属机构，除原有的政治组、组织组、宣传组、外联组、办公室之外，又新设立了干部组（负责做争取和解放干部的工作）、保卫组、后勤组、教育革命领导小组、《人大三红》报和《斗批改》杂志编辑部等。核心组和下设机构皆吸收有部分教师、干部参加。而我则再次以"元老"的身份留在了核心组，并仍分管组织工作。

这就是"人大三红"的由来，亦即由"人大红卫兵"演变为"人大三红"的简要过程。

原载《百姓秋叶》（第3卷）百花洲文艺出版社出版
（作者是哲学系1964级学生。四川省社会科学院研究生部教授）

2. 关于"八一八红卫兵"和"新人大公社"

张联瑜

"八一八红卫兵"是怎么建立的，人民大学说法也不完全一致，有的同志说是在吴老吴玉章指导下建立的，这个说法有一些出入。我是"八一八红卫兵"的第一发起人，也是第一任政委。干了没几天，一个星期多吧。我们没有接到过吴老要求成立"红卫兵"的指示。后来有一次我跟我们班朱忠仁同学谈起这件事，他说他在搞"东生联络组"时，听吴老说过，你们"保郭"的同学也要成立"红卫兵"。"东生联络组"是以朱忠仁为主，几个系少量同学建立的"保郭"组织，主要是写些有关"保郭"的书面材料。大约是"七二九"大会之后建立的。

"八一八红卫兵"建立后，朱忠仁又同国政系老师唐立春（时任国政系留学生班班主任）及学校工人刘洪斌等人，建立了人大工人、教师、干部参加的"赤卫队"，也是以"保郭"为目的。"八一八红卫兵"和"赤卫队"建立后，"东生联络组"就停止活动了。我们成立"红卫兵"时没有听吴老说过这话，也不是吴老的指示，要把这一点说清楚。

一开始人民大学有一个"红卫兵"组织，叫"人大红卫兵"，其宗旨就是打倒修正主义分子郭影秋。这个"红卫兵"组织是几位干部子弟建立的，我们当时对他们不感兴趣。他们用一面红旗制作了几个红条条戴在胳膊上，在校园里走来走去。大家都觉得大学生哪儿有搞这个的，这不是小孩子的事情嘛。因为当时"红卫兵"是从中学开始的，大学没有"红卫兵"，所以大家不"感冒"，也没有再想成立"红卫兵"。为什么后来又要成立"红卫兵"组织了呢？这个要从1966年8月18日毛主席接见"红卫兵"说起。

在进驻人大的海军工作组撤销以后，当时中央指示各个学校成立"文化大革命"大联合筹备委员会，叫"大联筹"。"大联筹"分两个层次，校一级是管全校的，由各系选代表参加，系一级是管本系的，由所在系的各年级选代表参加。当时国际政治系里也有一个"大联筹"，我是成员之一，每一个委员每周负责一天的值班工作，守电话、联系什么事，等等。

1966年8月18日这一天正好轮到我值班，所以参加毛主席接见红卫兵大会，国政系由我带队。我们是走着去的（此处与侯的说法有矛盾。并非校筹委会及"红卫兵"，怎么也上天安门了？谁通知的？有几个队伍还有那些人参加？——编者注），没乘车。晚上多吃点儿饭，一人给一个馒头，凌晨两三点钟就出发了，到天安门广场有三十里地，不到六点就到了。分配给我们学校的位置是在文化宫门口前头。这时有一个人找我，可能是学校"大联筹"的什么人吧，说你们系找一个同学，最好是党员，有一点事情。也不知道干什么。我说我去。我当时认为可能出点儿体力干点活儿，哪个地方需要搬东西、维持秩序等方面的事。他说你不能去，你还得带队呢。这会儿我班同学沈大德在我旁边，他说他去。我说行，他是预备党员，去吧。沈大德就跟着一帮人走了。沈大德后来跟我讲，没什么事情干，只是向前走。过了金水桥了，过了金水桥又往天安门里头走，到了天安门里头从左边上了天安门城楼。沈大德就上了天安门，还跟毛主席握了手。回来以后大家都很高兴，你见到毛主席了，跟毛主席握手了，很羡慕他，都跟他握手。

我们在文化宫前面看毛主席看得很清楚，看毛主席穿军装了，而且也看着毛主席戴上"红卫兵"袖标了。我当时脑子里一震：毛主席承认红卫兵了！看来我们回去必须成立红卫兵。为什么呢，对立面反郭影秋那边早成立红卫兵了，我们保郭影秋的这边还是一盘散沙，没有头头。当时脑子很清楚，就是必须要跟对立面合法斗争，没一个组织不行。

回学校的路上，我一路走一路想，怎么成立红卫兵。到学校以后，我就叫许寿明到我系住的六处外小树林等我。在小树林我跟他讲，我说老许，咱们必须马上成立红卫兵，现在看来我们进行合法斗争得有一个说法。人家有红卫兵了，我们没有怎么行？马上成立红卫兵。他很支持我的观点，他说你说得对。

我们马上找李金海商量。李金海是国政系四年级党支部书记，当时还得找党组织，真正后台是李金海。李金海一听很有道理，表示坚决支持。我们马上到系党总支办公室，一下子就把我们班七八个党员召集来了。我印象有李金海、我、许寿明、张锡林、林俊德、伍连连，还有沈大德。大家一致同意马上成立红卫兵。

我们学校共12个系，除了国政系，还有11个系，就派了11个同学到各系去联系。实际上这个时候各个系也正在酝酿成立红卫兵，都在酝酿，但是没有考虑到在全校成立，都想自己班、自己系里成立。我们联系建立全校的红卫兵，一下子国政系四年级就成了牵头单位。当时各个系热烈拥护，大概一点多不到两点，各个系派的代表来了。我记得当时的代表有：新闻系朱卫卫、财贸系王凤林、农经系杨似林，还有农经系的徐永健，后来徐当红卫兵团长。

1966年8月18日下午两点钟，在国政系党总支办公室，全校12个系的代表，与国政系四年级以李金海为首的七八位党员，一起研究成立保郭影秋这一派的红卫兵的问题。关于建立红卫兵的宗旨，大家客套话没有，就是保郭影秋一条，同意郭影秋是党的好干部的加入，不同意的别加入。对立面的组织就是反郭影秋的"人大红卫兵"。回去以后各个系马上建立红卫兵组织，系再到班，建立以后到这里来汇总。

最后关于红卫兵的名字费了心思。大家说叫什么名字啊？咱们不能叫中国人民大学红卫兵啊，我们的对立面已经占了这个名字了。有人提出叫"红旗"，还有的人提出叫什么"战斗团"，大家都不满意。这时有个女同学，大辫子，突然说了一句："今天是八一八，咱们叫'八一八红卫兵'。"名字是这么来的。那时候任何学校和单位还没有叫"八一八红卫兵"的，不像后来。在同一天，毛主席头午接见，下午一两点钟就开会成立组织，谁也难以想到叫"八一八红卫兵"啊，但是这位女同学想到了。八一八，好，就叫八一八，就通过了。开会开到四点的时候，就散会了。散会前大家推举我当政委，团长就推举徐永健。

散会不长时间，吴老的秘书王宗伯来了。王宗伯消息很灵通。他找到我说，你现在跟我到吴老那儿去。我们马上坐吴老的车到了东四，到了吴老家。吴老家那个院子是四合院，一个前院一个后院。前院是警卫，部队全穿蓝衣服，不穿黄的，但是同解放军服装的式样是一样的，什么口袋啊、帽子都是同样的。

　　吴老在里面院北屋正房里，坐在一个沙发椅子上，腿上盖着羊皮。他腿疼，夏天腿上盖着块羊皮。王宗伯说，你把情况简单汇报汇报。我就把现在建立红卫兵的必要性对吴老说了，因为要进行合法斗争，就必须成立一个组织。我们成立的组织的名字叫"八一八红卫兵团"，大概有一千多人吧。吴老听了很高兴，就说郭影秋是好干部，"谁反对郭影秋谁就是反革命"。我就跟吴老说，吴老，我们"红卫兵团"大家一致聘请您为名誉团长，吴老回答："行。我给你们当团长。"吴老这个名誉团长就是这么定下来的。大概过了半个多小时，我们就走了，还是坐的吴老的车。记得我不止去了吴老家一次，至少是两次。

　　1966年"八二〇大辩论"之后，我还代表我们"八一八红卫兵"办了一件事情。当年的8月下旬初，江青出席了北京市"红卫兵司令部"（一司）成立大会。"人大红卫兵"参加了这个司令部，我们"八一八"不是。还有其他很多学校、很多红卫兵都排斥到外面去了。大家就联合起来，到中南海告状。我就代表人大的"八一八红卫兵"参与了告状，就在8月23、24号这几天吧，我们一两百人到国务院西门，在那儿吃了两三天饭。到时候有人给你送饭去，都是好饭，什么猪头肉卷烙饼啊，什么小站米饭红烧肉啊，净吃好的，吃完签个字就行。最后到了24、25号吧，突然来了一个人，大家都不认识。其实是戚本禹，他那时还不出名。他把我们带到中南海西门外的一个小学校里，在一个小学校的教室里接见我们，给我们讲话。因为江青参加了"一司"成立大会，大家就说了一些对她不满意的话。戚本禹批评大家说，你们不要对江青同志这么不尊重。他说，我们可以成立"二司"嘛。不久后，中央又开大会成立了北京"红卫兵第二司令部"，江青又参加了大会，这么才出来个"二司"。

　　关于我退掉"八一八红卫兵"政委一事，情况是这样的：我在发起成立"八一八红卫兵"之后，政委只干了不到10天。当时，特别是在和陶铸争论之后，我清醒地看到，"文革"是对着老干部来的。我父亲是老干部，家中三位烈士，对老干部有感情，打倒哪一个也不愿意。群众组织头头不是干部子弟能当的啊！于是决定退下来。我跟李金海谈话，后台是李金海啊。我说："老李，不行，政委我不能干了。为什么呢？这个运动是对着老干部来的，我本身就是干部子弟，我有天然的感情，你说我能批判谁？"这样李金海就找贫下中农出身的张锡林谈话，由他接任政委一职。

此后，我再没有在组织上参加什么派别，但保郭影秋的观点一直没有改变，仅参加了之后成立的"新人大公社"的一些活动。武斗开始以后，我就到一位中学同学所在的一家工厂劳动去了。直到1968年7月中央派宣传队进校，我才回到学校。半个月后，分配工作离校。

（作者是国际政治系1962级学生）

附录一　紧跟毛主席就是胜利

——从首都三司"人大毛泽东思想红卫兵"到以她为主体的"新人大公社"

辛任达

"大海航行靠舵手　干革命靠的是毛泽东思想！"
紧跟毛主席就是胜利，忠于毛主席革命路线才能前进！

历史的见证

伟大的领袖毛主席教导我们：除了沙漠，凡有人群的地方，都有左、中、右，一万年以后，还会是这样。"派别是阶级的一翼。"

一九六六年下半年，伟大领袖毛主席亲自发动并支持的红卫兵运动风起云涌。八、九月份，在首都出现了三个红卫兵司令部。与此相应，人民大学也出现了三个代表不同政治派别的红卫兵组织。这就是"一司人大红卫兵""二司八一八红卫兵""三司毛泽东思想红卫兵"。这三个红卫兵组织的存在及其演变，十分深刻地反映了人大尖锐、激烈、复杂的阶级斗争。

八月八日，由反革命两面派刘志坚的狗女刘平凡等黑帮子女发起的人大红卫兵，在反革命分子傅秋涛的家里撕毁一面五星国旗做袖章而秘密成立了。不久就成了"一司"重要成员，刘平凡还当了"一司"第一副总指挥。它就是现今反动臭老保"人大三红"的前身。

八月二十日，庞大的保守组织"八一八红卫兵"在一片保郭（影秋）声浪中成立了，不久，就成了"红卫兵二司"的发起者和重要成员。

一九六六年十月一日，在批判刘邓资产阶级反动路线的激烈搏斗中，"新人大公社"的前身——毛泽东思想红卫兵正式成立了。她高举着"对反动派造反有理"的大旗，从白色恐怖中冲杀出来，立即加入了首都"三司"的战斗行列。

这三个组织，由于在对待两个司令部、对待旧人大、对待广大群众等原则问题上，各自的立场不同、观点不同、态度不同，因而在无产阶级文化大革命两条路线殊死搏斗中，起了不同的作用，向着不同的方向发展。

原首都二司"八一八红卫兵"，由于它逆革命潮流而动，死保反革命修正主义分子郭影秋，一开始就执行了资产阶级反动路线，因此迅速崩溃了。

原首都"一司人大红卫兵"的广大战士在大造郭影秋之反的斗争中，做了一段革命的同路人，但是，由于其总部被陶铸的新资产阶级反动路线所左右，它的组织从上到下逐渐被刘邓陶在人大的代理人孙泱特务、叛徒、反革命集团及其第二套黑班子聂崔朱铁地下黑党委和坏组织红卫队所控制，死保旧人大，死保刘邓陶，疯狂炮打无产阶级司令部，镇压无产阶级革命派，终于重蹈八一八红卫兵的覆辙，陷入了反动臭老保的罪恶泥坑。一九六七年一月二十五日，要革命的"人大红卫兵"和"红卫队"的广大战士，继"人大红卫兵"法律系中队"一·一四"暴动踢开总部之后，又一举推翻了"人大红卫兵""红卫队"总部，成立了《人大红卫兵造反委员会》《人大红卫队暴动委员会》，直到六七年三月初，才在地下黑党委的操纵下，把"东方红公社""红卫队""红卫兵"捏合在一起，并由戚本禹亲自命名为"人大三红"。

"沉舟侧畔千帆过，病树前头万木春。"

正当"八一八红卫兵"彻底垮台，"人大红卫兵"日趋没落、一度垮台的时候，我三司人大毛泽东思想红卫兵却从小到大，越战越强，迅速地成长壮大起来。

（《新人大》报第 77 期　第一版转第二、三版　1968.8）

附录二 "新人大公社"是保守组织
"八一八""赤卫队"的重新纠合

"新人大公社"前身是人民大学"八一八"和"赤卫队"。"八一八"是我校学生中的保守组织，它是臭名昭著的首都"二司"的发起者、组织者和领导者。"赤卫队"是干部、教师和工人中的保守组织，它先后参加了时传祥的反动组织"捍卫团"和以反对"中央文革"为宗旨的高校"十一联"，其中一部分还参加了反动组织"全红总"，去年十一月底至十二月间，执行资产阶级反动路线的"八一八""赤卫队"相继垮台。

在"八一八""赤卫队"垮台之时，广大战士纷纷起来造反，一部分战士直接加入了"人大三红"，一部分则留在内部造反，十月中旬成立了"八一八红色造反连"，十一月成立了"赤卫队革命造反联络站"

至十二月份，"八一八"和"赤卫队"的头头眼看他们的组织保不住了，便决定搞假造反的阴谋。"八一八"成立了"东方红联络站"，它的成立宣言公开宣称"凡承认'八一八红卫兵'的大方向是正确者可参加本联络站"。"八一八东方红联络站"寿命不长，随后又化整为零，成立了几十个小组织，以赵桂林为首的包括三十多个"八一八"骨干分子的"北京公社"就是其中之一。"赤卫队"则成立了"井冈山公社"等组织。"井冈山公社"的宗旨是：一、"承认'八一八''赤卫队'的大方向是正确的"；二、"承认郭影秋不是四类"。至今年二月份"八一八""赤卫队"残部又化零为整，以"北京公社"为核心成立了"革联"；二月二十二日改名为"新人大公社"。

"八一八"和"赤卫队"还派一部分人打入"八一八红色造反连"和"十一红卫兵"。今年一月一日，"红色造反连"改名为"红旗"，内部形成两派。不久，"红旗"公开分裂，一部分加入"三红"，其中包括绝大部分原"红色造反连"的战士,一部分加入"新人大公社",其中只有六名"红色造反连"的战士。与此同时,"赤卫队革命造反联络站"集体加入"三红"。

"十一"红卫兵成立于去年十月二日;开始只有几十人。他们和"三红"并肩战斗,造郭影秋之反,后加入首都"三司"。到去年十一月底,乘大多数人外出革命串连之机,"八一八"残部大量混入,并篡夺了领导权,改名为"毛泽东思想红卫兵"。至今年一月二十日"毛泽东思想红卫兵"一分为二:"毛泽东思想红卫兵革命造反总部"和"毛泽东思想红卫兵伪总部"。不久,前者革命力量集体加入"人大三红",其中包括绝大部分老"十一"红卫兵;后者集体加入了"新人大公社",其中老"十一"红卫兵只有十多名(今年九月份,他们又纷纷造反),从此,"八一八"的变种"思想兵"便披上了首都"三司"的外衣做为"新人大"的所谓"核心",到处招摇撞骗。

从上述历史演变过程中可以看出,"新人大公社"是保守组织"八一八""赤卫队"的变种。从"新人大公社"成员来看,"新人大公社"不是以红卫兵为主体,而是以干部、教师、工人和家属为主体的组织。在一千多名"新人大公社"社员中,教职工、家属、小孩共一千余人,而学生只有数百人。

(揭老底《人大三红》报 第 53 期 第二版 1967.11.11)

四、人大的两次大辩论

林俊德　张联瑜

1. 关于郭影秋问题的两次大辩论——林俊德日记摘录

1966年8月2日夜，参加在我校南大操场举行的关于郭影秋问题（是黑帮分子还是革命领导干部）的全校师生员工万人大辩论。邓小平、陶铸、吴德、陶鲁笳、张经武等中央和北京市的领导人出席，外校、外地旁听者甚众。晚8时许，辩论开始，北京市委第二书记、北京市大学文化革命委员会主任吴德主持。双方旗鼓相当、针锋相对，一方断言郭影秋是坏人、是黑帮头子；另一方坚称郭影秋是犯了错误的"左派"，争论激烈、言辞犀利。我班女同学吴廷嘉也无所畏惧地跃上台，当着邓小平、陶铸等领导人的面滔滔不绝地讲了一大篇，用她深入校内工人和苏家坨贫下中农之中调查获得的大量材料证明郭影秋是坚定的革命"左派"、优秀的领导干部，批驳攻击、诬蔑郭影秋的言论，颇有点初生牛犊不怕虎的气势。辩论进行到深夜12时，谁也说服不了谁，且越争越激烈，越辩越对立。主持者宣布暂停争辩，回去继续准备，改天再辩。邓小平和陶铸相继讲了话。

邓小平说：

我们是遵循毛主席的教导来向你们取经的。大家知道，"文化大革命"是毛主席提出的，这是一件关系到我们国家命运的决策。这次"文化大革命"是一件新的事情，我们也没有经验。这个问题确实是老革命碰上新问题。我们在"文化革命"发动之后，搞了一个派工作组。派工作组这件事看来在开始时恐怕是难以避免的，但是我们应该很快地感觉到工作组这种形式阻碍群众运动。实际上群众能够自己革命，有能力、政策水平、思想水平，能进行好的。这些我们感觉得迟了，这点，我们在北京的中央同志就是犯了错误的，错误在我们这些人是经常有的，同志们对我们提出批评完全应该，应该经常批评。这个对帮助党中央工作同志、市委工作同志、各级工作同志是很重要的一条。

派工作组这件事情，我这里要重复说一下，这是新市委根据中央的指示派的，这点要负责任，我们中央在北京的同志要负主要责任。现在根据毛主席和党中央的指示，新市委又决定撤销工作组。撤销工作组又干什么呢？就是要同志们自己干革命，就是建立在相信我们大中学校学生、大中学校的教师职员工人同志自己能把"文化革命"干好，建筑在这个相信的上面、这个基础上面，作出这个决定。对于工作组也要说一说，情况不同，工作组仓促上阵，一定有很多错误。今天同志们没有接触这个问题。我相信以后会接触这个的。工作组我们没有交代他们政策、方针、工作方法，仓促上阵，没交代好，这方面属于我们的责任。至于他们在工作中有什么错误，同志们实事求是加以批判、加以检查。今天只接触一个郭影秋同志的问题。

今天这个辩论会我感到开得很好，对我来说也是一个很大的教育，因为这件事使我更加相信党中央、毛主席决定撤销工作组是正确的。因为工作组这个形式阻碍群众的自觉革命。撤销了工作组，今天看出不管哪方面的发言，都有相当的水平，证明能够自觉革命。不管对的或错的，经过争论，经过考验，最后总能够找到一致的意见，可以得到胜利。当然嘛，工作组撤销，现在的形势是这样一个形势，摆在我们学校面前的是两个问题，一个是敢于革命；一个是善于革命。敢于革命，我今天很高兴，我看同志们不管是哪一方面的意见，他们绝大多数都是革命的，是革命的同志，敢于革命的，我们很高兴。善于革命，我们目前已经没有工作组了，学校师生员工同志们自己起来革命，自己来把这场革命进行到底。这件事我们没有经验，同志们是不是已经有经验了呢？我看同志们正在创造经验，还不能说已经有了很好的经验。我相信同志们能够通过自己的革命实践，创造出很好的经验，把这场革命进行到底。

这场革命是不容易的，正像《人民日报》社论说的，是接触每一个人的灵魂的革命。这个革命的任务，就是毛主席提出的"一斗、二批、三改"。斗什么呢？就是斗反党反社会主义反毛泽东思想的当权派；批什么呢？批倒反动的资产阶级学术"权威"；改什么呢？改革教育制度和教学方针、方法。我看我们今天的发言还只是在一个"斗"字上，只是在这个阶段上斗。是不是资产阶级学术"权威"这个工作都斗好了斗完了呢？是不是只有一个郭影秋的问题呢？现在又提到一个孙泱问题。是不是只有这个问题呢？同志们要思考，要研究。斗也好，批也好，要选定目标，选得准，才能打狠，才能打好。这样的问题，比如人民大学，我们中央是无能为力的，进行这个斗争，我们帮也帮不了你们的忙，靠你们自己。

批比斗资产阶级当权派更困难一些，而改不比批更难，也不比它更容易。摆在同志们面前的是很艰巨的工作，要同志们自己去做，我们没有经验，我们要跟你们学习，你们创造了经验给我们学习，我们做为领导的责任，就是要把群众创造的经验加以概括来指导，一般就靠这个。我们没有什么本事，离开了你们，我们什么事也干不成。我们相信同志们能够自己创造经验，即敢于革命这点有了，又善于革命。至于郭影秋同志，那天刘少奇同志在会上讲的，对于一个干部多少年的评价，提他种种意见都是有的，但你们学校本身不能给一个同志做总结论。这个问题中央和新市委会从全面的角度考虑的。但是郭影秋同志在你们学校的问题，只有你们有发言权。中央、市委评价郭影秋，将来的问题也根据你们这方面的材料，这是一个重要方面的材料，也要根据这个。同学们辩论这个问题是应该的，应该继续辩论。不是刚才说还要继续开会吗？辩论看来也不只是这样的大会，恐怕要更细致地研究问题、更冷静地分析问题，小的辩论会，另外大小会相结合方式恐怕是必要的，同志们考虑一下。

还有一些其他问题，接着第二阶段就是批，第三阶段就是改。很巨大的工作，又没有工作队，学校又没有党委，现在学校马上恢复党委是不适当的，那么办法是什么呢？办法就是学校的师生员工产生一个领导机构，正如市委的通知里所讲的，你们的学校应该由全校的师生员工代表会议产生一个全校的革命委员会，或革命小组，班也有革命小组。我听说你们学校还没产生全校的领导机构，我和陶铸同志、吴德同志商量一下，建议你们先成立一个筹备委员会。这个筹备委员会的委员看来意见有些不一样，这个不要紧，采取协商嘛！同反面意见的人协商是很必要的，没有这个办法是不行的，要协商。还有一个办法就是无记名投票，选的不适当，再改嘛。总之，我们建议比较快地产生一个全校的筹委会，这个筹委会召集全校师生员工代表会议，选出正式的各级文化革命委员会来领导这个运动。我相信用这个方法会使这个运动进行得更有秩序，更有计划，各种经验更能及时地总结。只是这么天天地辩论过来、辩论过去，没有这么个东西，时间总会要拖长些，这个不利，因此我提出这个建议，请同志们考虑。

此外，其他的问题停一下，陶铸同志还要讲一讲。我在这里顺便说一下，刚才有许多条子，问这个"二月军事兵变"的问题。这个问题我们查了，因为我们早知道这个事，我正式跟同志们说，没有这个事。因为当时有些军队要驻在北京，分配一些营房，后来军队同志感到住学校里，军队和学校混起来也不好，所以只是这么一件事。我郑重地告诉同志们，我们的军队，彭真调不动，别人也调不动，（用食指指着自己的鼻子）我也调不动。这件事我们想澄清事实，不要再谈这个问题了，这件事不算一回事。

陶铸说：

刚才小平同志讲了话了，时间已是深夜了，快到一点钟了。我同小平同志来，这是毛主席的指示。毛主席叫我们去各个大学向同学们学习，向同学们问好。

我讲话的中心，一句话，我们确实不是谦虚，是向你们学习。确实是老革命遇到新问题。小平同志算是老革命了，我是中等，不算老，也是碰到了新问题。"三反""五反""反右"斗争也搞过，"四清"也遇到一点，但文化革命没搞过。毛主席说，"文化大革命"是一斗、二批、三改。第一是斗，斗就是斗走资本主义道路的当权派。人民大学到底斗谁，谁是走资本主义道路的当权派，我才来北京两个月，你叫我斗，我知道谁是走资本主义道路的当权派呀？我不知道。你叫我说谁是走资本主义道路的当权派，我说不清楚，全靠革命的大辩论。辩论就是选斗争目标嘛！到底谁是走资本主义道路的当权派，只有你们能解决这个问题。

郭影秋同志我不认识他，只见过他一面，他的问题我不清楚。他来到人民大学三年多，究竟干了些什么？你们清楚嘛，你们辩论嘛！郭影秋同志的问题你们知道，充分地揭嘛，是什么就是什么嘛！你们辩论出来他是黑帮，你们就斗嘛！我们支持你们揭他的问题。中央、新市委已撤销了郭影秋同志市委文教书记的职务。刚才有人递条子，说我们的态度不明朗。同志们，凡是打黑帮的，我们坚决赞成，我们坚决支持你们斗黑帮，有多少黑帮，你们都斗，我们坚决支持。不管哪一个同志讲，我们上台鼓掌，下台鼓掌，都一样。不要看我们的眼色。

至于说工作组来到你校，如果对你们进行政治迫害，我们坚决支持你们揭。有问题可以跳上来讲，这次跳不上，下次可以跳。斗争不要看眼色，就是靠毛泽东思想嘛！我们没有把郭影秋的问题弄清楚，要由你们做结论。将来你们做出结论，我们再鼓掌嘛！斗争完全靠说理，靠摆事实。下一段批判反动的学术"权威"更要靠你们了，我们更没有办法了。因为我们没有在人大念过书，哪些不符合毛泽东思想，我们也不清楚，只有靠你们批。人民大学到底怎么办？据说人民大学是个"老大难"的问题，过去人民大学领导没搞好。如何把人民大学办成高举毛泽东思想红旗的大学校？经过这场"无产阶级文化大革命"，我相信一定能够建立起一个用毛泽东思想武装起来的人民大学。我们是没有本事的，我们是真心实意的，不是讲假话。

第二，讲讲辩论。"四清"运动没有文化大革命搞得深，"文化大革命"的胜利是建设社会主义、建成共产主义的可靠保证，它对于我们国家和世界革命都会产生极其深远的影响。为什么"文化大革命"有这样大的威力呢？就是因为"文化大革命"靠的是放手发动群众，依靠群众，靠大民主。不这样发动群众，旧的制度绝不能被彻底摧毁。人民大学几千人认识不统一怎么办？就是靠辩论嘛。辩论是解决问题的最好形式。今天的辩论会好就好在你可以驳我，我也可以驳你，这是解决人民内部矛盾的最好办法。但要保护少数。辩论时不保护少数，辩论就不会展开。少数人也有他的观点，也可以让他发表嘛！解决人民内部矛盾，就是要靠这个办法嘛！大家能认真发言，都能把观点拿出来,郭影秋同志的问题一定能辩论清楚的。真的不能说成假的,假的不能说成真的,是黑帮成不了"左派",是"左派"成不了黑帮!不同意见能够一致。至于少数人的意见统一不了,可以保留,不要强制人家。保护少数,就是让人家发言,不要轰人家。有的同志轰也轰不下去,这是大无畏的精神。我就不行,轰得厉害,我就讲不出来了。这一点,我要向你们学习,学习这种大无畏的革命精神。不同意见不要让人家检查,容许人家保留意见。逼着让人家服,人家心里不服,压服是不行的。

  文化革命委员会应迅速建立起来。工作组已经撤走,一切权力都要归文化革命委员会。文革委员会选不出来怎么能行呢?可以通过协商,多数照顾少数嘛!少数意见可以保留。绝大多数人是想把革命搞好的,建议你们明天再开会,再协商,快把革命委员会成立起来。搞个临时委员会也好嘛!不好也可以推翻嘛!苏联过去搞过二月革命,二月革命不行,再搞个十月革命嘛!辩论会于3日凌晨1时许结束。

  8月18日上午,参加在天安门广场举行的首都百万军民庆祝无产阶级文化大革命大会,即毛主席首次接见"红卫兵"。我们班的沈大德同学无意中被请上天安门城楼(大会工作人员到群众中来找一些人到前面去,沈大德以为是去当标兵,自感到个头比较大,能够胜任,便自告奋勇前去——括号内为作者自注),见到了毛主席,还同毛主席握了手。下来后兴奋万分,激动地向同学们讲述在城楼上的见闻。

  8月20日下午,参加在大教室举行的"红卫兵"组织成立大会。200多位"红五类"报名者参加大会,其他革命师生旁听大会,外校的红卫兵代表列席大会。大会宣告中国人民大学"八一八毛泽东主义红卫兵"成立(后改称"八一八毛泽东思想红卫兵")。8月18日毛主席接见红卫兵前后,应邀参与同班同学张联瑜、张锡林、许寿明、刘启用等人发起的成立"红卫兵"组织的筹备活动,经过几天酝酿、谋划,基本就绪。

  同日夜,参加在我校南大操场由校文化革命委员会筹委会组织的关于郭影秋问题的第二次大辩论。我校革命师生员工、苏家坨600

不堪回首：中国人民大学校史管窥（1966-1970）

多名贫下中农和外校、外地各类人员共 1 万余人参加；陶铸、陶鲁笳、张经武等中央和北京市的领导出席。双方争论很激烈，持续时间很长，直到第二天（21 日）凌晨 4 时。会场秩序很不好，议论纷纷、乱七八糟，出现了台上一方的人发言、台下另一方的人起哄、大喊大叫，双方当场争吵起来的乱象，属"保郭"一方的苏家坨贫下中农和校内工人的情绪尤为激烈。陶铸最后讲话时批评了这种现象。他说：辩论要有个气氛，现在这样情况我觉得难以辩论。毛主席要求文化革命要有很好的辩论，要摆事实、讲道理，要保护少数，即使少数是错误的，也要让他讲下去。不然怎么能辩论起来呢？今天晚上我不满意。

对于贫下中农支持（人民大学）文化大革命，我很高兴。如果你斗地主这样，我也很赞成。但要让人家把话讲完，不管对的也好，错的也好，因为这个是辩论，是毛主席要求我们这样做的，我们大家都愿意听毛主席的话嘛。那么我们是真听毛主席的话，还是假听毛主席的话呢？我想，贫下中农、工人同志是最听毛主席话的。辩论要有个气氛，辩论嘛，就是有不同的意见才辩论嘛，如果意见都是一致的，还要辩论什么？我们不是讲民主吗，讲民主大家都有讲话的自由，只要不是反革命，是反革命公安局抓去了嘛！在这里都不是现行反革命犯，都有讲自己意见的自由。要辩论就要有个气氛，有个环境，要允许有不同的意见能够讲完，讲完他们的意见，使辩论能很好地进行下去。

为此，我要求：第一，大字报还是要搞，充分揭露。大字报揭谁都可以，揭什么问题都可以，你揭我的，我可以揭你的，你贴一张，我也可以贴一张嘛！绝不能因某张大字报讲的郭影秋是革命"左派"，我们就说他是保皇党；也不能说反对郭影秋的、讲他是黑帮的就是反革命，这个不对。他认为郭影秋是革命"左派"，可以嘛，他有他的看法嘛！另一方面，也有同志讲郭影秋是黑帮，也不要讲人家反对郭影秋，说郭影秋是黑帮，他就是反革命，这样人家就不能提意见了嘛！我们是人民政府，只有四类分子没有权利（发言）嘛。因为郭影秋的问题正要大家来议论，议论，有人这样看，有人那样看，完全允许的嘛！所以要辩论，就要创造很好的环境。

要允许大家自由贴大字报，讲自己的看法；你不同意，你可以贴大字报。不要随便讲拥护郭影秋就是保皇党，反对郭影秋就是反对校党委，反对校党委就是反对新市委，反对新市委就是反对中央、反对毛主席。这都不对，是错误的。今天，只能誓死保卫党中央，只能够誓死保卫毛主席，除此以外，任何人都不能起来保卫。你保卫了，还搞什么文化大革命？大家都保卫了，这个是"左派"，那个是"左派"，你还揭什么呢？我们搞过"四清"的嘛，大家都是"四清"干部，那你还有什么"四清"的必要呢？"四清"我们怀疑干部面比较大嘛，搞的结果，有的是小毛病，就解放了嘛。我是搞过三次"四清"的，那你"四清"到一个大队，一个生产队，你说干部都是好的，没毛病，那你"四清"就不用搞了，还搞它干什么呢？

所以，第一，我赞成搞辩论，搞十天，不要搞久了（指我校关于郭影秋问题的辩论）。第二，要有个很好的环境，让大家充分把话讲出来，完全民主。现在，毛主席讲，学生可以上街，大字报可以贴街上去嘛！我们的国家工人是很觉悟的，农民是很觉悟的，学生是很觉悟的。

第二，辩论要取得双方一致。辩论，一个就是大会辩论，要一对一（发言），这是保护少数的好办法。否则，你又讲拥护毛主席指示，坚决执行十六条，又不赞成一对一，又不保护少数。大会我赞成，你们是多数嘛，既然是多数，真理在你们手里，你们怕什么呢？少数就是没有理嘛？没有理由你怕啥？为什么不可以一对一（发言）呢？假如开小会，大会不能多开了，如开小会，我要跟你辩论，那我先挑战：我要同你辩论，你同不同意？辩论什么问题？多少人辩论？我来几个，你来几个，上午我当主席，下午你当主席。如果不这样，我拒绝同你辩论。不然人少，你这里一班来辩论，那里一班来辩论，车轮战一样的，那可吃不消啊！辩论要双方协商，要统一，要采取双方同意、取得一致意见的辩论。坚决按十六条办事。

关于郭影秋，陶铸说：就现有材料看，郭影秋同志不是黑帮。但是以前同志们认为郭影秋问题是严重的，也不是没有根据的，因为曾有个"二月兵变"问题。"二月兵变"这个事实是不存在的。但是我也要讲，根据现在文化革命中的表现，郭影秋同志也不能说他是革命

"左派"。为什么呢？郭影秋同志，你们贫下中农很熟悉，一年多的朋友了。我们更熟悉，从抗日战争到现在二十多年了，郭影秋同志的工作经历，各方面我们党是清楚的。在抗日战争中，在解放战争中的表现是不错的。但解放以后，特别是最近文化大革命这一段是有问题的。市委为什么要撤销郭影秋同志的职务呢？就是因为他犯了错误。原来他是代表华北局参加"文革小组"的。正因为他是文化革命小组成员，在师大工作搞得不好，没有执行党中央的方针，没有执行毛主席制定的方针，在人民大学最近一段，在文化大革命中的表现不是我们所要求的那样。

有些同志讲，市委没让他当书记，让郭影秋同志回来，是因为人民大学工作很忙，要他回来领导人大。不是这么回事情，是他犯了错误。我不能撒谎，我是有什么讲什么。"二月兵变"没有，但郭影秋确实犯了错误，所以才撤销他书记的职务，因为他不能做"中央文革小组"成员，不能作为北京市委的文教书记来领导文化革命运动，因此，撤销他市委文教书记的职务，难道这样能说他是革命"左派"吗？

根据事实，就现有材料来看，现在不是黑帮，这是第一；第二，根据文化革命中的表现，不能算革命"左派"。既然不是黑帮，那就属于人民内部矛盾。不管二类、三类，都属于人民内部矛盾。虽然不是革命"左派"，但他不是黑帮，比上不足，总还不是黑帮，比下有余嘛！

陶铸建议苏家坨贫下中农不要参与人民大学校内问题的辩论。他说，他们辩论学校的事情，贫下中农你们也不太清楚，我也不清楚。学校的事情，只有学生、教员、职工他们清楚。学生他们上课嘛。所以毛主席反对派工作组到学校去就是这个道理嘛。你是空军、海军、机关的，一没念书，二没教学，三没在校当工人，你怎么能斗走资本主义道路当权派？你怎么能批资产阶级"权威"？你怎么能改革教育制度？不了解嘛！所以辩论学校的问题还是让他们学校师生员工去辩论，我也不参加，因为我不懂，事情不清楚嘛。他们大学要自己挑选自己的领导，重新挑选自己的党委书记。你们辩论挑选生产队长时，人大开一两千学生去帮助你们挑，也挑不好的！

陶铸最后谈到红卫兵问题。他说，"人大红卫兵"是合法的，整个北京市、全国现在都要成立红卫兵。成立红卫兵是党的一个政策，把红卫兵变成我们青年的一个武装组织。如果在生产斗争、阶级斗争，特别是美帝国主义打来时，我们有坚强的红卫队，城市学校有红卫兵，农村有基干民兵，将来工厂里也可能要搞红卫兵、民兵，全民皆兵，美帝国主义要欺负我们，侵略我们，就把它彻底消灭。因此，红卫兵应成为团结广大革命同学的组织。

我不赞成在学校成立贫下中农、干部子弟协会，我赞成红卫兵，因为大学贫下中农、干部子弟是不少的，但是，学生三年四年就要毕业。农村贫协是个权力组织。同时还有大多数同学。要讲阶级成份，阶级成份是第一的，但不是唯一的；既然不是唯一的，就是要看表现，要重在表现。这是主席的语言。……是怎么讲的呢？第一是有成份，第二是反对唯成份论，第三是政治上表现好的，我们要团结他们。这是全面的，这是毛主席的语言。讲重在表现不讲成份第一是错误的。人大有两个红卫兵组织，我赞成你们开联席会议合起来，就是要以前面这个为主。……我看两个（红卫兵组织）不太好，既然都是红卫兵，为啥红不到一块儿呢？

我们（保郭派）认为陶铸的这番话基本肯定了对立一方（反郭派）的意见，否定了我们一方的意见。我方人员大为恼怒，一些积极分子当即酝酿向中央告陶铸的状。

（作者是国际政治系 1962 级学生。本文保留原日记形式）

2. 回忆人大"八.二〇"大辩论

张联瑜

1966 年 8 月 20 日晚上，我校对郭影秋问题进行了第二次大辩论，是在学校的大操场。这时"八一八红卫兵"只成立了两天。两派"红卫兵"都派代表在台上，我是"八一八红卫兵"的政委，作为代表在台上的左边，"人大红卫兵"的代表在台右边，是谁我也不知道。辩论大会的组织者当时不清楚是谁，现在回想应是学校的"大联筹"。（从表面看应是这样，实际应是中央有关部门组织的，因为来了很多中央领导。）出席辩论会的中央领导有：陶铸、李雪峰、陶鲁笳、张经武等十几个人。邓小平原来准备来的，后来没有来。在这之前已开过一次大辩论会，邓小平和陶铸都出席了，都讲了话，大约有几万人参加。四百米跑道的大操场人挤得满满的。邓小平这次为什么没来？这和 8 月 18 日之后中央领导班子改变有关。第一次大辩论时，邓是中央书记处总书记、第七把手，陶铸是排在后面的。这第二次大辩论在 8 月 18 日之后，陶铸已是中央第四把手，大大排在邓的前面。我记得陶铸走上台后，在我身边路过，他的秘书同他讲："刚才小平同志秘书来电话说，小平同志不来参加会议了。"这话我听得很清楚。

陶铸来了以后好像是很不耐烦，显得和第一次那么谦虚不一样了。他上次讲话中说："小平同志是老革命吧，我算是中革命。"这次就不行了，他是第四把手了，对农民来参加辩论老是批评。当时台下有几百名农民，他们是北京郊区苏家坨公社的。郭影秋带着人大的学生在那里搞"四清"。因为郭校长艰苦朴素、联系群众，农民们都拥护他。听说有人要打倒他，就自觉派代表来参加大会，保郭影秋。

当时发言是这样安排的，"反郭派"发言一个我们发言一个，我们发一个他们发一个。我为什么在上面呢？就是指挥我们这派谁发言，要辩论嘛。

大概讲到半夜两三点的时候，陶铸走上台讲话了。我对他的讲话有意见，老是批评农民，数过来数过去什么什么的，同毛主席著作上不一样。特别是毛主席井冈山时期讲的观点："没有农民就没有革命，否定农民就是否定革命。"我从小本子上撕下一张纸来，我就写了："陶铸同志，相信你是毛主席的好学生，但是毛主席说，'没有贫农便没有革命，反对贫农就是反对革命'，你今天批评农民的讲话是完全错误的，他们来支持人民大学，保郭影秋这个好干部，他们有这种权利。"我签上我的名字，给在我边上喊口号的李建国看了看，李建国看了以后说："好，我同意。要不要我签名？"我说，"不用你签名了。"我怕惹事啊，李建国是党史系一年级的一个同学。

前面第一排坐的是十来个领导同志。字条一个一个传过去，大概传了五六个人吧，到了张经武那儿，张经武脑子很精明，他看了看，又回头看看我，不说话。把条子压在他桌子上，不给陶铸看也不给递。大概过了二十几分钟吧，我想怎么回事？我火了，我这脾气挺急，抬起屁股我就上去了，谁也没注意到我上去。我一把从张经武手中夺过条子，就给陶铸了。陶铸他看看，问谁写的，我说我写的，陶铸就发火了。他批评我说："你们懂什么，农民问题，中央都知道了。"这是我从陶铸那儿学习到的一句话，"中央都知道了"，就是指毛主席都知道了。那时候咱们大学生不了解，后来才明白，所谓"中央都知道了"，是指"毛主席都知道了"。他就是这样讲的，批了我一通。

他一批我就不干了。我就说："农民怎么了？"我们俩你一句我一句，不算辩论算争论吧。争了七八分钟，台底下学生、群众不干了，好多群众不知道我在干什么。下面好多人呼口号："穿白衣服的躲开！请领导讲话！"当时我穿着白衬衫。听到下面呼口号，我就下去，退下来了。退下来时放桌上的字条我就顺手拿走了，没给他留下。我当时脑子挺精明的，放在手里留个底儿，免得以后追究起来口说无凭。陶铸后来几次讲话还提到这件事，在北师大他就说过："人民大学有一个'筹委会'委员，说什么我'反对农民'，我怎么会反对农民？我打倒了中南三个省的地主。"当时他是中南局的书记嘛。

"八·二〇"辩论后第二天，学校的大字报就出来了，"谁反对陶铸谁就是反革命！砸烂他的狗头！"两个月后陶铸也被打倒了。当时我还是一直把这个条子留着的，留起来准备以后有人找我，说我反对陶铸，我可以证明我反对的是什么东西。我说我不是反对，是提意见，提意见总可以吧，我不是先称他是"毛主席的好学生"嘛。

（作者是国际政治系1962级学生）

附录一 毛泽东关于"600农民进城保郭影秋"的批示和相关背景资料

1966年8月23日,毛泽东主持召开中央工作会议,讨论如何贯彻《十六条》。毛泽东在会议上发表了讲话,他说:

"当前主要问题是各地所谓乱的问题。采取什么方针?我的意见乱它几个月,坚决相信大多数是好的,坏的是少数。没有省委也不要紧,还有地委、县委呢。《人民日报》要发表社论,工农兵不要干涉学生的行动。提倡文斗,不要武斗。

"我看北京乱得不厉害,学生开了10万人大会,把凶手抓出来,惊慌失措。北京太文明了,发呼吁书。流氓也是少数,现在不要干涉。团中央改组原想开会改组,现在看不准,过4个月再说。过去急急忙忙作出决定,吃了很多亏,急急忙忙派工作组,急急忙忙斗'右派',急急忙忙开10万人大会,急急忙忙发呼吁书,急急忙忙说反对新市委就是反对党中央。为什么反不得?我出了一张大字报'炮打司令部'。有些问题要快些决定,如工农兵不要干涉学生的文化大革命,他上街就上街,写大字报上街有什么要紧?外国人照相就照相,无非是照我们的落后面,让帝国主义讲我们的坏话有什么要紧?"

1966年9月5日,中共中央、国务院发出了《关于组织外地高等学校革命学生、中等学校革命学生代表和革命教职工代表来北京参观文化大革命运动的通知》。

从9月6日起,"红卫兵"们举着红旗、身穿绿军装、臂戴红袖章、肩挎绿军包、身背背包、手持语录本,开始徒步"北上""南下""东征""西进",开展了全国"大串连",把他们的造反行动带向全国,带入了各个行业。

9月7日,毛泽东在关于青岛、长沙、西安等地问题的报告上作了一个批示,他写道:

林彪、恩来、陶铸、伯达、康生、任重、江青：

　　此件已读。青岛、长沙、西安等地发生的情况都是一样的，都是组织工农反学生，这都是错误的。这样下去是不行的。请以中央名义发指示，不准这样做。再发社论告诉工农不要干预学生运动。北京就没有发生这样的情况，除人民大学调 600 农民进城保郭影秋之外，其它没有，以北京的经验告外地照办。

　　我看谭启龙和这位副市长（注：指青岛市副市长王效禹——笔者注）的意见是正确的。

　　（郭影秋在"我所亲历的'文革'发动内幕"一文中，对此事有非常详细的记述，参见本书第 14 页。——编者注）

附录二 人民大学的"二月兵变"风波

陆伟国

我是中国人民大学62级学生,经历了"文革"的狂风恶浪。"二月兵变",是"文革"初期极左势力想借刀杀人而歪曲事实蓄意炮制的一个极其卑劣的阴谋。当时,在人民大学校内掀起了轩然大波。

(一)

事情是这样的:1966年2月4日,中央军委为加强地方武装建设,决定在北京市新建一个团,归卫戍区建制。3月2日北京军区命令63军188师负责组建。该团组建后,一时没有营房。为此,卫戍区先后到各处找房,均无结果。海淀区武装部便向他们介绍说,有几个大学的学生都下乡搞"四清"去了,有些空房,是否可去联系暂时借用。当他们到人民大学联系时,被郭影秋(人大党委书记、副校长、主持学校工作)婉言谢绝。后来,卫戍区也认为部队住在学校不合适,就住到南苑的一个靶场去了。(请见:《"文化大革命"中的人民解放军》,李可、郝生章著,中共党史资料出版社1989年版)(郭影秋在"我所亲历的'文革'发动内幕"一文中,对此事有非常详细的记述,参见本书第14页。——编者注)

这件事,极左势力得知后喜出望外,以为找到了一颗大炮弹。因为林彪刚在5月份的政治局扩大会议上有个"政变讲话",这下又有了"实例",岂能放过。6月17日,有人在北大贴出题为"触目惊心的'二月兵变'"的大字报,以此诬陷彭真、贺龙要搞军事政变。如果是这样,郭影秋也就牵扯在内,成了"二月兵变"的黑干将。

虽然事关重大,但因过于离奇,信的人并不多,一开始在人大校园内影响不大。康生一看不行,便从后台跳到了前台。7月27日,他在北师大的群众大会上信口雌黄:"在今年2月底3月初,彭真这个大黑帮策划政变,策划把无产阶级专政推翻,变成他们的资产阶级专政,计划在北京大学、人民大学各驻上一个营的部队,这件事是千真万确的。而且在北大、人大都看过房子。这件事包含着极大的阴谋,陆平知道,人民大学的郭影秋也完全知道。"

这一下,形势突变。第二天晚上,郭影秋就被"造反派"揪回学校在新饭厅批斗。震天的大喇叭,把我们都吵了过去。主持大会的人狂吼着:"现行反革命、修正主义分子、黑帮头子郭影秋必须交代反对毛主席革命路线的滔天罪行!"郭影秋还是很冷静,在一鞠躬后,对人民大学存在的问题和矛盾,他来人大以后的工作和不足,进行了较为详细的说明。一直讲了两个多小时,讲得非常令人信服,至少对我是这样,以至于跟着呼喊口号的声音越来越少、越来越散。但是会后,郭还是被押到我所住的东风三楼底层,法律系的男生宿舍(就在新饭厅旁边一点)。结果,大批不赞成批郭的学生、员工尾随过来围在楼前,我也在其中。直到黎明将至,人数越来越多,人声鼎沸,争吵不息,情况渐渐趋向激化。有的等不及要冲进去抢人,有的则比较策略,提出我们也要批判校领导,为什么只能你们批,不允许我们批啊。最后,"造反派"只得把郭放出,这边的人把他转移到了农经系的学生宿舍。这是人民大学在"文革"中第一次比较激烈的直接对抗。

(二)

事情还只是刚刚开始。7月29日,郭影秋被撤销了刚担任两个月的北京市委书记职务和作为华北局代表列席参加"中央文革小组"的资格。郭影秋是人大广大师生衷心崇敬的校长,具有很强的人格魅力。对他因受"二月兵变"的牵连而撤职,我们很想不通。当晚,我们正在文化广场上看大字报(文化广场:原办公教学楼北侧的一块空地,当时集中贴大字报的地方。——作者自注),消息传来,大家为此实在气不过,一时群情激愤。不知谁喊了声:"我们到市委去要个说法。"马上一呼百应,迅速聚拢起几百人的队伍,浩浩荡荡向着台基厂的市委大楼径直而去。此时的市委大楼里,灯火通明,彻夜不灭,人进人出,川流不息,很有点像电影"列宁在十月"里的斯莫尔尼宫的意思。进去之后，市委第二书记吴德（原吉林省委第一书记）、大学工委的陶鲁笳（原山西省委第一书记）、张经武（原西藏工委第一书记）等先后出面接见我们，作了一番说明，但都是推托之词、不得要领。

彻夜不眠之后，我们一行上百人，又从市委去了北海西侧的"中央文革"住地找康生。那里是清代某王府的一个大院，灰砖灰瓦，很庄严也很深沉。进北门，过照壁，穿过院子，进得一个厅堂。里面光线很暗，窗帘没有拉开，开的电灯也很小。摆着几十张椅子，坐不下的人站在后面，前面长条桌后的沙发椅还空着，大家都在等着。过了一会，一个矮胖女人从侧门进来，满脸堆笑地说："我是曹大姐。"这是康生的老婆曹轶欧先出来挡驾。她说："康老现在一天到晚很忙很辛苦，刚睡下不久，你们要等会儿。"接着她又不着边际地东拉西扯了一会儿，明显在拖时间。

我们坚持不走。许久，一个干瘦的老头在侧门出现，因为光线昏暗，看不清什么，只能看见从他眼镜片后面露出的光也像这屋子一样的阴暗深沉。这就是康生。他是满心不愿意，又不敢当场说狠话，也是含糊其辞、推诿敷衍。面对同学们提出的关于"二月兵变"很多很尖锐的问题，他很有一番推却，没有一一作答，而是讲了很多冠冕堂皇的话：要理解和相信中央的部署，要紧跟毛主席干革命，要积极参加文化大革命，等等等等。对郭影秋的问题，他也不作正面回答，只说郭是做过一些工作，但是跟不上形势了。这些话，跟他之前之后讲的另一些话，就不一样了。

见到康生，用阴森两个字描述最为恰当。阴森的院子，特地弄得灯光很昏暗的阴森的大会议室，他那黑黝黝的阴森的脸上透过反着光的眼镜，是那黑黝黝的阴森的眼神。

等我们回到学校，已是连续两天两夜没合眼，这一生还没有过。进了宿舍倒头就睡。

（三）

这么重大的事，当然惊动了高层。接着，8月2日夜，人民大学举行就郭影秋和"二月兵变"问题的大辩论会，作为当时中央全会的一个现场观摩会。正在召开的八届十一中全会的许多与会者都过来了，党的高层领导几乎都在人大集体亮相，当然，和我们一样，都坐在下面。全校所有的师生员工都来了。大操场上，密密麻麻，人头攒动。大会由吴德主持。正反双方，唇枪舌剑，互不相让，精彩之处，掌声雷动。亮出不同观点时，台上针锋相对，台下喝彩声、倒彩声，同时四起。那一阵阵声浪，震动四方。这真的是一场辩论实战，不像现在有些辩论，很大程度上是在作秀和表演。不过，尽管辩论很激烈，基本上还是有理说理，有讽刺挖苦，但没有谩骂攻击。"文化大革命"在这一晚上，还有最后一点"文化"的意味，但很快就不是那么回事了。

政治风浪也能锤炼和涌现出一些不凡的人物。这次辩论会上，就有一位国际政治系63级的女同学吴廷嘉表现出色。她口才极佳，发言时滔滔不绝、出口成章、言辞犀利、精彩不断。一时间成了校内名人，被戏称为"吴老娘"。她后来在中国社科院近代史研究所工作，不幸于1997年病逝。

那天，直到半夜后，辩论大会才结束。回宿舍的路上，大家还都边走边争论，个个都是那样的激动。几十辆黑色轿车，从我们身边缓缓驶过，这在那时也是极少有的场面。有眼睛尖的同学说，在湖南社教时见过的省委领导张平化他们都来了。

就在这个"八二"辩论会上，总书记邓小平做总结发言，讲了那句有名的"老革命遇到了新问题"。他在自己遇到很大困难的情况下，仍然旗帜鲜明地表明态度："什么'二月兵变'，根本没有这回事，告诉你们，我们的军队，彭真调不动，我也调不动，别人都调不动。至于'二月兵变'，我正式地跟同志们说，没有这个事。部队到人大联系借房，不是搞兵变嘛！"邓小平总书记还对郭影秋进行了一定的保护，他说："对郭影秋同志我们还是比较了解的，他在抗日战争中的表现是好的，解放战争中的表现也是好的。"至此，"二月兵变"也不再成为一个话题。

至于康生这个鬼，被迫在8月4日的北大集会上改口说："我没有说'二月兵变'，看来彭真没有准备好。彭真要不要搞政变？要！什么时候？我不知道。"一副政治流氓的无耻嘴脸，一览无遗。

康生是这几十年来中国政治舞台上最卑鄙、最恶劣的小人。为什么这样一个流氓能在政治舞台上猖狂至极，害人无数？笔者对"文化大革命"的怀疑就是从这所谓"二月兵变"开始的。

我写的140余万字的四卷本长篇小说《革命四十年》（时代出版社2015年版）用的是"小事件，大背景；小人物、大手笔"的写法，主人公都是些普通农民和基层干部，大队书记、公社书记这些，个别有县团级的，已不是主要人物。书中唯一一个直接出现的写着真实姓名的大人物，那就是康生。

（四）

对郭影秋问题的争论，还扩展到了社会上。1965年的秋天，郭影秋带领63级学生去京郊海淀区苏家坨公社参加社教运动。在那儿，不多的时间，郭影秋就给苏家坨人民留下了深刻的印象。"文革"这时，听说郭受到了冲击，苏家坨600多名农民群众来到人大要保护郭影秋（编者注：参加人大"8·20"的辩论），甚至还贴出了"郭影秋万岁""郭影秋是我们心中的红太阳"的大字标语。在那个狂风暴雨的岁月，居然敢喊别人"万岁"，那可是大逆不道、杀头之罪啊！以至于毛泽东9月7日在他的最高指示中特地提到这个事：中国人民大学调动600多农民进城保郭影秋，又说："请以中央名义发指示，不准这样做。再发社论告诉工农不要干预学生运动。北京就没有发生这样的情况，除人民大学调600农民进城保郭影秋之外……"

无产阶级司令部为保证"红卫兵运动"毫无阻拦地向前展开，让红卫兵放手大干一场，曾多次要求各地不准调动工农"干预"学生运动，比如，1966年8月23日《人民日报》社论《工农兵要坚决支持革命学生》、8月29日《人民日报》社论《向我们的红卫兵致敬》、9月7日毛泽东关于不准调动工农干预学生运动的批语、9月11日中共中央"关于转发毛主席不准挑动工农兵干预学生运动的决定"等等。

可是，苏家坨的农民就是这样的纯朴、这样的勇敢、这样的无畏。他们并没有反学生。他们是在拼着性命维护他们心中的好干部，拼着性命维护他们心中党的形象啊。我隔着马路，看着他们在校门外刷标语，心里是几多的酸楚。

8月20日晚，人民大学召开第二次大辩论会。这时"二月兵变"已经不是话题。然而中央政治局常委的排名却已改变，邓小平被靠边，由上升到第四位的陶铸出面上台讲话。但他没有顺从极左势力的旨意，仍然直截了当地说："郭影秋是人民内部的问题。"因而招致了极左势力的怨恨。很快，当年年底，陶铸就被说成是"中国最大的保皇派"，把他和刘邓捆在了一起。打倒刘、邓、陶被称为是"文革"的第二战役。至此，像邓小平、陶铸这样相对务实的领导也已无力挽狂澜于既倒。

（五）

这之后，"二月兵变"的风波虽然平息，但郭影秋的噩梦却是刚刚开始，他被残酷揪斗迫害长达数年之久。

郭影秋后来好不容易保住一条命，活了下来，却被截去下肢，终身残疾。这就是为广大群众所景仰的优秀干部在左倾时期的遭遇。而孙泱、胡锡奎，则都在"文革"中死于非命。在郭影秋曾经工作过的南京大学汉口路校区的北校园里，有一座他的塑像。直至现在，每年清明前后，我都要过去看看，以表景仰之情。在一个不很起眼的角落，绿影婆娑之中，我凝视着我们的老校长、好书记。四周静静的，有白发的老人安详地领着儿孙，有年轻的伴侣缓步细语，而我则沉浸在当年难忘的时光，回忆着所谓"二月兵变"的风波，久久不忍离去。

（作者是计划统计系1962级学生。摘自本人所著《六十年代的大学生涯》，时代作家出版社2019年版）

附录三 "文革"中我曾为陶铸挡石块

侯成亚

陶铸同志是我党老一辈无产阶级革命家。"文革"前，我对陶铸同志就印象极佳。其中最主要的原因就是在中学语文课本中，有一篇陶铸散文——《松树的风格》。文章主要是通过对松树各种"风格"生动形象的描述，寓意共产党人、革命者应有的革命品格和情操。文章写得"文质彬彬"，声情并茂，华美动人，寓意深刻，对我的一生产生了深刻的影响。后来，又听说毛主席称陶铸是"江南四大才子"之一，使我对他更加佩服、敬重了。

"文革"期间，陶铸同志根据毛主席的指示，曾两次到人民大学参加校内关于"文化大革命"的辩论会，了解人大"文革"情况，并发表讲话。第一次是1966年8月2日，是陪同邓小平同志来的。同来的还有陶鲁笳、张经武等中央领导同志。会议由当时的北京新市委副书记吴德主持。第二次是8月20日。这次是以陶铸同志为主，陪同的仍是陶鲁笳、张经武等同志。

两次辩论会的中心，都是应该如何看待校党委书记、副校长（校长是吴玉章）郭影秋（历史学家，曾任云南省省长、南京大学校长）的问题。

我对第一次辩论会印象模糊。我当时也和许多同学一样，只是台下的一个听众、观众，对于台上辩论的问题及领导人讲话的内容，孰是孰非，搞不清楚。只记得当时我校一个著名的历史学家、党史专家何思敬老先生，抱着一大堆材料，要上台和郭影秋辩论，但被劝止了，感到十分有趣。

第二次辩论会，情况就不同了。那时我已是"人大红卫兵""勤务组"负责人之一。会议由人大"校文化革命委员会筹备委员会"（简称"校革筹"）主持。当时，由于学校各职能部门已不起作用，为了保证中央领导同志的安全,"校革筹"不得不向"人大红卫兵"求援。于是"人大红卫兵"的"勤务组"经过研究选出了十名忠实可靠、身强力壮的"红卫兵"战士,由我带领,到主席台上充当了临时的安保人员。

在两次辩论会期间,邓小平和陶铸等同志还曾在人民大会堂会见了人大"校革筹"和"人大红卫兵"的代表(8月17日),并对人大"文化大革命"的问题作了指示。我作为"人大红卫兵"的代表之一,也参加了这次会见。

当时人大干部、教师和学生在郭影秋的问题上,已发生了严重分歧。一派认为,郭影秋是"焦裕禄式的好干部"(现在看来,确是如此);一派认为郭是什么人,应在运动中经过群众的揭发、辩论搞清楚,不应在"文革"一开始就定性并保护起来。而陶铸同志在"8·20"辩论会上的讲话及在人大会堂会见时的指示精神,被持前一种观点的人认为是倾向于后一种观点的,因而很难接受,并出现了十分激烈反对的意见。于是,当陶铸同志在8月20日的第二次辩论会上出来讲话时,台下就出现了吼叫声。"校革筹"负责人几次出来制止都无效。而且到了后来,台下竟有人往主席台上和陶铸同志身上扔砖瓦石块。陶铸同志当然并不在意,但是,我们作为身负保卫领导同志安全的人就着急了,万一陶铸同志或其他领导被打伤了,怎么办?这时,我看到情况混乱、危险,毫不夸张地说,真正是"挺身而出",站到陶铸同志的前面,用身体和双手拦挡住了从台下各个方向飞来的砖瓦石块,身上挨了好几下,头上还出血。亏得我是校武术队队员,身手比较敏捷,没出大问题。另外9名"人大红卫兵"也分别站到了其他领导人的身旁。此时,主持会议的"校革筹"负责人也站了出来,拿过话筒,大声呼吁,要大家安静下来,并一遍又一遍的高声宣读《十六条》中的有关内容。

这一招还果然有效。因为《十六条》是毛主席、党中央制定的;陶铸同志是根据《十六条》和毛主席指示精神来人大指导"文化大革命"的,你们乱来,就是反对《十六条》,反对党中央,反对毛主席,不听劝止,就是"反革命"。这样,会场才逐渐又安静下来,听陶铸同志把话讲完了。记得陶铸同志最后说:"是不是我也喊个口号:"毛主席万岁！"没想到这成了后来一些反对陶铸同志人的口实：喊毛主席万岁怎么还要"是不是"呢？现在，许多人可能不理解，可那个时候就是这样。

  值得庆幸和欣慰的是，我和我的一帮"战友"有惊无险地完成了对陶铸同志和其他领导人的保卫工作，并得到了陶铸同志的表扬。而这又成了后来"人大三红"（其核心是"人大红卫兵"）被人说成是"保陶派"、并被诬称作"陶小三"的重要原因。想想有些滑稽。

  （作者是哲学系 1964 级学生。本文来自侯成亚科学网博客）

五、关于中国人民大学的停办

1. 人大停办原因探究

郭影秋

摘自郭影秋《往事漫忆》第十七章"中国人民大学的撤销、恢复与重建"

（一）人民大学是怎么被撤销的

中国人民大学是新中国成立后，由党中央和中央人民政府为适应革命和建设急需大量人才而建立的。中共中央政治局和中央人民政府均作出过《关于成立中国人民大学的决定》。1950年10月3日举行开学典礼时，刘少奇、朱德、林伯渠、董必武等党和政府领导人都出席了。少奇同志在会上的讲话中指出：中国人民大学是"我们中国办起来的第一个，在中国历史上以前是没有的。中国将来的许多大学都要学习我们中国人民大学的经验，按照中国人民大学的样子来办其他的大学"。可见人民大学在党和人民政府心目中的地位。事实上人民大学自1950年成立以来，为我们国家的革命和建设培养了大量人才，在宣传马列主义、毛泽东思想与探索和实践社会主义建设理论等方面都有显著的成绩和贡献。虽然其在建设和发展过程中有时也走过些弯路，如建校初期全盘学习苏联有些教条主义，后来在政治运动中也有扩大化的错误，但就其主导面来说成绩则是主要的，这是有目共睹的。到"文化大革命"之前它已逐渐成为一所新型的、独具特色的社会科学综合大学，被中央列为教育部直属的全国重点高校之一，在教育领域有重要地位和影响。但这样一所好端端的著名大学，在"文化大革命"中却被迫停办直至被正式撤销，作为学校主要领导人之一，我对这样的决定大惑不解和深感痛心。尽管在停办、撤销过程中，我还没有重新恢复工作，且在病中，但也在力所能及的情况下，提出过反对撤销的意见。当回天无力时，又对如何保存学校有生力量提出过建议。

人民大学究竟怎么被撤销的？对此，在一些同志的讲话或文章中，往往把它说成是"'四人帮'的干扰破坏"，"'四人帮'的勒令强迫"，等等。总的讲，这样说也不为错，但要认真地、实事求是地总结历史经验教训，这样的说法有些简单化。我认为有必要放在当时的历史条件下去具体考察，才能得出比较符合历史实际的结论。

我曾经仔细回顾过人民大学被撤销的过程。凡是从"文化大革命"中走过来的人都知道，"文化大革命"的发生和发动，最初是从意识形态领域入手，是以批判学术界、教育界、新闻界、文艺界的"资产阶级反动权威"为切入点的，而后再是顺藤摸瓜揭露这些"资产阶级反动权威"的支持者和包庇者，就是所谓"混进党里、政府里、军队里和文化领域的资产阶级代表人物""反革命修正主义分子"。因而，从"文化大革命"开始，各个高等学校都被看成是"资产阶级反动权威"的"黑窝点"，是"推行修正主义教育路线的黑阵地"。很快，各个高校的领导人都无一幸免地被打成"黑帮"或"反动权威"，学校的教师也被打成"修正主义教育领域的吹鼓手"，当时的普遍舆论是"知识越多越反动"。知识分子被称为"臭老九"，学校与教师可谓斯文扫地，毫无尊严。

从1968年初开始，各个省市纷纷建立了"造反派"夺权的革命委员会，各个学校的"文革"也进入清理阶级队伍和"斗、批、改"阶段。在这样的形势下，毛泽东主席发表了"七二一指示"："大学还是要办的，我这里主要说的是理工科大学还要办。学制要缩短，教育要革命，要无产阶级政治挂帅，走上海机床厂从工人农民中培养技术人员的道路。要从有实践经验的工人农民中间选拔学生，到学校学几年后，又回到生产实践中。"这段著名的"最高指示"成为当时各个学校进行斗、批、改的指导思想。

继"七二一指示"之后，毛泽东又指出"实现无产阶级教育革命，必须有工人阶级领导"，"工人宣传队要在学校中长期留下去，参加学校中全部斗、批、改任务并且永远领导学校"。随之，向各高校派了工人、解放军毛泽东思想宣传队领导学校的斗、批、改。毛泽东思想宣传队8月中旬也进驻人民大学。

我后来知道驻人大宣传队指挥部早在1969年初就对人民大学是否还要办召开过座谈会。参加座谈会的有学校各部门的领导干部、老师和职工代表。这次座谈会后还印有《情况简报》，《简报》开头就说座谈会是"根据北京市革委会指示"召开的。北京市革委会既然指示开这样的座谈会，显然有其意向。有人还向我介绍，参加座谈会中的多数人都认为人民大学没有必要办，持这种主张的主要理由是：学校原有专业设置与其他院校重复；有些专业如档案、会计、新闻、法律，根本没有在大学办的必要，办个训练班，培养几个月就行了；文科不能脱离实际，应在三大革命的实践中去培养。

今天看来，人民大学本身的教师和干部竟然主张"人民大学没有必要再办"，所持理由似乎荒诞不可理解。但如置身当时的时代就一点不奇怪。因为毛主席说的"大学还是要办"主要是指理工科而言，自然可以理解为文科大学可办可不办。持这种主张的同志或者是由衷之言，或者是在当时形势下的违心之论，但无疑都是学习领会毛主席"七二一指示"的结果。包括所谓"培养一个成本会计用不着上大学，只要训练几个月就行了"的看法，因为"七二一指示"中说"学制要缩短，教育要革命"嘛。

当然，座谈会上也有少部分同志认为人民大学还有必要办。他们的理由是：我们国家大，国际任务重，还有国际培养任务，需要一批水平较高的人从事政治、经济理论工作，因此需要一所培养这种人才的学校。而且，文科大学还是要办一点，人民大学可以单独办，也可以与其他院校合办，但至少要保留历史、哲学、政治经济学、国际政治等理论课程。应该说在当时形势下，能主张"人民大学还有必要办"的意见和想法已是难能可贵。不过，却不能成为主流意见。

值得注意的宣传队指挥部有明确态度，他们认为"中国人民大学没有必要单独办，从现有12个系的专业来看，多数与其他大学重复，可以由上级领导机关统一调整合并。总的倾向是不再办。"应该说驻校宣传队指挥部的这种意见，对人民大学的停办有至关重要的影响。因为他们的意见可以直接影响北京市委的决定。恰巧在1969年10

月，教育部又通知：中国人民大学由原教育部领导下放到北京市革命委员会领导。领导体制的这种改变，使北京市革委会就可以决定人民大学的命运。

果然，1969年10月，北京市革委会通知：中国人民大学停办。事实上在停办的通知正式下达前，人大函授学院设在天津及太原函授站的房屋、家具及办公用品，就已由驻校宣传队作主，转交给当地。学校在北戴河的休养所的房产、家具则已全部移交至北京市革委会。而且，当时学校的教职员工因"一号命令"和"五七指示"，大部分都到了江西余江的"五七"干校，整个学校已是人去楼空。经国务院、中央军委批准，中国人民解放军第二炮兵在当年迁入人民大学校舍。这些情况说明，在人民大学停办的通知下达之前，有关方面就已有停办人民大学的决定性意向。

继之在1971年1月，国务院科教组召开的关于高等学校调整问题的座谈会上，写出了《关于高等学校调整问题的报告》，按照毛主席"七二一指示"的精神，提出了几条调整原则，工科院校一般予以保留；农科、医科、师范院校多数予以保留；综合大学一般先保留下来；政法、财经、民族院校拟多撤销一些。人民大学即被列入撤销的院校名单之中。同年4月，召开了全国教育工作座谈会，会议通过了《全国教育工作会议纪要》。《会议纪要》全盘否定了新中国成立17年的教育工作，认为"毛主席的无产阶级教育路线基本上没有得到贯彻"。同时认为学校的原有教师队伍当中大多数"世界观基本上是资产阶级的"。这就是有名的"两个估计"。国务院科教组原来提出的《关于高等学校调整问题的报告》，将全国原有的417所高校．保留309所，合并43所，撤销45所，其中包括中国人民大学。这份《调整报告》作为《全国教育工作会议纪要》的附件报送党中央，经毛泽东批示"同意"，转发全国，人民大学的撤销成了不争的事实。

从回顾人民大学被撤销的过程中，我想大家可以得出结论，人民大学的撤销，固然与康生、江青、张春桥、姚文元等人的干扰破坏有关，但这并非是"四人帮"等干扰破坏的一个孤立的偶发事件，它实际上是"文化大革命"中的极左思想下极左路线的产物，也是当时彻底否定17年教育工作的一个必然结果。

第二章 重大事件

我虽然是"文化大革命"前人民大学的党委书记兼副校长，但对于1969年1月驻校工、军宣队指挥部就人民大学是否继续办召开的座谈会及其《简报》在当时并不知情，因为当时我尚处在被审查、被批斗之中。上面所说的情况，都是后来在与吴德的交谈中才知道的。1969年7月，在周总理干预下我被"解放"，行动有了相对的自由。北京市革委会的领导吴德同志曾不时看望慰问我。在市革委会酝酿停办、撤销人大的过程中，吴德也曾两次向我打招呼，听取我的意见，做我的思想工作。第一次1969年10月作出停办人民大学的决定前期，他向我通报了工、军宣队召开座谈会的情况和他们的意见，我当时即明确表示了不同意停办的意见。我再三说明学校的革命历史传统，强调它是新中国成立后党中央直接创办的一所新型的社会科学综合大学，学校的干部和教师大多来自革命老区，经受过革命斗争的实际锻炼，又掌握了系统的专业知识，还有一大批中青年教师是我们自己培养起来的，大多数干部教师都是好的。虽然这些年学校"执行了修正主义教育路线"，但经过"文化大革命"的洗礼，大家都有了认识，今后还可以继续改造和提高，还是能担负党和国家交付的任务的。我还强调专业设置重复不能作为停办人大的理由，拆散容易，聚集很难，不要只看眼前，还要从长远着想，请吴德等北京市革委会领导作决定时要慎之又慎。尽管吴德表示可以向上面转述我的意见，但我看出来他自己也有些无可奈何，也就知道我的意见不可能有大的作用和影响。所以，在此之后的1970年春节，学校的王俊义和郑杭生同志从江西干校回京探亲来看我时，我曾以沉重的心情对他们说："看来人民大学要被停办已无可挽回，你们都还年轻，既要在顺境中成长，也要能在逆境中经受锻炼和发展。希望你们再回干校以后，能在艰苦的环境中付出更大的努力。要认真读书，多思考问题，在可能情况下能写一点有分量的文章，以使中央和有关方面看到中国人民大学这支队伍不可低估。"这些话多少反映了我当时的看法和心情。

在人民大学的撤销已成定局时，我仍然坚持自己原来的意见。1971年参加教育工作会议的内蒙古大学校长于北辰同志在会议间隙来看望，向我转达人民大学将被正式撤销的情况。当时我就向他说这

不堪回首：中国人民大学校史管窥（1966-1970）

件事还值得研究，并向他说明人民大学的历史沿革、师资力量，图书资料丰厚（278万册），基础较好，聚集不易，散掉可惜，而且学校的教师和干部都是好的，是能够为无产阶级的社会主义教育事业作出贡献的。全国四百多所高等学校的政治理论教师，大多是人大的毕业生、进修生。我们八亿人民的社会主义国家，只保留三百多所高等学校是远远不够的，社会主义事业的发展需要有人大这样一所高等学校。于北辰同志遂于1971年7月26日正式写信给当时国务院科教组组长刘西尧和副组长迟群，反映了我的意见。信中说："前几天我去看望前中国人民大学党委书记郭影秋同志，谈到人大撤销问题"如何如何。但这样的意见和反映已不可能被当时的领导所采纳。

人民大学撤销了，而学校的教职员工如何安置呢？吴德同志曾向我说过，北京市革委会在1970年6月给中央的请示报告中，对此提出的意见是：人民大学的教职员工2313人，已有2/3去该校在江西余江县的"五七"干校。撤销后，在京的教职员工全部去江西进行劳动锻炼，并将该校党政关系移交江西省。我当时感到人员安置涉及许多实际问题，是件复杂的事情。北京市革委会的意见，是不是想甩包袱？要把人大这两千多教职工包括家属都交给江西，在江西就地分配和安置，会有很多实际困难，应该对人大的教职工持认真负责的态度。但吴德同志说，这样的意见已经报中央了。

我还知道，对于人民大学教职工的安置问题，当时就有人写信向国务院科教组反映，不料科教组有人批复说："来信意见，不必向上反映，可按一般人民来信处理。至于如何合理使用原人大的师资力量则是应另行考虑的问题。"可见他们关于人员安置是漠然对待的。当人民大学的绝大部分教职员工都到江西干校之后，学校的领导工作中心也转移到那里，还成立了"五七"干校临时党委和革命领导小组，学校原党委副书记、副校长崔耀先任临时党委书记和领导小组组长。当他按北京市革委会的意见，向江西省委、省革委会研究磋商人大的教职员如何在江西分配安置时，江西方面感到人大的教职员工中老干部多、党员多，大都资历老、级别高、工资多，人员数目也大，在一个省范围内难以消化安排。崔耀先当然知道人大的广大教师和干部也不愿意留在江西，都有强烈的返回北京分配工作的愿望。既然江西方面表示难以消化,崔耀先同志也就因势利导,向北京市及有关领导单位反映了这些情况和意见。那时,因林彪垮台,形势有些变化,北京市和有关方面批准了人大干部教师回北京分配的意见,同时通知撤销了人民大学在江西的"五七"干校。这样一来,在江西的全部教工和家属才终于返回北京。

(作者时任中国人民大学党委书记、副校长)

2. 为什么解散人大

冯其庸

摘自冯其庸《风雨平生》

我是1972年从干校回到北京的。回来后，到1973年6月，就给我落实政策，"文革"中加给我的罪名统统取消。但我被抄走的全部日记却一本也没有还我，原因是他们在我的日记上篡改了很多，作为我的反革命罪证，无法还我，所以由总支书记出面说已丢了，无法找回了，希望我不要计较。事实上我当时要计较也无从计较了。但由于这许多日记的丢失，有不少我的往事，我负债、还债的事，我的诗词作品（那时的诗词常写在日记上），还有我与许多学术前辈的交往，就统统无从查考了。

我们刚去干校时，"四人帮"原想把人大留在江西不让再回来了，据说当时江西省委书记程世清嫌人大老干部多，工资太高，对他来说是一个大包袱，所以没有接受。最后人大仍回北京了。这虽是我的耳闻，但回来不久，"四人帮"就宣布人大解散，这说明"四人帮"确是要取消人大的。

"四人帮"为什么要解散中国人民大学呢？许多人都不明白，其实当时人大的教师大都是清楚的。我认为，根本原因就是人大有一批老教授，老干部是从延安来的，都很了解江青的底细，江青就怕有人揭她的底。"文革"中，人大语文系的黄晋凯同志无意中从资料室所藏30年代上海的报刊上发现了江青当时的情况，因而被"造反派"狠批。当时"铁一号"（人大在城里的原址）传达室的一位老同志是长征干部，因为没有文化，在人大传达室工作，他就多次骂过江青，说她不是好东西。这是我亲自听到过的。所以人大的存在对"四人帮"是一个障碍，让江青夜不安席。

还有曲艺协会的领导陶钝同志,是山东诸城人,与康生、江青都是老乡而且很熟。江青的母亲去世后,还是陶钝帮她料理的。但"文革"中,在江青的授意下,陶钝首先被打倒了。"四人帮"垮台后,文化部组织一批老干部去参观山西大寨,其中有曲协的陶钝同志,舞协的胡晓邦同志,我也一起去参观了,这是陶钝同志亲口给我讲的。所以江青最忌讳的是别人知道她过去不光彩的经历,凡是知道她的底细的人,都会遭到她的迫害。中国人民大学在"四人帮"的统治下,当然不可能有好命运。

(作者是中国人民大学语文系教授)

3. 人大解散前后

方汉奇

在干校的第二年，我们曾听说人大"五七"战士要在江西就地分配，又听说有关方面的领导曾为此和江西方面谈过，但没有被接受。一个理由就是人大的人级别太高，工资太高，江西承受不了，没法安置。人大的干部职工和教师有很多是从陕北公学、华北大学过来的，级别有的比县长、比省里的领导都高，省里不好安排，也安排不起。再加上当时的校领导，包括郭影秋、崔耀先他们有这么一个考虑：就是这支队伍不要打散，按编制整个序列地分割到几个学校，以便在适当时候重整旗鼓、卷土重来。这是他们当时的一个远见，事后证明这个安排是正确的。这个队伍只是稍有流失，个别人自行脱离人大，各奔前程。多数人像我们这样整个建制地下去了，整个建制地回来了。

当时下干校去的时候，我就已经做好不回来的准备了，觉得能在"文化大革命"那么大的风浪中苟全性命就已经不错了，不必考虑再搞教学、研究那些营生了。当时觉得当工人、当农民也挺好的。可能有一些老干部、一些在党内已经有较长革命经历的，他们会有一些想法，而像我们这样的没有。因为当时我们这样的"牛鬼蛇神"在政治上已经早已沦为贱民，一切听从安排，不敢有非分之想，只希望整个国家好、大家都好。

（作者是中国人民大学新闻系教授）

4. 关于人员安置的建议

郭影秋

摘自郭影秋《往事漫忆》

人大的教职工回到北京后，来看我的人很多，他们大都在这个学校工作、生活了几十年、十多年，面对学校的撤销，自然有难以割舍的眷恋之情，他们都向我诉说内心的郁闷与今后何去何从的惶惑。我十分理解这些同志的心情，与他们的内心都是相通的。鉴于我多年从事教育工作的经验与党内生活的经历，我一直在思考，像人大这样的学校，它的专业设置，干部和教师的政治、业务素质，难道党和国家今后就不需要了吗？客观环境和政治气候都常有变化，日后在一定历史条件下人大说不定还能恢复，再办一个类似人大这样的学校也是完全可能的。在学校的教师和干部面临再分配的情况下，如何保存和积蓄这批力量，如何避免这支队伍被零散地分配掉，是个需要认真思考的问题。

经过反复思索，和许多同志研究，逐渐形成了将学校的干部教师和各类工作人员按建制、成条块进行分配的设想。我主动请求与吴德同志交谈，向他说了这样的设想，再与学校其他领导共同研究，将这些建议写成了文字建议和报告。幸好这样的建议和报告被上级领导单位同意，1973年人大原有的教职员工便得以按原建制、原单位为条块，分配到北京的一些学校和单位，如北京大学、北京师范大学、北京师范学院、北京经济学院、北京语言学院及北京市委等。这样的分配办法，就为人民大学日后的恢复奠定了基础，创造了有利的条件。

（作者时任中国人民大学党委书记、副校长）

第三章 孙泱之死

一、孙泱遇难

石 琦

摘自石琦著《我的崎岖之路》

1967年3月，戚本禹奉江青之命再次来到中国人民大学，他召见两派红卫兵，下达江青的黑指示。

戚本禹说："江青、康生同志说了，孙泱是个大特务，是中国人民大学的头号敌人，另外两个人是郭影秋和胡锡奎（已调西北局任书记）。他们绝不能轻易放过孙泱，要狠狠批斗他，把他打倒。"

江青这个具有特殊身份的人，这个蛇蝎一样的狠毒女人信口雌黄，造谣诬陷孙泱是特务，孙泱的处境自然就更艰难、更险恶了。

孙泱出身于革命烈士家庭，父母都是早期的共产党员，他自幼就受到革命的熏陶。他的父亲孙炳文就是蒋介石亲自下令杀害的，当时孙泱也被捕，只是迫于舆论压力，蒋介石才没加害于那时年仅12岁的孩子。因此，孙泱从小就对国民党有刻骨的仇恨，"国民党特务"这顶大帽子为什么还要强加于孙泱头上呢？

孙泱曾经告诉过我：在中学时代，一个好朋友拉他加入了国民党的一个外围组织，当时他并不知道这个组织的性质，只是填了一张表格，什么活动也未参加，没有做过任何坏事。在"延安整风"时，他主动就此事向党组织做了交代，组织上已经对此有结论，所以根本就不算什么问题。

第三章 孙泱之死

可江青一伙不这样认为，为了抓孙泱的小辫子，他们又将孙泱中学时代的那件事翻出来（党组织做过结论的问题），以此为借口来整孙泱。

孙泱清楚自己没有问题，他也相信中央。就是江青本人对孙泱的家庭和孙泱的历史也都非常了解，问题是为什么江青亲自点孙泱的名，揪着孙泱不放呢？孙泱整天都在思考这个问题。

当时孙泱心里想：林彪、江青一伙真要篡党夺权，必然要整朱老总，所以在孙泱身上找突破口。除此之外，因为毛、刘、朱几位领袖的秘书长期在中央办公厅工作，在中南海居住，所以关系多，知道的事也多。而这也是江青一伙实现狼子野心的巨大障碍，从这个方面来看，江青必然也要陷害孙泱。

孙泱还分析：妹妹孙维世对江青在上海时的丑闻十分了解，江青也非常嫉恨孙维世的才华和事业上的成就。江青到了延安，后来和毛泽东结了婚。周恩来等领导人曾和江青"约法三章"，不准江青干预政事，只负责照顾主席的生活，做生活秘书。如今江青借"文革"之机获得了权势，能够呼风唤雨，她必然要报复。以前，江青虽然与孙维世是旧相识，而孙维世又是周恩来的义女，所以总对孙维世虚情假意地表示亲热和关怀，可孙维世对她却很冷淡，所以江青肯定怀恨在心。

孙泱还简短而隐晦地告诉了我一件往事。在延安枣园，孙泱当时为朱老总当秘书，曾和江青住一排窑洞，也和江青在一个党小组。那时孙泱还是单身，一天晚上江青来到孙泱住处和孙泱聊天，她阴阳怪气地讲些男女之间的事。江青是主席夫人，孙泱听了她讲的那些话，当然心里有看法，觉得她俗不可耐，就婉转地请她离开了。从此，孙泱只要路上一碰到江青，总是敬而远之，假装没看见。或者只点点头，一句话都不说，面沉似水。江青是个很敏感的女人，心里自然恼怒，这件事虽然已相隔20年，不知江青是否还对此耿耿于怀。

想到这些，孙泱就担心如今落入江青的魔爪，恐怕是凶多吉少，很难逃脱了。

孙泱好像有了预感，就对我说："你要往最坏处做准备。"

我觉得这几个月来，孙泱在精神上和肉体上所受的摧残折磨已经够严重的啦，我不敢想象以后还要遭受什么样的不幸。

我们总愿意往好处想，对任何事情都保存着一线希望，认为这次运动会像以往的运动一样，虽然冤枉了不少好人，但是最后都会调查清楚，然后再进行甄别平反。过去的运动是有教训的，毛主席知道了，一定会出来指示纠偏。并且最重要的是，毛主席和老一辈无产阶级革命家们还健在，他们不会让林彪、江青一伙一手遮天，使这个党葬送在这些阴谋家、野心家手中，所以，孙泱还是那个信念——"相信毛主席，相信党，问题最后总会解决的。（该书第116—118页）

大概是1967年6月下旬的一天中午，天气特别闷热，孙泱突然冒着极大的危险回到了家里。（第120页）

孙泱特别想念我和孩子们，但是他有家却不能回。他这次设法找机会回来是要告诉我，"造反派"经过几个月的调查，查清了他根本不是特务，江青强加给他的特务罪名可以推翻了，他们也没有从孙泱身上捞到一点朱德委员长的黑材料，所以他相信问题很快会解决的。

孙泱还说："戚本禹曾指示，要对孙泱严加看管，防止他自杀。"

孙泱说："我才不自杀呢，我没问题，为什么要自杀？人死了，问题就难说清楚了。"孙泱的到来，给我们带来了希望，我一直悬着的心踏实多了，我天真地以为孙泱很快就有出头之日了。在我们分手时，还祝愿全家早日团聚。

孙泱偷着回家被"造反派"发觉了，他们又把孙泱毒打了一顿，然后"新人大"就借此事攻击"三红"保孙泱。终于在一天深夜，"新人大公社"把孙泱抢走，关在了"新人大"总部图书馆大楼里。那里戒备森严，进行的都是秘密审讯，没有再公开批斗。我们怎么也想不到，在家里和孙泱的见面，竟成了我们最后的相聚，从此我们再也见不到亲爱的孙泱了！阴险狠毒的江青处心积虑地要实现她的阴谋，一计不成又生一计，给孙泱扣上更重、更大的"帽子"，非要把孙泱置于死地不可。

在1967年9月16日的"中央文革"会上，江青接见"造反派"头领，又公开点名诬陷说："我早就知道孙泱是个大特务，是国民党特务、日本特务，还可能跟苏修有关系。"

接着，她就对中国人民大学两派组织的头头下达了黑指示："你们要狠狠地斗争孙泱,绝不能手软!"并扬言还要揪孙泱的后台。

两个"造反派"头头回来,在广播站播了江青的"指示"。江青无中生有,信口雌黄,血口喷人,给孙泱定的这一罪名更是骇人听闻。在"文革"时,江青煽动要"怀疑一切,打倒一切",她说去过日本的人,必然是日本特务,就是这样的逻辑。

孙泱是个日本留学生。1933年,孙泱怀着求知救国的理想,东渡日本,想去寻找父亲孙炳文的好友郭沫若。而后,就在东京明治大学法学院读书,仅仅是个求知的留学生而已,和特务根本沾不上边。

1937年抗日战争爆发,他回国投身抗日救亡运动,不久由周恩来、邓颖超介绍到延安参加革命,而后就留在朱总司令身边做秘书。江青要把孙泱打成日本特务的险恶用心,其实就是把矛头指向周总理和朱老总,给他们加上个"安插日本特务"的罪名,嫁祸于他们,可谓"一箭双雕",这一罪恶目的十分清楚,这是江青一伙阴谋家、野心家那时惯用的伎俩。

由于江青亲自点名,兴妖作怪给孙泱定性,就等于对孙泱宣判了死刑,孙泱的人身安全更是毫无保障。"专案组"那帮"造反派"为了效忠江青,对孙泱加倍大打出手,秘密私刑审问,大搞逼供行动,肆意伤害摧残,打不成特务也要往死里整,让人无法再申辩。这种残酷迫害,终于使孙泱含冤而死,永远地离开了人世。(第121—123页)

没想到,"新人大造反派"头头居心叵测,千方百计在我身上打起了主意,他们借着讯问孙泱问题,把我骗到图书馆楼,然后就不准我再回家。从此,我就被关押了起来,这一关就是一年零九个月。

那是1967年9月间的一个中午,我正在给三个孩子做饭,几个红卫兵闯了进来,骗我说:"你得去'新人大'总部交代几个问题。"我说等我吃了午饭再去,他们说:"不行,马上跟我们走。"

我跟着他们来到"新人大"总部他们占据的图书馆大楼,一进门就看到"造反派"在两边站着,如临大敌。他们把我安排在一层靠右边、临校园的一间教室里,里面除了一张床,什么也没有,空空荡荡的。

"造反派"让我在那儿等着,我等到天黑,也不见有人来讯问我。大门口有人把守着,我也无法回家,晚上也不敢睡觉,只倒在床上迷瞪了一会儿。第二天、第三天，还是不见有人来讯问我。我除了能在楼下厕所旁边的自来水管喝几口凉水外，什么东西也没吃，我顾不上肚子饿，只是一门心思想回家。

好不容易等到第四天，来了一个人，我就问他："你们把我关在这里干啥，不是有问题要问吗？怎么不问？也不给我吃喝，那就放我回家吧！我还有三个孩子需要照顾呢！"

那人恶狠狠地说："你有问题，所以你不能回家了！"

"我有什么问题？"我和他讲理，我说，"我只是个普通教师、普通党员，我什么问题也没有，你们乱抓人，这是违反'六六通令'的。"

"你的问题你自己心里清楚，你不把问题交代清楚，我们是不会放你走的。等你把问题交代清楚了，再放你回家！"那人回答。

待那人走后，我反复琢磨"造反派"扣留我的目的何在，让我交代什么呢？从那以后，"造反派"也没来审问我，只是让我女儿每天来给我送饭，但她不能进楼里，只能将饭送到大门口，然后由红卫兵转送给我。

楼里到处都有红卫兵在走动，戒备森严。我身陷囹圄，不能乱说乱动，完全与世隔绝，外界的任何消息都得不到，我真是心急如焚。

我唯一能够看见的，就是有时到吃饭的钟点，女儿带着弟弟来给我送饭，但隔着紧闭的窗户，我也无法和她说话。当时我并不知道孙泱也关在这幢楼里，因为看见磐磐（编者注：孙泱和石琦的女儿）每天都提着两个饭盒，所以猜想孙泱一定也被关在这里。

我多想和孙泱见见面啊！可是"造反派"一再警告我："你只能在这屋里老老实实待着，哪儿都不能去，否则有你好受的。"我也考虑，图书馆楼那么大，上下四层，也不知到底有多少个房间，何况楼里到处都是"造反派"在巡逻，我即便知道孙泱关在哪儿，也只能是近在咫尺却像远在天涯，相见不了。

我还是一看见关我的"造反派"，就要求他们放我回家。我理直气壮地申辩，我什么问题也没有，你们这么乱关人是错误的，我斥责他们违反毛主席的指示。

"造反派"看我不服，就在一个教室里召开了斗争我的大会。来

第三章　孙泱之死

的人不多，好像有学生，但大部分是工人模样的人。斗争会没什么内容，就是让我老实交代孙泱的"特务罪行"，让我承认孙泱是特务，然后就是喊些口号。

我感到非常难过，又禁不住伤心落泪。我一边哭一边回答："孙泱不是特务，是个好同志，我没有什么好交代的。"

"'中央文革'、江青同志已经对孙泱下结论了，你敢说不是！"他们朝我喊着，又喊起了口号。

我平静地回答："我相信'中央文革'，相信江青同志，但这不是事实，不是最后结论。"这时有两个"造反派"气得开始动手打我，这个一拳打过去，那个又一拳打过来，说："你这就是反'中央文革'，反江青同志。孙泱的问题已经是铁板钉钉了，你还死不认罪。"

在斗争会上，我一直在流泪，不管怎么斗，我也只反反复复地说那几句话，怎么也不肯承认孙泱是什么特务。其实这帮"造反派"是色厉内荏，蛮不讲理的，只会扣"大帽子"，挥舞拳头，以势压人，只能用毛主席语录"坦白从宽，抗拒从严""打倒，打倒……"之类的口号来威胁人。

因为孙泱根本不是什么特务，所以"造反派"也编造不出任何谎言、只字片言来证实孙泱是特务。但是既然给定了性，就必须从政治上打倒，并且凶狠残忍地从肉体上对其进行摧残，继续欺骗群众，而广大群众是不了解真相的。

自打孙泱被批斗关押以后，尤其是我受牵连的遭遇，使我对"造反派"的所作所为有了更深的体会。此时，我又非常思念孙泱，不知孙泱在哪儿？是否正在挨批斗？会受到什么样的酷刑？我多想我俩在一起挨斗啊！那样总可以见上一面。

斗争会结束后，我回到那间教室，看到屋子里挂了一根绳子，我还下意识地拽了一下，拽不下来，我心里就犯了嘀咕：刚斗完我，他们挂这绳子干什么？是不是想诱我自杀或谋害我？我什么问题也没有，绝不能中了"造反派"的圈套，于是我提高了警惕，整夜都不敢睡觉。

果然，深更半夜推门进来了两个男人，我猛地坐了起来，问道："你们要干什么？"那两个人听到我的话没有搭腔，悄悄退了出去。

第二天，我就把挂绳子的事向关我的"造反派"质问："你们挂绳子的目的是什么？"他们"倒打一耙"，说我想自杀，死在这儿给他们栽赃。

我说："我是共产党员，什么问题也没有，为什么要自杀呢，何况我也没绳子，屋顶那么高，我能挂上去吗？"

他们无言以对，只好把绳子摘掉，这件事就不了了之了。

通过这件事，我深感孙泱和我的处境非常危险。我怀疑人民大学里有坏人，我知道他们对孙泱什么都不交代的状况，必然不肯善罢甘休。我们两个人的境遇都非常危险，都身陷牢笼，遭受迫害。"造反派"对我们封锁了外面的消息，如果我们受"造反派"任意蹂躏，被不明不白地整死，那么广大群众就难以了解真相，我越想越担心害怕。

我想如何才能把孙泱和我的情况送出去呢？唯一的办法就是给我女儿传个信息，让她告知姑姑，这样就可以转达给周总理。

可是我没有纸笔，也无法和磐磐当面说，我就在屋子里的地上捡了一张借书的卡片，用发卡划了几个字"爸妈在受迫害，速报中央！"

当天傍晚，磐磐和宁宁（编者注：磐磐的弟弟）同往常一样来给我们送饭，在等候拿回饭盒时，他们就顺便溜达，四处张望，突然看见我在窗户里边向他们招手并示意。他俩就走到窗前来，磐磐贴着窗户，也不知她能否听清我的话，她还没来得及问，就看到一个红卫兵朝她走过来了，瞪了她一眼，叫她把饭盒拿走。

磐磐吓得出了一身冷汗，拿着饭盒和弟弟赶快往家走。忽然，她发现了我用大米粒粘在空饭盒底下的那张纸片，正着急地拿着看，没想到"造反派"暗中跟踪她，猛地从她手里把卡片抢了过去。为这事，专案组的四个人不停地在审讯室审问我、斗争我，问："你搞什么特务活动？你要报哪个中央？"

"我要报'中央文革'！"我回答。

"你不老实！你老实交代，到底要去找谁？"

"我就是要报'中央文革'，你们随便乱抓人、乱关人。"

这四个人气得又打我，接着又继续审问："你和朱总司令、周总理以前都有哪些联系？""没什么联系。"我说。

第三章　孙泱之死

他们认为不可能，但这是事实。我这个人不善交际，孙泱也是不愿意打扰首长的人，除了工作上的联系，孙泱和他的首长、甚至同事在生活上也很少交往。我说的都是实情。

这件事情发生之后，"造反派"就把我转移到地下室单独关押。

地下室的一间大屋子里特别阴森，四面都是墙，没有窗户，白天也得点着灯。因为屋子太大，中间设了一道木板墙，墙上画了一个骷髅，还被抠掉了两只眼睛，上画写着"孙泱"两字，还用红笔打了一个大叉。在木板墙的对面地上铺了一个草垫，这就是给我睡的铺。旁边稍远处，放着一张桌子和两把椅子，是给看守用的。

这次派了一个男学生和一个女学生来看管我，几个小时轮一班。这里更是跟外界完全隔绝，周围没有别的人，我几乎连大喇叭广播也听不到了。有两三次一到半夜，那个男生就对女生说："你回去休息吧，我一个人看着就行了。"

每次遇到这种情况，我都对那个女同学说："我要上厕所。"

因为上厕所都是由女生陪着，我就对她说："同学，我求求你，不要离开我，我什么问题也没有，是受迫害的，将来一定会搞清楚的。既然让你看管我，你就要对我负责，只剩那一个男生看管，若真出点事，我喊人都没处喊，我求求你了，请你帮帮我，别走。"

我这样请求她，她也就留下来了。

专案组还是千方百计要整我。他们到我的家乡哈尔滨，把我的家庭历史查了个底朝天，但是我出身在一个工人家庭，生长在伪满日寇的铁蹄之下，过着饥寒交迫的生活。1946年家乡解放后，不满16岁我就自愿参军，我一直把共产党、毛主席看作我的救命恩人。参加革命后，我努力工作提高自己，也没犯过什么错误，所以他们也搞不出什么名堂来。

但是，他们又想在我的社会关系上做文章。那时谁若有海外关系，谁就可能被打成特务。"造反派"在调查中得知，我的姐夫可能在台湾，于是他们就捕风捉影，无中生有，给我姐夫扣上"国民党特务"的"帽子"，然后生拉硬扯说我和特务姐夫有关系，给姐夫送过情报。

可调查结果显示，这只是无稽之谈。因为我姐夫1945年就抛弃妻子另觅新欢，然后离家出走，从此便再无音讯，和我姐断绝了一切联系，跟我当然更扯不上关系了。我的另一层社会关系，就是后来我找到的亲生父母家，我的大哥和一个苏联混血儿结了婚。20世纪50年代初，大哥就去了苏联，但我和大哥也始终没有联系过，因此尽管"造反派"想加罪于我，可事实是他们什么证据都找不到。

专案组的"造反派"每次提审我，斗争我，都是到另一个房间里。没有看守跟着，他们审问都是采用威逼利诱的手法，一不如意就要打我，我常有气无力地说："你们打吧，我什么问题也没有，你们打死我，对你们也没什么好处。"

每次批斗我，我都反复思考这帮年轻人是中了什么邪，受什么人的指使，为什么这么无中生有，死揪住不放呢？对我尚且如此，那可以想象对待孙泱就更惨无人道了。

一次，"造反派"审问过我后，说："你的头发太长了，给你剪个头型。"说着，拿起剪子要给我剪。

"用不着剪。"我回答。

这次他们没有勉强我，过两天又来了两个"造反派"学生，他们把我叫到一个小屋子里。一个学生拿了一把剪刀，还是要给我剪头发，我仍然说："不剪。"

一个学生问我："为什么不剪？"

"你们让我剪头发，然后用剪子把我捅死，好说我自杀，所以我不剪。" 我说出了心里话。一个男生冲着我的头就剪了一剪子，并说："怕死鬼。"

我把头一扭，没让他再剪，我想如果他强迫我剪，肯定剪不整齐。倘若他要捅死我，从发型上也可看出不是我自杀，而是被害死的，我没让他再剪，所以那时我的头发一直是一边长一边短。

我知道我的生命安全已毫无保障可言，也早已把生死置之度外，但死也要死得明白，不能让坏人谋害死，反过来诬蔑你是自杀。因为在这之前的一个夜里，我隐隐约约地听到大喇叭里传来了孙泱已"畏罪自杀"的广播，我不相信孙泱已死，我估计他们可能先制造出孙泱已死的舆论，然后就可以肆无忌惮地对孙泱严刑拷打。

第三章 孙泱之死

想到此,我的心在流血,像刀割一样疼痛,不知道孙泱到底怎么样了?

第二天我询问了看管我的人:"孙泱真死了吗?"

"别听他们胡说。"那人回答。

我无论如何也不相信孙泱死的消息。我一直在想,这一年多,孙泱经受了无数次的批斗和严刑拷打,他都咬牙忍着熬了过来。他很清楚自己没有问题,"造反派"当然也整不出什么东西,他一定会坚持活下来的……

那时,我女儿磐磐还照常给我们两个人送饭。

万万没有想到,在10月10日的傍晚,磐磐突然听到从高音喇叭里传出的重要通知:"大特务、大走资派、大黑帮头子孙泱于10月6日晚畏罪自杀,自绝于党,自绝于人民……"磐磐两眼一黑,头顶犹如中了一个巨大的雷击,愣在了那里。然而没有眼泪,她不相信播报的消息是真的,难道爸爸已经去世好几天了,可是她每天还照常送饭啊!怎么也没人告诉她,这绝不是真的,绝不是真的。

这次,一个"造反派"把空饭盒交给她后说:"你听见没有,从今天起,你不必再给你爸爸送饭了,以后只送一个人的饭!"他毫无表情地说。

磐磐呆呆地看了他一眼,如同没魂的人一般往家走,边走边喃喃自语:"这不是真的,这绝不是真的……"

但是,孙泱确实已经与世长辞了,孙泱到底是怎么死的?人们感到是个谜。

过了两天,有一个什么"孙泱之死联合调查组"来提审我,其中有中共中央办公厅的、北京卫戍区的、公安局九处一科军代表、"新人大"代表、"人大三红"代表。他们正式通知我:"孙泱已自杀!"

我不相信,我说:"孙泱真死了,也不是自杀,而是被人害死的。从戚本禹点名后,他被关押了七个多月,经过无数次大大小小的批斗,挨过无数次严刑拷打,但他都挺住了,都能想得开。他对前途充满了乐观的期待,相信强加给他的不实罪名很快能搞清楚。怎么关到'新人大'才二十多天就自杀了呢?"

我又斩钉截铁地说:"我认为'新人大'里有坏人要害死孙泱!"

"新人大"的代表一听就吼道:"你说谁是坏人,你揪出来!"

我申辩说:"我要知道谁是坏人,当然会揭发了。"

接着我又说:"我什么问题也没有,只是个普通教师,专案组为什么关押我,还进行逼供,甚至给我挂上吊绳?"我认为这些做法都是受了坏人的指使,我请求"联合调查组"深入调查,弄清真相,并提出要求,只让女学生看管我,他们都同意了。

我当时的想法还是非常简单,我把希望寄托于"联合调查组"。可是在"四人帮"的淫威之下,到底是谁害死了孙泱,又怎么能够查得清呢?调查组的人究竟是何人派来的,也不得而知,后来到底调查出什么结果,我也毫不知情。

我曾找专案组询问过,他们当然不可能告诉我实情。专案组只是向我透露,中央办公厅下令在北医三院对孙泱的尸体做了解剖,而后"中央文革"又下达指示说孙泱是敌我矛盾,立即火化,不得留骨灰,不可透露法医文件。这多么残忍啊!孙泱去世后,他们不仅没有通知我和孩子向他的遗体告别,通知我们最后再见他一面,给他送终,而且还让孙泱落得个尸骨无存。

我彻底失望了,我一直在想,孙泱是被人迫害致死的,死得那么惨,死得那么冤啊!

孙泱去世后,中国人民大学的校园又沸腾了。人们都在议论着:孙泱之死是个谜。校园里贴出了很多大字报,群众就此大概提出了二百多条质疑的问题,可惜我不知道具体的情况,因为我还被囚禁着,孩子们年龄又小,也记不全,磐磐只记住了几条:

1. 孙泱是端端正正坐在地铺上,手脚都不离地往前伸直,在暖气管上自缢身亡。按此姿势,人们怀疑他不是自杀,好像是被谋杀后安排出来的一个假象。

2. 有人说,磐磐每天送的饭,被"造反派"吃了或是被偷偷倒掉了,所以怀疑孙泱是被饿死的。

3. 恰恰在孙泱死的时候,人大停电了 3 小时,有人怀疑这好像是为了掩盖什么。

4. 有人还看到过这样一张大字报,是孙泱亲笔写的,文字中除了

第三章 孙泱之死

流露出自己的冤情和委屈之外，有这样的话"我深信未来是光明的，但我只能从地缝里看到光明……"

这些话很耐人寻味。

总之，这些疑点都可以看出孙泱不是自杀，但那时国家的公检法机关已被砸烂，"造反派"掌权，可以任意草菅人命。恰在此时，人大两个"造反派"之间又搞起了武斗。据说"人大三红"中有一个参加"联合调查组"的代表谭立清，声称要揭开"孙泱之死"的内幕而被打得半死，从此就没有人敢再追问下去了。

"新人大造反派"也编造了一张让人怒不可遏的漫画大字报，它特别引起了磐磐的注意，磐磐看到后简直要被他们气疯了。

漫画的内容是：磐磐端着一盒饺子，而每个饺子上都写着"绞死"的字样。下面的批语是："十月一日，大特务、大黑帮的狗崽子，小特务、小黑帮孙磐奉命给大特务、大黑帮送信，要他自绝于党、自绝于人民，对抗无产阶级专政，拒不交代罪行，带着花岗岩头脑去见上帝。"

磐磐看到这张漫画无比伤心愤怒，心里说不出是什么滋味。她回想起"造反派"的确想把孙泱的死嫁祸于别人，为此他们还曾经来审问过磐磐，问她："国庆节那天是谁给你爸爸包的饺子，是不是让你爸爸绞死？"

磐磐感到他们问得很荒唐，就对他们解释："是为了让爸妈改善一下生活，我自己忙活了一上午才包好的。"

"造反派"还是不相信，磐磐就不耐烦地说："你们等着，我给你们包一顿吃。"这帮人这才无可奈何地走了。

"怎么现在这种荒谬绝伦的怀疑，竟又拿出来公布于众，还把我送饺子说成是特务活动。特务到底是什么？肯定都是这帮"造反派"凭空捏造，胡言乱语，这一切都是他们有意要陷害人的。"

可是孙泱的问题迟迟没有得到解决，我们深信孙泱也没有什么问题，那为什么要无中生有，强加给他那么多莫须有的罪名来陷害他呢？在中国人民大学里，谁在精神上和肉体上对孙泱进行了残酷的折磨和摧残？孙泱到底是怎么死的？这些问题，我们总是想不明白，总感觉困惑。

据我了解，组织上有孙泱尸体解剖的材料和死时的现场照片，我就向"军宣队"领导提出看看这些材料的要求，得到了"军宣队"的允许。当我看了孙泱的尸体解剖材料、现场照片、遗书后，更觉得孙泱死得离奇，疑点甚多。如：

1. 照片上的孙泱端端正正坐在地铺上，手脚稍往前伸，脚不离地，两眼微闭好像在闭目养神。按此姿势，说他自缢身亡，让人感觉很虚假。

2. 解剖检验报告上说："胆囊瘪缩"，我们为此请教了医生，医生说人受到惊吓或饿得太久，胆汁流尽才会胆囊瘪缩。

3. 从图片上可以看到，孙泱心脏后面有一个不规则小窟窿样的痕迹，很像受过电击。

4. 孙泱"请罪书"上有这样的话："我已经不能以一个最最普通的劳动者的身份来为人民服务，我已经成了人民的负担。"这句话，我们分析是他可能意识到有被谋害的危险，或是有人逼他自杀，不允许他再生存在人世间，他的处境又不允许他明讲，为了能够留下点文字记录，他只能这样含蓄地暗示他是被人害死的。

我再联想孙泱死后，群众曾提出二百多条质疑的问题。很多疑问正好和这个现场照片、尸体解剖材料上发现的疑点吻合，这绝不是巧合。

在"五七"干校时，大家每天都在紧张地生产劳动，再加上孙泱的罪名是江青定的，而且又认定孙泱是自杀身亡的，尽管有人心中对此有疑惑，但怕挑起派性之争，所以也未再提起过。

（作者是中国人民大学副校长孙泱的夫人，人大教师）

二、孙泱死亡之谜

李豫生

　　1967年10月6日，人民大学副校长、校党委副书记孙泱被发现死在被关押的图书馆楼楼梯间，当时关押他的一派群众组织——《新人大公社》声称孙是自杀，并有孙的死亡现场为证：身高1米80大个子的孙泱绳系高为1米30的暖气管道，平躺挣扎窒息。半个月后，吴德在接见《人大三红》时说："我接到了你们一个报告，说是死在暖气管上。我也奇怪，1.3米暖气管怎么能吊死？"

　　对立派《人大三红》立即质疑，广大人大师生、教职员工也心存悬问：孙泱究竟是怎么死的？

　　时隔50整年，重寻历史旧踪，事件的脉络清晰显现——孙泱是因朱德而死。

　　"文革"初期，就有问罪朱老总的苗头。"九大"之前达到顶峰。"四人帮"覆灭以后，这笔账算到了江青、戚本禹头上。

　　1983年11月2日，戚本禹被定性为"反革命宣传煽动罪、诬告陷害罪和聚众'打砸抢'罪"，判刑18年。

　　公诉人赵云阁在阐述他的这项罪行时这样说："现在，已经彻底查清，在'文化大革命'中，社会上出现的诬陷朱德委员长的活动，主要是戚本禹秉承江青的旨意煽动起来的。""戚本禹于1967年1月12日，在钓鱼台召集中央办公厅秘书局一些人开会，诬陷朱德委员长'是反毛主席的'，是'大军阀''大野心家'，指使他们去反朱德和康克清。有人提出：'我们不了解朱德和康克清的情况。'戚本禹说：'曹全夫原是朱德的秘书，你们可以让他揭发。'会后，秘书局的一些人围斗了曹全夫，当晚，又冲进朱德委员长的住所，围斗了康克清，由于朱德未在家，才免遭迫害。第二天，中南海一些人又到全国妇联去'点火'，贴大字报，诬陷康克清，并在中南海西门、府右街、天安门等处贴出了诬陷朱德委员长的大字报和大标语。"

同月底,戚本禹又亲自到中国人民大学煽动说:"孙泱给朱德当过秘书,你们通过孙泱可以搞朱德的问题,不要有顾虑。"

在朱德之孙朱和平回忆录《和爷爷朱德、奶奶康克清一起生活的日子》一书中,对在戚本禹的布置、煽动下,人民大学、北京大学等学校的"造反派"组织炮轰、揭批朱德的情状有更具体的记述:

"1月21日晚,戚本禹在全国政协小礼堂对中国人民大学的红卫兵头头说:'你们要把矛头对准党内的走资本主义道路的当权派,不要以为打倒刘少奇、邓小平、陶铸就完了,还有呢!'看到红卫兵有些不解,马上补了一句:'还有朱德!他是大野心家,是一个大军阀。他一贯反对毛主席,你们要把他揪出来,批倒批臭!''怎么个批法?'有人发问。'这还用我说吗?你们人大不是有个"走资派"叫孙泱吗?他给朱德当过秘书,你们可以通过搞孙泱的问题,把朱德的问题搞清楚嘛!'

"人大红卫兵听了戚本禹这些话,如获至宝。返回学校,立即组织人马写大字报、贴大字报。一夜之间,从城里到城外,'打倒朱德''炮轰朱德''朱德是黑司令'的大标语铺天盖地。

"以'第一张马列主义大字报'而名噪全国的'新北大公社'头头聂元梓听说人民大学'批朱'的消息后,唯恐落在后面,但她还不清楚这是不是上面的意思,于是打电话问她的后台康生:'人大红卫兵批判朱老总,是不是中央和中央文革的精神?'

"老奸巨猾的康生不肯直接回答,拐弯抹角地说:'怎么说呢?形势在发展嘛!问题也越来越清楚了。你们自己搞就搞成了,要说是我让你们搞的,就搞不成了,你们自己决定嘛,我给你们说多了不好。'

"对于康生的暗示,聂元梓当然心领神会。放下电话,她便急不可待地召集手下人开会,并煽动说:'目前,阶级斗争越来越激烈、尖锐,清华大学揪出了刘少奇,在社会上打响了,我们新北大公社也要搞一个大的!'

"'搞谁呢?'有人问。

"朱德!他是混进党内的大野心家、大军阀……"

第三章 孙泱之死

那么，搞朱德为什么必然要连带孙泱？孙泱和朱德之间究竟有什么密切关联？江青为什么三番五次地明确要从孙泱身上打开缺口，进而达到他们诬陷、扳倒朱老总的目的呢？原因概出于，朱德与孙泱的父亲——中共早期党员、烈士孙炳文是生死挚友、莫逆之交。

1917 年春，四川泸州，在护法讨袁战争中晋升为滇军旅长的朱德，结识了因参加"铁血团"刺杀袁世凯事败返川避祸的孙炳文。两人一见如故、相识恨晚，朝夕相处，探索救国救民的道理，寻求救国救民的道路。1921 年，返北京就职的孙炳文得知了一个新型的革命党——中国共产党成立的消息，即喜信朱德，催其来京共谋大事。朱德来京会合，两人四处寻找党领袖陈独秀未果，又寻踪追至上海。在上海他们先是拜望了仰慕已久的孙中山，却并没有接受孙中山相邀加盟讨陈（陈炯明）的延请。他们购好船票，准备继续去欧洲找党。就在孙炳文返京安置眷属之时，朱德却得缘见到了寻找已久的陈独秀并提出了热切的入党申请。不想陈犹疑、拒纳，因朱德毕竟是一个著名的旧军阀。彼时，两位朋友追求真理和进步的信念并未因暂时的不接纳而动摇，他们初心不改，如期于 1922 年 9 月初登上法国邮轮"安吉尔斯"号，历经 40 多天漫长航程抵达马赛，再转巴黎、柏林，苦苦寻求新生的中国共产党的踪迹。数日后他们终于在柏林近郊瓦尔姆村皇家林荫路的一幢寓所里，见到了当时中国共产党旅欧总支部的负责人之一、比他们年少十多岁的周恩来。11 月，由周恩来、张申府介绍，经中共中央正式批准，他们夙愿得偿，加入中国共产党，成为中国共产党的早期骨干。从此，在风云变幻的大革命浪潮中，他们或分或合，都曾在党内担负过重要职责。

1927 年，蒋介石发动 4·12 反革命政变，国共合作破裂。孙炳文亦在要剿杀的共产党员黑名单之列，在他赴任武汉途经上海码头时，不幸被捕，4 月 20 日慷慨就义。刽子手使用了最残忍的行刑手段——腰斩，将烈士杀害于上海龙华。

正在南昌准备率军官教育团赴赣东地区执行任务的朱德，惊闻噩耗，如五雷轰顶，肝胆俱裂，竟不禁痛哭失声。他致信孙炳文的夫人任锐说："鉴闻浚明凶耗传来，（肝）脑皆裂，顿失知觉。死者已矣，我辈责任更加。德本日出发抚州，誓与此贼辈战，取得蒋逆头，以报浚明。"

后孙炳文的长子孙宁世（即孙泱），流离数年到达延安，作为秘书在朱总身边工作。1939年2月17日，朱德在给原靖国军老同事张从吾的一封信中写道："浚明亡后，其全家均能继续革命。孙泱即宁世现在我处工作，有父风……维世（女）亦聪明绝顶。后生可畏，革命必期成功就在此。浚明夫人任同志亦到延工作，特此告。"这说明朱总在戎马倥偬中时刻不忘关照烈士的遗孀和孩子。（见人民日报——《大地》1999年3月第87期）

孙泱是朱德的秘书，孙维世是周恩来的养女，环绕他们的是闪闪发光红色后裔的光环，谁能想到，竟有一天，这一切都成了谋反的罪证、罹祸的根源。

大掀特掀批朱浪潮的不仅有江青，还有"中央文革"的康生、陈伯达，乃至谢富治。

1967年2月24日，张春桥在上海市召开"高举毛泽东思想伟大红旗，进一步开展三结合夺权斗争誓师大会"讲话时说："你比如像这个朱德，总司令，这个是从井冈山就反对毛主席嘛，我们现在学习的'古田会议'决议，那个里面好多条就是讲朱德的，那里面就是纠正错误倾向，谁代表错误倾向呢？就是朱德代表！"

1967年3月3日，戚本禹在中国人民大学再次讲话："我看人民大学来说，第一个敌人是孙泱，你们说打倒，但是没有打倒。""孙泱六月十三号的罢官是个大阴谋。孙泱是个什么人物？是蓝衣社的特务，钻到共产党内部里边来，与陆定一黑帮严慰冰反革命分子有密切的联系，长期给反对毛主席路线的人服务的。"

1967年7月，谢富治按照江青、康生的要求，先后整理出诬陷朱德等14位党和国家领导人以及44位中央和地方党政军负责人的材料400余件，制造出多起假案、错案。其中朱德首当其冲。

1967年9月16日，江青在接见"北京大专院校红卫兵"时反复强调："中国人民大学副校长孙泱是坏人，是日本特务、苏修特务和国民党特务。"20天后孙泱惨死。

最近，我们了解到，就在江青讲话后的第二天——9月17日晚，人大两派群众组织负责人,曾被戚本禹叫到人大会堂"中央文革"办公室,耳提面命。当时对立两派群众组织的头儿各带五六个人,同乘学校的一辆大轿子车去了大会堂。

到达后,有工作人员出来问,哪一派先进去汇报,两派都争着要先去,后来"新人大"的先进去了。大概过了近半个小时,"新人大"的赵桂林出来了。"三红"的人对他说:"老赵,你们等我们一下,等我们一起回学校。"但赵桂林回答:"不用了,我们先走。"然后匆匆离去。

"三红"几个人进去后,戚本禹主动把话题转到了孙泱身上,他又一次强调了多次说过的孙泱才是人大斗争的重点,孙是大特务,是朱德的秘书,要深挖狠揭,搞出实质性问题来。"三红"的人于是明白,戚本禹这次叫人大两派来的目的很明确,就是要继续重点整孙泱。他们也马上领悟了"新人大"抢先一步回去的原因。

等"三红"一干人等急急赶回学校,果不其然,"新人大"已经把原来被"三红"看押起来的孙泱抢到"新人大"一方。二十日后,孙泱死亡。

从这次面授机宜到孙泱死亡之间的几天,迫害无疑变本加厉。面对这些威逼,孙泱是什么态度?有待进一步考证。但从此前戚本禹3月3号的讲话中所透露的信息看,孙泱绝不配合。

戚本禹如是说:

"他(孙泱)居然对你们的战斗队十分猖狂,说他有权不回答你们的问题,你们没资格问他的问题,为什么他敢于说这样的话?所以说你们没有打倒孙泱⋯⋯

"一个拳头散着,怎么能打倒敌人?所以孙泱敢于同你们那么嚣张,敢于跟你们说'你们没有资格弄清这个问题。''我有权利不回答你们的问题',甚至说'中央文革'小组对他有了解。是的,我们对他是有了解的,我们了解他是我们的阶级敌人!"

戚的咬牙切齿,和孙的凛然轻蔑跃然纸上。

孙泱死了,他究竟是怎么死的?现在暂无结论,但我们知道的是:孙泱心里明镜一般,这些人不是要你死,而是要你说,并且是按照他们的口径说。说——就意味对情同至亲的父辈泼污和背叛，人所不为，士所不耻！不说，只有一死。他死了，如果是刑虐致死，那一定是孙泱坚不吐口，决不给他们所需要的诬陷长者的口实。如果是从容自戕，那一定是以死明志，使阴谋者再也无法从他这里得到想得到的一分一毫。所以，无论自杀他杀，这位忠烈之后，都是以自己的生命向这个疯狂的时代做出最强烈的一搏。昨日父辈的引刀与今日子辈的血祭，这是多么强烈的反讽！

朱德曾经说过："孙泱有什么错？他的错无非两点，第一是给我当过秘书；第二是说了真话。"

实际上，朱德从 20 世纪 50 年代后期就开始受到有目的、有步骤的政治打压，这不是没有来由的。朱德生平最讨厌个人崇拜，对日益高涨的个人崇拜狂潮嗤之以鼻，毛因此非常不满。据李维汉回忆，1964 年，毛泽东批评朱德说，此人一听反个人崇拜就眉飞色舞、手舞足蹈。"文革"中，朱德的厄运加剧，连戚本禹这样的跳梁小丑也敢在老总头上动土，他的背后岂止是江青。

孙泱遇难前后，朱德曾经请周恩来施以援手，周恩来苦笑道："有些人我没有保他，他的日子还好过一些；我保了他，他的日子更难过了。这是我没有想到的。"

忠烈之后的孙泱成为朱德关护有加的子辈，美丽能干的维世成为周恩来夫妇视如己出的养女，这原本是人间至情佳话。然而，数十年后，一场清洗功臣故旧的狂潮，使收养烈士遗孤的朱、周，成为他们终生追随的领袖的整肃对象，就连微不足道的"小爬虫"也能在他们面前耀武扬威。历史之吊诡，以至于此！

2017.12.06 于京
（作者是国际政治系 1964 级学生）

三、"今天就让他回老家"

——阎志民的回忆

阎志民口述，张宝林整理

中国人民大学的"文化大革命"当中的一些事和人大的历史有关系，我从历史上说起。

人大开过26次常委扩大会（注：1962年5月31日至6月25日举行，主要解决历次运动中扩大化的问题。在运动中受批判的，和在运动中积极参与批判的形成严重对立。由于以后形势发生变化，会议形成的报告迟迟没有上报）。后来的阵营基本上是按照那26次会议的格局划分。26次常委会基本上就是批判和揭露胡锡奎，那个时候上边对胡锡奎不大满意，以后就叫郭影秋来接替胡锡奎，胡锡奎调到西北去了。

这个会我没参加，我那个时候还没有调党委，这都是我后来知道的，我是孙泱主持工作以后才参加常委会的。朱真、李逸三等人都是原来胡锡奎那个时候的人。这个背景对后来干部的亮相产生了很大的影响，从大的方面，还是跟这个有关系的。

26次常委会，扩大到中层以上的干部，系主任、书记这一层面上的干部，人很多。主要是批胡锡奎，批得很厉害，也有一些人维护胡锡奎。所以这个会议上斗争很尖锐。会议作了个总结，实际上就是说，胡锡奎搞的那一套，太过分了。

李逸三原来是人大的校党委常委、人事处长，后来调到科学院去了，他是胡锡奎时期比较有代表性的人物。像云光也调出去了，但是学校里边还留下一部分人，像宣传部长朱真等。朱真现在还活着，思维很清楚。

郭影秋是1963年来的，孙泱是1964年来到。郭影秋威望很高的，像我们这些人都很佩服他的。他原来是南京大学的校长，在云南当过省长，讲话水平高，作风也比较好。他来是接替胡锡奎的，带着这个任务来的，所以就难免介入到人大的派系里面去。孙泱倒是比较超脱的。

郭影秋要组班子，然后就把孙泱调过来了。孙泱和郭影秋原来好像不认识，没有听说他们俩认识。孙泱是孙炳文的大公子，上学的时候，参加过学生组织里面的蓝衣社，当时是抗日的进步学生组织。后来他到日本去留过学。孙炳文去世以后，周总理收养了孙泱的妹妹孙维世，朱老总收养了孙泱作义子。抗战的时候，他当过华东局的宣传科长，当过朱老总的秘书。他和高层的关系比郭影秋要深得多，而且都是在高层。孙泱在国家计委工作过，是个司局级的干部，后来就调到成都电讯工程学院。

孙炳文和朱老总的关系非常好。周恩来是朱德和孙炳文的入党介绍人。

来人大之前孙被调到中宣部，做内部内定稿，相当于参考消息，有一些不能公开发表的文章和信息给上面看的。然后从那个地方直接调到人大来，是郭影秋把他要来的，还是上面派来的不清楚，反正就是跟郭影秋搭班子的。来了之后两个人关系也是非常好的。孙泱来了，我就给他当秘书了，大概在1964年5、6月份。

为什么调我来呢？这是题外话了，人大毕业后，我留校当老师。1963年借调到中宣部，组织了一个"四清"工作组到中央美术学院去搞"四清"。我在中央美院搞学生工作，搞得不错，"四清"完了之后在美院组学校班子的时候，他们想把我留下来，结果人大不放。这时候孙泱来了，就把我调到人民大学的办公厅了。这样我就做了孙泱的秘书。过了一段时间，郭影秋带队到苏家坨去了，这个时候孙泱就主持工作。他一主持工作，我在党委的位置就显得很重要了，为什么呢？党委常委会我都参加，当时我是做记录的，有文件什么的，包括那些重要文件都是我来管，然后帮助他起草一些东西，跟学校各个部门的联络，那些事情基本上都是我来做。所以那个时候和中层干部，还都是比较熟悉的。

当孙的秘书一年多的时间，1964年5、6月份，然后到1966年，

第三章 孙泱之死

一年多不到两年"文化大革命"就来了。一开始造反的主要是些高干子弟。那时候孙泱到处去灭火，附中的孩子批斗校长，他去解围，我就跟着去，还有一些系里面斗老师，他又去解围。但是到了6月13号，常委会就发生争辩了。这次常委会也是孙泱主持的，结果主持到半截，有两个人就发难，一个是农经系的系主任宋德敏，还有一个是历史系的叫刘辉（音），在会议上就发难了，他们提出来要罢孙泱的官。这事事先一点儿也不知道。孙泱一开始还主持会议呢，人家就提出来叫罢官。会开完以后，紧接着他们就在文化广场召开了一个会，让孙泱做检讨，完了以后就把孙泱给看管起来了。那时，还没有成立"红卫兵"，是一批"造反派"学生干的。

6月1号《人民日报》发表社论"横扫一切牛鬼蛇神"，6月5号，人大出现了第一张大字报（在苏家坨）。6月13日的时候在党委会上突然就有那两个人反水，上头有背景，要没背景成不了。

爆发就是这个时候发生的，孙泱从那个时候开始，被禁锢到那个屋子里软禁了。我从那天起就回不了家了，后来在招待所。当时没有任何派别的概念，以宋德敏、刘辉这些人为首的一些激进分子，是最早起来造反的。

当时的常委会有一些中层干部和系主任参加。那次会比较重要，所以都来了，研究学生造反以后出现的问题怎么办。但这些人一上来就把孙泱罢官了。人大的"文化大革命"开始可以说是从那天，从"六一三常委会"开始。

我尽管是孙泱秘书，但在那个政治部的威信还可以，人民大会堂的7月19日会议，我还去参加了，那个时候我还没失去自由，没把我关起来，这些会我都参加。

那段时间孙泱应该说表现还是不错的，每天他是领着劳改队的这些人去干活去。我们政治部也开过几次他的批斗会，批斗会他就坐在那儿。

8月份之前，那个注意点全都在从新市委揪回来的郭影秋身上，孙泱并没有被格外关注。后来突然来了个"三三讲话"（1967年3月3日）。戚本禹的那个讲话就把孙泱放在第一位了，孙泱就成"大特务"了。

不堪回首：中国人民大学校史管窥（1966-1970）

在那个讲话之后，当时我看到一些大字报，印象最深的是办公楼旁边有一棵松树的那个地方，大字报画了一个横线图，横线图最上面是朱德，下面是孙泱。

后来听别人讲，戚本禹好像点我三次名。戚本禹讲话以前，可能在1966年8、9月份的时候，有一张大字报揭露了严慰冰。严慰冰是陆定一（中宣部部长）夫人，而陆定一是孙泱的入党介绍人。即使这样，孙泱也没太引起人们的注意，人们的注意力都在郭影秋那里，孙泱就是每天带着一帮人去劳动改造。然后有一次学校政治部开一个什么批判会，戚本禹在会上点我名，以后我就什么活动都不能参加了，基本都隔绝了。而且曾经有一段时间都不让出来，很紧张。那时我是住在办公室里面，有一天我去食堂吃饭，吃饭之后得回家，突然来了几个学生把我抓了。是在江青讲话之后，好像是9月16日，那次点了孙泱的名。

那时候孙泱还是被禁锢在家里。但是到戚本禹1967年"九一六讲话"之后，忽然之间就来把我抓了。一抓去，就把我带到图书馆楼的那个楼顶上，同时把孙泱也带那里去了，还让我们两个见了一面。他还跟我说了一句话，志民我看到你了。这是我俩见的最后一面。

把我关在图书馆楼楼梯旁边的那个过道，楼梯下边都有一个小黑屋子，估计就几平米大。我是在二层还是三层的楼梯下小黑屋，比较靠下面的，孙泱应该也是在那样的房子里关着。没有床，给你放点草，然后睡在草上面。后来才从家里去拿了一条被子。

关进去后，我没有怎么被打，但过了一段时间，就听说孙泱死了。孙泱的死，我到现在还是怀疑的，为什么怀疑呢，就是有一天晚上我听到有人上楼下楼的脚步声，有人说，今天晚上要送他回老家。就在他们说这话的第二天还是第三天，就把我转移走了，转移到北五楼那边去了。到了那个地方有好几个人在那儿看着我，然后晚上不怎么睡觉，一直点着灯，我想就是可能怕我自杀。当时，我被关着，什么也不知道。但是那件事之后，隔一两天就把我转走了，所以我怀疑孙泱就是那天夜里被整死的。

"今天晚上送他回老家。"这句话给我的印象太深了。这句话的意思，现在看来，就是整死他。

在图书馆楼，把我关了那么长时间，没审过我一次。到了北五楼以后，让我交代问题，上面有什么人来过，什么人来找过孙泱，我想来想去就有一个人来过，谁呢，就是康生的夫人来找过孙泱，就是曹轶欧。那是"文革"前，曹轶欧来找过孙泱。

问我的是人大的"红卫兵"，一听这个以后他是非常紧张。因为曹是无产阶级司令部的人。从那以后他就不敢问，如果他继续审下去，他就要"炮打无产阶级司令部"了。从那以后就平安无事了，我就在那儿又住了一段时间。这一下反倒保护起来了，后来就把我放了。我在被转移到北五楼以后，就从广播里听说孙泱死了，但没有确切消息，我放出来以后，才知道孙泱真的死了。

把我放出去以后，我想干脆就回老家去一趟，我就去老家西安。结果事情就非常巧，我怕被人看见，穿着棉服，结果回西安以后，一天半夜，突然一下子发了打倒我的战报，又把我抓了。前边尽管把我抓了也没有发战报。后来我才知道怎么回事，"新人大"到西安去把胡锡奎抓了，正好我也回西安，我没看到胡锡奎，他们却就看见了我，说我到西安是勾结胡锡奎去了，给我弄这么个罪名，又把我打倒了。

孙泱这个人呢，给我的印象，一个就是他讲话很风趣，很能吸引人的，另外就是说他当校长的同时还搞学问搞研究，写了几本书。人也很谦虚，团结人，作风挺好的。来了以后就去看老先生老教授，不摆架子，经常去体育锻炼。他身体也挺好，高个儿，比我还高。我当他那么长时间的秘书，他从来没有批评过我，训过我，没有这样的。说话轻声轻语的，志民啊，你怎么样怎么样，没有架子。

（作者时任中国人民大学党委秘书）

第四章 血腥武斗

一、染血的回忆

李豫生

人大两派群众组织武斗割据的 11 个月

（1967.9—1968.7）

1968 年 5 月 22 日，一场空前惨烈的武斗，在人大校区西部游泳池东侧空地发生，"人大三红"及"新人大公社"双方前后各有七八十人至百五十人参加（见 1968 年 5 月 29 日《人大三红报》第 62 期第四版文章：《搬起石头砸自己的脚——"五·二二反革命武斗事件"纪实》）。其间骨干武斗队员手持锋利长矛，近身相互捅刺，致使双方各有三四十人受伤严重。"新人大"一方的参与者中，有部分同学是被突然招呼上阵的文艺宣传队员——这些同学没有防护且未经训练，仅拿着简易的棍棒……因此当场有 3 名同学：廖金妹、杨大志、陈荣祖被刺身亡。还有一名被刺中头颅的沈士根同学在瘫痪失智年余后死亡。

事件中最令人锥心痛惜的是农经系一年级女同学廖金妹的死：她就属于被仓促招呼上阵的文艺宣传队员，既无武器也无铠甲，虽身在现场但绝不可能参与对刺。她是在救护同学后撤的情况下被刺，致命的一枪从她的右后背斜刺而入，直穿心脏，即刻毙命。刺人者心地之残忍、下手之狠毒，令人瞠目！两个月后，制止武斗的军宣队进校时也曾重点追查此事，但因时值"打倒杨、余、傅"之际，而死的人又都在"新人大"一方，所以追查的重点是背后有没有"杨、余、傅"黑手，最终并无结果。但人们相信，刺人者当时并非混乱或失手：下大力从背后追着猛刺了一个对方救护伤员的女同学一枪——完全不是在蒙面对刺的情况下，况且还需将长矛的矛尖拔回，这也是要费大气力的！也许只有杀人者自己清楚，但为求自保，他和他的伙伴选择永远不说！

曾经同校共读的学友，就这样死在了同学的长矛之下，究竟是什么原因，让当时大学校园里的两派所谓"革命群众组织"走上了兵戎相向、你死我活的武斗战场呢？

著名"文革"研究学者印红标教授，在《"文革时期'武斗现象'研究"》一文中说：

"'文化大革命'期间最为人们深恶痛绝的，莫过于武斗。即使在狂热的动乱年代，武斗也是为中央文件三令五申所禁止、为广大民众所谴责的行为，分析武斗现象的特点，武斗参与者的心态，对深入认识和探究武斗的原因，反省'文革'悲剧，具有重要的意义。"

"武斗是'文革'期间的特殊用语，指'文革'群众运动中的暴力行为。'文革'运动中，声讨批判，口诛笔伐，动口不动手者，称为'文斗'；拳打脚踢，挥舞棍棒、皮带乃至动用长矛枪炮者，称为'武斗'。不同情况下发生的武斗，以其参与者行为特征和心态的差别，可以分为不同类型，其中最引人注目的，是'红色恐怖'型、'派性斗争'型和'刑讯逼供'型武斗。"

人民大学的"武斗"属"派性斗争"型。这种派性武斗又分为两个阶段：

第一阶段，从抓人比赛到割据形成。

自1967年9月1日"三红"抓肖前始，至11月底两派在北京卫戍区派出的军宣队主持下签订制止武斗协议止。

第二阶段，从备战加剧到激战终结。

自1968年3月27日打倒"杨、余、傅"起，至8月22日第三批军宣队进校，群众组织自行消亡止。

人大武斗的两个阶段是直接由"文革"起始的前五个回合中的第四、第五个回合引发。即第一阶段："从抓人比赛到割据形成"，是由"文化大革命"的"第四个会合"——"击退了刘、邓、陶的小爪牙王力、关锋、戚本禹"而引发；第二阶段："从备战加剧到激战终结"是由"文化大革命"的"第五个会合"——"揭露了杨成武、余立金、傅崇碧的反革命面貌，把它们打倒了"而引发。

"文化大革命的前五个回合"是1968年3月27日，时任"中央文革小组"组长的陈伯达对此前逐浪高涨、风谲云诡的"文革"狂潮所做的总结归纳。这一天，在"中央文革"于东郊工人体育场召开的"彻底粉碎'二月逆流'新反扑，夺取无产阶级文化大革命全面胜利誓师大会"上，这位中央高层顶级秀才在震耳欲聋的口号声中结结巴巴、语音难辨地说：

"这个大革命已经进行快两年了，经过了几个大的战役，经过了几个大的回合，这里不说还有一些小的回合。现在大概可以说我们第一个大回合，就是打倒彭、罗、陆、杨……第二个回合，是打倒刘、邓、陶……第三个回合，……就是击溃了去年二月所兴起的'二月逆流'……第四个回合是击退了刘、邓、陶的小爪牙关锋、王力、戚本禹。无产阶级文化大革命的第五个战斗的回合，就是揭露了杨成武、余立金、傅崇碧的反革命面貌。"

先说第一阶段。

人大两派"革命群众组织"——"人大三红"和"新人大公社"，以贯穿校园东西的"共青团路"为界、划区割据，摆开武斗阵局，始自1967年9月1日发生的"抓肖前事件"。

"三红"为什么抓肖前？因为当时公开亮相于"新人大"并成为"新人大公社"副社长的原哲学系主任肖前，是"王、关、戚的小爪牙"！天上掉馅饼，"三红"一下子抓到了攻击对立派的致命武器。

拿下王力、关锋的决定是1967年8月30日在"中央文革"的会议上宣布的（戚本禹延后至1968年1月）。"人大三红"第一时间得知消息，立即行动，于9月1日晚在肖前毫无防备的情况下，从家里把他抓走,先关在东风三楼的法律系学生宿舍,后迅速转移到体育学院。"新人大"出动了近500人(据1967年11月23日《人大三红报》称)把东风三楼团团围住,双方发生冲突,这就是此后互抓互占、两派逐步分踞校园一侧武装对峙的开端。

在一夜突变之前,肖前与关锋的关系原本是"新人大"的根基与靠山:肖前与关锋有很深的私交,"文革"前肖前在哲学社会科学界的发迹本身就得益于关锋的提点,他在人大"文革"中的一系列行动又都征询过关锋的意见。如此紧密的关系,在关锋贵为伟大领袖近侍、要员之时,当然是革命群众组织的定心丸。然而关锋一倒,"香饽饽变成了烫手山芋",肖前便陡然成为"三红"炸垮对立派"新人大"的重磅炸弹。

李德山是"三红"派去抓肖前的负责人,他回忆说:"肖前在'文革'前和关锋是好朋友,都是哲学界的,而且肖前是紧跟关锋的,肖前第一位夫人去世的时候,还是关锋又给他介绍了一个(夫人)。肖前之前还在《红旗》杂志上发表了一篇文章《让哲学从哲学家的课堂和书本里走出来》,那篇文章受到了周总理的表扬。那个内幕都是关锋透露给肖前的。那句话原本是毛主席讲过的,所以这篇文章正好迎合了毛主席的这个想法,肖前一下子火了。这是63年以前的事情了。

"这事儿当时还没公开。是孔宪龙突然通知我那天晚上要去抓他。我知道后就把肖前给弄来,弄到总部去了。但是'新人大'一知道把他们的副社长给抓走了,就开始围楼了,围攻我们办公楼。当时'三红'方面就想办法和北京体育大学联系上了,应该是北体有一派和'三红'有联系,就从学校外面找了一辆卡车,开到了墙外面等着,我们怕'新人大'的人看见,就把肖前用床单还是什么的给裹了起来。手脚是我捆的,怕他跑了。然后几个人很快抬着运了出来,我跟着出来上了墙头,外面还有一个人接应,就把他放在卡车上了。运到了北京体育学院,放在游泳池的更衣室里。"

肖前能够成为"新人大"副社长,有其必然性。

经历过"文化大革命"的"革命群众"都知道:"文化大革命"并非是完全的无政府状态,而是以伟大领袖一人为头脑、亿万人民群众为直接手足，一举摧毁各级原有社会管理机构的天翻地覆，这就是伟大领袖一手导演的"天下大乱"。其间，只有直接受命于伟大领袖的极少数几个人组成的工作班子——"中央文革"，才有可能了解最高领袖的旨意并负责向亿万群众传布。亿万群众以及失去了权力的各级干部必须竭尽最大努力探寻、了解最高领袖的心思，并将是否与其心思相符作为"革命"与"反动"的界限。群众因对"上意"的揣摩不同，必然分成对立的派别。对立的派别又都想通过各自的人脉抢占先机，争取先对方一步站到与最高领袖最贴近的位置。

由是，"新人大"有了肖前——王关戚的"铁哥们儿"这个副社长；"人大三红"有了聂真——伟大领袖敲响大革命开场锣的重锤、标杆聂元梓的亲大哥这个"铁后台"。

王、关、戚是"文化大革命"初期炙手可热的人物，是伟大领袖的爱将、干将、马前卒。"文革"的发动、推动、实施、运行直接得力于他们的冲锋陷阵。他们是当时的舆论旗帜——"两报一刊"之一《红旗》杂志的主编、主笔，在亿万人民的心中直接代表伟大领袖的声音。甚至可以说，他们笔下的篇篇社论就是"文革"中的一次次冲锋号、动员令。能够得到他们几个人的耳提面命，无异于站到了最靠近伟大领袖的行列。

戚本禹1966年后任"中央文革"小组成员、中央办公厅秘书局副局长、《红旗》杂志副总编辑、中共中央办公厅代主任。成为毛泽东、江青的秘书。1967年3月30日《红旗》杂志第5期发表戚的《爱国主义还是卖国主义？——评历史影片〈清宫秘史〉》一文。4月1日，《人民日报》予以全文刊登。从此为针对"党内最大的一小撮'走资派'"和"反革命修正主义路线"的"革命大批判"定下了基调。

1958年《红旗》杂志创刊，王力被任命为编委，后来又担任副总编辑。1960年起，王力受命列席中央书记处会议。1963年，担任中共中央对外联络部副部长。1964年起，受命列席中共中央政治局常委会议。1966年6月，成为"中央文革小组"成员，次年1月，中宣部部长陶铸被打倒，中宣部更名中央宣传组，毛提名他任组长。

1966年初，关锋作为《中国共产党中央委员会通知》（即《五一六通知》）的起草人之一，留在了毛泽东身边工作。尔后，中央文化革命小组成立，直接对中央政治局常委会负责，代替了中央书记处的职权。王、关、戚均位列其中，俨然成了"中央首长"。

1966年7月24日，关锋给江青写了一封信，信中说："我认为，目前无产阶级文化革命，实际上存在两条路线斗争"，已经"出现了一个逆流"。这封信被作为中共八届十一中全会的大会文件在会上印发，对给刘、邓的"资产阶级反动路线"定性起了提示作用。

在现有资料中，我们看到了肖前亮相"新人大"后的一篇文章，足以表明他是如何直接受教于关锋的。1967年3月，肖前刚刚亮相"新人大"不久，就在《新人大》报第三期发表了署名文章——"剥开'三反'分子孙泱的画皮"。文章中，肖前有三处地方提到关锋。一是说在前中宣部召开的学习和讨论《五人小组汇报提纲》的会议上，关锋如何当面批判许立群并加以质问。显然，这些话非关锋亲口告知，肖前无从知晓。二是在批判"三家村"时，语文系一些人编了有关《燕山夜话》《三家村札记》的材料，被孙泱加上了旧市委的"按语"定调，后又隐匿"罪证"。肖前到前党委讨要这份资料，准备直接送交关锋，但遭到拒绝。三是批邓拓时，《红旗》杂志林杰、阎长贵找肖前转达关锋意见，要组织揭发邓拓与林希翎关系的文章，肖前去找孙泱要资料，孙泱推托。后在肖前的逼迫下，孙又称已将法律系写的资料送上去了。事后肖前向关锋核对，关锋说材料并没送给他，而是送到其他人了。

这篇文章的用意实在是明显得不能再明显，肖前俨然是"钦差"的"钦差"，彼时的"新人大"真可谓"背靠大树好乘凉"！

但是，按照当时"凡是敌人拥护的我们就要反对"的原则，肖前一旦站到"新人大"一边，"三红"就必然激烈反对。对此，"新人大"坚定表示："肖前同志我们是'保'定了。"1967年7月26日第二十八期《新人大》报第四版，发表了署名"慨而慷战斗队"的文章"彻底解放肖前同志"。文中写道："肖前同志最早从黑党委冲杀出来，大造狗特务、'三反'分子、我校头号敌人孙泱的反；肖前同志十几年来在理论战线上两条路线的斗争中基本是站在毛主席革命路线一边，同资产阶级代表人物胡适、杨献珍、孙定国之流进行了斗争；肖前同志一解放，立即喊出了'打倒三反分子崔耀先'的口号，尽管肖前同志也说过一些错话做过一些错事，写过不好的文章，但是，正如毛主席教导的：'必须善于识别干部，不但要看干部的一时一事，而且要看干部的全部历史全部工作。'正因为如此，中央文革戚本禹同志多次解放他，说：'肖前同志不是黑帮，不是右派''肖前应该归到多数里面''你们应该解放他了'，等等。"

这都表明了肖前在"新人大"不可替代的地位、作用。

在"新人大"对"人大三红"的激烈抨击中，我们看到站在"三红"背后的是原人大副校长、党委副书记聂真。聂真有一个当时在中国红透半边天的亲妹妹聂元梓，就是那位著名的"第一张革命大字报"的作者聂元梓。"人大三红"想更紧地贴近无产阶级司令部，聂真就成为他们押的那块"宝"。

"人大三红"在北京大专院校红卫兵的派别斗争中，一直站在以"新北大"为主的"天派"一边。孔宪龙与聂元梓交集密切，不能不说是在站队中最有把握的选择。

《新人大》报披露："'人大三红'总部干部组负责人之一王××供认：'把他（指聂真）弄在这里是三个头头（即孔宪龙、刘庆库、安维华）决定的。那天聂真说是去看病，实际上是假的，是到我们这里来了……原来想把聂真放到北大去，但是，现在北大斗争很激烈……放到那里不保险，因此，还是放在'三红'这里，我们这里还是比较安全的。'（见《新人大》报1968年1月20日第57期第2版文章"死保聂真 铁证如山 三红总部回头是岸"）

朱真是聂真的秘书，是"人大三红"主要结合的中层干部，被结合后即成为"人大三红"的核心成员，积极参与"人大三红"的各项工作。聂真在人大工作期间，朱真一直担任他的秘书，"文革"后朱真没有再回人大，而是跟着聂真去了社会主义教育学院，足以说明他们渊源之深。

既然找"红人"跟"红线"是"文化大革命"的常态，为什么革命群众组织又会不断出现跟错人，站错队的现象？即所谓"犯不完的错误，站不完的队，做不完的检查、流不完的泪"呢？

这是因为随着事态的变幻，最高领袖的即时目标、意图会不断发生变化；最高领袖对所使用的极少数人的好恶及信赖也在不断地发生变化。正所谓"昨日堂上客，今朝阶下囚"。

在所谓的五个回合的斗争中，前三个回合还是革命干将、先锋的"王关戚"、前四个回合还是领袖近侍、信使的"杨余傅"，尔后相继翻身落马、逆转成为打倒对象。权力中心在大革命中走马灯式的连番洗牌，使得始终想紧跟伟大领袖战略部署的各派革命群众组织手忙脚乱、无所适从。大家都要防止在急速的弯道转车时被革命的列车抛下，更何况是一而再、再而三地连续弯道超车。斯大林的名言："每当历史的车子在转弯时，总会有人从车子上掉下来。"一时流行，广大革命群众组织在瞠目结舌之时，必须与曾经的"偶像"急速切割、断臂求生。

肖前被抓，"新人大"怎么办？

"新人大"中立即有人"弃暗投明""再次造反"。9月12日，"新人大斗肖联络站"成立。他们中的知情人这样"揭发"——赵桂林说："（在肖前问题上）承认错误，那我们的一切不就都错了吗？"（"中国人民大学'新人大公社'革命造反联络站"1967年12月16日出版的《新人大报》红一号第2版文章——"为有牺牲多壮志 敢教日月换新天"），足见当时"新人大"一派的震惊、惶恐。

曾经的中央领导王、关、戚当然不是孤立的个人，位居高位时他们上承伟大领袖，下联两报一刊、哲学社会科学学部一派造反组织，人民大学"新人大公社"也因肖前关系作为嫡系位列其中。当时在人大设立的"批资联委会"，就是他们经常在一起碰头议事的临时机构。原准备时刻听从领袖召唤，冲在最前方。孰知世事难料，头领失势，樯倾楫摧。

洪涛、王恩宇是中国哲学社会科学学部当时掌权的"红卫兵联队"一派的领导层成员，"红卫兵联队"的头头是吴传启、林聿时。肖前非但与关锋关系密切，还传说是吴传启西南联大的同学，层层关系、渊源使肖前自然而然地成为这一派系的"死党"、追随者，凡事向他们请示、与他们商量。这一派系的重要成员还包括《红旗》杂志的林杰。林杰是北京师范大学历史系毕业的调干生，1961年《红旗》编辑部建立中国哲学史研究组，关锋为组长，林杰、阎长贵等四人师从关锋，进行中国哲学史研究。"王关戚"事件中"肇事"的《红旗》杂志1967年第12期社论《无产阶级必须牢牢掌握枪杆子》（"抓军内一小撮"）即为林杰起草。

此前，在肖前的引荐下，"新人大"社长赵桂林与上述各位"名人"都曾有过密切接触。

王、关倒台以后，学部与之有密切联系的以潘梓年、吴传启、林聿时、周景芳、洪涛、王恩宇为首的"红卫兵联队"一派就垮了台。学部的另一派组织根据戚本禹传达的周总理指示协助二炮保卫部追捕在逃的吴传启、潘梓年等人。不久，吴传启、潘梓年、林聿时、周景芳、洪涛、王恩宇等被北京卫戍区收监，联队在各所的头头全都隔离审查。

王、关倒台的"多米诺骨牌效应"旋即又演化成一波更大狂澜，关联派系的各群众组织被认定为"五一六"组织，他们的头头都被定性为"五一六"组织的坏头头。

9月2日一早，因肖前被抓没了方向的"新人大公社"社长赵桂林，匆忙赶到学部民族所找王恩宇、洪涛商量对策。

1967年12月12日，《人大三红》第57期第三版公布的9月2日赵桂林到社科院民族所找王恩宇、洪涛求援的内幕，就是在王恩宇被抓之后，9月26日"人大三红"去"提审"王恩宇时的"审讯记录"披露的。

王恩宇交代的内容如下：

"九月二日上午九时左右，赵桂林穿的蓝色中山装到民族所三楼中间南面的房间里，我从里面睡觉出来，他说，你也在这里？他坐在沙发上，有洪涛在，还有民族研究所的几个同志。赵坐后讲：他们（指'人大三红'——编者）把肖前抓走了，打了一顿，打完后捆在门板上，打得半死，扔在外面，我们到地下水道找，也没找到。他们对我们攻得很紧，可能要砸我们，搞武斗，我们也得准备，我们把水池的铁棍子都拿来了，武装自己。洪涛说：'是啊，也要像民院这样，搞武斗。'赵说：'我们也得把人员集中一下，占几个楼，准备一下，把我们的人组织一下。'洪涛说：'那你们自己办吧。'赵又问：'林杰的问题怎么回事？'我说：'我也不清楚，我们学部是不行了。我自己是挂在黑线上，我在考虑自己的问题。'赵又说：'是不是大家串连一下，谈谈形势。'洪涛说：'那你们自己串连吧！'我说：'反正我们学部不行了，我们考虑自己的问题，我们不管了。'待有20分钟左右，赵就走了。他是怎么来的不清楚。

9月5日上午九时左右，洪涛说昨晚江青同志表态了，有的说江青同志说吴传启是陶铸式的人，有的说吴传启是陶铸的人，我说把问题弄清楚。他说昨晚开会人去的很少，人大两派都去了，我给赵桂林打电话问问，他就到另一个屋打电话去，不一会儿他回来说，赵桂林说是表态了，江青同志说穆欣是特务，吴传启是陶铸的人，肖前是特务，林杰是《红旗》一个小编辑，他的问题中央会解决。你们不要插手。

情况就是这样。王恩宇（签字）9.26"

王的交代显示：肖前所倚仗的关锋一派已经土崩瓦解，吴传启、潘梓年逃之夭夭，洪涛、王恩宇自身难保。赵桂林所言："我们也得把人员集中一下，准备一下，把我们的人组织一下。"实乃困兽犹斗而已。

9月11日"新人大公社"召开大会，借学习姚文元《评陶铸的两本书》之机，找到说辞，把肖前说成是与陶铸一样的"反革命两面派"式的人物，借以与肖前斩断切割，脱身自保。

9月12日，"新人大公社"召开斗争肖前大会，报道称：

"九月十二日下午，'新人大公社'全体战士坚决按照江青同志的指示办事，满怀对于以毛主席为首的无产阶级司令部的无限忠诚、无比热爱；满怀对阶级敌人的刻骨仇恨，在公社委员会的组织下，召开了斗争'三反'分子、反革命两面派肖前大会，无情地揭露了'三反'分子肖前反党、反社会主义、反毛泽东思想的滔天罪行。……也打击了某些别有用心的人妄图利用肖前问题打击我新人大的罪恶阴谋。"（见1967年9月14日《新人大报》第四十期第二版）

"新人大"对待肖前，从9月1日的"拼死相救"，到十余天后的高帽子、喷气式伺候，唯紧跟而已。虽学着上峰"翻脸比翻书还快"的节奏，但置身于对立派的虎视眈眈之下，想洗脱干净又谈何容易！就在该消息发布的同一天，《人大三红》第四十四期第四版整版刊载长篇揭发文章——"肖前与反党阴谋集团的若干罪行"，历数肖前与新出笼的"反党集团"的种种千丝万缕，细至每个事件、每次行程，甚至每通电话。若不是身边近人、核心参与，哪能提供如此细密的材料？

面临灭顶之灾不得不绝地反击、重觅生路，而最好的办法就是反守为攻，寻找缝隙，将被操纵的帽子抢先套到对方头上。人大两派的武斗如同北京乃至全国各地两派激斗的情况一样，就是在这种内在逻辑的驱使下催生发展、逐步升级的。

"文革"中各单位两派组织的对立，由观点差异，到组织对抗，到你死我活，争的是什么？与其说是争权力，毋宁说是抢光环、避落水。光环就是争当紧跟伟大领袖的"革命造反派"，落水就是沦为死不觉悟的"反动臭老保"。

为证明自己"响当当"、对方"臭狗屎"，双方开展抓人比赛，被抓的重点有三类人：

第一类，抓与失势高层有牵累的人。如9月1日"三红"抓肖前；抓肖前的缘起前文已详述。

第二类，抓对方队伍中的所谓坏人。如11月11日"新人大"抓王昆顺。

9月17日，刚刚勉强同肖前割裂的"新人大"，根据当时尚未抛出的戚本禹的指示，抢先把原在"三红"手中看押的孙泱弄到自己一边审讯，意在抢功。未曾意料的是，10月6日孙泱竟在"新人大"总部离奇死亡，这使得"新人大"弄巧成拙、雪上加霜。

然而，就在肖前倒台、孙泱死亡等一系列问题上频频被动之时，"新人大"竟也抓住了对方一些把柄，获得几次翻盘机会：其一，"三红"有反康生、反总理的"前科"。1967年1月20日左右"三红"共同课教师鲁从明、寇金和等贴出过打倒康生的大字报，5月16日"三红"的姚中原炮打过周总理，这些都是可以重新翻出来戴上"五一六"分子帽子的。其二，1967年10月20日"三红"欲结合的校级干部聂真突然被公安部门逮捕拘押，"新人大"认为是本派向中央反映情况的胜利，马上抓了聂真在"三红"的代言人朱真，以求确证。

其三，11月初"新人大"发现了"三红"的一个重要成员王昆顺所谓的"五一六"嫌疑问题，遂于11月11日诱捕王昆顺，给予"三红"猛力地还击。

关于抓捕王昆顺一事，1967年11月29日《新人大》报第五十期第四版"人大地下黑党委操纵'人大三红'总部挑起大规模武斗罪责难逃"一文有详细记录：

"'五一六'反革命分子王昆顺（原'人大三红'政治部主任，东方红公社负责人之一，是我校新闻系五年级学生，现'人大三红'新闻兵团负责人），今年二月至六月调红旗杂志社工作。在他担任记者期间，往来于王力、关锋、林杰与北京第二外语学院'五一六'反革命分子张广武、吴昂等人之间。今年五月上旬，曾以红旗杂志记者身份参加二外'五一六'分子串连会，以种种方式煽动和支持'五一六'分子大反周总理。恶毒地攻击我们敬爱的周总理，散布'周总理是张国焘的红人'，'周总理反对毛主席'等无耻谰言。胡说周总理在文化大革命中折中、调和、搞机会主义。并多次以所谓揪陶铸的例子，煽动炮打周总理。充分的事实可以证明，王昆顺、王英明是今年五月份二外炮打周总理的策划者和煽动者，是不折不扣的'五一六'分子。

"为了保卫以毛主席为首的无产阶级司令部，十一月十一日，我新人大公社卫东兵团，采取了断然的革命行动，揪出了'五一六'反革命分子王昆顺，对他进行质问。"

11月11日因"新人大"抓王昆顺，在新闻系南一楼引发的两派间一场恶斗，是人大两派武斗第一阶段的高潮事件。当晚，"三红"围攻南一楼，毒打"新人大"的三名成员，显然是对"新人大"抓王昆顺的报复。

双方互抓对方队伍中的所谓坏人，抓出后大打战报。哪一方队伍里坏人多，哪一方自然是坏组织。自9月1日始至11月18日止两派之间的多次互打互抓，双方小报纸都有详细记录。

《新人大》报："我公社坚持彻底革命大旗，横扫一切'牛鬼蛇神'，从去年到今年三月，连续揪出了潜藏在我校的国民党残渣余孽、特务、叛徒、'走资派'、反革命分子二百六十余人,其中'人大三红'的骨干、'优秀战士'和'革命领导干部'就有二百二十余人,占百分之八十五。

"最近……我们发扬勇敢战斗、不怕牺牲、不怕疲劳和连续作战的作风,取得了四月大捷和开门红,仅在校内就从'三红'总部揪出了国民党的残渣余孽四十余人,其中包括操纵'三红'总部的地下黑党委的五个别动队——现行反革命集团,有一个是与台湾美蒋有直接联系、与地下黑党委二头目崔耀先和反共老手朱真有密切联系的全国性反革命组织。至此,从'三红'中揪出的国民党残渣余孽达二百七十人左右,已占'三红'总人数的百分之十。"

"去年以来,我们也根据中央首长的指示,清除了钻入我'新人大'的坏人三十余人,纯洁了阶级队伍,巩固了组织。"

《人大三红》:"截至目前为止,经过核实,人大共揪出阶级敌人254名,其中由我'人大三红'揪出的就达236人,占全部的92％。同时,我'人大三红'无产阶级革命派还从'人大公社'揪出'梭镖''万里长征'等××个现行反革命小集团,大力协助专政机关破获了数起重大反革命案件。此外,我'人大三红'也清除了混入自己队伍的33名坏人。这是毛主席革命路线在人民大学的伟大胜利。

"在我'人大三红'揪出的236名'阶级敌人'中,从'人大公社'正式成员中揪出的就占120多名其中包括副科长以上的'领导干部'41名,'教职员'59人,'工人'21名。"

第三类,抓对方骨干分子。如11月14日"新人大"抓谭立清。为了从气焰上打击对方、瓦解对方,双方互抓对方骨干分子,抓住后暴力教训,这是武斗中残酷血腥,加剧仇恨,致使恶斗不断升级的催化剂。

李德山回忆说:"(谭立清)是骨干,外联组组长。每次'三红'和'新人大'谈判,他都是代表。谈了几次,口齿利索,口才好,外交能力强。"

《新人大》报一篇文章中谈到谭立清时说:"经过一番策划后,'三红'总部作战部负责人谭立清亲自出面,把他们早就打入'新人大公社'内部的几个人拉出去,拼凑成一个以'斗肖'为名,斗赵(桂林）为实的'斗肖联络站'。于是，'新人大'内部的第一支'造反大军'就'分娩'出来了。"

由于谭立清的得力策反工作，给"新人大"的军心造成很大动摇，所以颇遭"新人大"忌恨，"新人大"就找机会抓住了他，而且打得非常严重。

1967年9月至11月底，两派对互相抓人打人的情况都有详细记录，当然是"公婆"各执一词。

《新人大》报记录的是：

"在孙泱特务叛徒集团操纵下，'人大三红'总部……公开破坏革命大联合，发动了空前规模的大内战，他们开动一切宣传机器，全面攻击我'新人大公社'。他们的高音喇叭竟一天广播十二小时以上，连续地谩骂攻击……"

"他们连续不断地寻衅闹事，挑起武斗，大打出手，企图用武斗挽回他们政治上的失败，几次组织人冲击我'公社'总部。他们非法绑架我'新人大'战士，私设刑堂、严刑拷打，逼问我'新人大'总部工作人员的名单和专案组人员的名字，竟强迫写认罪书；仅从10月6日到9日被'三红'中一小撮暴徒非法绑架、严刑拷打的'新人大'战士就达20余人，大部分被打得鼻青脸肿，遍体鳞伤，死去活来。"

"十一月十二日中午，在东风二楼农经系同志住处，'三红'出动数十人，非法绑架走我新人大农经系战士李亚模，当我部分战士赶去抢救时，遭到这伙人的毒打。"

"十一月十四日中午，我新人大新闻系战士林长青、田润光两同志在经济系食堂买饭回宿舍，半途就被'三红'一伙事先埋伏好的人打碎饭碗，抓入南一楼。"

"这群流氓打手（共约三百余人），在'三红'总部坏头头刘庆库和'三反'分子付秋涛的女儿付民族的亲自指挥下，疯狂袭击我'新人大'历史系同学的住处——五处，他们见人就打，砸破了五处大部分门窗，抢劫所有的财物，包括被子、衣服、钱、粮票，手表、箱子、资料等等，使国家财产和个人财物，受到严重破坏和损失。接着，他们又袭击我'新人大'广播台所在地北一楼和北二楼。"

"我'新人大'战士王力生（经济系二年级二班同学），赤手空拳，在北一楼前被'三红'政治部负责人韩崇勋（国政系三年级学生）用三尺长、二三寸宽的大刀猛砍三刀，头骨被砍裂，身上的棉衣、绒衣被砍透，臂被砍伤，鲜血浸满衣服，当场被砍倒在地上，有生命危险。"

"'新人大'女战士隋木兰（经济系一年级一班同学），被'三红'一伙打手抓住后，用脚猛踩隋的乳房和下身，当场踩出小便，并被踩昏过去，内部受伤，现伤势极为严重。"

"'新人大'战士洪登书（历史系同学）被'三红'一伙打手抓住以后，一顿毒打，便按住洪登书同志头部往人工湖水里溺，企图把洪登书同志溺死。后又往南楼拖，进行毒打。"

"我'新人大'战士、修建科工人殷牛，在五处一排看到我战士被绑架、毒打，他前去解救，被'三红'一伙打手，用棍棒猛击其头部，当场昏倒，鲜血直流，这伙打手还不甘心，在已昏死的殷牛同志头上、身上，又狠狠地打了若干棍，现殷牛同志卧床不起。"

"我'新人大'战士、修建科工人王德林，配电室工人赵玉智头部均被打成重伤，配电室工人刘绍丰同志腿被打得不能走动，计统系同学王敏达同志生殖器被打坏，睾丸被打肿，不能走动，卧床不起，工人张聚嘴被打坏、重伤，历史系同学古火金头被打破，眼部被打重伤。"

"这群暴徒在洗劫五处、冲打北一楼以后，便回各系，继续行凶，在东风楼财贸系，我战士练优芳吃晚饭，就被'三红'一伙打手绑架到宿舍，手被打破。我几名战士去抢救，也未能幸免。计统系鲁东原同志晚上回东风三楼睡觉，刚进屋，就被'三红'一伙打手抓去，一顿毒打。"

"十一月十五日早晨，在东风一楼工经系宿舍，'三红'一伙打手又强行绑架我'新人大'战士、工轻分社负责人梁志玉同学，一面毒打，一面强逼梁志玉同学写所谓的'认罪书'，手段极为卑鄙。"

"据不完全统计，在'三红'挑起的大规模武斗流血事件中，我'新人大'战士被打伤五十多人，其中重伤近二十人。国家财产遭到很大破坏，五处共六排近百间平房，大部门窗、电灯、家具被破坏，

'新人大公社'的资料和战士个人财物被抢劫；许多战士除只身一人外，衣被财物全被抢光，生活受到极大影响。"

"在'三红'总部一手制造的白色恐怖下，我'新人大'战士数百人无处居住，都拥挤在总部大楼。为保证将我校'文化大革命'进行到底，部分被'三红'无理赶走的'新人大'战士决定搬到红一楼我'新人大'战士的房间去住。"

"十一月十六日下午，我部分'新人大'战士刚进红一楼，该楼的'三红'战士就无理挑衅，不让我'新人大'战士进红一楼。此时，'三红'广播台大叫大嚷，大肆进行煽动，调动数百名'三红'战士手挥大刀长矛把红一楼围得水泄不通，打伤我战士，并用砖头石块冲砸红一楼，扬言要把我们'消灭干净'。这次武斗，'三红'一小撮暴徒又打伤我战士数十名。"

《人大三红》报记录的则是：

"'新人大公社'社长赵桂林、作战部副部长黄达等不断挑起武斗。据不完全统计，从九月初至十月底，'新人大公社'共挑起十一起武斗，打伤我'人大三红'战士三十三名。绑架了亮相在'人大三红'一边的革命领导干部朱真同志，砸了我'三红'毛泽东思想宣传队、首都揪邓联络站、首都哲学批判联络站、'三红'法律兵团资料室、经济兵团资料室。"

"十一月一日中午'新人大公社'数十名工人、学生、教员在职工食堂绑架并毒打'三红'战士肖明，并抢走十余元钱。'三红'战士闻讯赶到，救出肖明，撤退时，'新人大公社'又调来近百名手持铁棍、木棒的打手，用砖头、煤渣块砸伤我'三红'战士多人，重伤五人，其中站在一旁观看情况的我研究所'三红'战士王朝文被他们用石头、木棍把头部打破五个窟窿，露出头骨，当场不省人事。另一个六十多岁的老工人、'三红'战士张起瑞从医院看病回来路过此处，被他们用煤块把头砸破，在医院动手术时，煤渣陷进很深，可见到头骨。与此同时，我'三红'战士张扬同志由商店买菜回家，走到二处六排，被'新人大公社'武斗干将、被我公安部拘留过的大流氓葛占圈率领一批打手围住殴打，张扬同志的小孩及路过的附中红旗战士因说'要文斗，不要武斗，'也被殴打，葛还叫嚷：'什么他妈的要文斗，不要武斗。'公然侮辱我们伟大领袖的最高指示。下午一时半，'三红'国政兵团战士卢锁岭同志路过原图书馆北门，又被葛占圈拦住殴打，当场昏迷过去。二时许，'新人大公社'调集数十名社员用大杠将我'三红'工人宿舍二处一排大院西墙二十余米全部推倒，将砖头运至北五楼，并将'三红'战士宿舍玻璃全部打碎。当'三红'战士前往劝阻时，又遭毒打，'三红'战士张桂荣、张晏斌等被打伤。六时半左右，'新人大公社'在城内铁一号的四十余人预先埋伏好，当由西郊开去的交通车一到达，他们便蜂拥而上，毒打刚下车的'三红'战士，蒋培坤同志被打昏，吴贵庆同志被打成重伤。之后，又将我'三红'住城内联络站工作人员赵剑教同志拖出毒打，并纠集一伙人，到'三红'战士宿舍前叫骂，打碎玻璃，进行威胁。"

"十一月二日'新人大公社'撕毁了十一月一日卫戍区同志主持双方总部达成的'关于采取措施不再挑起武斗'的协议，又挑起武斗事件五起。再次洗劫'三红'政法兵团资料室、档案兵团'春雷'办公室，打伤我'三红'战士数人，重伤一人，轻伤二人，非'三红'战士一人，其中，档案系'三红'战士冯乐耘的小腿被打成开放性、粉碎性骨折。函院教员万钟民（非'三红'战士）仅因在'新人大'老巢北一楼前马路上散步，便遭绑架毒打，从下午四点一直打到六点，并威胁说：'你不老实，我们开水马上烧好，烫你的屁股。''我们还有电刑，给你过电''你是下午来的让你活着出去，如果上午来就别想活着。'打完后，又威胁万钟民说：我们没有打你，今天抓你是革命行动，你出去如果造谣污蔑，小心你的狗头！我们'新人大'打狗队，专打你们。"

"十一月三日晚'新人大公社'策划组织四百人冲砸'三红'总部办公楼。因对行动时机有分歧，当夜没有动作，'新人大公社'扩大武斗班子，编为三队，一队是数十名工人组成的'巡逻队'，完全脱离生产，集中在'新人大'总部居住，白天睡觉，夜间活动，他们头戴柳条帽，眼戴铁丝编的防护镜，口戴大口罩，身穿厚棉衣，手持长矛铁棍，对'三红'进行偷袭；一队是数十名学生组成的'棒子队'，集中在'新人大'总部居住，全副武装，专门搞武斗；一队是

'红色少年大队',专门打砸抢。当天,'新人大公社'办公楼还进行了消火栓喷水演习,并运石灰等武斗物品。"

"十一月四日晚'新人大公社'三次袭击六处'三红'宿舍,一次袭击二处一排和三排'三红'宿舍。"

"十一月五日下午'新人大公社'后勤部长赵钰(原伙食科长)领人去修建科铁工组赶制长矛、大刀和匕首。晚上,'新人大公社'袭击二处一排和林园楼'三红'宿舍,洗劫'三红'经济系和农经系办公室、资料室。"

"十一月十二日晚'新人大公社'砸抄了我'三红'国政兵团的两间办公室。"

"十一月十四日中午'孙泱之死'联合调查组'三红'首席代表谭立清同志接到家电噩耗,上系秘书处办理回家路费手续,路过文化革命广场,被'新人大公社'突然绑架,遭到'新人大'非法审讯和严刑毒打,用橡皮裹住身体猛打,不留痕迹,谭遍体鳞伤,昏迷不醒,经医生多次会诊,半身已瘫痪,脑缺氧,水肿,数次窒息,生命垂危。下午二时,'新人大'又绑架了'三红'函院兵团战士张阁林同志至北二楼,剥光衣服,蒙住眼睛、吊起来轮番拷打,并用开水烫背,然后用凉水冲。随后将张丢在马路上,张全身血肉模糊,两腿寸步难行。下午四时,'新人大公社'又调动数百名战士,手持铁棍木棒,袭击我'三红'新闻、经济等兵团战士宿舍,打伤我战士四十三人,重伤者十五人,其中住院七人;同日又抢劫我'三红'工厂工人自用自行车七辆,在路上劫抢'三红'经济灶炊事员自行车一辆。"

"十一月十五日晚七点半,'三红'农经兵团战士张玉振、何天福去急诊室看病,被二十三名埋伏好的'新人大'暴徒打倒在地,蒙上眼睛,拖到北二楼毒打,何、张被打得四肢不能动,张随身带的二十八元人民币和笔记本也被抢走。同日晚,'新人大'暴徒冲入函院兵团战士龚维丽(女)家,数人用强光手电刺她眼睛,其他人用乱棒毒打。同日晚十一点多,一群'新人大'暴徒又砸破函院教师邝鸿的门窗,用乱棒毒打邝鸿夫妇二人,邝当场昏倒在地。这群暴徒骂邝'装死',又将邝拖至北五楼,狂叫:'你小子还未死',又毒打了一顿,邝头部被打破,脚趾骨被打断。同日晚,'新人大'一群暴徒

不堪回首：中国人民大学校史管窥（1966-1970）

抄了'三红'战士李华、崔今是同志等十几户的家，把他们强行赶走，这些战士至今无家可归，衣食无着，我'三红'战士崔今是的六十多岁患有癌症的母亲（崔本人不在家）亦不能幸免。"

"十一月十六日 下午四时许，'新人大公社'调动五六十名暴徒，头戴柳条帽，手持铁棍、木棒，配合事先埋伏于楼内的数十人，强占红一楼（教工宿舍，内住'三红'战士及其家属一百余人，位于学校东大门左侧），企图控制学校大门，并对'三红'总部大楼形成包围圈，割断东风楼和林园、一处、二处'三红'战士联系的通道，以便对各住区'三红'战士各个击破，最后围攻'三红'总部大楼，他们一进楼，便安装电话，以便听'新人大'总部指挥，随后，又增调数十名暴徒，运进大量砖头、瓦片、煤渣，把楼门堵死。十五日遭'新人大'毒打成重伤的函院教师邝鸿，刚从医院回来住在红一楼，这时又被'新人大'关押、毒打，人大'三红'战士时运凯的爱人从东北来到北京生孩子，产后只有十七天，大人小孩身体均很弱。可是，这群法西斯暴徒兽性大发，连生产只有十七天的小孩、大人都不放过。破门闯进'月房'，大开消防用的水龙，喷射冷水，满地灌进两寸深的冷水，冻得大人小孩浑身发抖，娘两个又惊吓又冷，都得了重感冒。……'新人大公社'又调来数百名打手，安装探照灯，开来土坦克（用汽车改装，装置铁板）作掩护，向我'三红'战士发动数十次进攻，'三红'战士被打伤二百二十人，重伤四十五人。"

"十一月十八日 在卫戍区首长的主持下，'人大三红'和'新人大'双方达成了'制止武斗协议'。但协议墨迹未干，'新人大公社'的坏头目黄达、赵桂林之流就伸出黑手，一把将它撕毁。当晚，黄、赵指使一批暴徒，明目张胆地砸毁了住在二处三排九号、十四号、十九号，北四楼下八号的'三红'战士宿舍，并对这些'三红'战士进行了残酷地毒打。十时后，黄、赵派出部分暴徒，强行进驻林园一、三、七、九楼。深夜至凌晨，'新人大'一批暴徒连续袭击我'三红'六处六排学生宿舍。连日来他们不断派人对我'三红'进行骚扰，在光天化日之下，惨无人道地毒打我'三红'战士制造流血事件。"

一时间校园内血雨腥风，两派同学都不可能再在自己本班本系原来的宿舍混合居住了。以共青团路为界——"三红"一派学生、教职员工集中到了学校的南侧，教学大楼南面的南楼等处居住；"新人大"一派学生、教职员工集中到了学校的北侧，图书馆大楼北面的北楼等处居住。

在"11·11""三红"围攻南一楼、"11·16""新人大"攻占红一楼两次严重武斗事件之后，11月18日在卫戍区的主持下，双方签订了"制止武斗协议"，协议的要点有："双方无条件地——拆除全部武斗工事、交出一切武斗工具、不准以任何借口抓对方的人、已抓者一律释放、一律搬回原单位、原住处和原来办公位置、恢复到今年八月份的情况……"

但是，在两个山头依然同样被"中央文革"认可，两"大王"仍旧同存并立的情况下，协议无从落实。两山头各自为政，群众各听各的。除暂时释放了已抓"战俘"、交出了部分武斗工具之外，两派师生员工并未"搬回原单位、原住处和原来办公位置"。至11月底，割据基本定型，"楚河汉界"势成，为今后的武斗进一步升级摆开了战场。

第二阶段，从备战加剧到激战终结。

自1968年3月27日打倒"杨、余、傅"起，至8月22日第三批军宣队进校，群众组织自行消亡止。

1968年3月27日始，随着"中央文革"发布的新的动员令，两派群众组织向新暴露的敌人——"杨余傅反党集团"发起新一轮冲锋，而这新一轮冲锋的对象就是校内对立派，把对立派打成"杨、余、傅"的小爬虫，才能彰显出自身再立新功的忠诚。

震源裂变，震波涌动。已被割裂肢解的人大校园，气氛再次凝重。

"人大三红"1968年5月22日第61期第三版文章"是谁打响了第一枪？"发表了这样的言说："'三·二七'大会以后，人大公社的武斗准备逐渐达到了高潮。据'人大公社'武斗队黑头目李德山供认，在三月底，他们就非法盗用修建科仓库大量钢材，打制长矛一千多支、匕首四五百把。四月份又拆掉校园四周的铁栏杆做钩镰枪。并非法砍伐大量树木；出动大卡车装运砖石；动用公款17万元购置武斗用具。四月二十七日晚八时许，他们竟然在交通股一带试验了炸药包、毒气弹。"

不堪回首：中国人民大学校史管窥（1966-1970）

"新人大"在1968年6月《新人大》报第67期第三版文章"究竟是谁打响了武斗第一枪？"中立即予以反驳："五月十日，他们在得到解放军宣传队即将离校集中学习的消息不到两小时，就用法西斯手段非法绑架贫农出身，曾经参加过八路军的我'新人大'革命工人李德山同志，从而打响了武斗第一枪。这是他们继四月二十五日公开对抗解放军制止武斗的广播讲话、四月二十八日非法抢走幼儿园儿童口粮13656斤和四月二十九日非法抢占办公大楼之后，犯下的又一滔天罪行。"两相对照，凸显出事态变化的两个节点："3·27"之后的备战升温和"5·10"之后的战幕重开。两节点背后隐现的问题是：这时候军宣队在哪里？卫戍区军宣队为何缺位？

上一年11月18日双方尚能在卫戍区的主持下，签订"制止武斗协议"。11月25日北京卫戍区司令员李钟奇还来校做过视察，检查协议的落实执行。1968年2月16日《新人大》报为当日第二批军宣队进校而出特刊。文中追记了两个多月前第一批军宣队进校后"支左不支派"的工作：广泛深入调查研究、耐心细致思想工作、大办毛泽东思想学习班、促进革命大联合。

3月，卫戍区司令傅崇碧突变"新反党集团"成员，卫戍区下派各校军宣队应当只能是原地停摆，不知所措。于是，校内仅存的一点居中调和力都告失效，两派故态复萌，新一轮的"抓黑手"角逐再起。直至5月10日第二批军宣队离校集中学习，权力位置彻底真空，"三红"迅疾抓走"新人大"方面武斗队的主力工人李德山，双方夺人大战，互指对方"打响了武斗第一枪"。

自此，启开其后的"5·11""5·12""5·14""5·17""5·22"……恶斗连续升级、不可遏止，终至将一派同学打死五人！

1968年6月《新人大》报第67期 第三版"究竟是谁打响了武斗第一枪？"文载：

"五月十一日下午一点，他们派出大批法西斯暴徒，非法抢占、洗劫了教工家属宿舍，并非法强占东大门，下午三点，他们又公然派出数百名全副武装的暴徒，公开抢走我社在五处的广播喇叭，大打出手！接着他们又非法强占并肆意毁坏电话总机，抢劫收发室，非法绑架和残酷毒打我'新人大'战士,甚至惨无人道地施以电刑,进行逼供信。"

"5月14日凌晨二时半,他们大开杀戒,公然派出数百名武装到牙齿的暴徒,抢劫和破坏校工厂国家财产,偷袭和杀伤我'新人大'工厂大队护厂战士,并且狠下毒手,残酷地用长矛刺死前去保卫国家财产、抢救阶级兄弟的我'新人大'优秀战士王锡中同志。"

"5月17日中午,他们又抢劫并捣毁了我校体育用品仓库。"

"5月22日下午,……'人大三红'总部有组织、有计划地调动了数百名全副武装的武斗专业队,分别以数十人一队,从他们的总部白楼、留学生楼、南楼、六处等地,集中接近到我修筑自卫工事一带埋伏。他们的坏头头刘庆库亲临现场,进行策划。当他们一切准备就绪之后,拉响警报器作为进攻的信号,在反革命杀人犯李德山的直接指挥下,主动向我修筑工事的'新人大'战士发起冲锋。"

"在他们挑起的武斗中,反革命杀人犯李德山、魏玉庆等亡命之徒,对人民犯下了不可饶恕的滔天罪行。"

《人大三红》71期《新人大报》红3号1968年8月4日合刊第三版"反革命武斗狂的罪恶史"文载:

"从3月27日至4月中旬,赵桂林之流进行武斗挑衅,据不完全统计,达十四次之多。他们非法绑架、残酷殴打许耀钧、高承宗等'三红'战士多人,甚至赵桂林还亲自率领数十名武斗打手,冲入解放军毛泽东思想宣传队办公室,严重打伤我'三红'女战士姜化英等三人。"

……

"4月25日晚,他们强占了我'三红'档案兵团和研究所兵团办公室;"

"4月26日,他们大规模抢修总部大楼武斗工事,在交通股开办武斗食堂;"

"4月27日晚,他们在交通股试验炸药包,在此前后,他们多次派人外出盗买军火、炸药;"

"4月28日,他们非法绑架、毒打我'三红'战士黄茂祥。拆掉校工厂铁栏杆，赶制杀人凶器；"

"5月6日晚，他们突然袭击六处六排我'三红'战士宿舍，打伤'三红'战士两名。"

"5月10日晚，他们就借口我'人大三红'揪出反革命分子、一贯打人行凶的坏蛋、'人大公社'战斗专业队头目李德山，悍然调动大批武装暴徒强占林园小楼，绑架和毒打'三红'战士孙占升，将长期卧床养病的'三红'女战士王纪霆的双腿活活打断，洗劫我十一名'三红'战士宿舍，许多家属、小孩也惨遭毒打，从而一手挑起了从五月十日开始的全校性大规模武斗。"

"5月11日，赵桂林之流又倾巢出动，强占家属住宅林园1—9楼、一处、二处、四处、北五楼、医务所、幼儿园、图书馆、校工厂以及职工食堂。他们疯狂破坏国家财产，毁坏房屋，大肆抢劫职工财物，绑架、毒打我'三红'战士陈沅等同志，连老人、小孩、孕妇也不能幸免。他们甚至大耍流氓，将附中女学生××按倒在地、企图强奸。……同日下午，他们又出动全副武装的暴徒一百多名突然袭击南五楼和六处学生宿舍，打伤我'三红'战士二十多名，其中重伤五人。"

"5月12日，赵桂林之流将校工厂我'三红'战士全部用武力逐出厂外……肆无忌惮地赶制杀人凶器。为了制止赵桂林之流的罪恶行径，我'人大三红''横扫千军'战斗队于5月14日凌晨采取革命行动，取缔了'人大公社'这个制造杀人武器的地下兵工厂。赵桂林之流出动大批武斗专业队员，手执长矛大刀向我'三红'战士猛扑过来，使我战士多人负伤，一手制造了'5·14'反革命血案。"

"5月22日下午，赵桂林之流趁我20余名'三红'战士在我方住区内修筑自卫工事之机，集合200余名全副武装的暴徒，配备了摄影记者、啦啦队、担架队、医疗队，分三路猛扑过来，妄图一举将我20余名'三红'战士置于死地。我'三红'战士由于事先毫无戒备，当场有数人受伤，被这伙暴徒逼到了一个大深坑前，在这种极端的情况下，不得不奋起自卫，结果造成双方数十人伤亡。十分清楚，'5·22'大规模流血事件，完全是赵桂林之流事先精心策划的，他们不仅是杀害我'三红'战士的凶手,而且是杀害'人大公社'战士的罪魁!"

"7月2日(新人大)凌晨悍然向我'三红'和'新人大'革造站住区连投十余颗手榴弹,并用步枪、土炮连续射击,当场打伤我战士多人,这样,赵桂林之流就在人民大学开创了使用军用火器的恶劣先例。直到中央'7·3'布告发表以后.他们还几乎每天都向我'三红'和'新人大'革造站住区放枪开炮……"

1968年的6、7月间,北京各高校校园尽成武斗战场,各校两派相互砍杀,所用武器上升到真枪实弹。道路上常有满载头戴柳条帽、手持铁矛枪"战士"的卡车疾驰而过,那是到其他院校驰援。

7月28日夜,最高领袖亲自派遣的首都工人、解放军毛泽东思想宣传队强行攻入清华大学,终结了这场荒唐的北京高校大武斗。

8月2日,人民大学毛泽东思想宣传队入校,两派头头集中办学习班,学生、教师各回各系,群众组织自然消亡。

据披露,1966年12月26日伟大领袖73岁生日时,他和江青请了陈伯达、张春桥、王力、关锋、戚本禹、姚文元等一干人吃饭,席间曾举杯祝酒:"祝展开全国全面内战!"他对于"全面内战"是合于心意、乐观其成的。

最高领袖的理想程序是从"天下大乱"到"天下大治",而必须实施"天下大乱"的基本前提就是"无产阶级革命派与走资本主义道路当权派的你死我活的斗争",这种矛盾是不可调和的,最终的结果必须是一方完全压倒另一方,将走资本主义道路的当权派从精神到肉体彻底消灭。"走资派"彻底消灭之时,便是"天下大治"实现之日。在这个预设前提下,各个革命的群众组织无不争先恐后,为彰显自身的革命彻底性竭尽所能的将对立面打成"反动臭老保",必欲置之死地而后快!如此恶斗,何能达到"天下大治",只会招致"天下更乱"。

在无可收拾的情况下,最高领袖只有实行他的绝对权威"武力清场",于是有了7·27工人宣传队的进驻清华园。最高领袖最终抛弃了他千呼万唤始出来的心爱的"造反派","造反派"烟消云散却并未寿终正寝。尔后,在清查"五一六"、清理阶级队伍等各种名义之下，紧跟伟大领袖，不惜以千百万被打倒的"走资派"、政治贱民的鲜血和生命为铺路石一路践踏过去的"造反派"，最终使自己双手沾血、成为被整肃的对象。指使者与冲锋者的"蜜月"结束了，这就是所说的"用了'造反派'两年，整了'造反派'八年"。

一场"红卫兵"打打杀杀的闹剧，就这样收场了。

（作者是国际政治系 1964 年学生）

二、五十年前我见证的人大血腥武斗

陆伟国

1968年3月29日，聂元梓的"新北大"从31楼开始武力驱赶对立面同学，拉开了北京高校群众组织之间武斗的大幕。

面对局势的混乱、武斗重新抬头，高层反而显得束手无策、举措失当。4月29日，各校群众组织头头的学习班搞不下去了，只好草草收场。令人不解的是，市革委和卫戍区还干脆来了个"四不"方针，"不管，不急，不压，不怕乱"。5月7日，市革委主任谢富治在市革委会议上就说："反掉无产阶级的派性，行吗？过去讲错了，毛主席给我们纠正啦。"这使对立各派以为放手一搏、重整旗鼓的机会到了。

于是，形势急转直下。此时，人民大学校内也发生了重大变化。与进校时敲锣打鼓大不一样，5月10日，驻校"军训团"面对失控局面无能为力，突然撤走。应该说，这是高层的一个重大失策。两派之间顿时失去一个第三方的制衡因素，都急于要抢夺"制高点"，扩大自身的生存和发展空间。这儿讲的"制高点"，不只是个地理概念。于是，就不顾一切地发生了直接碰撞。再加上江青又曾一再发出"要文攻武卫"的号召，于是最血腥的面对面杀人的武斗开始了。

当天，对方"新人大公社"占据了林园9楼。那是栋教工家属楼。有11户"三红"教师的家被抄和赶走。

第一场大武斗

人民大学第一场大的武斗，就是发生在第二天，5月11日，由"三红"攻打红楼。

此红楼，非贾宝玉的"红楼"，而是人大校门口西北侧的单身职工楼。

不堪回首：中国人民大学校史管窥（1966-1970）

打它干什么呢？

"人大三红"在学校东南角的控制范围主要是东风楼的三座楼，和留学生楼、教学办公楼、新教学大楼（这些都是当时的叫法，新教学大楼现在叫公共教学二楼），基本上是一字排开，没有纵深，无法形成防御体系。于是，要攻占东风楼北面隔着一块空地的红楼。攻击是傍晚开始的，用的是砖块木棒。对方在楼内退至二楼抵抗，这一方也没有采取登梯强攻，双方形成对峙。

晚上，灯光大亮。双方的群众都聚集在各自的防线后面，高声呐喊助威。在一阵高过一阵的呼喊声中，本方人员一次次地向红楼冲锋，楼上则雨点似地抛下事先准备好的砖块杂物。每当窗玻璃被"砰"地砸碎，碎玻璃"哗哗"从半空堕落，嗷嗷的呐喊声就爆发出一阵阵的高潮。一些同学则"奋不顾身"地冲上去，捡起地上的砖块往上扔，想为攻势添把力。

但要攻下一座楼谈何容易。对方楼上的人员，因无路可退，抵抗也很顽强。攻方只得一次次退回，为此往返数次。即使有冲进楼内的，也很难坚持，又跑了出来。一个个伤员，被扶了回来。从红楼到"三红"总部大楼的几百米路上，布满了点点血滴，接连不断，可见现场攻防之激烈。这种情况，真要强攻，伤亡必然很大。从现场来看，双方的指挥还算比较克制。可能是对方考虑到他们控制的区域范围较大也较为分散，难以分兵把守，容易被分割包围。最后，双方停火，攻方暂时后退，让守方撤出，再由"三红"接管。"三红"由一条单薄的防线，形成了有几个楼可以互为掎角、相互依托的"防区"。

这整个过程，我都在现场，但没有冲上去，也没扔石头。我的体质不行，扔块石头不见得比女同学远；就算是扔，恐怕连墙也够不着，别上去丢人现眼了。

夜袭兵工厂

武斗不可能带来"安全"，既然有了开端，渐渐地也就不断发生了。

形势越来越严峻。为了防备对方的攻击，我们的每一个宿舍楼，都是一楼不住人，窗户用砖头、木板等堵死。二楼的窗户只留半扇，另半扇就用板挡上钉死。楼梯道都用床板堆上，只留一个人勉强侧身而过，这样大大增加对方可能的攻楼的难度。

为了便于自卫防身，防备对方冲进来突袭抓人，我们男生几乎每人都配备了一根长矛。平常下楼出去，哪怕是上食堂打饭，都要随身扛着。那长矛，是把自来水管、暖气管拆下，截成两米长一根，一头磨成极锐利的尖刺。据说那东西比刺刀还好使，刺中对方后，血从管内喷涌而出，可以很快拔出再刺。不像刺刀刺进人体后因有血肉的压迫，有时很难拔出，甚至出现卷曲。

这些长矛和其他一些简易武器，上哪儿去制作？学校的西面有个1965年初刚建成的校办工厂，那是一个小型机械厂，里面有一些机床、钢条，被对方所占据，成了对方制作刀枪的"兵工厂"。这可是涉及双方力量对比的重大因素，不可不"为之一战"。

5月15日，"三红"这边向校办工厂发起突然袭击。那次行动是在晚上，所以叫"夜袭兵工厂"。原本是想以极短时间迅速抢夺一些钢条、简单工具过来，尽量不发生对抗。之所以放在晚上，也是以为对方的守卫人员会少一些，可能造成的后果会小一些。结果，真的冲进去时，还是与厂里对方的留守人员发生冲突，引来了对方人员的增援。双方在厂门口和围墙处，用铁棍木棒大打了一番。前后约四十分钟，而且还是发生了惨痛的伤亡事件。对方中文系的王锡中同学不幸身亡。他是死在房顶上，很可能是受伤后，躲避到屋顶，而永远地倒在那里。

我们是天亮后知道这事的。事后还听说对方有位工人师傅，面对长矛的尖刺还慌不择言、跪地哀求："我家还有三个老婆、一个孩子哪，放过我吧。"那一阵还把这当作笑料来传，其实那也是几多辛酸泪啊。

捣毁野猪林

武斗的车轮越转越快。

防备在全方位地进行。连我们的宿舍，也有了张不知从哪儿弄来的弓箭，说是可以在对方攻楼时派上用场。我试了下，要拉开弓还真得费点劲。朝着门上，拉了还不到一半就放手，"砰"的一声，真厉害，那箭头把门板都打穿了。不过，我知道，真要到那时候，还没等把箭射出去，人家就先把我撂倒了。

宿舍里有了长矛，还出了个小意外。没等对方来，就差点伤了自己人。一天，在我们宿舍里，有个同学闲极无聊，想试试那东西管不管用，拿起来就往墙上捅了上去。谁知，那墙不是砖墙，而是两层带缝的木条，中间是空的，有一块砖样子的间隔，外面用泥巴和石灰糊上。长矛捅上去，那墙哪里经得起，"哗"的一声，掉下一大面泥巴、石灰，就穿了过去。引得旁边宿舍的那位同学生气了，过来就把我们门上面气窗的玻璃给砸了。我们知道有点理亏，悄悄的，都没出声。

"三红"除了在东南面有一个控制区域，在西面还有南五楼、五处的一片，两个区域之间有一条大路相连。可大路的北侧有片不大的松树林，林中有个体育用品房，常被对方当作埋伏武装人员之处，用来偷袭伤害这一边过路的人。于是这一边就要铲除这一隐患。

5月17日，那天下午，先是手持棍棒长矛的"武斗队"冲入树林，把那小板房彻底砸烂了。对方也没有人在那儿。里面的体育用品，就往回搬到教学大楼里堆起来。搬东西的事，没有人提前通知，也没有人组织指挥，大家见状都纷纷主动跑来搬。武斗队排成一排，在外面警戒保护。大道上，上百人在来回奔跑，抱的、扛的、提的，忙得不亦乐乎。整个过程，动作很迅速。我正好碰上，也去一手抱一个球，一次拿两个，急急忙忙地跑了两趟。心里还在想，这也是在保护国家财产？

因为有这片松树林，所以这次动作，称之为"捣毁野猪林"。由于双方没有发生直接冲突，这一天在现场的同学们都是兴冲冲的。这场没有对手的行动，就像是一堂课外活动。

但事情又很快就到了最血淋淋的一幕。

专职武斗队

面对日益恶化的形势，为了应对日益激烈的武斗，各群众组织都成立了专门的武斗队,装备也在不断升级。两派斗争到了真正意义上你死我活的地步。

"三红"也组织了一支四五十人的专门"武斗队"。这时的"武斗队员",装备已经非同一般。每人全副武装,头戴柳条帽,帽檐下面连着铁丝编的面罩,全身和四肢都罩着铁皮剪成的铠甲,铁皮下都垫着书本。那时的铁皮有得是,正好用上,剪成一片片的铠甲。看上去,整个人就像个古代的武士,浑身上下冷冷的,连从铁丝罩后面透出的目光也是冷冷的,完全没有了人的感觉。

他们这支队伍的成员,主要是法律系低年级的同学,以转业军人居多,"战斗力"比较强。有一次,他们就在我窗外的楼下操练,双双对刺,"哈,哈"地喊着刺杀声。尽管是全身铠甲,脸前有铁丝罩保护。不料,还是有人当场受伤,被对面的尖刺穿过面罩上的铁丝网,打掉了门牙,嘴巴鲜血直流,多危险哪!要是再捅进去一点点呢?到真的拼杀时,那会是什么结果啊?不过,他们的军事素质看来很好。出了这样的事,其他人就像没发生一样,依旧在原地双双对刺。只是领队的过来看一下,也没多说什么,叫他下去休息。那位受伤的同学,也很坚强,连头盔也没摘。那时的青年学生,都被"革命"熏陶到了什么样子。

出于好奇,我也曾穿上这身装束试试。感觉太异样了。重,还是其次。就是太别扭,太拘束,手脚无法施展,浑身上下都动弹不了。做什么动作都完全变形,力度和方向没法把握。尽管曾有过多次的军训和体育课,作为那时的大学生,对刺杀动作已很熟练,但这时好像我已经不是我,完全是被机器支配着,就像一根拽在别人手里、任由他人挥动的棍棒。

透过面前的铁丝罩向外看去,别的人,也就都像是一个个要消灭、要杀戮的对象,是一个个要啖其肉、噬其血的猎物。头脑在发热,热血在沸腾,浑身在膨胀,手脚几乎都不听指挥了,脑子里不断闪现出"杀人,杀人"的字样,就想要刺杀出去。我从心里感到可怕,不只是怕真要上了武斗场,这身装束将成为别人刺杀的对象。更怕的是,在这身装束下,人已经被彻底地扭曲了,已经不再是有正常人性的人,而是一只杀人与被杀的野兽。"革命"的意义,"造反"的意义,此时都露出了本意。

血腥之剑一旦拔出，就像狂暴的野兽横冲直撞，想挡也挡不住、想停也停不下了，局面很快就失去控制。离"捣毁野猪林"仅仅过了几天，1968年5月22日，一场空前的血腥武斗，在人大校园爆发。

暴力之火是不能随便玩的，一点小小的无意的火花，说不准就能酿成无法扑灭的烈焰。这场武斗，起因是件很小的事情。为了防备对方的进攻，双方都在自己控制区的边缘挖壕沟、拉铁丝网、修筑工事。一到晚上，聚光灯四处照射，就像是朝鲜战场一样。那天挖沟时，挖出的泥土掀到了对方那面，对方又再掀过来。掀着掀着，双方就动手打了起来。从泥土对扔，到棍棒交加，到出动"武斗队"拼杀。

那天下午，当时，好像一切都很平常，我在楼下，不记得有什么特别的事情，跟往常一样。突然，有同学从大路边走过来，神色紧张地对我们在外面的几个叫着："西面打起来了！西面打起来了！你们这儿还像没事一样，不知道啊？""怎么啦？"我们问。"打起来了！都打起来了！"他使劲地嚷着，我们却听不明白是怎么回事。此时，"哗啦"一声，"武斗队"从总部大楼出发了。我们这才知道，事情闹大了。

所以，当看到他们全副装备、手持长矛，一排排地小跑着出发前去"增援"，那沉重的咚咚的脚步声，就像踩在心上，浑身也不由自主地跟着颤动。那步伐之整齐、神情之坚决、训练之有素，堪与正规部队相比。可是，那是上什么战场？只听说西面打起来了，这一去，谁都不知道将会是怎样。我们想跟着去，被队伍后面的人制止了。我想也是，我们跟着去，只能给他们添麻烦、增加负担，所以没有坚持。

喋血大操场

血战是在新图书馆西南面的操场上进行的，就是我1964年暑假勤工俭学时在烈日下拉碾子修整的操场（当时的新图书馆，是"新人大"的总部所在地，现在叫图书馆东馆）。往日的同窗，就这样手持长矛，面对面，作生死拼杀，前后就短短几分钟的时间。短短的几分钟，对方就退出了那片操场空地。短短的几分钟，对方就倒下了好几个同学。短短的几分钟,就失去了三条生命,其中就有我的同班同学陈荣祖。听说,他身上被捅了七个窟窿(也有说是中了十一枪的),其中一枪刺穿心脏,当场身亡。听说,他是倒下后还想挣扎起来,又被更多的长矛扎进。

当时,还并不知道双方的伤亡情况。我们身处后方的都神色凝重。很快,伤员们被搀扶着下来。每个伤员都有好几个人扶着,身上血迹斑斑,脸色冷峻,好像都很坚强。他们上了一辆小客车。车上还有全副武装的"武斗队员"护送,以防对方途中劫持。随车的,还有一位身材高挑的女同学,听说是个教授的女儿,一身黑衣,手持一把长剑,真称得上是英姿飒爽。

这一夜,开始是异常的寂静,双方的大喇叭都很反常地停歇着。到半夜时分,突然,对方的大喇叭放起了"国际歌",那悲壮的乐曲响彻了校园漆黑的夜空。我们一听,知道是对方有人阵亡了,个个都面面相觑。后半夜,传来话说,"有你们班的一个",我们大惊。因为陈荣祖同学在我们两派分开以后改了名字,叫陈江,传过来的名字对不上。我们还都抱着希望,不敢相信,也不愿意相信,总觉得不会是他,但愿不是他。大家都一夜未眠。第二天,天刚亮,得到了确凿的消息,真的是他,真的是他呀!

虽然被分成两派,但我们班的同学之间并没有因此有任何的成见。陈荣祖同学是江苏盐城人,很朴实、很正派,为人做事认真负责,从不张扬,体格也并不健壮。尤其是,他的家庭成分比较高,是我们班唯一一个成分高的同学。这在人大的学生中是很少的,不是一般的表现好,是不会有这个机会的。他平常很谨慎,也很到位,有什么事情,既不能冲在前面,也不能落在后面。虽然我们班相互之间一直比较好,对他也是很平等的一员,但显然他对自己事事处处要求都很严。对这场"文革",他更是格外的谨慎、格外的认真。这厄运怎么会落到他头上呢?他并没有参加"武斗队",他的身上都没有防护,怎么会这样呢?我想,很可能是因为上面讲的这个原因,在面临风险的时候,使他不能不有所表现,竟然也出现在武斗场上,尽管手无缚鸡之力,尽管满心的不情愿。

不堪回首：中国人民大学校史管窥（1966-1970）

痛哉！陈荣祖

几十年后，我能慢慢地复原当时的现场情况。那天的情况是，"新人大"一方对武斗的准备不充分，装备、训练、指挥和应急方案均不到位。第一线的"主力部队"交锋几下，很快就顶不住，又匆忙动员二线队员上去。而二线队员不但没有防护服，也没有像样点的武器，就是拿着木棒铁棍之类，有的甚至拿着食堂的扫帚、拖把就跑过来。我们班的李原好和陈荣祖同学拿的就是根木棍。而"三红"这边提前有所准备，在装备、训练、气势各方面均优于对方。双方在实力上，明显不在一个档次。

由于"新人大"这边一线人员顶不住回撤过快，把本来在后面的非主力二线队员反而闪在了前面。当"三红"的武斗队冲到这边二线队员面前时，现场发生混乱，指挥失灵。有的见势不妙就往后跑，有的竟然站那儿不知所措，有的心里还想着"坚强勇敢"的人还在往前冲。陈荣祖同学没有很快后撤，而是拿着木棍还想抵挡一下，就被无情地刺上了。

只几分钟的时间，地上就横七竖八地躺着好几个伤员。等"三红"稍有后退，这边的人大喊："刺死人啦！快救人啊！"人们不顾一切地赶紧上去抢救。我们的班长李原好冲过来一看，发现自己班的陈荣祖也躺在了那儿，满脸满身都是血，胸口的血水像泉水一样往外涌。同学们七手八脚把受伤倒地的人往后抬到路上。校医赶过来看的时候，说已经不行了，不用送医院了。等到了积水潭医院，医生确诊已经去世。这时，李原好同学抱着陈荣祖的遗体失声痛哭、满脸是泪。所有在场的人，都哭成一片。谁都没想到，这"文化大革命"怎么会搞成了这个样。

在医院的太平间里，陈荣祖躺在那儿，满脸的血污，紧闭的双眼，那毫无血色、苍白得吓人的脸，那浸透了血渍、被刺破了的衣服，使见过他遗容的同学至今都闭目难忘。也说不上整容，只是擦去脸上的血块。在我们的班长给他收殓的时候，连件替换的衣服都没有。他的衣物还在被"三红"占据的东风三楼，不敢过去拿。还是历史系的一个老师给了件稍微好一点的，给他穿上。临离开这个世界，都没能穿上自己的衣服。他的血衣，听说被我们班的一位同学保存了很长的时间，直到那位同学自己去世。

更痛心的是，他家在苏北农村，景况十分贫寒。而且很早就结婚了，已经有了个一岁多的孩子。如晴天霹雳般的噩耗，他妻子拖着孩子赶来北京，已是和自己至亲的亲人阴阳两隔。这位不幸的妻子来到城内分部的那夜，在住宿的楼里，一个门、一个门地拍打着，满楼道呼喊着她丈夫的名字，呼天抢地，悲痛欲绝，寻找着她的丈夫，寻找她生命的全部依靠。她，一个农村妇女，听不懂别人劝她的普通话，别人也听不懂她满心要说的苏北土话。整整一夜，那整个楼就一直回响着这凄厉悲怆的声音。

第二天，到了积水潭医院，见到已经僵硬了的丈夫，她不顾一切地扑了上去，撕心裂肺地哭叫着，翻开丈夫的衣服，颤抖地抚摸着他身上累累的伤痕，几次昏死过去。见者也无不落泪。

事后，因为是群众组织，没有经济能力，只给了很少一点抚恤。在陈荣祖妻儿快要离开时，李原好冒险回东风楼拿回了陈荣祖的遗物。最后，我们班的李原好、王松岷、朱婉珍、米受光等同学去北京站为陈荣祖妻儿送行。当他们把陈荣祖的骨灰盒和遗物交给陈荣祖妻儿时，他的妻子和孩子跪地接过，磕头号啕大哭。几个同学把她扶起，也都哭成一团。车开了，望着渐渐远去的列车，他们都在牵挂着这对孤儿寡母将要踏上怎样艰难的人生之路。当我现在写这段文字，每次修改看到这段文字，依然忍不住鼻子酸楚、泪水盈眶。

在这一边的我，虽然不能为他送行，几十年来，他却始终在我心上。直到退休前，我给每个班讲课，都要讲我的学生时代，都要讲这件事，都要讲两个时代的对比，都要讲珍惜当前历史机遇，好好学习，努力工作。90年代的一天，我讲完后，下课时，有位学生走到讲台前，对我说："老师，你讲的，就是我的叔叔。"

唯一值得欣慰的是，他的儿子陈东林已是当地税务部门的一名干部。东林的一双子女也已上了研究生和本科。2016年，我和东林已联系上了，成了微信好友。

哭泣吧，苍天

"5·22"事件，是北京高校唯一一次面对面拼杀、造成重大伤亡的武斗事件。在这次武斗中，尤其最不应该、最令人痛惜的是，这三位死者中，竟然有一位是女同学，农业经济系的廖金妹（还有一位也是农经系的杨大志同学）。她是作为卫生员，真的是奋不顾身地上去抢救受伤倒地的同学，却也被刺杀了，被活生生地刺杀了，永远地倒在自己母校的操场上。她是我们班一位同学的老乡，还来过我们宿舍几次，能记起她的模样。我不是现场目击者。我至今无法想象，这些带血的长矛是怎么刺进一个倒在地上的女孩子，在她单薄而柔弱的身躯上，拔出又刺进，拔出又刺进！

还都是同窗手足啊！

哭泣吧，苍天！苍天！！苍天！！！

当然，在这腥风血雨中，也难得有一些人性的闪光。当年参与这场武斗的我方的李同学前不久告诉我，当他手持武器踏上这操场时，看到这场面，既要保护己方的同学，又看到对方倒在地上的人，心里是异常的复杂。在他往前冲的时候，对方一位同学往后跑，因慌不择路而跌倒在地，他还上去跟他说，快起来，赶紧跑吧。

或许有人会说，要是大家都这样就好了。但是在一个泯灭人性的大环境里，不能指望这样。暴虐的滔天洪水，早已吞没了一切。被践踏得七零八落的理性是挡不住这些的，最多不过是狂涛中一些稍纵即逝的泡沫而已。

惨剧过后，"新人大公社"隆重地召开了一个追悼大会。会上群情激愤，高唱着《国际歌》和《毛主席语录》歌。王锡中同学的父亲作为死难者家属代表在大会发言："儿子是为捍卫毛主席革命路线而献出了宝贵的生命，是光荣的；烈士的鲜血不会白流。"

现在想来，他们的血还真不应该白流。他们的鲜血和生命，带给我们今天的人们有哪些思考呢？今天的我们还认真地想过这些没有呢？

（作者是计划统计系1962级学生。本文系作者回忆录《风霜雨雪忆年华》的一节）

三、我经历的人大武斗

张林南

1968年,社会上刮起了武斗风,我们学校有人造舆论说:"两派斗争的结果必然导致武斗!"我不同意这种观点,认为武斗没有必然性,在和平年代,在以工农子弟为主的人民大学校园里,怎么可能武斗起来呢?!当时,两派已经分开来住,"三红"的人住在学校的南侧,"新人大"的人住在学校的北侧。因为我不相信会发生武斗,仍然住在原来的宿舍(已经成为"三红"的地盘)。当年美国刚刚发生了著名民权运动领袖、和平主义人士马丁·路德·金遇刺的事件,有些人就说我也是没有阶级斗争观念的和平主义者,还送了一个"马路金"的绰号来讽刺我。后来学校形势的发展,果然大大出乎我的意料。先是两大派在各自的广播喇叭里天天激烈地对骂,然后发展到抓对方"有问题的人"进行毒打,再升级到两派互相扔石头、在楼顶上打弹弓——"三红"总部(教学大楼)和"新人大"总部(图书馆大楼)的玻璃窗全都被打了个稀巴烂,两楼之间的地上都是石头。这时,"三红"的人只能从学校的正门进出,"新人大"的人只能走学校的北门——如果走错了,就有被对方抓起来的危险。有一天,我在食堂吃饭时偶尔听到"三红"的人说要抓我们班"新人大"的一位同学(他曾犯过错误),以报复"新人大"抓了"三红"的人。我赶快跑去告诉了和我同住一屋的好朋友C,并和她一起立即通知住在北楼的我系"新人大"负责人:"不好了,他们要抓W。抓到'三红'总部肯定得打个半死,快去救人吧!"我俩先跑到系里去看,W同学果然已经被他们关在一个宿舍里,还没来得及往总部送。我们大声向"三红"的人喊:"你们为什么要抓人?赶快把W放出来!"这时,C班里的一个过去曾追求过她的男同学走到我面前说:"你一个叛徒子弟有什么资格要人?!"接着又一脸流氓像地凑到C脸前说:"先检查一下你的叛徒感情再管别人的事吧……"吐沫星子溅了C一脸。C气坏了，伸手给了他一个耳刮子，那个男同学一把将C推倒在地，我冲过去扭住他喊"你敢打人……"听见动静，立刻从宿舍里跑出一群人来，跟我们俩打。我和C真是不要命地和他们扭打在一起。这时，我系"新人大"的人赶来了，赶快拉架。最后还是把W给要出来了。而我们俩被打得遍体鳞伤，被架回了宿舍，好几天疼得都不能动弹。这位被救的W同学从内心感谢我们，在我们养伤期间，天天给我俩打水送饭。

人大的武斗继续升级，从扔石头的"初级阶段"很快进入使用武器的高级阶段。有一天晚上，"新人大"的人正在校办工厂里制作长矛，"三红"武斗队的人偷袭进来，用长矛刺"新人大"的人。一位"新人大"的同学在毫无防备的情况下，被长矛戳到了脖子上，立刻血流如注，当场死亡。第二天"新人大"召开隆重的追悼会，追悼这位工人出身的中文系的党员。会上，大家哭成一片。当天中午吃炒菜花，吃完我全吐了，此后好多年再也不吃菜花了。

"新人大"吃了亏，准备加强防备，在总部大楼前挖壕沟、拉铁丝网，不让"三红"的人冲到总部来。1968年5月22日，"新人大"正在修工事，突然"三红"的武斗队冲到工地上，手持长矛，见人就捅。有人听见一个武斗队员一边用长矛戳新闻系一年级一个女生的屁股，一边说："看你以后还能生孩子！"新闻系另一个女生的鼻子也被长矛挑破了。一位农经系的女同学在俯下身子救人时，被一根长矛从后背捅进，从前胸出来！她带着这根长矛被"新人大"的人送到医院，很快就死了，她也是年轻的共产党员。这次武斗中还有好几个人身负重伤……。

这几次打死人的武斗，对我刺激很大。我对"文革"中出现的许多怪事都百思不得其解，只能归结为自己阶级斗争观念薄弱，没想到同学中也有这么坏、这么狠的人！

武斗中连续死人，两派杀红了眼，武器也从长矛升级到"真枪实弹"。学校里的工人都是"新人大"的，所以"新人大"就在校办工厂里试做枪、炮和手榴弹。有一次，我们系一个"新人大"的女同学去北京郊区拉火药，她那天穿的是我的新做的绿军装，结果路上出了事故，汽车撞到了大树上，火药爆炸，把她炸得浑身是伤，被送进了友谊医院，我们几个女同学轮流去医院照顾她。后来伤虽然养好了，但身上留下不少伤疤，心里更留下了抹不掉的阴影。

（作者是国际政治系 1964 级学生，本文摘自本人的回忆录）

四、我在"5·22"武斗中

李德山

工宣队、军宣队当时怀疑人民大学武斗队后面有黑手,有部队的高级指挥人员参与,给予策划、训练、指挥,当时是这么传说的。好像"三红"的武斗背后,就是杨、余、傅,就是愣往上联。因为训练有素,出去队伍很整齐,战斗力很强,认为学生达不到这个水平。工宣队、军宣队的领导都找我谈过,问你们背后有没有什么人参与,是不是部队的,让我考虑。这个事儿完全就是子虚乌有,纯粹是学生自己闹的。为什么"人大三红"这个队伍训练有素呢,主要是在大规模武斗之前,已经发生过好多次武斗。那个武斗都是比较低级的,用的棍棒、砖头、瓦片,等等。武斗过程中,"新人大"曾经把教工楼、红楼围过,"人大三红"的去救过,都吃亏了,被打得稀里哗啦。开始是"新人大"占上风。其实我一开始一直是反对武斗的,但是身在这一派组织,这一派老吃亏,有一次谭立清让"新人大"给抓进去了,一关就是多少日子。用里面是钢丝外面包着皮管打。据说回来以后,外面看着没有伤,里面给打坏了。谭立清回来以后,已经不省人事了。虽然抢救过来了,但走路说话都不好了。所以这事儿对我刺激挺大的。

原来我跟"新人大"那些人是一个观点,"保郭"的。后来折腾来折腾去,过程很复杂,"三红"把我给拉过去了。后来武斗,看着我有用,就让我去给他们训练。一开始我也不愿意,后来不管怎么说,咱得自卫啊,咱们不能老挨打呀。

"5·22"那个事完全是一个突发的事情,我当时是在现场,但是武斗的场面可以想象,谁也看不清谁是谁,每个人都戴有面罩,而且盔甲都一样的。"新人大"没有戴面罩,我也弄不清谁是谁,反正是混战。双方谁都没有准备,就是修工事的人闹摩擦,就打起来了。我当时正在睡午觉,突然有人来叫我,说咱们的人叫人包围了,我当

第四章 血腥武斗

时出来一看操场里确实"新人大"的一拨人围过来了，我们当时也就一二十人，都在修工事呢，那是挨着"新人大"的工事，"新人大"的人在外面，我一看这坏了，让人包了"饺子"了。我就说赶紧回去叫人支援。那些跟我在总部一块儿驻守的人，每天都是我训练他们，算是精锐部队，是从各个系里面抽出来的，而且装备都比较好，有盔甲什么的，特别整齐。那时候咱们学校有个武装部，武装部有那个刺杀盔甲，他们穿的都是那个盔甲，而且关节这些地方包的都好。后来工宣队、军宣队问过我多少次了，说为什么一块儿打，死的都是对方的，你们都没有死？我说谁在战场上都是想打别人、保护自己，我说你不能由此推断出来打人的都是坏学生、是故意的。（我这边）确实是因为装备好，保护用的都是书本，里面是书绑在身上，外面是铁皮，铁皮不厚，扎透了，里面是书也扎不透、扎不伤。这都是我一个个检查过的。那时候武装部有那个日本东洋刺刀，钢特别好，锐利得很，但是扎书本却扎不进去。我把每一件盔甲都试过。

是我去把他们叫出来的，就是这个最精锐的部队。他们训练多，武装好，服装特别整齐。我当时都快到跟前儿了，我一看"新人大"的人多，包围着，这边的人少。而且这边还有一个大沟，如果一退，全都得掉沟里头。当时我就特别的着急，手里拿一个警报器，紧急的时候就摇这个警报器，我当时一看情况浑身都出汗了。等到后来我一看，那边都打起来了，这个时候我看这个队伍变形了，"新人大"有人开始喊了，"正规部队来了"，我回头一看，我们援兵来了，这下我心里就踏实了，但他们就乱了。我是拿警报器叫的他们，游泳池边上有个大槐树，我就在槐树底下摇着警报器叫他们赶快来，因为很紧急了。我一摇警报器，当时谁也没听到过警报器的声音，警报器当时是起作用了。一响的话"新人大"那边的人就都愣了，警报器一响这边的人也出来了，那边一嚷，"新人大"的人就有点儿散了。这个队伍来了以后，就那么一冲……

"5·22"这一次，传出去都是"新人大"的死了，"三红"的没有死人，但实际上"三红"的人伤的也相当多，后来一个能装三四十人的中巴装了一车受伤的、护送的人。

（作者是哲学系1963级学生）

五、长矛刺入他的头颅 7 公分

——沈士根同学之死

李豫生

在 1968 年 5 月 22 日那次血腥的武斗中，有"新人大公社"的三名同学当场被刺死。他们是：陈荣祖（计划统计系）、廖金妹（农经系）、杨大志（农经系）。还有一位同学是经济系四年级的沈士根，他被对方的长矛矛尖从右眉框骨刺入颅室 7 公分，形成血肿，以致瘫痪。一年多后同学毕业，沈士根因唯一的亲属——同父异母的哥哥不耐烦护理而死亡。

工军宣队进校以后，曾对武斗事件进行调查，但是始终未能有明确结果。"究竟是谁当场刺死了同学？"成为"人大文革史"上永久的悬案。尽管有千万条理由把发生武斗的责任归结于"文革"发动者头上，但是，"枪口抬高 1 厘米的权利"呢？那些下狠手刺死同学的人，只有你们自己心里清楚。虽然你们逃过了责罚，但在漫长的几十年岁月中，难道你们就没有扪心自问？你们的良心得安吗？

沈士根同学原本就是残疾，他的右眼失明，装的是义眼。可刺人者偏偏刺的是好眼——他的左眼！有人说，刺人者是认识他的！

多少年来我一直记住了 7 公分这个数字。可以想象当时的场景，如果双方都是直立状态，长矛挺刺过去，一定是刺中胸腹，而对方瞄准的却是他的头部。长矛刺穿了眉框骨，直入颅室 7 公分——这长矛是何等的尖锐锋利，下手又是何等的凶狠毒辣！长矛是用钢管打磨而成，矛尖打磨得如此锋利，内心该藏有何等的仇恨？！而当时争来抢去的，无非是证明谁比谁更革命一些而已！

5 月 22 日这天，我是和一些同学一起送沈士根去医院的。当时我住北一楼，忽听到外面人声鼎沸，就连忙跟着一些人往后面的交通股跑。我那时是"三黑"人物——黑帮子女、铁杆保皇、资反路线执行者，高音喇叭里天天高喊"黑帮子女×××、×××挑动武斗"，我哪里还敢往人多的地方去？就是在校园里走路，也怕有飞来横祸，怕被人抓去。和同学走路，也总是一前一后拉开距离，以防一起被抓；侥幸以为如果前面的人被抓，后面的还可以去通风报信、找人解救。而我当时往交通股跑是想能参加救援。

那会儿的交通股有一个门洞，我就站在那儿伸头张望。一会儿就看见有身上滴着血的同学被抬了下来。我凑近一看，是沈士根，我认识。沈士根是经济系四年级同学，校文工团舞蹈队的成员，和我熟悉。当下顾不得什么，赶紧坐进一辆轿车的后排，叫同学们把沈抬进来，靠在我的腿上，由我抱住，直送积水潭医院。

当时的沈士根脸上有血、已经失禁，但还有意识，口里喃喃地叫着一个人的名字："宋玉华……宋玉华……"宋玉华是经济系二年级的女同学，团支部书记，和沈士根是上海老乡，平常谁也不知道沈对她的心思，在这个频危时刻，他竟然流露出来。

汽车飞快地开到了积水潭医院。外科急救室位于地下，东一堆、西一堆的都是"新人大公社"的同学。有的伤势轻一些，比如朱卫卫，包扎一下就可以了。但当我看到廖金妹同学的时候，她已经躺在冰冷的地上，死去了。

医生最初给沈士根检查伤口，似乎伤得不甚严重，只是在左眉框骨的位置有一个 1 公分多一点的小创口。医生清创以后就把表皮缝合了。由于是局麻，沈士根并没有丧失意识。我们不停地叫他的名字，他都能应声。等他到病房里休息下来，我叫人赶快去找的宋玉华同学赶来了。宋玉华同学就近招呼沈士根的时候，他已经没什么明显反应了。

当晚，我和余景清可能还有他们班的王曙光同学就一直在那里守着，过一会儿喊一声沈士根的名字；开始他还能答应，到后半夜两点钟的时候，突然就没有应声了。我们赶快找医生，再次检查抢救。经拍片检查才发现，有一个深入颅室 7 公分的创口渐渐渗血造成血肿，压迫脑干，伤情危重了！

沈士根后来是转到宣武医院神经外科做的手术。当我再看到他时，他的左额已经锯开了一个约 5×5 公分的大洞，装上了有机玻璃，以便于随时再做手术。这种手术方式当时很先进，就像当时的英雄人物麦贤得的手术一样。

沈士根被接回学校后，瘫痪、失语，但认得同学、听得懂同学说话。"新人大"的同学精心护理他。同学们轮流值班，给他做可口的饭菜，周身擦拭得干干净净。党史二年级的郭建成同学会民间伤科医术，每天把他背在背上，自己做跳跃运动，帮他疏通经络。每次治疗下来，郭建成同学都是气喘吁吁、大汗淋漓。

在同学们的护理下，沈士根的身体有了很大的好转。到邻近分配时，他已经气色很好，能端坐在轮椅上，笑着听同学们讲话。

毕业分配的到来是沈士根又一次厄运的开始。他是一个苦命人，家境穷苦，上学时穿的衣服还经常是由家织的土布做的。家中原本相依为命的老娘，含辛茹苦把他培养到上大学，没有等到他毕业，就已过世。在上海，他只有一个同父异母的哥哥，原本就感情疏远。同学分配，天各一方，再也没有人能来照顾他了。沈士根被送回上海的时候，只有"新人大"给了很少一部分钱，可想而知，他的兄嫂怎么肯尽心照顾他。

我最后一次见沈士根，是我 1970 年分配后到上海的时候。沈士根坐在一张破旧的藤椅上，极度消瘦、满身污垢；见到我和老余走近，他那浑浊的眼睛流下了泪水。他不住地用头向下撞藤椅的扶手，意思是告诉我们生不如死。我们无言，也实在看不下去，只能逃一样地走掉了。

这之后不久，沈士根同学就永远地去了。

2017 年 6 月 17 日　"文革"五十年后

（作者是国际政治系 1964 级学生）

六、人大"818"微群2017年7月11日"文革武斗"相关讨论

方××：

关于"5·22"武斗，我从不隐瞒自己的观点，说点看法仅供参考。

第一，武斗地点并非新图书馆西南，而是阅览室西南。准确来说，是在共青团路南的高台上的篮球场至游泳池东面的栏杆之间。

第二，起事的原因并非挖战壕互相扬土所至，而是"新人大"在共青团路北，用床板和铁丝网修筑隔离工事时，双方有远距离的对骂和互扔小石块和土块。

第三，此事件并非"三红"精心策划，而是一个偶然造成的历史悲剧。

在修筑工事的过程中，在共青团桥担任防戍的"新人大"人总共三五个，但他们手拿长矛、身穿护甲，而且是知进退的老油条，因而毫毛未伤。

随着工事的合龙，两派分隔，再怎么对骂和互扔石块也无妨了。然而就在这个时候，不知谁通知正在排练的"新人大"宣传队。这些同学没有武器和防护而且毫无武斗的经验。他们拿着简易的棍棒就越过工事冲到篮球场，与手执长矛、身穿护甲的"三红"武斗队对阵。结果就发生了杨大志、陈江和廖金妹被刺身亡的悲剧。

××说到三红武斗队有些人手段凶残没有人性，这点我倒是同意。武斗在下午四点多时已经结束，但在篮球场上还躺着被扎十余枪而倒地的沈士根。这时，在征得对方同意的情况下，创坤和我与朱卫卫三人上前去抬沈下来。想不到"三红"武斗队冲过来，创坤被扎9枪，因穿用汽车轮胎做的护甲而无大碍，而朱卫卫被刺25枪而血流如注。

谭××：

关于 1968 年"5·22"的武斗。我是当事人和见证者，有的事实应澄清。当时事件的起因，是双方的武斗队在游泳池发生小摩擦，开始并无死伤。我去时，从体育仓库突然杀出一支"人大三红"的武斗队，全部着装民兵训练用的刺杀护具，手持长矛结队冲来。我们一方势薄，只有且战且退。当时计统系的杨大志已被刺死，国政系的沈士根头部重伤，倒在篮球场的另一边。朱卫卫等见状，欲上前将沈士根救回。我也丢下长矛前去协助。谁知突然又杀出十几个"人大三红"的武斗队员，不由分说将朱卫卫刺倒在地，我也被一个用长矛刺中前胸。若不是内着防护甲，早已被刺个透心凉，几十年前就与诸位彻底拜拜了。廖金妹是救杨大志时，在沟边被"人大三红"一个武斗队员用长矛刺中的，就倒在我身边。当时我只顾得逃命，没看清对方是谁。后来我去北京积水潭医院，朱卫卫被刺得遍体鳞伤，躺在床上。另一病房躺着廖金妹，她的遗体盖着一块白床单。人大医院的侯医生在旁边流眼泪。一位医生问我怎么一回事，我说是武斗时她去抢救受伤同学被对方从背后刺中，后背贯前胸，当场就没了。那医生叹道，这下手真够狠的。几十年过后，我想，我参加武斗，若因武术不精，被刺伤或刺死，算自己倒霉。但若对手无寸铁的女同学下死手，这无论无何也是伤天害理的事。当时对方肯定有人知道直接责任人是谁，但他们昧着良心谁也不说。我认为，如果他们还有一点良知，都应该忏悔一辈子。其实，在后一段的局部冲突中，我方也有机会让对方几个人为廖金妹等死者垫背，但都是自己的校友啊，下不了死手。

附录　北京的武斗是怎样越闹越大的？

吴　德

"八一八"毛主席接见红卫兵后，"破四旧"迎风而起。这件事到现在我也不明白。那时，已经产生了"西纠"，说"破四旧"是他们发起的，我怀疑。我估计是"中央文革小组"发动的，北京市委并不清楚，我问过李雪峰，李雪峰说他不知道。

"破四旧"超越了常规。在它的名义下，抄家、伤人、打死人的情况出现了。到处破坏，甚至破坏到了中南海里头。中南海北院紫光阁后边的武成殿房，康熙题写的一块"下马必亡"的碑石都被红卫兵抬走了，后来四处找寻才找回来。红卫兵还把中南海院子里的一些石狮子抄走了。堂堂的国务院也在劫难逃。

首都一带头，"破四旧"运动便发展到全国，演变成了一场轰轰烈烈的"打、砸、抢"，涂炭生灵，涂炭神州。

1966年"破四旧"后，一天，毛主席找我去汇报"破四旧"的情况。当时，林彪等人也在场。我在汇报前的想法是想向毛主席反映一些真实的情况，刹一刹这股风。我汇报说市委没有力量控制局面，解决不了"破四旧"产生的混乱局面。我的期望落空。雄才大略的毛主席，以他超乎常人的思维方式缓缓说：北京几个朝代的遗老没人动过，这次"破四旧"动了，这样也好。林彪也说：这是个伟大的运动，只要掌握一条，不要打死人。

然而，毛主席哪里知道，运动的发展由不得愿望，岂止是动动而已，动刀动枪了。

北京市是在1967年春开始武斗的，那是武斗死亡最多的一天，根据火葬场的统计是七十多人。李雪峰可能到天津去了。面对这种情况，我很紧张，寝食不安。我去找公安部部长谢富治。我谈情况时，谢富治也显得很紧张，神色惊疑。我们认为要制止这种情况。谢富治说:"由公安系统、市委分别发出通知,要求不准打死人。"

我从谢富治处回来,就开始起草市委通知。公安系统的通知由谢富治打电话,让市公安局来拟。

我们市委的稿子还没有发出去,当天夜里两点钟,谢富治打电话找我去。我去后他对我说:公安系统拟的稿子送给毛主席了,毛主席批评了。大意说:你们还是想压制群众,"文化大革命"刚开始发动,你们不能像消防队救火一样。这样,混乱的局面就无人敢加以制止了。

然而,不断传来打死人的消息使我发愁。10月份,我又找到周总理和"中央文革小组",我还找过陈伯达一次,提出是不是可以发一个通告,制止打死人等无法无天的行为。"中央文革小组"不同意,还是说,这样会约束群众的革命活动,影响发动群众。

一直到11月18日,我们当时都搬到京西宾馆办公了,"中央文革小组"才同意市委发布《重要通告》。《重要通告》说:"任何厂矿、学校、机关或其他单位,都不许私设拘留所、私设公堂、私自抓人拷打。这样做是违反国家法律和党的纪律的。如果有人在幕前或者幕后指挥这样做,必须受到国法和党纪的严厉处分。从今天起,如有再犯以上罪行的,要立即处理。"

这个通告的措辞是严厉的,但实际没有管用。江青在以后又大讲"文攻武卫"。她接见河南和安徽"造反派"时就宣传"文攻武卫"。这样,武斗从"文攻武卫"的口号中找到了护身符,两派都说自己是"左派"自卫,对方是挑起武斗的罪魁祸首,武斗问题非但不能制止,而且愈打愈激烈。

1967—1968年期间,全国武斗很厉害,不少地方具有相当规模,动用较大杀伤武器。相比之下,北京成了不算最严重的,但我估计,在武斗中死亡的人数大概不下千人。

这是"破四旧",先是发布通告发不出去,等通告发出去了,又来了一个"文攻武卫"。当时,水龙头总赶不及点火的。

(作者时任北京市委第二书记。摘自吴德口述:《十年风雨纪事》,题目为作者所拟)

第五章　惊魂痛史

书摘篇

一、挨批挨斗的那几年

郭影秋

（摘自《往事漫忆》第十六章第（三）（四）（五）节）

第十六章　在"文化大革命"中的经历和遭遇

（三）康生、陈伯达在工作组问题上的两面派伎俩

6月1日下午正在市委开会时，李雪峰通报说，康生给他送条子，说当晚中央人民广播电台要广播聂元梓的大字报，毛主席对此还有批示："此文可以由新华社全文广播，在全国各报刊发表，十分必要。北京大学这个堡垒从此可以开始打破。"本来这张大字报就是由康生与曹轶欧私下鼓动、组织写的，他背着刘少奇、周恩来、邓小平等，将大字报稿直接送给在外地的毛泽东。不过，他当时尚摸不透毛泽东究竟会对这份大字报持什么态度。关于这一点，大字报贴出的第二天，5月26日，康生与我有一些谈话可以证明。他的谈话是从大字报说起的，却有些闪烁其词。他说："我对聂元梓这个人的印象不

好。"但"不管她过去怎么样,批评宋硕是对的。"他还说,"聂元梓作为党委委员、总支书记,贴大字报相当恶劣。他们这样一搞,群众糊里糊涂跟上来,外校也跟上来,就乱了。"这说明康生当时还不得不附和多数人的看法。但他话锋一转又说:"北大会不会乱,很担心。不是担心他们的大字报,而是看北大党委采取什么态度。有两种态度,第一是继续按彭、刘、邓那一套领导北大;第二是同彭、刘划清界限,搞新的一套。如搞第一种态度,还做保皇党,就不行。学生不造反,我们就大闹天宫。"所以"乱不乱,不决定于聂和学生,而决定在党委,关键在党委,关键在这里"。从他的说话看,支持聂元梓的意向明显,却又模糊其词,有保留余地。但在毛主席明确表示了对聂元梓大字报的肯定后,他便雀跃欢腾起来。他曾掩饰不住内心的喜悦说:"6月1日下午4点,我接到通知(指要广播聂的大字报的通知),我感到聂元梓同志解放了,我也感到解放了。因为我当时是支持这张大字报的,我们也受到了压力。"

不过,对于是否应派工作组的问题,毛泽东是支持还是反对,直到6月1日当晚,"中央文革小组"在钓鱼台开会。我在出席市委的会议之后,赶到钓鱼台。当我进入会场时,已经有几个人在座,因为都听到聂元梓大字报的广播,自然都围绕北大"文革"的事在议论。听说中央决定要派工作组到北大,人选也定了,组长是张承先。正在这时,陈伯达来到会场。我和陈伯达过去虽见过面、说过话,但无任何个人交往,这时才算正式认识。他听到大家议论向北大派工作组的问题,就走过来拉着我的手说:"张承先这个人不大理想,我和他一起做过救灾工作,他身上老挂着药瓶子,身体不好。最好能有一个人,大家都知道他,做完这个工作就能留在北大工作(当校长),这样的人最合适。我看要是你能去最好了,你去北大最好。"我则随即回答说:"我不能去,北大的情况我完全不了解,再说北京市刚成立文化革命委员会,这摊子事也不少,我还有人民大学的事。"我和陈伯达说话过程中,康生已步入会场落座。大家议论来议论去,还是觉得就是张承先了。这样,张承先接市委的通知,当晚就带工作组到了北大。

那天晚上,李雪峰及国务院外办的张彦,还有我和市委的一些人，都到了北大。李雪峰与张彦还先后讲了话，从北大回来已是后半夜了。

从上面叙述的情况可知，不仅派工作组到北京大学，康生、陈伯达及其他"文革"成员都没有异议，而且还在议论究竟派谁去更好！同时，在派张承先去北大的前一天，根据刘少奇、周恩来、邓小平等在5月30日向在外地的毛泽东请示：拟派工作组，由陈伯达领导到人民日报社，毛泽东也表示过："同意这样做"；所以，5月31日，以陈伯达为组长的工作组就已进驻人民日报社。按照共产党搞各种运动的惯例，派工作组似乎是很正常的。

继北大派出工作组之后，在向各高校派出工作组的过程中，陈伯达、康生不仅多次催促我"要快派！""赶快派！""派不出也得派，要么你自己去！"而且在北大工作组改组时，康生的老婆曹轶欧还给我写过信，希望我能增派她在北大工作组担任副组长。记得有一次，我和吴德到北大工作组去，那时运动才开始一个礼拜。当时工作组组长是张承先，组员就有曹轶欧，我的印象很深。他们说已经给少奇同志写信，要调一个营的队伍去北大；并且提出来门口要站岗，要武装站岗，要军队控制学校局面。这个队伍已经调来了，就住在北大附近。当时吴德没有说什么，我反对。我认为不能这么做。北大是一个学校，北京一共有59所高校，假使每个学校各个门都要派上武装，十个营也不够！而且一派部队到学校，问题就复杂了，矛盾冲突就多起来了，怎么办呢？研究结果是，就用便衣的形式。就北大一个学校有，其他单位没有，因为北大闹得厉害一些。便衣在内部作为保卫人员，在内部维持秩序。我记得很清楚，那次会议曹轶欧就参加了，怎么能说她没有参加工作组呢？后来，驻北大的工作组改组了，改组的情况我不了解，曹轶欧没有当上副小组长。这时，我接到曹轶欧的一封信，信中说："我不能做北大工作组的副组长，请把我的名字从工作组撤掉。"我看了信之后，才知道没有她了。我就连忙写了信向她道歉。我说："北大工作组的改组我并不知情，没有安排您做副组长，我也觉得不恰当，但北大工作组副组长的安排不是我个人所能决定的，请予谅解。"这一事例说明，康生、陈伯达一伙，当时不仅不反对工作组，还积极对工作组组长的人选出谋划策，甚至要求当副组长。后来，风向突变，他们摇身一变，来了个一百八十度的大转弯。

风向变化的起因是工作组与"造反派"产生了矛盾。毛泽东认为派工作组是设置障碍，制定清规戒律，束缚群众手足，不利于运动的深入开展，对工作组产生反感和不满。江青、陈伯达、康生一伙人，以灵敏的嗅觉，闻到毛泽东的意向，暗中唆使"造反派"闹事，以推波助澜，加剧矛盾，扩大事态。

当时工作组与"造反派"的矛盾，突出反映在北大、北师大、清华等有名的高校。6月18日北大的一些"造反派"擅自揪斗了几十名干部和教师，采取了抹黑脸、戴高帽、挂牌子、设斗鬼台、打人、罚跪，甚至侮辱女性等各种违反政策的错误做法。工作组闻讯后，赶往现场，予以制止，并于当晚召开全校师生员工大会。张承先在会上发表讲话，明确指出不经过工作组、乱批乱斗的做法是错误的，容易被坏人利用，"六·一八"事件本身就是一场复杂的阶级斗争，等等。此后工作组将此事件写成《北京大学文化大革命简报》，刘少奇批准转发了《简报》并有批语："中央认为北大工作组处理乱斗现象的办法，是正确的、及时的。各单位如果发生这种现象，都可以参照北大的办法处理。"7月6日，在我主持的全市工作组负责人的经验交流会上，还请北大工作组介绍了经验，也得到多数与会者的肯定。但是，聂元梓等"造反派"却认为"六·一八事件"是革命行动，工作组的做法是镇压群众。我事后得知，远在外地的毛泽东认为"六·一八事件"不是反革命事件，而是革命事件。他还将这一看法迅即传给江青、陈伯达、康生等人。这些人又通过各种渠道传播给各校的"造反派"。但当时，我们在北京市委工作的同志都不知情。很快，北师大也发生了"六·二〇事件"。

具体情况是：6月20日该校的"造反派"头头谭厚兰等人贴出大字报——《孙友渔把运动引向何方？》，强烈反对工作组。对此，孙友渔针锋相对地发表了广播讲话，对于大字报列举的事情予以澄清，并指出反对工作组是错误的，是对运动的干扰。如此一来，矛盾越来越激化。在此过程中，我曾到北师大做过调查，看过大字报，同时也应围观的师生员工要求，在露天的场地上讲过话，大意是：希望北师大的师生员工按照中央的部署，在以孙友渔同志为首的工作组领导下，摆事实，讲道理，把"文化大革命"搞好。对工作组有意见，可以批评，可以帮助，但也要提高警惕，防止少数人浑水摸鱼、扰乱阵线、把运动引向邪路。不料，我这个讲话，也被"造反派"，批判为是"镇压群众运动的宣言书"，还有人给我贴出大字报《郭影秋是什么人？》。北师大的"造反派"之所以嚣张，我事后知道，背后也有康生及"中央文革"的支持与煽动。曹轶欧还有林杰等人就曾到北师大就"六·二〇事件"进行过所谓的"调查"，幕后为"造反派"撑腰打气。北京市委的调查和我的讲话，被康生等认为是和他们对着干的。

7月18日毛泽东从武汉畅游长江回到北京后，形势更加急转直下。据知，毛泽东回到北京后，拒绝刘少奇要求见面的请求，首先听取了江青等人的汇报。在此期间，刘少奇也于7月19日至23日主持召开了"文化大革命"情况汇报会，我曾参加过一次。会上对于是否派工作组有明显分歧，陈伯达、康生、关锋等人不主张派，而刘少奇、邓小平、薄一波、李富春等主张派。小平同志说："党的领导被打倒了，下面的组织瘫痪了，没有党的领导，运动怎么进行。因而，应该派工作组协助党委、党组织进行运动。"周总理这时插话说："我们年轻时搞运动，也没有什么组织领导，学生自己可以搞运动。"意思不是很明确，似乎是不主张派。少奇马上针对周总理的话说："学校运动起来了，发生那么多问题，谁能办得好呀，让你去也解决不了。"会上自始至终对是否应该派工作组争论不下。

接着又开中央扩大会，包括华北局的书记、北京市委的几个书记，李雪峰、吴德、我及高扬文、马力等都参加了。会上又发生了很大的争执。陈伯达在会上大发脾气，他说："我陈伯达没有派过一个工作组！我派到人民日报、新华社、广播局的都是学习组，不是工作组，我是请他们去学习的。"他这么一说，包括当时了解情况的李雪峰等人，都不好再讲什么了，都不说话了。会上还就是否撤工作组问题引起争论，有人主张撤；有人主张不撤，即使是认为有问题的工作组，也可以撤下来，再派另外的人去。就在这时，有人写了条子交给康生，康生看后交给黄志刚，黄看后又交给我和吴德。我看了这张条子，是曹轶欧写给康生的，上面写道："我和戚本禹同志都建议北师大罢孙友渔及翁世功两人的官，伯达同志同意。"陈伯达在字条旁边写了"我也同意"。我和吴德把这个条子交给李雪峰，李雪峰在条子上批了一行小字，意思是"还要考虑派人到北师大工作的问题"。为此，会后，北京市委又开会研究北师大问题。会议进行中，李雪峰通过电话与薄一波、陶鲁笳、何伟等人联系，经磋商再派人到北师大。人员由三方面的人组成，一是北京市委；二是国家经委；三是教育部。而对于罢孙友渔官的问题，李雪峰却没有明确布置。他还指示我，去对从三个单位抽调的人员进入北师大之事做动员。我因下午还要到中宣部开会，就请他叫黄志刚去动员。下午我正在中宣部开会时，吴德急如星火地打来电话，让我立即回去，他在电话中说："康老很有意见，请你快回来！"我一听知道事情闹大了，立即赶回市委；与吴德见面后，话都没有说，立即上车赶到康生那里。到后，果然看到康生大发脾气。当时，薄一波也在场。康生主要是对处理北师大孙友渔的问题有意见，责怪北京市委没有执行他的指示。他声色俱厉地对我和吴德说："孙友渔的问题老是解决不了，是为什么？我看孙友渔有后台，有后台！后台之后还有后台！"他的话很明确，明显的他把我也指责为是孙友渔的后台，而且还不止是我。我想他发那么大的火，说不定要拿我开刀。

我心里明白，康生为什么借孙友渔问题对我大动肝火，严加指责。因为在此之前，他还通过一些人转告我，曹轶欧从没有参加北大工作组。同时还曾指示过我："派工作组是错误的，都是刘少奇背着主席决定的，你要揭发刘少奇。"对此，我真是感到莫名地惊诧。我大惑不解康生为什么要如此说假话。曹轶欧明明在北大工作组里面，而且曾经要求当副组长；在我婉言回答后，还收到过她的信，信中说："我不能做工作组副组长，请把我的名单从工作组撤掉。"倘若那次把曹轶欧安排上，她也不会要求退出。这件事使我发现，康生这个人竟然能随口说假话；就像陈伯达一样，他明明派了工作组，却说从来没有派过工作组。关于康生指示我就工作组问题揭发刘少奇，我心里也很明白，少奇同志是主张派工作组的，但他从来没有就派工作组问题对我有过什么直接指示。反之，我派工作组大都是经过康生、陈伯达等人指示、催促、逼使的。我怎么能昧着良心去揭发刘少奇呢？

第五章 惊魂痛史

接着毛泽东又于7月24日、25日，先后召集中央常委和"文革小组"成员开会，又曾接见各中央局书记和"文革小组"的成员，先后严厉批评刘少奇、邓小平派工作组是镇压学生运动，只有北洋军阀才镇压学生运动，并指责：规定"内外有别"等都是定框框、要把运动引入邪途；又说工作组，"对运动起坏作用，阻碍运动"，要撤销工作组，罢工作组组长的官。虽然事先康生曾指示我要在工作组问题上"揭发刘少奇"，但我在参加所有有关的会议上，在中央高层对有关工作组问题的激烈争论中，我没有说过一句对少奇同志不利的话。我心中也想过，这样做肯定会得罪康生，但做人总应有个起码的底线，绝不能为保护自己、就看风转舵，去嫁祸于人。康生会对我如何，只好听之由之！

也就是在此前后几天内，江青、康生、陈伯达及"中央文革"的那些大员们，纷纷到北大、北师大等高校讲话。江青在北大万人会上声嘶力竭地喊："要撤销工作组"，"要罢张承先的官"。老奸巨猾的康生也跟着阴阳怪气地说："毛主席一个工作组也没有派！"

7月27日，康生对我的打击陷害也终于露出凶相。他在北师大的群众大会上突然阴险地说："彭真搞了'二月兵变'，人大的郭影秋也完全知道。"意思是我参与了"二月兵变"。这可以说是害人于死地的重型炮弹。果然，由于康生的煽动，7月28日人民大学的"造反派"便跑到市委请愿示威，要求揪我回人大；扬言不把我交出来，就不回学校。我看到直至当晚8时"造反派"仍聚集在市委门口不停地高喊要人时，便找吴德谈话，主动要求回学校接受群众的质疑。吴德当即表示："还是留在这里，不要回去。"但到了晚10时，吴德又找我来说："与李雪峰同志商量，看形势你还是回人大吧！"他还要派军队护送我回校。我没有接受这样的安排，随即通知我的秘书李春景同志，乘车回校。从此我便陷入无休无止的批判斗争之中。

北京新市委在雷霆万钧般的压力下，于7月28日作了《关于撤销各大专学校工作组》的决定，并于7月29日在人民大会堂召开万人大会上宣布撤销我的北京市委书记处书记的决定。当我听到对我撤职的决定时，甚感不解与莫可名状的苍凉。但在当时的情况下，对于这样不明不白的处理，也只能是无可奈何地听之忍之；但内心深处对康生、陈伯达在工作组问题上玩弄的两面派伎俩，却有了深刻的了解。

（四）康生对我的拉拢、打击和陷害

我个人对于康生的认识和了解，经历了一个历史过程。原来总觉得他是老党员、老革命，又是身居高位的党和国家的重要领导人、大理论家，对他一直是比较敬重的，常按党内流行的称呼尊之为"康老"。由于他长期主持党的宣传工作，还是中央理论小组的负责人，而我先在南京大学工作，因工作关系当然有所接触，也多少有点个人交往，他还曾送给我用左手写的书法。到了"文化大革命"初期，他是"中央文革小组"的顾问，我作为北京新市委文教书记，北京市"文化大革命"方面的工作，有时需要请示他。还有时李雪峰叫我到他那去汇报；他有什么意见，也让我转达李雪峰，相对说来接触多些。当时尚处于"文化大革命"初期，许多问题还没有展开，当时并没觉察他那么坏，只是觉得他有些事做得不大对头，我并没有觉察到他有什么问题。但是7月28日我从市委被揪回人民大学，7月29日我被宣布撤职、遭受批判斗争之后，每当静下来时，常对"文化大革命"以来发生的人和事进行思考；这其中我与康生的接触、谈话以及他对我的态度，是我思考较多的问题之一。从反复思考中，渐渐地理出了个头绪，我感到在"文化大革命"中康生对我似有一个从拉拢到打击、迫害的过程。其中有几次突出的谈话，可以看出事态的发展线索。

首先是1966年5月26日，也就是聂元梓大字报贴出的第二天，康生曾找我谈过话。谈话是从国务院外办发出的一个文件谈起的。他说昨天外办发了文件，允许外国人对大字报照相，这是错误的，容易泄密。为此，他又让外办最新起草一个文件，还为此打电话给北京市委和我。还说，"李雪峰同志解决得好，内外有别嘛，这是原则"（按：指李雪峰5月25日晚就聂元梓大字报涉及问题在北大的谈话）。他还说："北京市委是修正主义的市委，是大党阀。《通知》（即《五·一六通知》）上就有嘛！把中央文件弄出来可以教育人。这是超出报纸上已有的范围，为什么不看《通知》，那才是躲在三家村死

狗身上。是否有修正主义代理人，要等中央文件出来再说，现在不能说。"他又说："北京市委、中宣部瘫痪了，我顾不得。你们（指北京新市委，当时尚未公布）要站稳立场，不要糊里糊涂。北大的隐患在后头，是要继续拥护宋硕大学部。学生不造反，我们就号召造反"，"要大闹天宫"，如此等等。他讲的这些话，现在看来很平常，但当时是语出惊人。因为有的大字报虽然矛头指向彭真和北京市委，但其点了宋硕、陆平和彭珮云的名字。即使是这样，也受到中央的批评和群众的反击。在毛泽东未对聂元梓的大字报公开表态之前，许多人都还在观望。而康生则指出"大党阀"，"修正主义代理人""要号召造反""大闹天宫""不要躲在三家村死狗身上"。还特别告诫我"不要糊里糊涂""要站稳立场"——这中间既有提醒，也有关照和希望，似乎都是对较亲近的人在私下里说的话。言外之意是对我较信任，希望我能旗帜鲜明地造彭真等人的反，要密切和他配合，明显有拉拢的意图。但我这个人在党内生活多年，比较自觉遵守党的纪律，按组织原则办事。我在北京新市委工作，李雪峰是我的直接领导，我想凡属重大问题都应按李雪峰的指示去贯彻、去执行，既不越轨行事，也不在下面和人拉扯，不想赶浪潮、出风头。尽管康生在当时红得发紫，我也不愿意和他在工作之外有更多的个人接触。他在说话中涉及我个人的地方，我也就听听而已。此后，我也一直秉持这样的原则而不主动向康生靠拢。这样的思想状态和工作表现，当然不会使康生满意。

其次是6月1日聂元梓的大字报公开在中央人民广播电台广播后，在国内外引起强烈反响。李雪峰、吴德等新市委的领导都感到措手不及，当时进行了紧急研究。按有关批示，派出了张承先为首的工作组到北大，李雪峰和我当晚还到了北大。面对新的局面和形势，各方面的关系如何处理，李雪峰心中有些无数。为此，他批示我和吴德在6月2日，去向康生汇报和请示。涉及的问题有：北大的问题、一般的面上的问题、市委机构的问题、文化革命委员会的问题、市委亮牌子的问题以及李雪峰上马的问题等。因为当时中央决定任命的北京新市委的领导班子还未公开宣布，运动的发展形势又很急促，许多问题都要以北京新市委的面目出现，不公布新的班子工作不方便。

不堪回首：中国人民大学校史管窥（1966-1970）

那天我和吴德与康生见面说明来意后，康生先说了："北大出事不出事，关键在党委。"随后，吴德请示："（1）是解散北大党委，还是停止陆平的工作，或者把好的干部吸收到党委中来？（2）对陆平行政上是仍让他继续出面还是撤掉？"对此，康生没有正面回答，而是说："对于北大的情况，你们都不太清楚，不妨详细说说。"他说的很多，从1959年北戴河会议讲到1962年的姚文元的文章发表后，彭真和北京市如何抗拒毛主席的指示。说北京市是针插不进、水泼不进；北大是陆平和彭真多年把持的据点。而且说彭真和陆平直到现在还在抗拒。聂的大字报广播后，他就接到抗议的电话59次，许多学生还被蒙蔽，误认为北大党委是执行了党的指示。因此工作组进去后，一定要旗帜鲜明，否则无法领导群众。还说周总理指示大字报要"内外有别"，结果使右派拿"内外有别"打击左派，陆平、彭珮云等也拿李雪峰讲的"内外有别"打击左派。言外之意，他认为"内外有别"的规定不一定妥当。接着他又明确说："北大党委不能活动了，也不能让陆平主持会了，否则会得不到左派信任，也会使中间派模糊。工作组要旗帜鲜明，代替党委。中央任命李雪峰、吴德任北京市委第一书记、第二书记，新的市委面目要出现。原来想缓和一点儿，现在看来不行了。"正是在这次谈话后，6月3日，新华社就发布了中共中央决定改组北京市委的消息，中央决定任命李雪峰为北京市委第一书记，吴德为第二书记。同时，新改组的北京市委决定：（1）向北大派新领导；（2）撤销中共北京大学党委书记陆平、副书记彭珮云的一切职务。

在和康生的这次谈话中，引起我吃惊的是，和陈伯达6月1日晚在"中央文革小组"会议上对张承先出任北大工作组组长感到不满一样，他也说："干部的任用要全国考虑，张承先应拿下来。我对他有点疑虑，他软一点，身体也不好。伯达同志的意见，要有名望的人去，要改组。"他虽然没有点我的名字，但我心中有数。他分明是表示对我的信任与好感，有意抬高我，套近乎，是有意拉拢。但当时，我和吴德对这番话都没有作任何反应。我由此想到，张承先出任北大工作组组长的事，很可能是由在京主持日常工作的中央领导和李雪峰等人商定的，并没有征求陈伯达、康生等人的意见。在毛泽东未对

第五章 惊魂痛史

工作组问题作表态以前,他们也不反对派工作组,只是对工作组组长人选有不同看法,甚至要"把张承先拉下来"。这在当时情况下,并不是他们可以决定的。虽然我没有按陈伯达、康生所说的去北大当工作组组长,但派工作组问题却成了我的罪状,我的北京市委书记处书记与张承先的工作组长职务,于 7 月 29 日在人民大会堂召开的大会上,一起被撤销。

再次就是 6 月 14 日至 18 日,在上海召开的"中央文革小组"成立大会前后。那次会上主要是陈伯达、姚文元谈如何开展大批判,如何批判周扬,布置写批判文章的事。在此期间,康生又找我谈过话。这次谈话的突出内容主要是人民大学的事情。他曾问我:"孙泱这个人怎么样?"我说:"他还不错,是革命烈士孙炳文的后代,做过朱老总的秘书,政治思想表现和工作能力都可以。"但康生却沉着脸说:"是这样吗?!"稍后又说:"这个人很坏,不能说做过朱老总的秘书就一定可信,你要注意。"我说:"我现在还没有觉察到他有什么事。"后来,也没有过多的去注意孙泱有什么问题。但随着运动的发展,没想到戚本禹唆使人大的"造反派"在校内外贴出"打倒大军阀、大野心家朱德"的大标语,还成立什么"揪朱德联络站",到中南海去揪朱德。后来因毛泽东干预才停下来。但康生在上海和我的谈话说,"孙泱这个人很坏",说明他们想通过孙泱反对朱老总,是早就有预谋的。他就此向我早透底交代,似乎也是想拉我参与其间。但我当时只是就事论事,并没有想到他们背后的阴谋;当然更没有像他们那样,去暗示人民大学搞孙泱的问题。后来,戚本禹到人民大学宣布,孙泱是人大的第一号敌人,我是人大的第二号敌人。这说明,不和他们同流合污,都要被他们打倒。

接着就是 7 月 18 日以后,毛泽东回到北京,指责派工作组是"镇压群众"。江青、康生、陈伯达曾在几次会上,就应不应该派工作组、要不要撤工作组等问题上,与刘少奇、邓小平公开发生争论。这时康生曾一再向我表明,曹轶欧从来没有参加工作组;同时要我在最高层的会议上,当面揭发刘少奇指派工作组的问题。我以沉默不语表示抵制;至于曹轶欧是否参加了工作组,就更不能瞪眼说瞎话。一度在社会上有人贴了康生的大字报,有人找我调查曹轶欧的情况时,我也就事论事，有什么事说什么事。有一次一个调查的人对我说，康老反复强调，曹轶欧没有参加过工作组，我想他们是想让我做假证明。我一没有按他们指示揭发刘少奇；二没有证明曹轶欧从来没有参加过工作组，自然都使康生大为失望，必然对我恼火，引起忌恨。

此后，因为对工作组应如何评价、应不应该撤销等问题上，北京新市委和康生等人的意见直接发生分歧。特别是康生明确指示要罢孙友渔的官，北京新市委却没有按他的指示做。为此，他把我和吴德叫到他那里去，对我们大动肝火、大加训斥，说："孙友渔有后台，有后台，后台之后还有后台！"这是"文化大革命"期间，康生和我撕破脸皮的一次谈话，对我的态度有了很大的变化，不再是和颜悦色的拉拢了。我已意识到，他很可能要对我开刀，进行打击陷害了。

果然，在7月27日北师大的群众大会上，康生信口雌黄地说："在今年2月底、3月初，彭真这个大黑帮策划政变，策划把无产阶级专政推翻，变成他们的资产阶级专政，计划在北京大学、人民大学各驻上一个营的部队。这件事是千真万确的，而且在北大、人大都看过房子。这件事包含着极大的阴谋，陆平知道，人民大学的郭影秋也完全知道。"我认为康生在讲这话时，他自己也知道并无根据，但为了达到某种政治需要，便毫不负责地对彭真栽赃陷害，捏造他搞了什么"二月兵变"。同时，他似乎是随意地说："人民大学的郭影秋也完全知道。"实际上则是别有用心地要把我端出来。

关于"二月兵变"一事，我和康生在此之前就有过对质，我已向他说明了事情的来龙去脉。早在1966年6月上中旬，在北京大学、人民大学和北师大相继就"二月兵变"贴出过《郭影秋是什么人？》的大字报。我知悉有这样的大字报后，一笑置之，根本不当成什么事。不料，在一次"中央文革"的会上，康生突然向我发问："关于'二月兵变'的大字报你知道不知道？"我说："大字报我虽未看过，但我知道这件事。"康生又进一步说："你知道，为什么不汇报？"我又说，"我认为大字报揭发的事是不可能的，是没有的事，所以没有汇报。"当时，康生冷笑着"嗯"了一声，随手从包里拿出个材料给我看，原来是他的联络员给他写的一个汇报。材料中说："北大某某大字报揭发北大、人大都曾有过驻军，是要搞兵变。"康生用红铅笔在材料上画了大杠杠，还指着说："'二月兵变'明明是有的嘛！"为此，我不得不把事情的经过与原委向他说明。现在看来，他问我"为什么不汇报。更主要的目的，是想让我跟他一起捕风捉影，据此揭发彭真。但我根本不相信会有这种事，又怎么能据此汇报、揭发呢？

这件事本来是很清楚的，1966年初我正在海淀苏家坨搞"四清"时，北京卫戍区曾派人到人民大学借过房子。据来人说，是中央军委为了加强地方武装建设，决定在北京市新建一个团，归卫戍区建制。该团组建后，一时没有营房。为此，卫戍区先后到各处找房，均无结果。后来海淀区武装部向他们介绍说，海淀区有几个大学的学生都下乡搞"四清"去了，有些空房，是否可去联系、暂时借用。当他们到人民大学联系时，在学校的同志表示可以安排些房子暂时借用。学校的同志也向我汇报过此事。但是，后来卫戍区政委刘绍文同志认为，部队住在学校不一定合适，决定不在学校借房，而住到郊区的一个靶场。从这件事的前后经过看，怎么能得出是彭真想搞兵变的结论呢？不料，康生却并未由此善罢甘休，7月27日他终于在北师大的群众大会上讲出了那番耸人听闻的话。这不明明是凭空捏造、有意栽赃陷害，且趁机倒打我一耙吗？！

康生讲了所谓的"二月兵变"的第二天晚上——7月28日，人民大学的"造反派"就兴师动众到市委把我揪回人大。这说明，我在未经任何正式组织手续的情况下，被"造反派"揪回学校，其直接导火索就是由康生捏造的"二月兵变"，并无中生有地指控我"也完全知道"。

后来，又是在康生等人的煽动下，红卫兵在全国范围内掀起揪叛徒斗争高潮。1967年3、4月康生在一次群众会上，信誓旦旦地说："郭影秋是叛徒，现在已有确凿的证据。"这又是进一步的栽赃陷害，必置我于死地而后快。

康生对我从拉拢到打击陷害的过程，终于使我逐渐认清了他的真面目。联想到他在"文化大革命"中的一系列罪恶活动，使我清楚地认识到，他确实是一个地地道道的伪君子、两面派，是一个祸国殃民的大奸大恶。

(五) 残酷斗争　无情打击

康生 7 月 27 日在北师大的群众大会上诬陷我"完全知道""二月兵变"之后,第二天夜晚我便被人大的"造反派"揪回学校时即遭到拳打脚踢,随后又被拉到批斗大会上,低头弯腰坐"喷气式",被连续批斗长达四个小时之久。被批斗完之后,又被拉到一间学生宿舍中,手脚都被捆绑起来,完全像一个罪犯囚徒。从此便开始了无休无止的残酷斗争,无情打击。所受的蹂躏折磨,真可谓九死一生。

当晚的批判斗争大会之后,把我关进法律系的学生宿舍。到那房子里去时还是被捆着的,一点也不能动。不久,农经系的学生跑到法律系那里去找关押我的人说:"你们把门打开,郭影秋作为批斗对象,不光是你们的,我们也有权批判。"这样他们把门打开了,我也被松了绑,住到农经系学生宿舍。第二天,管我的农经系学生说:"可以释放你了,你愿意到哪里住都可以,也可以回家。"我想我还是置身群众中吧,就还住在东风楼。

一开始,在人民大学的师生员工中,对我有两种截然对立的看法。相当多数的人是持肯定和"保"的观点;另有一部分人则是主张打倒的。在这后部分人中,有少数干部和教师,多数是受蒙蔽的青年学生。两派之间越争论,反对者对我的斗争和折磨也越加激烈。1966 年 8 月 2 日在全校关于我的问题的辩论大会上,小平同志发表了对我带有保护性的讲话:"对郭影秋同志我们还是比较了解的,他在抗日战争中的表现是好的,解放战争中的表现也是好的。到人民大学后的情况怎么样,我不很了解,但是,大家可以和他的前任比较一下,是否有进步和变化呢?"然而,随着"文化大革命"的深入发展,对小平同志的批判诽谤越来越升级,他日益处于自身难保的处境。他对我那些保护性的讲话,反而成为"造反派"把我看作是"刘邓司令部的人"的把柄。将我的问题和"刘邓路线"联系起来,使我的问题步步升级。

接连的批判斗争,使我的精力有所不支。本来在北京新市委工作阶段,我就非常紧张和劳累,回校后经连续斗争,不久终于生了病。吴老知道后,用他的车把我送进友谊医院,一方面是看病,一方面也是想保护我。吴老还亲自爬到楼上病房来看我,他一见我就流了泪。当我把自己到人大后的情况向他简单汇报,我说来人大后根据了解到的情况,发现学校的人有对立情绪,我是如何向中宣部和市委报告、怎么处理的等等。吴老听了后说:"你用心良苦。"我从友谊医院出院后,吴老又设法把我送到颐和园西南角湖水中间的一座有藻鉴堂遗址的小岛上保护起来。住了一个时期,实在保护不了了,"造反派"甚至要揪斗吴老;我只好回学校,继续接受批判斗争。斗争之余,就在校内进行劳动,在煤厂劈木柴;同时随叫随到,被勒令交代问题。吴老因为对"文化大革命"不理解,对包括我受迫害在内的一些事非常气愤,积郁成疾,于1966年12月去世。我也失去了最可依赖的保护人。

因为我在农村"四清"时,和当地农民结下了深厚感情,他们对我留下了好的印象,1966年8、9月,海淀区苏家坨的农民知道我被打成"走资派"、遭受批判斗争而不理解,自发成群结队地到学校来,表明对我的看法;还与"造反派"辩论,甚至发生争执。这就是"六百名农民进城保郭影秋"事件。对此,我事先毫不知情。"造反派"却抓住这一点大做文章,诬陷我调动农民保护自己,挑动群众斗争群众;并捏造材料,上报中央。当时,全国其他城市也发生有工农群众围攻学生的现象,以至于引起毛泽东重视。他9月7日在给中央的一封信中说:"近来,长沙、西安等地,都有工农围攻学生的事件发生",而且提到在北京也有中国人民大学调动六百名农民进城保郭影秋;又说:"组织工农反学生,都是错误的。试以中央发指示,不准各地这样做。再发社论告工农不要干预学生运动。"为此,中共中央即发了指示:"不准用任何借口任何方式挑动组织工人、农民、市民反学生。"《人民日报》也就此发了社论。此后,"造反派"以我"挑动农民斗学生"为罪名,连续召开质问、批判、斗争大会,把对我的批判斗争推向一个新高潮。我稍有申辩、说明,就被指责为对抗、反对"最高指示""罪该万死"。

到了1966年10月,中央召开工作会,陈伯达在会上作了"无产阶级文化大革命中的两条路线"的报告,全国上下都在批判与毛泽东的无产阶级革命路线相对抗的资产阶级反动路线,把对刘少奇、

不堪回首：中国人民大学校史管窥（1966-1970）

邓小平的批判进一步升级。上挂下连，人民大学的群众组织联合北京各高校的红卫兵组织，召开了十万人大会，把我作为在北京推行资产阶级反动路线的代表人物进行批判斗争。在这次批斗大会后，在人大校园内，对我的批判斗争会接连不断；有时一天竟连续开好几场。

1967年2月，在中央有关报刊上，发表了《正确对待革命干部》的社论。在中央工作的一些老帅老将不顾林彪、江青、康生，陈伯达等人的淫威，在怀仁堂仗义执言，痛斥这伙人迫害革命老干部、反党乱军、破坏国民经济的罪行。这本来是大快人心事，不料那一伙败类采取恶人先告状的无耻手段，反咬一口，到毛泽东主席那里诬蔑这些老帅老将反对"文化大革命"、搞"二月逆流"。在全国又掀起一阵反击"二月逆流"、批判"刘邓资产阶级反动路线"的新高潮。在此前，由于人民大学的师生经过一段"文化大革命"运动的实践，重新发表过一些对我持肯定态度的观点，现在又被诬指成人民大学搞"二月逆流"和推行"刘邓资产阶级反动路线"。这和我本人并没有什么关联，我却被说成是"二月逆流"的代表，又是接二连三的轮番批判、斗争、游街示众。

特别是1967年3月，"中央文革小组"的成员戚本禹窜到人民大学，在群众大会上宣布"人民大学的敌人是孙泱、郭影秋、胡锡奎"。而康生又在一次群众会上，信誓旦旦地说："郭影秋是叛徒，现在已有确凿的证据。"我一下子成了"铁定的"叛徒、特务、托派、国民党、假党员、"走资派"和全校二号"敌人"。随之而来的是更残酷的斗争和打击，我被关押在"造反派"总部的地下室里，完全失去人身自由；批判斗争不分白天黑夜，随意审问。他们有时还大搞疲劳战术，连续十几个小时质问、斗争，甚至还煞有介事地举办"审判法庭"，弄一些假证据，强迫你承认，甚至扬言："你不承认，也可以宣判，可以开除你的党籍。"

从批判"资产阶级反动路线"，到揪叛徒、抓特务，是真的要置人于死地了！但是，说我是叛徒、特务、国民党，总得要有证据。而他们拿出来的证据，有的简直荒唐可笑，有的就是栽赃陷害。在我被拘留期间，有许多很奇怪的事。比如有次礼拜天，突然有两个徐州人跑来，让我谈与白占夫的关系，并说，你们在国民党中情局共过事，

第五章 惊魂痛史

你们有很多事,他都交代了,您也该交代呀!我说,白占夫这个人,我只听过他的名字,我与他并不熟悉,他是个运动员,经常在运动场上跑,我知道他,但并不熟悉。看守的两个"造反派"学生说,这么大的事,你们应该通过我们总部,由总部来谈;你们不要直接来谈。那两个人恼火了,说,这都是你们给我们讲的,你们去徐州的人讲的。你们要不去人说,我们怎么知道他是中统特务呀?这个事透露了一个消息:许多材料不是当地查出来的,而是北京的人编造了这些谣言、散布出去,使外面信以为真。另外兰州有个人到我们学校的国际政治系调查,硬说我说过,邓拓的《燕山夜话》手稿我看过,我修改过。我说我不认识邓拓,他的《燕山夜话》出版前,我根本不知道有这本书,我怎么能修改他的稿子呢?他们说:"这是你们第六兵团亲自对我们讲的。说你是亲眼看了这个手稿并修改的。你抵赖什么?"我说:"我不抵赖。我没有这件事。"这又是造假。

另外有一次夜里开庭审讯,里面有法律系的教师,我不认识,说我是真国民党,开头拿出证据让我自己念,我就把证据自己念了。"证据"是我在师范的一个老同学写的,他叫王广德,徐州的,他是高年级,我是低年级。现在他是劳改犯。他写的一个材料中说:在铜山师范有个国民党区党部,他是区党部的组织委员,下设几个区分部,区分部都有支部书记,其中之一就有郭影秋。这个材料是他亲自写的,并且经公安局盖章。我念到这里时,他们问我,这是怎么回事。我说根本没有这件事。他们说:"这有人亲笔写的字,而且盖着公安局的红印。你怎么说没有这件事呢?"我说:"红印可以随便盖的。我没有这件事!"他们说:"你是真国民党,我们决定开除你的党籍。"我说:"我是共产党员,只有党组织才能开除。没有听说一个群众组织可以开除党员。"他们说这件事情很大,是交专门机关处理,还是交给军事法庭处理。我说哪都一样。他们拍桌子大骂,我理也不理。后来把我押下去,还增加双倍的人看守。这个问题就那么悬着了。后来军宣队进校后,派了联合调查组,又到徐州调查,找到提供材料的人;他说他记错了,郭是学生会主席,伙食委员会主席,不是区党部的。这样才把那旧材料否定了。他们外面造了假,然后依赖这个线索向你硬栽。来的人向你对证,把假的当作既定事实,让你签字盖章定案。运动中有过好几次这样的事。让我签字盖章,我说我不能签。为此,发生过很大的争执,我说我不能签字。后来要我的图章,要盖图章。我说没有。

这段时期有的人所用的手段,比湖西"肃托"还要狡猾。因为湖西"肃托"时打人、杀人都是公开的。那时打人就是在大白天,捆起来吊打。被杀者如果是大干部,还要张贴布告。而这时,却都是在背地里做许多事,你看不见。常常是捕风捉影硬栽。有人告诉我,人大的"造反派"到徐州去,找到1936年保我出狱的赵光涛先生,逼他证明郭影秋是叛徒。赵万般无奈,写了材料。交材料时他对红卫兵说了一句:"皮之不存,毛将焉附!回去后不两天,他就自杀了。我联想到湖西"肃托",那时先是逼、供、信,而后杀,现在只缺一个杀。现在用阴狠的手段,比之那时,有过之而无不及。

如此无法无天的批判斗争,持续了好几年。在连续几年的批判、斗争、关押过程中,我经常遭受殴打。有时开质问会时,"造反派"坐在对面桌子旁,上面与你谈话,下面不时用皮鞋踢你的腿,直踢得腿上流血。其中打得最厉害的一次是批斗学校的几个主要领导,包括我、孙泱、胡锡奎、李培之等。批斗会后,把我们拉到会场旁边的一个小屋子里,一群打手,疯狂地扑向我们每一个人,大打出手。我听到孙泱同志被打得"唉"了一声,便倒了下去。过了十几天他就死了。打李培之也很厉害,她是王若飞同志的夫人,一个老年妇女,一伙人把她打倒了再拉起来,拉起来再打倒,如此折腾了几次,实在惨不忍睹。打我时,专打肋骨和后脊骨,一下子把我打得眼冒金星,昏靠在墙上;突然,又来一拳,打在太阳穴上,当时就昏迷了。令我奇怪的是这些打手都很有打人的经验,似乎是专门雇来的职业打手。如此毒打之后,又拉出来游斗。那次我被打得无法走路,游斗中在地下躺了半天,醒来还认不清东西南北、找不到自己住的房子。下午就有几个人来问我,其中有白云飞,他们假惺惺地说,"你怎么啦?有人打你了吗?打你了应该给我们说。他们打你,我们看看有没有伤。"还找了医生,装模作样看一看,看了以后说:"没有事。"都是他们自己的医生。我的脸部有半面黑了四个月,都是打的。

在批判斗争中,对人肆意折磨蹂躏,进行人格侮辱,尤其使人难受。折磨蹂躏手段，花样百出，竟至无聊无耻，让人难以启齿。如游斗时，他们事先唆使些不懂事的孩子，往你脸上抹稀泥，然后再拉着你在路上跑，身上还挂着大牌子；一边跑，一边斗，喊着各种各样的口号，让你跑得上气不接下气，直至晕倒在地，不省人事。这时，又让一群孩子，围着嬉笑辱骂，再往身上抹粪便，把人折磨蹂躏得不成样子。更为阴险毒辣的是，他们还故意给你创造条件，诱导你自杀。譬如有时晚上，看守我的人全部都去看戏。临走前，把门从外面锁上，屋里放着斧头、砍刀，绳子、通条，什么都有，我想这是干什么呀！我怎能上他们的这种圈套，怎能不明不白地去死呢？这种阴险手段，反而使我更加坚强，我心中只有义愤。

有一次，凌静带着孩子来看我。她不知怎么设法进来的，因为对我管守得很严。但到了关我的房间，门却被反锁着，她进不了门来，就在门外说，你开门，我和你说几句话。我说："外面锁着门，我没法开。"她就在外面生气地说："这是干什么呀！还不如国民党的监狱。国民党的监狱还可以探视，现在连见一面都不行，连孩子也不能见。"我就告诉她和孩子："你们放心吧，我不会有意外的事。"

到了1967年的冬天，我的左腿疼痛不止，还不断流血化脓，"造反派"不得不送我到医院看病。在医院里也不得安宁，住在一个大病房里，作为"黑帮"，还得写交代材料、接受批判质问，还要"劳动改造"。那次住院是1967年9月。住了三个月，我自己要求出院。医生问我为什么要求出院，我说："学校有运动，我应该在运动中解决自己的问题，老在医院里住不行。"但是，回到学校后，每天质问、批判、斗争又成了家常便饭。有一次在连续批判斗争后，我不行了，躺了两天。医生给我打针时，一试体温40.7℃，大夫吃惊地说："你怎么还躺在这里呀，体温这样高，不得了！"后来又不得不把我送进医院。

在遭受批判斗争的过程中，也使我认识了各种各样的人。我觉得绝大部分学校的师生员工，在"文化大革命"中都还是理性的。他们有时不能不随大流，在对我们这些"走资派"的批判斗争中，随众人一起，参加会议，进行些批判。有些学校的中层干部，也不得不揭发些工作中的问题，否则就被认为是"保守派"、不拥护毛主席和党中央等等。大多数学生，年轻幼稚，要紧跟毛主席积极革命。也有些人受极左思潮影响，分不清是非，一时盲动，动手打人，搞些恶作剧等。但他们随着年龄的增长，逐渐成熟，早晚会对自己的打人、骂人行为感到悔恨。但确也有极少数随手打人、随口骂人，心地很坏的人，属品质问题。法律系有个学生叫白云飞，我觉得就是这种人。他是法律系军人班的，不像一般青年学生，有些老道，阴险毒辣、诡计多端。就是他给我开所谓特别审判法庭，逼供讯，硬逼我交代是叛徒，是特务，而且说，我本人不承认也可作结论，"交军事法庭，开除你的党籍"等。即使在我住院时，他还继续带人跑到医院斗争我、折磨我。他很有手腕，很有心计。我不知道他后来去了哪里，干什么了。他在"文化大革命"中干了那么多坏事，也不知道对自己的所作所为是否有所悔悟，是否已经懂得羞耻、痛改前非？否则再有什么风吹草动，他还会兴风作浪，搞什么鬼名堂，对这种人应有所警惕。

　　在人民大学的教师干部中，我知道很多同志对我持同情态度，暗中给以保护。但也有个别人，心地不那么善良，甚至赤膊上阵，对我进行诬蔑、栽赃陷害。譬如党委宣传部的××，在一次批斗会上，说："我可抓住了你的黑手啦！"但是我自己都觉得好笑。事情是我给彭真写过一封信，关于我们在湖南的"四清"工作队究竟让谁领队的问题。当时孙泱、赵德芳在山西，我就提名湖南的领队为张腾霄和铁华。因为他们两个是对立面，让哪一个人做领队都不好，所以便让他们俩一起做领队，便于平衡关系。但有人反映，说张腾霄赞成"合二而一"。事情是《光明日报》传出来的，我就叫××到报社去了解一下。××调查后，给我写了个材料。材料并不能落实张究竟是否主张"合二而一"。为此，我给彭真写了封信，说明事情的原委，报告说张腾霄还可以领队。而当时做调查的××就以此为据，说："你的黑手被抓住了"，据此证明我与彭真有黑关系；还据此说明我包庇张腾霄。斗争很厉害，教师、干部里站出来批斗我的，就是这个××等少数几个人。

　　我本来是一个农家子弟，又打过游击，抗日战争、解放战争中都曾带兵打仗。新中国成立后在党政部门和教育战线工作时，仍坚持锻炼，常打网球，体质本来很好。但在"文化大革命"中，长时期遭受批判斗争、折磨蹂躏，健康的体格逐渐垮下来。加上在有病时，又得不到及时治疗，所以实事求是地说，我在"文化大革命"后期因病长期住院，最后不得不锯去一条腿，弄得终身致残，确与"文化大革命"中遭受折磨、患病拖延不治及误诊、误治有一定关系。

到了1969年7月，我的身体状况终于到了危重阶段，日坛医院诊断为癌症，全身疼痛，大便出血，有进一步恶化趋势。这些情况不知道通过什么渠道，反映到了周总理那里。他通过当时北京市的革命委员会主任谢富治，向人民大学询问我的情况后指示：人都病到这样了，还是先治病要紧。经过这样的干预，驻中国人民大学的首都工人解放军毛泽东思想宣传队指挥部才提出"先解放，以后继续进行批判"的意见，于1969年10月7日召开了全校人员参加的"批判、解放郭影秋的大会"，并作出"审查结论"。结论说我"在'无产阶级文化大革命'初期，执行了资产阶级反动路线，压制了群众运动"，还说我"对错误有深刻认识"。"同时，对郭影秋的历史进行了全面审查。现已查清，郭影秋历史清楚，不是叛徒，不是特务，过去曾为党做过一些有益的工作"，虽然"在学校工作期间和'无产阶级文化大革命'运动中所犯错误性质严重，但还不是死不改悔的'走资派'，是犯错误的好人"，"同意给予解放"。"但对他的错误将继续背靠背地进行批判"，不过"为了方便治病，不再办学习班"。这样才结束了无休无止的批判斗争，能够较好地治病了。

现在回忆"文化大革命"期间那不堪回首的遭遇和经历，为的是不忘这段历史。我坚信，从这场噩梦与浩劫中走过来的我们的党、国家和人民，一定会从这场史无前例的灾难中汲取沉痛的教训，再也不能让这种历史悲剧在中国大地上重演。

（作者时任党委书记、副校长）

二、风雨伴君行

刘 炼

（摘自《风雨伴君行——我与何干之的二十年》第七章、第八章）

第七章 浊浪滔天

一、第一个冲击波

1966年6月17日我们从龙泉寺撤回学校。我虽因龙泉寺这几天的恐怖气氛而愤愤不平，但对工作组进校还抱有一线希望，认为工作组会执行党的政策；还写了龙泉寺违反党的政策的情况的材料，等待机会，准备交给工作组。

回校后，迎接我们的，是一张揭发宋涛的长篇大字报和一张揭发干之的大字报。干之那张的题目是《何干之为蒋介石树碑立传》，是外系两位教师写的。初看题目我吓了一跳，内容原来是批判干之1963年回校讲他所写的《中国民主革命时期的资产阶级》一书中的一讲，《蒋介石是怎样上台的》。我不屑一顾地走开了，心想，这些人也许当年听了这次课吧，就如此武断地批判起来。我回来对干之讲：这两位教师你都认得，不想他们却成为校内第一张批判你的大字报的作者。我说，当年投稿写《蒋介石传》，改写了这本书，还是逃脱不了这顶帽子。干之说："恐怕他们连教材都没有看过呢！"我说："将来可以向工作组说清楚的。"他说："现在还不是谈这些学术问题的时候，随群众去写吧。"

回学校后，工作组抓的第一项工作，是总结、清算龙泉寺镇压群众的问题，连日开会，调查情况。许多内幕我都是在小组会上了解到

第五章　惊魂痛史

的，原来比我接触到的严重得多。虽然系里一时顾不上管我们这些"反革命分子"，但我们的境遇却比在龙泉寺还难堪：路上中、小学生见了我，随便用木棍打我并骂我、啐我。听说张腾霄在外边看大字报，被人拉去戴高帽子游街。干之根本不敢出门去看大字报。在家里的日子也难过极了，不知什么人一天到晚打电话给干之，用极恶毒污秽的字眼辱骂他，气得他手发抖。不去接电话吧，铃声响个不停；把电话放在一边，又怕系里或工作组打电话找他而误事——真是气恼极了，弄得日夜不得安宁，又没地方去告状，真个是"虎落平川被犬欺"，徒呼奈何。

我参加小组会主要是听大家发言，我自己做记录，很少说话。有一次学习文件，我讲了几句话，会议主持人竟然狐假虎威地吼道："我们要划清界限，我们说话你们不要插嘴。"我嘟囔了一句"为什么"，第一次忍耐了。晚上开会时，此人又无端制止我说话，我火了，

腾地站起来说："谁给我作了'反党反社会主义'的结论？龙泉寺那封给党中央的信就定了性么？现在正在查龙泉寺的问题，为什么不许我说话？"场上空气立刻紧张起来，领导小组其他成员立刻跑出去向工作组请示，回来传达工作组的意见是："任何人都可以讲话，但不要转移会议目标。"然后他自己加了一句话："牛鬼蛇神不要高兴得太早。"我很生气，但想，工作组还算公正，是可以信赖的。

回校后第一个冲击波是针对龙泉寺镇压群众的有关人员进行"说理斗争"；竟然把班辅导员全部拉出来，戴高帽子游街。有的教师在大字报上签了名，也被强行拉去。我虽然对某些辅导员在龙泉寺的所作所为颇为不满，他们也写过诬陷我的大字报，但我却不同意这种做法，认为这种做法违反了党的政策。我在日记里写下："我应当找工作组谈谈政策界限问题"，我真是太天真了。一次组织学习毛主席1957年《在全国宣传工作会议上的讲话》和《正确处理两类不同性质的矛盾问题》，有人说要像当年《湖南农民运动考察报告》所说的那样，放手发动群众、相信群众，说现在的形势"好得很"。我忍不住说："时代条件不同了，《湖南农民运动考察报告》某些做法不适用于今天的斗争，如戴高帽子游街是不妥当的，中央已有指示。现在

有工作组的领导，可以有秩序地进行，按党的政策办事。还有乱打人的现象应当制止，中央6月3日提出的八条指示中就提出'要文斗不要武斗'。"此外，我又讲了龙泉寺的某些做法是不符合党章党纪和党的政策的，也没有区分两类不同性质的矛盾。不料我的发言引来全场人们的反击，说我认为"毛主席著作过时了，是反对毛泽东思想""学生们打你、骂你或打倒你有什么可委屈？谁叫你和黑帮有关系呢。"我只好默不作声了，真后悔自己多嘴，憋了一肚子气。回家后干之劝我说："以后少说话吧。"

但我还是做不到逆来顺受。干之在整天电话辱骂、石头砸玻璃的干扰下心脏病犯了，我替他请假，小组领导人态度粗暴，要我去向工作组请假。我正准备去找工作组，他又说："打电话给他，让他自己去请假。"我气极了，大声说："他病了躺在床上不能动，要能来请假就能来开会了，下午再补医生假条来，为什么不可以？"小组领导人竟然被我顶撞，太下不来台，于是大发脾气骂我。我也不让他，和他说理，最后他还是容我后补病假条。

我真是难于理解，这些人过去对干之如此尊敬、如此亲近，现在怎么变得如此的无情无理、连最起码的人性都没有了呢？难道"文化大革命"是使文化泯灭、人性回归野蛮么？这短短的半个月，竟如此真切透明地照射到各色人等的灵魂深处。

这时已没有什么道理可讲了。由于我的顶撞，使某些一时掌握了权力的人找一切机会打击我。他们开大会，先是通知了我和干之，但我们到场后，他们却硬说我也是"牛鬼蛇神"而赶我出会场，说我们没有资格参加革命群众的会议；或者用更毒辣的方法，把我和干之当作批判对象、编入另队，在场外等候，待群众坐定后才叫我们列队进场，并呼叫什么"打倒牛鬼蛇神"的口号。我立即想起1947年土地改革中，我们工作组就是这样对待地主富农分子的。他们走进会场时农民就大喊"打倒地主阶级"的口号以壮声威，他们一个个低着头走进来。现在，我们这些人居然也受到这样的待遇，我心里真是气愤极了，真想退出、不参加大会了。可是却被干之拉住，而没有造成对抗。尽管如此，我还是努力要求自己正确对待群众运动。

我在6月22、23日两天的日记中写道："我横遭侮辱，心实不

第五章 惊魂痛史

平,这符合党的政策吗?你们凭什么一口咬定我是'牛鬼蛇神'?将来会总结这个教训的,运动中个人受些委屈不算什么!但群众应当在运动中受教育才行。"

6月25、27日,工作组连续召开全系大会报告目前文化革命形势,指出目前几种错误思想。一是必须先定性质才能进行批判。二是有人认为打击面过宽了,过"左"了。他们认为不对,应当先揭发,谁有问题就要批判;不是打击面过宽,而是没有向"牛鬼蛇神"展开猛烈的进攻。又不指名道姓地说,有人说过去不敢讲话,现在该我们讲话了;又说什么戴高帽子不对了,大加指责,这是对群众运动的态度问题,等等。我立刻意识到,这是有人把我在会上的发言向工作组汇报了,工作组的话中有对我的批评;我对工作组的信任开始动摇了。

过了两天,听传达新市委文件时,听到一段关于"打人"的妙论:"各级领导要支持、鼓励革命群众的革命热情,对打人,我党的政策一不赞成、二不怕。打了人怎么办?如果是右派煽动的,打了坏人活该,打了坏人,你很光荣;好人打了好人是误会,不应该过多地加以指责。"我听了以后,心里又紧缩起来了,这是和中央6月3日的"八条指示"完全不同的。这个说法中好人、坏人的界限太模糊了,你自认为是好人,别人硬说你是坏人可怎么办?这种解释,只有鼓励乱打人了,我真是担惊害怕极了。我已经被中、小学生甚至本系的大学生打过多次了,我当时反抗说:"党告诫要文斗不要武斗,不准打人。"他们用粗树枝像打牲口似地更加重地打我说:"打坏人不打好人。"我站着不走,他们更狠力打我。原来他们的歪理源于此,我更加感到没有任何保护了。我真成了"牛"了,一头倔犟的"牛",又是一只被人任意鞭打的"牛"。这天回到家里,解开衣服一看,因是夏天衣衫单薄,我左侧后背一直到大腿,被打成一片片青紫,有的地方已渗出血珠来。我扑在床上大哭,孩子们围过来也哭了。我不是肌肤之痛而是心灵之痛啊!痛得钻透肺腑:这些大学生有几个还是女学生,对自己的老师怎么这样残酷、这么变态啊!我无论如何想不通。干之无可奈何地只是叹气,劝我说:"以后你不要和他们顶撞,已经没有理可讲了。"我说:"我起码是人,有人的尊严。"干之说:"尊严已经死亡了。"干之说得对,第二天我在会上讲了我挨打的情况时,不但得不到同情,反而招来一顿批判,说我是"诉保皇派之苦"、是想"反攻倒算"等等。尊严死了,理性也死了。之后我反而清醒了一点儿:"先把自己放在'黑帮'地位再说,免得心理不平衡,总要抵抗。"这样也许可以平静下来。

7月5日,工作组通知干之,交出过去所有的讲稿、著作和文章。他忧心忡忡地说:"该批判到我的著作了。如果是实事求是地批判我不怕;但过去运动的批判从来不实事求是,经验证明,恐怕这次'左'得更厉害。"果然,第二天全系开大会,工作组作前阶段工作总结报告,提出下阶段斗争重点是党内资产阶级当权派和资产阶级学术权威;并点了干之、胡华、彭明等五人的名字,还说同样要把暗藏的"牛鬼蛇神"统统揪出来。干之因病没有参加,我回家告诉他,他说:"书稿、讲稿昨天才送去,谁也来不及研究就定了性是'资产阶级反动学术权威',前几天才批判了'先定性再批判'是错误的,怎么工作组也这样干?"我说:"还有什么'暗藏的牛鬼蛇神'呢,打击面就更宽了。"他心情坏透了,我感到,这场斗争和他身体状况之间的矛盾太大了,他承受得住吗?怎样才能使他不发病呢?真太难了。我只好劝他在病床上准备个思想检查,他说:"怎么检查也通不过的。"但他还是写了,我帮他通夜抄写。领导小组也让我写检查,首先是检查"对'文化大革命'的错误立场"。我苦思冥想,只觉得我是真心希望能正确执行党的政策、使运动健康发展,我这个立场错了吗?我只好违心地作自我批判了。

7月12日,电台广播了七名学生致毛主席、党中央的一封信,当天学校召开全校庆祝大会,因为这封信受到毛主席的热情支持。这封信提出:"彻底摧毁旧教育制度,二年级以上的学生提前毕业到'三大运动'中去锻炼,成为无产阶级可靠的接班人。最中心的口号是:把资产阶级学术权威赶出学校去,请李素文、廖初江式的工农兵代表人物到大学来教授。李素文是沈阳一位售票员,廖初江是一名解放军战士,都是活学活用毛主席著作的积极分子。大会开得十分热烈,发言人纷纷感谢党中央、毛主席对青年一代的关怀。这封信在电台广播后,延安大学、新疆医学院当即打电报祝贺,学生们欢喜若狂。我却没有受到任何感染，因为这些倡议 1958 年我不仅听过也实践过了，今天只是更疯狂地重复了历史。这天我在日记里写道："大学教师当不成也罢，党分配自己干什么就干什么好了。"

第二天组织讨论这次大会，让大家讲对这封信的看法；并号召大家敞开思想谈，宣布"三不主义"：不批判，不做记录、不抓辫子。可是人们吃的后悔药太多了，谁也不相信这个许诺了，因此会上只有一片颂扬声，没有人讲真心话，只有些口是心非的人说漂亮话，什么劳动好啊，和工农结合呀。可讲漂亮话的人自己却从来不下乡，劳动也不参加，连半工半读时在农村开会也不去，一贯认为只有教员才需要改造，整教员十分卖力。有位性格直爽的教员忍不住说："最好不要空说漂亮话，要实践，要行动。"

工作组提出下阶段批判重点，并点了干之的名，学生们立刻行动起来。7月14日我去系里开会，晚上十点多钟回家，看到大门两旁贴了一副对联，用毛主席《送瘟神》一诗中两句话"借问瘟君欲何往，纸船明烛照天烧"，横批写"送瘟神"。我吓了一跳，我走后干之吃过药睡下，我把电话也拔了，嘱咐他不要开门，有事就到对门去叫孩子们；也嘱咐好孩子不要过去打扰爸爸，一切妥帖后我才去开会的。而贴这对联决不会悄悄贴了就走的。我忙进屋去看，孩子们围在爸爸床边说："妈妈，好凶啊，'咚咚咚'地敲门，爸爸不应，我们也不敢出去，在门缝看见好几个穿绿军装的学生边捶门边叫骂，喝令'何干之滚出来'，骂了一阵，贴上这对联就走了，还说等着算账。"干之气喘吁吁地抚着胸口，指画着要药吃，我给了他一片硝酸甘油含在舌下；过了一阵他平静些才说话："当时我正在心绞痛，听见打门，不敢去开，怕一气会晕倒，你又不在家，一时慌乱药也摸不到了，一直胸闷到现在。"他整夜紧张、睡不着，忧心忡忡地说："这日子可怎么过呀？以后你晚上不要出去了。"我说通知我开会，不去又该整我了。其实我真不想去开那些斗争别人的会，不定什么时候就点名侮辱我。我说，大概是军人班的学生吧，因为这时只有他们穿绿军装。安抚干之睡熟后，我默默思忖明天怎么对付军人班学生来"算账"。

这副对联一直贴在门口，我不敢撕去它，出出进进十分窝火。孩子们天真，几次要撕，都被我制止了，后来天公有眼，8月7日刮大风,替我吹掉了"瘟神",我记到日记里备查。我忧心忡忡地等了好几天,直到7月21日军人班的学生才再次到我家来,正巧我在家。他们质问干之14日晚上为什么不开门,我替他解释因为正在犯心脏病。他们喝令我不要插嘴,让他自己说。干之慢慢地作了说明,并拿出医生证明给他们看。他们也不吼了,只是严厉地批评干之"这是害怕群众",勒令他用大字报公开写检查。

就在这天,又重新开始贴干之的大字报。在铺天盖地批评他的大字报的海洋中,他被迫写了一张大字报,公开承认"害怕群众"的错误;带着大儿子到南五楼张贴在一个不为人注意的角落里。我说:"这是你有生以来第一次写大字报,作自我批判吧?"他苦笑说:"有什么办法呢?"

与此同时,在小组会上群众压我表态,要我和干之划清界限,要站出来革命,揭发干之的"三反罪行"等等。我说我可以写材料。当真我开始写了,可真苦啊,我写的材料和他们的调子相差得太远太远:按他们的调子写,我写不出来;按我自己的看法写,只是些"官僚主义""脱离群众""思想右倾"等等,岂不又招来臭骂?写了改,改了写,没等我写完交出去,风向又变了。7月23日我到五处去看大字报,一张把我和干之、胡华、彭明所谓"四个黑帮"联在一起批判的大字报,打消了我继续写材料的勇气。接着,24日的大字报又激起我倔犟的情绪,把自己已经写好的材料撕毁了。24日的大字报是五个我比较熟悉、平时又对我格外尊敬的学生写的,题目是《砸烂何干之和刘炼的"夫妻店"》;字很大,通栏标题就占了四张席子位置。大字报是贴在专门搭制的大字报席棚上的,耸立在学校的大门口,人头攒动,看的人很多。我瞄了一眼标题,未敢驻足,等到中午人少时我才去看。我越看越生气,这哪里是搞"文化大革命",简直是在写色情小说,在进行人身侮辱。真正有关工作的问题都是以前大字报揭发过的,如什么"封官许愿"呀,"非法系务会议"呀,但都无中生有地把我拉上,说每件事都与我商量,我是干之的"黑高参""狗头军师""副帅",甚至说我要夺权当"副系主任"。我每天摘抄大字报是为了给干之"通风报信""密谋反攻倒算"等等。其中许多问题学生是不知道的,显然是教工提供的情况,也许是他们一起策划而由学生署名的。最令人不能容忍的是，写了许多私生活问题，如我和干之的婚姻，自然是写我是"第三者破坏"，写干之在众多女性追求中选定了我，是因为我比她们漂亮，是我"勾引"了干之。最令人恶心的是像写小说一样描写干之每天站在阳台上向农大方向张望，情意绵绵地思念在农大的刘炼，并且情书不断，去广州半个月，每天都写信来等等。另外有些内容低级下流，我不愿在此玷污我的笔墨。我可真动气了，回来对干之说了，特别是生活问题对他刺激最大，他说："用这种方式丑化我和你，想彻底把我们搞臭，这是不让人活下去了。"他这天情绪很坏，我守护了他一整夜，怕他出事。过了一天，我在这张大字报旁边看见我系的一位青年教师王建初公开署名写了一行批评的话："这张大字报极不严肃，不应在生活问题上进行人身攻击，这不符合'文化大革命'主旨。"我看了，很钦佩他的勇气和正直，有清醒的头脑。但是这行钢笔字也许不为人所注意，而大篇的污水却着着实实地泼在我们身上了。大字报是最恶劣的武器，它可以任意造谣诬陷、公之于世，又不容人辩解，造成的影响是很难消除的。我的生活、我的名誉、我的人格，就在这滔天浊浪中被严重损害了。尽管如此，我还是打起精神来劝慰干之，说："刚刚贴出大字报，检查'害怕群众'的错误，一定要挺得住，要看到也有公正的人挺身而出反对这张大字报呢。"我口头这样劝他，其实我心里比他更为气恼。

这张大字报是个信号，三天以后就开始了对干之的揪斗。早在7月22日就传出北大反工作组的大字报，说陈伯达在北大建议让群众自己起来搞"文化大革命"。于是7月26日人大也开始写大字报表示对工作组的不信任。又传闻中央要撤走工作组。听到这个消息后我们都紧张起来，知道大的风暴要来临了。果然，7月27日，这是人民大学"文化大革命"史上永远钉在耻辱柱上的日子，工作组已然瘫痪，疯狂的人们肆无忌惮地开始了恐怖行动。

二、恐怖的"红八月"

7月27日上午，工作组还在传达新市委决定成立"文化革命委员会"的计划坚持不变，但许多大字报要求工作组撤走，说它框框太多、限制群众的革命积极性，要求相信群众自己搞"文化大革命"。后来才知道这是毛泽东反对刘少奇的一个举措，派工作组是刘少奇和邓小平在中央开会时决定的，"八条指示"是在周总理主持下制定的，当时毛泽东不在北京，正在长江游泳。7月26日《人民日报》社论《跟着毛主席在大风大浪中前进》已经透露出毛泽东的意见，他说："大风大浪也不可怕，人类社会就是从大风大浪中发展起来的。"社论说："真正的无产阶级革命战士，一定要经风雨，见世面。我们天不怕地不怕……什么人间奇迹我们都可以创造出来。"这就是鼓动群众造反的最早信号。

　　社论见报的第二天即7月27日，人大就开始摆脱中央各种限制，大规模地揪斗起黑帮来了。大喇叭把群众召集到文化广场，说要向全校"牛鬼蛇神"展开猛烈进攻。所有的校、系和各部处领导干部，以及各系教授，都被揪到台上，有的是通过大喇叭叫去的，有的则是各系学生从家里揪去的。大喇叭先"勒令"干之去文化广场，我吓得心"咚咚"地跳；干之正迟疑去不去，我忙把硝酸甘油塞进他的衣袋，说："不去怕是不行了。"正矛盾间，房门敲得山响，闯进几个学生，怒吼道："没听见广播吗，这么大架子，还要我们来请？"两个人一边一个架着他走了。我忙叫两个较大的儿子跟着去，看他们怎样对待干之；并再三叮嘱一定要紧跟着爸爸，他若犯病，你们就扶他回家。我没敢去文化广场，站在阳台听广播，他们是"现场直播"，所以每句话都听得很清楚；从副校长孙泱开始，一个一个让黑帮们自己报名、报罪行，什么"我是三反分子×××""我是反革命修正主义分子×××""我是黑帮×××"，"我是资产阶级当权派×××""我是资产阶级反动学术权威×××，"……谁要是迟疑一下，他们就高呼"打倒×××反动气焰"之类的口号。我揪着紧缩的心脏，听干之的声音，他口吃一时说不出，就听群声乱吼"打倒三反分子何干之"，最后他还是被迫按他们的口号说了。轮到王南时，他声音洪亮地说"我是王南"，群众不答应，让他说"我是三反分子王南"，他依然大声说"我是王南"。一直僵持了好几分钟，人们大声喊"打倒王南""打他打他"，我不知是否打了，只听见广播中说"王南低头，

第五章　惊魂痛史

再说一遍"，王南依然大声说"我是王南"。最后再三逼他，他就是不说是"三反分子"，只说了一句"我是黑帮"，又不说名字了。"造反派"无可奈何，只好进行下一个人的斗争。文化广场揪斗后，各单位分别带回去斗争，干之、胡华等被带到五处继续斗争。一张毛笔写着"三反分子、反革命修正主义分子何干之"大字的报纸，贴在干之背后，一面走一面有人向他泼水、啐口水，我的二儿子一直紧跟着爸爸。这个斗争就是造声势，大轰大喝一阵就叫他"滚蛋"；并告诉他次日开大会，要他准备交代。他跟跟跄跄地扶着儿子回来，面色灰白，语不成声，歪倒在沙发上，汗水竟把那些污秽之词印在他的衬衫上，这些墨迹久久洗不去。二儿子告诉我文化广场和五处斗争爸爸的情况，他说，到五处大哥溜走了。我知道大儿子已经14岁，懂事了，他和王南的儿子是小学和中学的同学，他们不愿意看见自己的爸爸被人侮辱，心里既矛盾又痛苦，就悄悄回家了。我不怪他，但也无法让他了解，这惨烈的现实是何以发生的。爸爸回家后，他围过来给爸爸递毛巾、擦汗、倒开水、送药，我的心痛极了，让纯洁的孩子看见这么丑恶的事情，若问起来，我怎么对他们说呢？让他们受到心灵的伤害比我自己受伤害更难过，我默默地搂着他们哭了。

　　孩子们睡着了，我和干之通宵未睡，准备第二天的交代材料。万万没想到，第二天情况又发生变化，原来说28日开会让干之"交代罪行"的，谁知又改为斗争会。我们已经到了资料室准备开会，几个学生突然闯进来说，要开斗争会，把干之、胡华揪出来，给干之戴上一顶制作精致的黑乌纱帽；向会场看了一圈，又把我和几个系教研室的领导、教师，一个个点名叫出来，给我们戴上厕所的纸篓——不够了就用硬纸卷成筒、扣在头上，并发给每人一面黑色三角旗。他们叫胡华和总支书记敲着脸盆，逼他们自呼"我是黑帮×××"。这支队伍有十多人，学生们在两旁拿着树枝和木棍赶着我们，从五处游行到文化广场。他们逼我们各人喊侮辱自己的口号"我是米高扬××""我是两面派××"等等。他们逼我喊"我是大毒蛇刘炼"，我拒绝，他们就用木棍打我。我一路反抗一路说："为什么斗我，你们作结论了么？""为什么侮辱人？"我一直倔强不屈地抗议，把纸篓扔掉，他们又按着我的头给我戴上。到了文化广场，他们让我们一行人站在台上，强迫每人说他们给我们起的头衔。这时台下人山人海，多是看热闹的；我感到奇耻大辱，推我上台时我拒绝不走，他们生气了，拿了个板凳硬架着我站上去，说："大家看，这就是何干之的臭老婆、大毒蛇刘炼。"结果我比谁站得都高。但我什么话都不说，就不听从他们的摆布，他们也没办法，只好用木棍打我出气。乱哄哄一阵后，他们就又把我们带回五处开斗争会。

斗争会上，一直让我们站着，足足站了半天。先斗干之。让他自己先交代。干之的交代，当然没有一条合他们的意，他们就用口号、漫骂来压他。我这时头脑乱哄哄的，许多批判的话我没心去听。但有一条我听清了，50年代干之曾写了一篇文章《论三国时期吴蜀联合抗曹的历史经验》，主要联系了毛主席的统一战线思想来论述历史。一个思想极"左"的教员批评他，这是反毛泽东思想的罪行。我听了，到人群中找这个低能发言人是谁，不料他立刻站起来恶狠狠地说："我揭发刘炼的反党罪行。"我吓了一跳，睁大眼睛等他揭发。他说："前两天教研室开会，刘炼在一把黑折扇上画了一个红五星，这是对党的刻骨仇恨！"我真是哭笑不得。原来那几天开会，我决心不做记录不发言，以免惹来批判，就胡乱画起来。黑折扇上滴了几点红墨水，我就依形先画几朵梅花，后又逐渐描成一个红五星，完全是闲着没事干。不料被此君看见了，今天竟给我编出了一条"反党罪状"。我白了他一眼，他又逼我说："你说，何干之是什么人？"我没有按他们的调子，我说："他是个犯了右倾错误的人。"他们大吼起来，骂我是"铁杆保皇派"，我只好拒绝说话了。这天我在日记里记下了这些终生难忘的侮辱。

恐怖行动进一步升级和发展。疯狂起来的学生们7月29日凌晨三点钟，看到法律系的学生转抄了康生在师大的煽动性讲话，说彭真"搞'二月兵变'的阴谋时，郭影秋知道此事而没有报告"。一句话引起学生更大的疯狂，立刻去市委把郭影秋揪回来，搜了他的文件，打了他的司机，并在新饭厅召开斗争大会。他们给郭影秋戴上纸高帽，并把他夫人凌静也揪上来陪斗。我悄悄去看了一会儿，群众要郭影秋交代，他说了一个半小时，说他不知道什么"二月兵变"，更没有参与。斗争会开到凌晨五点钟才散，会后学生把郭影秋扣押在东风楼，并派人看管，限制了他的自由。这真是无法无天的行为。大会后，部分学生贴出大字报，说这是违反党的政策的行为。我看到也有清醒的学生。

批斗郭影秋实际是攻击新市委和工作组。果然，上午十一点钟，工作组宣布新市委撤销工作组，"文化大革命"由学生自己搞。北京市委文化革命委员会主任被扣押了，这是一件大事。副主任陶鲁笳和委员张经武赶到人大来，这个机构才成立了一个多月就岌岌可危了。陶鲁笳在文化广场群众大会上讲话，表示支持学生革命热情，但要求学生按毛泽东思想办事，不要大轰大哄，要摆事实、讲道理。并说明郭影秋与"二月兵变"无关，可以揭发批判他的错误，但不要戴高帽、限制他的自由，等等。但是第二天就有人贴大字报反驳陶鲁笳，说他给刚发动起来的群众泼冷水。当天下午，新市委书记李雪峰在"革命师生积极分子代表"参加的大会上宣布撤销郭影秋市委文化革命委员会主任职务。据说毛泽东、刘少奇、邓小平都出席了大会，说新市委是革命的。郭影秋只是有严重的错误，这样才把郭影秋放出来。康生一手煽动起这场飓风，这时又假惺惺地说"郭影秋没有参与'二月兵变'，不应打人扣人"等等。我听后重翻他两天前在师大的讲话来对照，真不知此人有几张脸了。

康生煽动起来的揪斗郭影秋的风波并未就此止息，反而更加剧了人大反郭派和保郭派的冲突，中央不得不进一步直接干预人大的"文化大革命"了。8月2日晚，在大操场召开了郭影秋问题的辩论会，有十几个人发言。两派旗鼓相当，言词尖锐。邓小平和陶铸也来参加大会。当时我颇感奇怪：郭影秋的问题何以使得邓小平来参加？后来从陶鲁笳的交代中得知，早在7月13日中午，邓小平、陶铸到北京新市委说响应毛主席的号召，中央领导人要下来联系一所大学，指导"文化大革命"，他们商量后决定到人民大学来。陶铸给郭影秋定的调子是"犯错误"。所以7月29日群众大会上陶鲁笳按陶铸的意见讲了话，说郭影秋与"二月兵变"无关，但学生们进而批判陶鲁笳。这时邓小平、陶铸才亲自出马到人大参加郭影秋的辩论会，这实际上是直接抵制康生的挑动。邓小平和陶铸最后在大会上讲话，表示支持大家以辩论和讲道理的方式讨论问题，但提出既要敢于斗争，又要善于斗争,并重申郭影秋与"二月兵变"无关,要人大尽快建立文化革命委员会,领导大家完成艰巨的任务。大会开到8月3日凌晨一点才结束。

学生这种疯狂的造反行动非但没有受到任何遏制,而且愈演愈烈。原来是受到了伟大领袖毛泽东的直接支持,此后就益发不可收拾,造成了全国8月的"红色恐怖",中国彻底大乱了。康生7月底在师大的煽动,不过是对毛主席号召"造反有理"的推波助澜。原来早在7月28日清华附中写给毛泽东的一封信,并寄去他们6月24日和7月4日的两张大字报,表示了学生们"对一切剥削压迫工人农民,革命知识分子和革命党派的地主阶级、资产阶级、帝国主义、修正主义和它们的走狗表示愤怒和申讨",说明对反动派造反有理。同时北大附中的红旗战斗小组7月25日在北大群众大会上也提出了"造反有理"的口号。毛泽东8月1日写信对清华附中和北大附中的学生们的造反"表示热烈支持",并说:"不仅在北京,在全国,在文化革命运动中,凡是同你们采取同样革命态度的人们,我们一律给予热烈的支持。"同时又说:"我们又要求你们注意争取团结一切可以团结的人们,对于犯了严重错误的人们,在指出他们的错误以后,也要给以工作和改正错误重新做人的出路。"并且创造性介绍了一句马克思关于"无产阶级不但要解放自己,而且要解放全人类"的道理,要中学生们"予以注意"。

这封信包含两方面的意思,当时只被学生们接受了前半部分,即"造反有理",而对后一部分却未加"注意"。我这才明白了7月底以来的各高等院校的风暴为何掀起、又为何屡劝不止,甚至连刘少奇、邓小平、陶铸等中央高级领导人亲自出面都控制不住,而且愈演愈烈,直至冲垮新市委和中央派出的工作组。8月6日广播的这封信,好像6月1日广播的聂元梓的大字报一样,促使群众运动的风暴更猛烈地发展。甚至8月8日广播的《党中央关于无产阶级文化大革命的决定》(即《十六条》),当时已经头脑发热起来的青年学生们,也只记住了"敢字当头,放手发动群众""不要怕出乱子"和要"让群众自己解放自己"这几句"名言",而其他有关的政策界限,则在更汹涌的造反浪潮中被湮没了,或者是被忘记了。其实他们确实也抓住了这一决定的中心思想。8月11日毛泽东在中共中央接待站会见革命群众，号召"你们要关心国家大事，把'无产阶级文化大革命'进行到底"。8月18日在天安门召开百万人大会，毛泽东穿着"红卫兵"军装接见革命群众，天安门前青年们欢呼雀跃、泪流满面地欢呼"伟大领袖万岁！万岁！！万万岁！！！"——我在电视实况转播中看到这个为全世界瞩目的场面。大会由陈伯达主持，林彪讲话，又进一步号召"打倒资产阶级保皇派"。这两次大会正是把《十六条》的重点直接告诉了成千上万的、已经失去理性的青年们，要他们进一步去进行全方位的造反。聂元梓和毛泽东在给清华附中信中提到的北大附中"红旗战斗队"的代表也被请上天安门发言。这一切都证明了毛泽东在大力纠正前一阶段刘少奇、邓小平主持中央工作的"右倾错误"。这次大会后，群众就分为两派，都以"打倒保皇派"为口号，进行旷日持久的派性斗争，以致发展为大规模的武斗。

这两次大会后，"文化大革命"的烈火再度升级。学校成立了"八一八红卫兵"，自称是"誓死捍卫毛主席"的"红卫兵"。当天晚上人民大学召开"八一八"革命串连大会，决定20日召开第二次郭影秋问题辩论大会。辩论大会把刚成立的"文化革命委员会的筹备委员会"抛在一边，由新成立的"红卫兵"组织主持大会，一直开到21日凌晨五点钟。这时郭影秋已被市委接去住院，所以没在现场。我因前些日子被"勒令"参加劳动，不慎扭伤了腰，不能走动，已请假多日，但仍十分关注运动的发展。这天广播说要开全校辩论大会，我也被通知可以参加；于是我由两个孩子扶着去了现场。因腰疼不能久坐，我就找棵树靠着，一直站到天明。从大会明显看出"革命群众"已分成两派，红卫兵是"反郭"的，后来"保郭"的一派就分裂出来成立"新人大"红卫兵。这次陶铸又来参加大会，最后讲话说他大力支持革命师生的革命行动，明确表示郭影秋既不是"黑帮"、也不是革命左派，不应好就好上天、坏就坏到地下，应实事求是。党中央了解郭影秋，解放前还好，解放后不好，特别是"文化大革命"以来犯了错误。最后表示，"红卫兵"是合法组织，希望大家停止辩论，团结对敌，斗争"黑帮"。尽管陶铸想不得罪任何一派而作此发言，依然有不少人反对他这个讲话。

"红卫兵"们找不到郭影秋,能量无处发泄,第二天(8月22日)就揪出孙泱,戴高帽"坐飞机",在文化广场开斗争大会,让他交代和旧中宣部的关系(因陆定一是孙泱的入党介绍人),又揭发他的"历史问题"。会后用绳子牵着他敲锣游街。高大的孙泱像个大虾似的踽踽而行。我看了一阵,心里突然慌乱起来,想到莫非家里也会出事。我忙跑回去,果然,历史系好几个学生到家门口来贴大字报,"勒令"干之、我以及所有老教员交出讲稿,并要干之明天挂着"反革命修正主义分子何干之"的木牌(他们已制作好的),亲自去送讲稿。晚上十一点钟他们又打来电话,要干之明早八点半在家等着交代问题。我们预感到,又要戴高帽游街了。干之十分不安,说怕自己挺不住、活不下去了。这是他第一次表示绝望的心情。我劝了他半夜,要他挺住、迎接灾难。

8月23日一早,几个"红卫兵"到家里来,狂呼乱叫,硬要干之下楼去。我说有话可在家里说。一个最凶的学生说,要示众,并且要全家都下楼。一个学生用粉笔在我家大门上写上:"勒令地主婆唐冰玉立刻滚出人大,并迁出户口。"我母亲吓得两腿发软,走不动路,我搀着她和干之下了楼。孩子们围在旁边,惊恐地看着,不敢说话。红卫兵围着干之,喊着"打倒"的口号,叫他低头,并从口袋里拿出推子、要给干之剃阴阳头。剃头的发明人是中学生,自毛主席致清华附中一信提出"造反有理"后,人大附中、附小的学生就行动起来打校长、给女老师剃阴阳头,今天大学生也学起中学生的榜样,如法炮制起来。我在旁气不过,大声喊:"'文化大革命',是要解决思想问题,剃人的头发干什么,能解决思想问题么?"那个学生听了大怒,说:"谁说的?把他揪出来也给剃了,看他还敢不敢说!"这时有个学生,至今我还记得是当时我系五年级的袁杰斌,他走出来挡在我面前,用手势制止我说话。他个子很高,挡住了那个凶学生的视线,才使我逃此一劫。我看到还是有学生不赞成这些"造反派"的做法的。但干之的头发还是被剃了一半。他原是秃顶,两边的头发剃掉一边真是难看极了。接着又宣布没收一切"养尊处优"的家具,然后让干之挂着"反革命修正主义分子何干之"的木牌去游街。半路上,何思敬(哲学系一级教授)站在路边看,被一个学生发现,大喊"把何思敬老黑帮揪出来示众"，只这一声，何思敬也被剃了阴阳头，拖进游街队伍。我自然也被扣上纸篓，拉去游街了。

现在，学生任何一句话都是命令，都必须遵守执行。下午我就把学校分配给干之的沙发、铁床、大衣柜等送回家具仓库，电话也被拆走了。我准备退出一套房间，孩子们和我们一起住。可是我母亲到哪里去呢？这天，母亲对我哭诉了她的身世，有些事情过去从未对我说过。她说她根本不是什么地主婆，她3岁便被南下逃避战乱的父母卖给一个水果商为婢，后被收为养女。养父很爱她，送她入私塾学文化，但养母刻薄。当她15岁时，就被迫嫁给一个铜匠为童养媳。铜匠出洋谋生，她受尽公婆的凌辱，愤而离家出走。在杭州结识了我父亲，婚后才知道父亲在家乡有妻小。北上定居后，她屡次受那一家老少的毒打。这些我已有了儿时难忘的记忆。如今她却被不问青红皂白的学生硬说是地主婆，要赶她走，妈妈伤心地哭了，说："你们整天挨斗，我走了，谁来照顾孩子们呢？"我也哭了，但我要面对现实，妥善安排好她的去处。我联系了几个亲戚家，他们都怕惹事，不敢收留。我只好写信给在农场工作的弟弟，要求到他那里去暂住。

干之游街回来，还未缓过气，接着红卫兵又来抄家，说是查黄色物品。他们翻遍书柜只找出一条横幅，那是康有为的手迹，是极珍贵的文物。我说那不是"黄色物品"，是历史文物，红卫兵横了我一眼，不情愿地放下了。后来，这件珍品，终于在多次抄家中永远不见了。

这是第一次抄家，1966年8月23日。

三、生不如死

8月红色风暴后，运动几乎是自发地进行了，筹委会已无力领导，一切都是"红卫兵"说了算。可是"红卫兵"又分为两派，行动不统一，就是斗争"黑帮"也统一不起来，于是游斗干之等"牛鬼蛇神"的行动更加频繁了。

8月25日，又一次给干之戴帽子游街，说是去开斗争会。开始时没有揪我，我暗自庆幸，以为也许同学对我区别对待了。谁知不到半小时又来揪我，也给我戴上高帽子，和干之一块儿斗争。斗争中还要我交代，干之1962年第26次党委扩大会上翻案的问题。我说，"当时我在农大工作，不知内情，他翻案你们要他交代好了，为什么拉我陪斗？丈夫有罪妻子同斗这是为什么？我既不是黑帮，又没有反党，为什么这样对待我？"我义正词严的回答，他们说不出理，就大吼大叫，喊口号"要打下刘炼的嚣张气焰"，结果斗干之变成斗我了。之后他们又拉我到文化广场去斗争，并喝令让我交代与何干之"狼狈为奸"的"黑关系"。我拒不回答，后来又被拉去游街，走到半路时，红卫兵喝道："牛鬼蛇神滚回家去。"——这种游斗就是为了在群众中搞臭我们，果然惹得围观的中、小学生任意对我们拳打脚踢，有的竟用大木棍和皮带抽打我。我说："你们不该打人。"他们说，"好人打坏人活该，打死也活该。"他们就这样没头没脑地打了我一路。回家后，孩子们围着我说："当时我们真想揍那些打你的人。"我说："千万不要，你们会挨打的。"我实在气不平，第二天一早就去找历史系筹委会干部，申述了我的意见。我说："让我陪斗是不恰当的，应按《十六条》办事。我不是'黑帮'。结果斗我比斗当权派还凶，斗争会究竟有没有领导？"他说本来没有我，只是档案系一个学生喊了一句"把何干之的老婆也揪出来斗"，本系学生就去揪我了。他表示也不同意这样做，但教师很被动，也有难言苦衷。我表示谅解，运动的领导权已经被毫无政策观念、为所欲为的狂热学生掌握了。

接着"红卫兵"又广播说，外地来京串连的学生没地方住，"勒令'牛鬼蛇神'腾出房子搬到楼道去住，并速送被褥到筹委会去"。我去学校筹委会说明情况，要求退出三间一套，我们八口人住四间一套。他们不准，我只好低声下气地求他们。最后才说"暂时这样，以后再听通知"，并限定下午四点半以前搬完。我赶快让扶我去总部的小儿子跑回去报信，让孩子们立即动手搬家，并送被褥来。一会儿大喇叭又勒令"牛鬼蛇神不准请保姆"，我都照办。送走了母亲，辞退了保姆，生活完全改观：我不仅要应付批斗，帮干之抄文件，还要一人承担全家生活劳务，照顾五个未成年的孩子。

生活真艰难啊，这急剧的变化把我弄懵了，对干之不免有所疏忽，只让他一个人躺在床上休息。一天晚上，我突然发现干之神态有异,情绪极为低沉,不断唉声叹气,说了一句"以后怕多辛苦你了。"我一听他话中有话,就追问他什么意思,他说:"真是生不如死啊!"我大吃一惊,忙问:"怎么这样想,可别吓唬我,我承受不起了。"他不作声了。我一定让他讲,好久他才对我说:"真的我不想活下去了,可又不放心丢下你一人受苦。"我哭了,他又来安慰我,说是哄我的。我不信,把孩子安顿睡下后,我要求和他认真谈一谈。这天是8月29日,我们谈了一个通宵,才把他的思想了解清楚。

  他说我们前一阵曾争吵过几次,主要原因是我总劝他作检查,他很不高兴,认为怎样检查也过不了关,怪我逼他。他说这次运动不同以往,过去只是错误的批判,自己想不通,而且中央有人了解他,如周扬多次保他,为他翻案。这次中宣部全垮了,周扬也垮了,而且似乎中央对运动的指导有分歧。毛主席大力支持"造反派",运动已失去控制,他过去倡导过的正确政策和实事求是的作风已荡然无存。学生们只会胡批乱斗,特别是人身侮辱,他最不能忍受,一而再、再而三地挂牌子、游街、剪头发、戴高帽,他实在承受不住了,士可杀不可辱。他感到自己革命一生,今天落到这个地步,是万万没想到的,特别是一次高潮比一次高潮厉害,似乎看不到什么转机和希望,感到活着比死更艰难,因此常萌发不如死去的念头。他也做了准备,把平时要来的"眠尔通"积存了一瓶,但总怕死后又给我增加罪名。"五个未成年的孩子怎么办呢。他们还没有开始生活,你一个人撑这个家太苦了,我真不忍心丢下你们,可是我今后怎么忍受这侮辱和折磨呢?"我搂住他放声地哭了,用棉被捂住头,怕孩子们听见。他也哭了,黑暗中我摸着他湿漉漉的面颊,两人相偎着哭了好半天。我的心也苦啊,我硬挺着抵抗那些侮辱,一是为了保卫自己做人的权利和尊严,但更多的是想掩护干之。他说:"你这样和他们硬顶,到头来不但保护不了我,反而使你吃大苦头。我说过尊严死了,理性也死了。这次运动就是党内一次大清洗,对象是老党员、老干部,政治上已没有前途了,横竖是一只羊任人宰割,活着还有什么意思呢?这样检查还有什么用呢?这些日子回想起自己的一生遭遇,经过被通缉逃亡的考验、日寇野蛮扫荡的考验,解放后又屡受不公正批判的考验,我都没有怕过死、想过死,还认为邹鲁风自杀是不应该的。可是在毛主席发动的这场运动中，却感到前所未有的困惑和受到前所未有的侮辱，而且无休止地加剧，感到希望渺茫，活着真是太苦太累了。加上一气恼就犯心脏病，这颗心还能承受多少侮辱和折磨呢？"我说："前些日子你是怎样劝××的？"那个教师和干之一样，一开始就被定为批判重点，学生们也侮辱他、打他，抖他的历史问题。他一时想不开，到紫竹院投湖自杀，后被救起。干之曾劝他不该轻生，做此傻事。我说："你这些做法我很赞成，为什么现在你也轻生了呢？"他说，"现在我理解他当时的心情了。现在比那时斗争得更凶，我身体又不如他强壮。"我说："不管环境多恶劣，我们都要坚持住。我相信不会总这样，这绝不是党的政策。因此一定要保留我们的发言权，保留为自己辩护的权利。自杀了不但没有说话的机会，还会栽你个畏罪自杀的罪名。"我又检讨了自己，不该在他思想不通的时候再三劝他检查。我决心和他一起研究如何渡过这个灾难。他这时才略微放松说："要不是有你在身旁，我早就活不下去了。"我又说，"运动才开始，而毛主席认为还没有充分发动群众。因此，还要准备更大的冲击。你就是太认真了，想不通就不作违心的检查，这只是折磨自己。看来还要学会如何检查，你确实太书生气了。"

说到书生气，他笑了，告诉我，他在延安时，好多人批评他是"书呆子"，陈伯达、柯庆施、王若飞都说过。当初毛主席曾要留干之在身边做理论秘书，陈伯达反对说："干之是个'书呆'，只会写文章，做不了秘书，应到战争中去锻炼。"他自己也不想做此工作，就婉辞去了前方。王若飞常友善地说干之是"大书呆子"，意思是不善于处理人际关系，为人太正直、太认真。干之说："王若飞说得是对的，是了解我的。我就对他说，我死后就在墓前立一块石碑，上面写'大书呆子何干之墓'。"他的话惹得我笑了起来。他说他的书呆子气是永远改不了啦。我说："你知道吗，当初我同意和你结婚，恰恰是喜欢你这种书呆子气。我讨厌政客作风，也不喜欢你做大官，做一介书生恰如我愿。所以多次劝阻你去当什么院长，少将，甚至这个系主任也该早辞掉。"他说："过去同代人多升上去做官，我一直留在基层。我当年若是做毛主席的秘书，有两个前途，一个是升上去，一个是摔下来。按我的性格是不可能升上去的，所以只有摔下来一条路。"我庆

第五章　惊魂痛史

幸地说:"幸亏没有去。"

他情绪好多了,起床要我帮他把一只厚重的红十字卫生箱拉出来,打开一只大旧锁。他说这是他1939年到前方去时发给他的,一只文件箱放在马上,另一边是行李袋,随他去晋察冀,到张家口,到冀中,又带到北京。——这么多年我只知道他用此放重要文件和他出版的存书。他说:"看来还要抄家,其中有几件务必不能让他们抄去。你先看看,想想怎么保存好。"他打开书箱,合页已生锈,"吱吱"作响,里面有他三四十年代出版的著作《中国的过去现在和未来》《中国社会性质问题论战》《中国社会史问题论战》《中国近代启蒙运动史》《转变期的中国》,以及一大包他自己拟写的著作大纲、部分初稿和札记,等等。他说:"怕是这些也要交出去了,但都已绝版,给了他们若丢失了太可惜。我这个人一生遭劫难,文章,书稿也同遭劫难。抗战时期存在广东台山家里的手稿和发表的文章的有上百万字,被敌人搜查时一把火烧光。出版的书又遭国民党查禁,列在禁书名单中,不想现在又要被毁了。"我说:"我想不会的。交出去我都要他们开列清单,将来一一要回。"他摇摇头,从书箱底层拿出一个大信封,从中抽出三封信。信封中间印着长方红格,上面的字我一眼就看出是毛主席龙蛇游弋的豪迈笔迹,字很大,"何干之同志"五个字写出红格,顶天立地。其中一封是从延安寄到看花宫的;另两封信很简短,是谈他和成仿吾的工作安排。寄到看花宫这封长达三页的信,是讲毛主席自己想研究中国战争史的宏伟计划,表示赞同干之研究民族史的设想,并谦虚地说自己正在做工具的准备,即研究哲学和列宁主义,并希望得到干之的"指教"。

我看完信,干之说:"当年毛泽东是十分重视和尊重知识分子的。我们初到延安,他第一个单独接见我,之后又和李富春、张闻天一起请我们吃饭,询问上海文化界的情况,鼓励我们在革命战争中锻炼用笔和口继续战斗。他对我们在上海的理论斗争给予很高的评价。我当时产生了深受知遇的情绪,我又教书又写书,日以继夜地工作。可是解放后他就慢慢不信任知识分子了,每次运动知识分子都首当其冲,特别是这次运动整那么多人,他难道不知道吗?我感到都是他直接发动的批判运动,把过去对革命有功、有贡献的人都一一打倒,这样国家怎么能搞好呢？过去挨整我总看作基层领导犯错误，这次看来不对了，是从上面下来的政策，所以我感到失望，甚至绝望。"这时我才进一步理解他的心情，个人受侮辱是表层原因，对党和国家这一重大变化的忧虑才是他悲观的深层原因。他还坦率地对我说：他过去不愿讲这些，怕用消极情绪影响我；他的一些老朋友也劝过他，有些话不要和刘炼讲，说我太简单，不小心说出去会惹大祸的。而这天也只是对我略深谈几句而已。

尽管如此，这次谈话还是增加了我们之间的理解。我的劝告，他真心地接受了，表示不再想到死，他说，"真想去死是很容易的，但太自私了。我对你们还有责任呢！"之后我们商量，如果来抄家，由我来保护好这几封信，因为他可能无力应付这些事了。

天快亮了，我们约定：不论再有多大的风暴，不论将怎样处置我们或隔离我们，都要坚持活下去。要我们检查，就按他们的要求检查好了，我们一定要看这场运动是如何发展下去的。我是很坚决的，他口头也答应这样做，最后捂着心脏说："不知它是否能合作。"我给他服了药，让他好好休息，什么都不要管，明天由我去给他请病假。

这晚的谈话，今天看来对他又坚持渡过三年的灾难起了重要的作用。后来的路更加艰难，很长时期把他单独关起来，不准和我见面，他都遵守这晚的诺言，坚持活下来，直到心脏病突发而死去。

四、监督劳动

8月第一次批斗高潮过后，因学生大批外出串连，筹委会就决定让"牛鬼蛇神"去劳动，留下少数学生在学校继续"闹革命"。批斗声势减弱了些，我们每天除去不断地写材料，还要做半日劳动，过着"文化大革命"中再次高潮之前、一段比较"轻松"的日子。

8月30日，大喇叭勒令干之、孙泱、张腾霄和我共12人，去教学大楼打扫厕所。奇怪的是，这12个人除了我，都是校、系领导干部，怎么竟然有我的名字？我因前些日子腰扭伤，手中有积水潭医院"休息两周"的证明。我学乖了，不去和他们讨论"为什么有我"的问题，只把假条交到系里转致校筹委会。谁知系里没有及时转交学

第五章　惊魂痛史

校,第二天学生来质问我为什么不去劳动。我说明情况,他们同意我暂时可以不参加,干之却一定要去。干之9月1日正式到教学大楼去劳动了。

从8月下旬开始,在中央号召下,全国大中学生开始大串连,坐火车不花钱,各地建立串连联络站,负责外地学生的食宿。于是,外地学生一批批地到北京各学校来"取经"。教学大楼的"黑帮管理队长"命令每个"黑帮"自己做一个大纸牌挂在脖子上,牌上写着各自的"头衔",什么"走资本主义道路的当权派""三反分子""反革命修正主义分子"等等,实在没有头衔的人就写"大黑帮×××"。干之的大纸牌是用鞋盒盖写的。他们指定写"三反分子、反革命修正主义分子何干之",并穿根绳子,挂在胸前。每天早上开始劳动前,让他们站在椅子上,让人参观,自报头衔,让人家尽情侮辱、骂一通,被抛纸屑、吐唾沫,然后就去扫厕所。他开始很生气;我怕他又想不开,劝他别放在心里,说都是外地来的学生,谁也不认识你们。他说:"北京作出这个坏榜样,全国都会学的,这才是更大的灾难呢。"果然,此后何干之名扬全国,据说他的"罪行录"竟然贴到广州大街的电线杆上,震动了他故乡的亲友——就是这次监督劳动时示众的恶果。

12个人编为两组,干之、孙泱、张腾霄、胡林昀、徐伟立五人编在一组,指定张腾霄为小组长。在劳动中,张腾霄多方照顾干之,不让他干重活;干之劳动不好,他也不作汇报,后来他们就把张腾霄的小组长头衔给撤了。这期间,干之他们有机会接触,常常在一起密谈,分析形势,认真地研究中央文件和《人民日报》社论,互相传递一些小道消息。干之这一段反而宽心一些。他们几个人在一起研究什么是"走资派",什么是"反动学术权威",系主任算不算"走资派",怎样才够得上"反动权威",等等。有的说胡林昀的职务相当于教务长,是个"走资派"跑不了;系不是一个独立单位,系主任算不上"走资派"。这些都是互相宽慰的话,谁也不相信是真的。另外,他们还仔细看报纸,在一起分析各国政府对中国"文化大革命"的态度,认为苏联和东欧各国政府反对,朝鲜、越南沉默,赞成的只有阿尔巴尼亚。他们也讨论国内形势,干之对张腾霄说:你下乡搞过"四清",都知道农民生活很苦,当前中国最重要的问题是提高人们的生活水平,这样不停地搞政治运动,不发展生产怎么行?意思是改善人民生活应重于政治运动,张笑他:"你真是个'书呆子'。"干之回来告诉我说,他又得了一次"书呆子"的雅号。我却说:"这正是马克思主义,不搞生产人民吃什么?"干之说"真不知道中央是怎样想的。"我的这位"书呆子"在劳动中还"请教"另外几位:"如果有人问到我们在教学大楼劳动议论过什么,你们怎样同答?"他们说,"就说没有议论过什么,这些话全说了也无关大体,我们不讲,别人哪里会知道呢?"干之被斗怕了,和大家一起商量如何保护自己,幸而学生们后来没有追问他们。

我因拒绝去干之那个组劳动,后来就分配我到后勤修建科。9月21日,我到油工组报到,开始在"工人阶级直接监督"下劳动。油工组大多数是女工,组长是一位姓单的老师傅,他为人和善,对我们几个被监督劳动的"黑帮"并不歧视,背地里言谈中还多有同情说:"哪里有那么多反革命?迟早会弄明白的。"因此,我在这个组里劳动比较愉快。11月间,原办公室主任杨桦也调来油工组,我和她是联大政治三班的同学,如今在一起劳动,我高兴极了。我们在一起劳动,一起说悄悄话,一起议论这场风暴。我们毫无顾忌地交谈,工人们听了有时也插嘴说几句,愤怒地斥责那些向我们勒索钱财的红卫兵。工人们的一团正气支持了我们。我虚心地向工人师傅学技术,和腻子、制作乌玻璃、刷门窗、油漆大语录牌等等,我一学就会,常受到单师傅的表扬。我在油工组的劳动中找回了人格和尊严,我学到的技术后来到江西干校建校劳动中发挥了良好的作用。我决心做"能文能武"的劳动知识分子。我把劳动看作自我锻炼的机会,我从不承认是什么"监督劳动",是什么"劳动改造"。我在油工组一直劳动到1967年3月。

这期间,留在学校的学生也不让我们安静。先是多次抄家搜查;9月5日全北京市"红卫兵"发起一个对"五类分子"的大抽查活动,学校的"红卫兵"也行动起来,在学校里对"牛鬼蛇神"大抄家,说是什么"扫四旧"。在此之前,我们就听孩子们讲,市里搜出了武器弹药,还搜出了潜伏在地道多年的特务,等等。我们很紧张,自己检查了半天也查不出什么"四旧"物品。干之矛盾了半天，拿出一部原版的《金瓶梅》。——这是用国家发给少数高级学者专家的特殊购书证买来的。线装书很珍贵，干之从来没给我看过，我也不感兴趣，只知道是禁止一般人看的。——他说：这套书怕会惹来麻烦，还是烧了吧。我说：这是国家特准买的，算不上"四旧""黄书"，烧了太可惜了。他说：此一时彼一时，现在把过去的规定全打破了，怎么讲理啊，还是烧了吧。这晚我亲手把这套书撕开烧掉了。烧的时候我看见一些裸体插图，才感到干之想的是对的。如果查出，肯定是会被批判的。书被烧成一堆灰烬时心中涌上一股莫名的遗憾心情，联系起"文革"初期郭沫若公开宣布全部烧毁自己的著作的声明，我想他的书是不会全烧的，而我们却是真烧了，这可是名副其实地"大革文化之命"了。

9月初连续几天抄家，听说从王南家抄出了一尊佛像——那是他母亲供奉的神灵，常用以祷告、保佑平安，这一来这位老人的心就被打碎了。又听说从孙泱家抄出批判他的大字报的照片，说是"变天账"。要"反攻倒算"。我马上想起我抄写的大字报底稿，不是同样性质？但我没有烧掉，准备交出去。几次抄家抄走了我的日记和所抄大字报的底稿，我告诉他们这是为了写检查用的，希望以后还给我。另外他们还抄走了几本所谓"反动书籍"，要拿到阶级斗争展览会去陈列，我看了真是哭笑不得：一本是《日本法西斯暴行图片集》，一本周作人的《谈龙记》，一本胡适的《留学日记》。我真可怜这些学党史的学生如此无知，我告诉他们这不能说是"反动书籍"，特别是《日本法西斯暴行图片集》，是揭露日本帝国主义的珍贵资料，你们千万不要闹笑话。他们不予理睬，把书拿走了，后来也真的展览了。

9月11日再次抄家，而且是两个"红卫兵"组织轮番抄家，抄走许多文件，装满两个大皮箱，许多是党委发给干之的党内文件。"文化大革命"初期，保密资料室要求检查，开列了清单，准备上交的；后来机构瘫痪，就一直保存在家里。他们要带走时，我作了说明，要求他们开列清单——不然以后无法向党委交代。他们虽然按我的要求做了，但又横生枝节说，对我的住室有怀疑，勒令我搬出卧室、加上封条。我说，我们住不下，你们把可疑材料封在书柜里好了。他们不答应，说："就你事多主意多。"硬把房子封了。那天晚上干之心脏病发作，一阵阵心绞痛，说："想不到，冒着生命危险革命三十年，竟落到这个地步。"我怕他再萌轻生之念，劝了他半夜。第二天我陪他去看病，要他把自己发病的情况逐次记录下来，以便将来作为向红卫兵争取养病的根据。这个病情记录本至今我还保存着。在人性泯灭的运动中，它也未能起到保护干之的作用。

我永远不会忘记1966年的国庆节。这几天没有大的干扰，只被勒令老老实实、不准外出。但干之仍要去劳动。几个男孩子由14岁的大哥带着去动物园玩，家里只有我和6岁的小女儿。她出出进进，缠着我要去天安门，我怎能告诉她什么是"勒令"呢？她又要我打开那间封着的住房，因为电视机在里面。她说就是一张纸条，撕开就行了。我也无法告诉她，这两张封条的"权威"和撕开的后果，就哄她说带她到天安门去。我牵着她的小手从这间屋走到另一间屋，看到墙上挂着毛主席和林彪在天安门城楼上穿着军装向群众挥手的大画像，又打开收音机，听到庆祝国庆17周年大会的实况广播，人声如潮，人们高呼"毛主席万岁！万岁!! 万万岁!!!"的口号。我对小妹说："你这不是到了天安门了么，这不是看见毛主席了么。"小女儿果然安静下来，同意我说的"的确是到了天安门了"。全国欢腾的节日，她却和妈妈一样没有欢乐游园的自由。但她很满足，因为妈妈陪了她三天。这天她突然对我说："妈妈你别叫'刘炼'了，改个名字好吗？"我问："为什么？"她说："外面大喇叭总喊你和爸爸的名字，我好害怕。"我心酸地搂着她说："傻孩子，改名字大喇叭照样会喊的。"她又问："为什么总喊你们呢？"我无法回答了。6岁的孩子已经知道大喇叭里提我们的名字是可怕的坏事了，不可理解的恐惧过早地伤害了她幼小的心灵。

过了国庆节，大批学生要外出串连，我的大儿子及锋也和几个"黑帮"子女相伴，外出串连了。后来才知道，他们如何奋勇地从窗户爬进火车，又怎样在武汉某接待站睡地铺，真令人后怕极了。但是当时中学批准给他们开介绍信以外出串连，他们还曾引以为荣呢。

大串连也给我们带来了灾难：学生一批批地来向我们勒索钱财，或是要钱买油印机，或是要现金做"长征"的费用；除去本系学生

第五章 惊魂痛史

外,还有外系的学生。一次买油印机的学生给我开了一个收据,写着"收到'牛鬼蛇神'何干之刘炼等买油印机款若干",我气坏了,要了钱还骂我们是"牛鬼蛇神"。我原应拒付的,但油印机已买来,钱也给了,我只好表示抗议,不接受这个收条,连说"岂有此理"。这学生自知不妥,就改写了收条。接着又一拨学生来,气势汹汹地说:"我们要去走长征路,进行革命大串连,勒令你们给予支援,一、给现金100元;二、给一台半导体收音机,以便及时了解全国形势。"我听了很反感,要借钱也好、要求支援也好,为什么要勒令?我拒绝合作,并严肃地对他们说:"走长征路是好的,向我们借钱也可以,但勒令我不接受。我不知半导体收音机是何物,我至今只有一台老式收音机。你们既然要学红军长征的榜样,为什么还要什么收音机、照相机?当年红军长征时吃的是草根树皮,甚至吃皮带。你们要这要那是学红军吗?"他们见我仍以师长口吻"教训"他们,生起气来,拍着桌子对我吼。我无奈,只好把手头一点儿现金给他们。他们说10元不行,要30元,我说:"银行存款,财政部通令封存,我取不出钱来,只有些饭票你们要不要?"他们也知道,拿走"牛鬼蛇神"糊口的饭票,传出去是不好的;于是命令我自己去换成现金,他们次日来取,走时还把干之臭骂一顿。

我对这种无理的勒索忍无可忍,10月31日就找到"八一八"红卫兵团部去反映情况,问"长征"征款有没有统一规定。我认为这种做法损害红卫兵的声誉,应当制止。总部一负责人说是下边自己搞的,不准备统一规定,只告诉我:"已经发了一个通知,以后要凭团部的收条,你们才接受。"第二天,我果然看见布告牌上"八一八"团部的通告,日期是1966年10月29日。通告如下:"近日发现有人把没收的财物集体使用,更严重的是到'牛鬼蛇神'批斗对象家去勒令交出手表、半导体收音机、照相机等独占使用,这是违反'三大纪律八项注意'的。故规定五条纪律:1.坚决执行'三大纪律八项注意';2.我团战士不得随便向'牛鬼蛇神'和批斗对象索取钱财和物品;3.缴获'牛鬼蛇神'和批斗对象的一切物品钱财,一律交公,由国家作处理,不得为某一单位擅自使用;4.在即将开始的长征路上,遵守纪律,继承和发扬解放军和红军的优良传统;5.艰苦奋斗,反对任何特殊化。"这个通告,当年我全文抄下来是为了抵抗那些无休止的"勒索",不想竟保存至今,成为一个小小的历史文件。从中看出当时的红卫兵中也有头脑清醒的人,尽管没有人真正执行这些纪律,但当时也起了一些制约的作用。至于什么"缴获归公"等莫名其妙的字眼,就不予置评了。

过了两天,多数"欠款"都没有人来取了,只有那位要"长征"的"战士",怒气冲冲地来质问我,为什么不送钱去?我说:"请示过你们团部,要你开批条来取。"他生气地走了,再也没有回来。

大部分学生串连去了之后,我继续为我的权益而努力奔走,要求退还"借走的"自行车,要求启封我的住房和要求转回我母亲的户口。母亲被一行粉笔字赶走后,户口迁出,口粮停止供应。可是在弟弟工作的农场却不准迁入——他们认为被赶出北京的人都是"五类分子",不予接收,这使我焦虑万分。当时户口是极端重要的,没有户口就意味着没有饭吃。于是我向红卫兵正式写书面报告,说明母亲的情况——她根本不是什么地主婆,要求先把母亲的户口转回来。几经恳请,他们才同意我母亲转户口并搬回来住。我很高兴,又继续申请启封我的房间。我说既批准母亲回来,房间不够住,希望再检查一次,把该封存的材料封在柜里,并在信中说了些"封门不合理"之类的话。经我多次催问,一直拖到11月12日,系里的红卫兵头头带了四个人对我进行了严厉的批评,说看过报告,认为我是诬蔑红卫兵的"革命行动",是对抗毛主席的"造反有理"。我不同意这个批评,认为是如何执行政策的问题。他们又批我的态度,我只好不作声了。他们要我作检查,然后才考虑我的要求。为了达到启封的目的,我只好承认他们封门是红卫兵的"革命行动";这样第二天他们才来说,"奉中队命令来启封房门",并按我的意见把一些讲稿封到书柜中。虽挨了他们一顿窝心骂,但是晚上孩子们欢呼雀跃地跑到我的房间来看电视,高兴极了,盛赞妈妈敢于斗争的精神。

到12月2日,弟媳把妈妈送回来,我们一家人又团聚了。我们这个家后来全靠母亲一人支撑着,我和干之都被隔离审查,小学、中学又不开学,若不是母亲照顾他们,真不知这个家会变成什么样子。我对她老人家至今衷心感念不忘。

我和干之一直劳动到 1967 年 3 月，形势又进一步恶化了。

五、夺权·分裂·武斗

1967 年 1 月开始的全国"夺权运动"，是在毛泽东直接号召下开展起来的。

1966 年 8 月 5 日，毛泽东写了他的第一张大字报《炮打司令部——我的一张大字报》。这张大字报当时未公开发表，我是从 8 月 23 日传抄的一张大字报中知道它的内容的，惊异不已，和干之议论起来。他却说不奇怪，早已风闻两位最高领导人常意见相左，如对"三年自然灾害"问题，刘少奇则认为是"三分天灾七分人祸"，还有"四清"中毛对刘的批评等等。但升格为"两个司令部"的高度，则令人担忧，说明中央分裂了。可是过了三天，8 月 26 日，又从北大转抄了一张陈伯达讲话的大字报，说："毛主席要发表文章总是由《人民日报》发表，或经新华社广播。这张大字报没经过《人民日报》的发表，也没经过新华社的广播，就这样传抄不妥当，毛主席没发表这样的指示，大家要听毛主席的话。关于给刘少奇贴大字报的问题，如果大家有大字报可以送给他，可以寄给他，也可以写信给他。"这一番话说明毛主席确有这张大字报，只是没有公开发表而已。其实陈伯达是在向红卫兵正式通风报信。

1966 年 10 月初，中央在北京召开工作会议，陈伯达按毛泽东的意图作了"无产阶级文化大革命中的两条路线"的报告，公开攻击刘少奇和邓小平。很快红卫兵就行动起来了。我在 10 月 20 日的日记中记下了这一爆炸性消息。地质学院贴出题为《揪出头号定时炸弹刘少奇》的大字报，震动了高校，震动了北京，震动了全国。青年学生和红卫兵们组织了七千人到天安门游行，许多人写血书向中央表决心，提出"谁反对毛主席就打倒谁"，"誓死保卫毛主席，保卫党中央"。

当时一个奇怪的现象是：中央高层的一举一动，会议也好，某人讲话也好，一下子就捅到社会上，被红卫兵用大字报公布出来，之后又常常由中央办公厅或"中央文革"发言人出面"辟谣"，弄得视听混淆，不知所云。但后来的实践和公布的文件，又往往证明红卫兵所传为真。看来这是自上而下的一种策动，而我们则被蒙在鼓里，总幻想能跟上毛主席的战略部署，去参加"革命大批判"。

这一扑朔迷离的局面，很快就明朗化了。《炮打司令部》的大字报当时未发表，据说是因为毛泽东不赞成"罢官"，而主张由"造反派"自下而上地"夺权"。当时毛泽东刚刚在8月1日写了给清华红卫兵的信，支持"造反有理"，群众还没有充分发动起来，所以由陈伯达出面说明。经过半年的大发动，首先由上海于1967年1月6日夺权。8日，上海夺权迅即受到毛泽东的赞扬，说"这是一个大革命，是一个阶级推翻一个阶级的大革命。"11日，中共中央、国务院、中央军委联合给上海32个造反组织发出贺电；接着《人民日报》和《红旗》杂志号召全国造反派"向党内一小撮走资本主义道路的当权派夺权"。随即"夺权风暴"席卷全国，在一年零九个月的时间内，除台湾省外，全国各省、市、自治区都成立了革命委员会，完成了夺权"大业"，即所谓的"全国山河一片红"。

夺权风暴冲击着各个单位、各个领域，北京高校"革命群众组织"迅速分化，分为对立的两派：一派是以北航红卫兵为代表，称为"天派"；一派以地质学院红卫兵为代表，称为"地派"，两派水火不相容。于是各校也相应分为两派，大打起派仗来。人民大学斗争进一步激化，各方都自封为真正的"造反派"，企图在混乱中夺取领导权。所谓"夺权"其实就是抢夺各级党政机关的公章大印。——因为"走资派"早已被打倒或靠边站了，夺权已不是向"走资派"夺权，而是和不同派别的"群众组织"争公章。这公章代表权力：可以开介绍信，可以随便翻阅档案，可以支取财物，等等。从而就引起了分裂和斗争，以致发展为武斗。手快的先把大印抢到手；另一派则予以否认，攻击对方是"老保"，无权夺印。

为了达到在全校夺权的目的，以"八一八红卫兵"为骨干，联合以工人为主的"赤卫队"等组织，于1967年2月22日成立了"新人大公社"，与1966年8月18日成立的"人大红卫兵"相对抗。"人大红卫兵"遂联合以教师为主的"红卫队""红卫军"等组织，成立了"人大三红"。这样，学校"造反派"组织就正式分裂为两大派别，各系都成立了分部，"新人大"称为"××系分社"，"三红"则称为"××系兵团"。历史系按次序列名为"第十兵团"。从此"红卫兵"内部展开了长达两三年的对抗和内战，直至发展为大规模的武斗。

由于"造反派"各组织的重新组合和分裂，"大联合"成了一句空话。干之在教学大楼的劳动没人管了，被系里的"红卫兵"勒令回系里劳动，打扫厕所和水房。2月15日通知我也和系里重点批斗对象一起劳动。我对"红卫兵"头头提出异议，问："为什么把我当作重点批斗的对象？仅因为我是何干之的妻子吗？运动初期毫无根据地把我打成什么'反革命分子'，并草草决定我劳动，我顾全大局服从了。现在经过大半年，我也写过许多材料，我只是一个普通教员，你们应加以区别。回系劳动我不在乎，但请明确，是什么性质的劳动？"他说不出道理，只说是本系"红卫兵"中队的决定。我进一步说："你们两派都在夺权，我们系的夺权是不正确的。既没有'大联合'，又没有区别干部搞'三结合'，依然是打倒一切当权派，包括教研室主任，这不符合党的政策。"他万万没有想到，勒令我来劳动，竟听到我一通反对意见，开始时哑口无言，定下神后就暴怒起来，什么道理也不讲就说："你去不去劳动，你自己决定，后果自负；我们首先要打退资产阶级反动路线的反扑。"说完就气冲冲地走了。

干之劝我说："说那么多干什么？已经劳动这么久了，还讲什么道理。"我说："他们就有本事压我们，一点儿道理都不讲。"干之说："大概'书呆子'的桂冠要转送给你了。"我苦笑一下，还是决心写《我对学校形势的几点意见》，准备送给系里，我决定自己解放自己，站起来"革命"。但我也不知道怎么革命，写大字报吧，又怕再惹火烧身。思来想去，结论是还不如参加劳动，可以免去烦恼，躲个清静，于是我和干之一起参加系里的劳动。

《人民日报》1967年2月23日发表《必须正确地对待干部》社论，使我兴奋起来。社论强调，必须首先实现"大联合"，正确区分干部，反对打倒一切。这证明2月15日我在日记里记下的对抗"红卫兵"的那番话是完全正确的，我认为这才是真正的无产阶级政策。这个社论使我产生了希望——严格说来是产生了幻想，以为"文化大革命"可以健康、正确地发展下去了,因为"红卫兵"都号称"听毛主席的话,按毛主席的指示办事",一定会很快联合起来斗"一小撮走资派",进行"斗、批、改"。于是我又鼓励干之进行自我批判,站出来革命,以求早日获得解放。

1967年3月8日晚十时许,干之已经睡下了,我正在拟一张大字报底稿。突然历史系教师"红卫队"的一位负责人和一个女生来拜访干之,他立刻穿衣起床接待。她们是来了解学校和系里的情况,听取干之的意见的。干之已经草拟过几张大字报,意见都经过深思熟虑,就有条不紊地讲给她们听。如第26次党委扩大会议问题、学校历届领导的矛盾问题以及历史系的人事关系问题,他都坦率地讲了自己的看法。我也讲了我到人大后教学改革工作中的问题,等等。她们听得很认真,并做了记录,边谈边提出些问题,态度和蔼亲切。"文化大革命"以来,革命群众从未如此平和地对待我们。最后她们说:"希望你们不要背什么'黑帮'的包袱,勇敢地站出来和自己的错误决裂,谁也不能阻挡你们革命,我们已经这样做了,正在研究'三结合'问题。"谈话持续到夜深一点半钟。她们走后,我们又谈到天明,认为教师和学生中也不乏忠实执行党的政策的头脑清醒人士。听了她们的话,我很受鼓舞,从而又进一步增强了我对"文化大革命"可以健康发展的幻想。

第二天,我们全体听电台广播《红旗》第五期社论《论革命的"三结合"》。干之并没有幻想能参加"三结合"的革命委员会,他知道"造反派"绝不会放过他;但希望正直的干部参加革命委员会,能正确执行党的政策,能实事求是地评价干部,就心满意足了。于是我和干之就埋头写起大字报来,主要是分析、揭发过去学校的重大问题。

我们的希望和幻想终于落空了,破灭了。各革命群众组织并未能实现"大联合",那两位女同志的意见只代表她们自己和一小部分人的见解,不具有统一的权威性。新建立起来的"三红"和"新人大公社"也失去了控制本组织的能力——有的班级学生声明实现了"联合",但不受双方总部的领导而独立"作战";有的对当权派的质问会也因意见分歧而不能联合召开;两个总部的广播电台也各唱各的调——不仅不能联合,而且互相干扰,甚至互相攻击。这使我犹

第五章　惊魂痛史

豫起来，已经写好的几张大字报不敢贴出去了，其中有一张是自我批判的大字报《九个月来的思想斗争》。我转而一想，自己是个普通教员，与"三结合"无关，何必此时去作自我批判呢，弄不好别人会说我别有用心，另有企图。

幸好我没有轻举妄动。3月31日晚广播了戚本禹的《爱国主义还是卖国主义》的文章（4月1日发表），向刘少奇"司令部"发起了总攻击，号召要把刘少奇拉下马。人大校园沸腾了，人们聚众游行，敲锣打鼓，口号震天，形势急转直下。历史系"红卫队"贴出大字报，题目是《迎头痛击何干之、胡华等人反革命复辟逆流》，说干之积极写大字报是想"钻进'三结合'班子"，是要"复辟资产阶级修正主义的反动统治"等等。同是"红卫队"，十几天内态度竟然发生如此大的变化，实在令人难解。我想一定事出有因，就去广场看大字报，以了解形势。原来另一派群众组织"新人大公社"，公布了"三红"召集的干部亮相会的发言记录，专门攻击支持"三红"的干部，说"三红"是"保皇派""保何派"等等，所以"三红"就重新举起打倒何干之、胡华的旗帜，表示自己是"造反派"而不是"保皇派"。在两派对立的矛盾中，对干之新一轮的攻击又开始了。经过一个月的准备，从5月开始，批判干之的大字报铺天盖地贴满了南楼高墙和大字报棚。许多教师特别是骨干教师，纷纷披挂上阵，进行所谓的"大批判"，陆续张贴了许多把干之和刘少奇挂起钩来的大字报，隔一两天就贴出一批。大字报的标题有《何干之在历次政治运动中的罪行》《揭发反革命修正主义分子何干之》《刘少奇与何干之》《驳"我本无权"》《清算何干之26次党委扩大会上的罪行》《何干之是头号敌人》和《何干之反革命教育路线》等。其中有一份长达几十张纸的大字报，题为《何干之的"三反"言行》，把干之所有著作和文章断章取义，逐句批判。这些都是教师们的"杰作"。如果说一年前的揭发大字报还曾使我震惊、愤怒，也还有几分恐惧，而现在这些所谓"说理"的大字报，则使我为这些人羞耻。这些号称马列主义学者的水平，真令我惊讶不已，他们颠倒黑白、混淆是非，几乎把毛主席的论述和党的政策都一概批为修正主义言论了。例如说"由于中国经济的落后性，民族资本主义在全国胜利后，在一个时期内还有发展的必要性和可能性"，被批为"是刘少奇的走卒为资本主义发展鸣锣开道"；又如"共同纲领符合各参政阶级的利益"被批为"阶级调和论"；又如"1950年土改完成，党采取保护中农和保存富农的政策"，被批为"是刘少奇的货色"……实在没词儿了，就硬扣帽子。1962年5月干之和何思敬私下谈过如下的话："北戴河会议结束不久，党中央内部有斗争。邓子恢主张包产到户，陈云也同意，并向主席建议，主席反对。"这只是陈述了一个事实，他们无法评判是非，就武断地说："何干之对此深感失望。"究竟对哪种意见失望，大字报作者含混其词。更可笑的是，何干之著作中说"生产关系跑到生产力前面是不恰当的"，强调"要尊重经济发展的客观规律"，也批成"三反言论"。这种例子不胜枚举，我零星地写下这些，并非要记住这些同志的历史旧账，而是要研究一个真理被扭曲的时代的怪现象，从中不难窥见我们不少理论工作者当时竟然忘记了马列主义的"ABC"，抛弃了实事求是的根本原则。我当时在日记中写道："马列主义水平之'高'令人叹服，调子高、气势壮，吓不倒人也。"但同时也使我深思：这是为什么呢？这种极端幼稚的批判怎么会出自这些人之手？我猜想他们肯定受到"红卫兵小将"的压力，说他们是"保皇派""保何派"，不能"划清界限"，督促他们"站出来革命"；他们为证明自己的"革命性"，就只好违背良心地去"胡批一通"，以迎合当时的潮流吧。但是他们这样表白自己，也逃不过"造反派"的打击。7月19日，"新人大"就贴出大字报，攻击他们是"何干之、胡华的红管家"，在群众大会上把他们赶出会场。尽管我对这些人对干之的胡批不满，但"造反派"这样对待他们，我在日记中表示"坚决反对"，认为"造反派"是"凭意气、泄私愤地打倒一切，无法实现大联合"。

此后就不断地展开批判大会，但是两派根本联合不起来。批判"走资派"也好，批判"反动学术权威"也好，都是一式两份：你组织一次批判会，我也要召开一次同样的批判会，而且都要到社会上去揪"头面人物"，以显其"革命"。

接着"新人大"又打起批判"反动学术权威"的旗号，揪来蒋南翔、翦伯赞、吴晗等人，到人大来批斗。并把干之、胡华等人也拉到台上一起陪斗。"三红"也不甘示弱，不久召开了批斗薛暮桥、于光远、刘白羽、朱光潜、冯友兰、冯定、范瑾等七人的斗争会，说刘少奇是他们的总后台，再次拉干之、胡华陪斗。两次大会的发言者，批判内容空空洞洞，只是不停地喊口号，以气势压人。我远远地看着、听着，心里十分气愤，这哪里是搞"文化大革命"，这是那一小撮企图夺权的野心家不择手段用践踏和侮辱这些学者老干部的人格，来炫耀自己一派的"革命性"的把戏。你方唱罢我登场，你斗一次我也斗一次，而这种行为竟然得到"中央文革"和北京市革命委员会的批准。这种批判有多少价值呢？简直是在演戏。

这样斗来斗去，果然发展为武斗了。5月下旬，两派分别进行了"反对武斗制止武斗"的校内大游行。游行中发生了冲突，有人竟用铁壶把一个干部打成脑震荡，两派的敌对情绪升级了。打派仗的直接受害者是干之等人，他们无任何自我保护的力量，反而被利用为打派仗的子弹。有时一派组织勒令干之搬到他们的辖区去接受监督，并规定当日报到；同一天另一派组织则恐吓干之不许去报到，否则"一切后果由本人负责"。干之胆战心惊，不思茶饭，不知该怎么办好。我去向两个组织说明情况，希望他们协商一致，对干之共同监督劳动。后来不知他们如何协商的，就通知干之5月23日搬到学生宿舍去住。在家时，尽管不断斗争他，但有我在身边，我总可以尽力保护他不受大的伤害，至少可以及时安慰他；现在隔断了我们的联系，让他一人在虎口中任人欺凌、我却无能为力，真使我忧心如焚。我告诉他，心脏不适就请假回家休养，切勿强撑。

他先住在南五楼楼梯下一个小仓库中，屋顶是斜的，人在屋里不能直立。一次小规模的武斗，双方互扔砖头，打破了他房间的窗户，幸亏他已经钻到床下，木板床被砸得"咚咚"响。若不是躲得及时，不被打死也会被打伤的。我当即申请接他回家住。另一派听说他回家住了，第二天就来揪斗干之，并指责对方是"老保"。这样两派就分别于下午、晚上轮流开质问斗争会，也不让他吃饭，一直到深夜才放他回来。所谓质问会，没有任何新内容，完全是为质问而质问。干之说："问来问去总是那些问题，我后来都没有力气回答了，心跳得慌乱，频繁早搏。"他出了一身虚汗，精神疲惫极了。次日我替他请假看病，医生诊断为心绞痛和急性肠炎，开了三天病假条。但"造反派"

却不允许他在家养病,又勒令他搬回牛棚去。干之移到了二楼一间只容下一张床大的小屋子里去住。这时我偶然在大字报棚看到一张大字报,传抄的据说是1967年2月1日毛主席给周总理的信。我看了很兴奋,立刻抄在笔记本上。全文是:"恩来同志,最近以来许多革命师生和革命群众问我,给走资本主义道路当权派和"牛鬼蛇神"戴高帽子,打花脸游街是否算武斗?我认为是武斗的一种形式,这种做法起不到教育人的目的。这里我顺便强调一下,在斗争中一定要坚持文斗,摆事实讲道理,以理服人,才能斗出水平,才能达到教育人的目的。应当分析武斗的大多数是党内一小撮别有用心的资产阶级反动分子挑起来的,他们有意破坏无产阶级文化大革命,破坏党的政策,降低党的威信。凡动手打人应依法处之,请你转告革命群众和革命师生。毛泽东。"7月14日,我去看干之,并送药和报纸,同时简单告诉他毛主席这封信的内容,不料惹起大祸,看管人员怀疑我给干之"通风报信",就像审犯人似的分别审问我和干之。我严正抗议说:"通报毛主席的信何罪之有?为什么人病了,有医生证明还不准在家养病?为什么就是我们系管理特殊,别的系都没有这样监督?"看管学生大怒,扬言说:"记下你的话。"我这时血一下涌上脑际,不顾一切地对抗起来:"你们记吧,'特殊'是客观事实嘛,你们了解情况,提出问题是可以的,像审犯人一样我不接受,应用同志式的态度谈话。"他们说:"我们对你有一定看法,你总是这样对抗红卫兵。"我说:"不是对抗,是讲道理。你们怎么看我没关系,不能说何干之受审查,我也一定是'三反'分子。"他们这时才转了弯子,仍不无严厉地说:"不许你对抗红卫兵运动,你要和何干之划清界限。"我仍抓住原来的话题说:"他有病,应有起码的人道主义。家里人去看他,送药、送报纸,说说大字报的内容,有什么不可以。大字报是公开贴的,特别是毛主席的指示,为什么不允许我说,难道要封锁毛主席的声音么?"他们一时语塞,但坚持要我遵守他们的"监管制度",以后我去看他,送什么东西,都要经他们批准和检查。我生气地说:"这就是你们的'特殊'之处。"随后头也不回地走了。下了楼,我还听见他们在嘲骂我。

不料我的"合法斗争"彻底失败了,干之遭到更大的厄运。7月

15日，他们把病中的干之揪去开斗争质问会，逼他招认是什么"文化特务"。自从报上批判田汉为"文化特务"之后，凡是30年代的文化人，都被冠此罪名。姚文元发表《评反革命两面派周扬》一文后，加上张春桥胡说30年代上海地下党是"假共产党"，干之的罪名就大大丰富了，什么"周扬死党""混进党内的文化特务"等等，不一而足。还硬说他1929年在广州因参加进步学生运动而被学校开除、又被陈济棠"通缉"、转移到上海是"可耻的逃兵"，1935年上海地下党被破坏，干之流亡日本是"逃避革命"……似乎只有被捕和被杀才是革命者。干之无论如何不能接受这些诬陷性的批判；于是这些"红卫兵"就动起武来，整整开了一天斗争会，一面逼供一面殴打，围着他，你一拳我一脚，推来搡去，打他的前胸、后背和下巴，踢他的腿和腰，还用毛笔给他画花脸——他只是摘下眼镜，双手捂住胸口不作声。下午，天下起雨来，他们兴犹未尽，自己躲到屋檐下避雨，却让干之站在雨地里挨淋。雨水冲着墨汁，一道道墨迹流满脸流满身。他们还动员许多小孩助阵，又喊又笑又朝他扔泥巴。我的孩子回来对我详细地报告了这些情况，我气极了，当天在日记里记下了这些暴行，最后我写道："这种暴行完全违背了党的政策，毫无人性，用拳头来进行政治斗争是无理无能的表现。如果再打他，我就要到'新人大'总部和'中央文革'去告他们。"第二天我去找两个组织的负责人反映了这个情况，我问："有没有统一的管理办法？"他们说："没有。"我说："这样斗争何干之是违反党的政策、违背毛主席指示的。毛主席反对武斗，反对打花脸游街这种斗争方式，希望你们真正听毛主席的话。"最后我又说："何干之有严重的心脏病，这种斗争方式会有生命危险。"听到这里，那个学生才不作声了，对我说："你回去吧，我们知道了。"

他们不仅以侮辱人取乐，还利用干之所写的材料大打派仗。一次"朱德材料"的风波，又几乎使干之陷于没顶之灾。"造反派"按着"中央文革"的指挥棒，开始提出"打倒军内一小撮"的口号，矛头直指朱德元帅。早在"一月夺权"风暴后，就不断看到攻击朱老总的大字报，康生说朱老总是"空头司令"，"中央文革小组"中散布"朱德是黑司令"。1月底，在戚本禹的指使下，人民大学"造反派"在北京街头贴出了"打倒朱德"的大标语和大字报。之后虽经周总理多次出面干预,制止了"批朱大会"的召开,但反朱德之风始终未停息,"造反派"们有恃无恐地仍在继续批判朱老总。8月下旬的一天,干之在家休病假,"三红"军人班学生来找干之,要他写关于红四军、"七大""八大"的材料,说朱德是军内"一小撮",是"黑司令","七大""八大"时反对毛主席。干之感到大事不好,和我讨论怎么办。他说:"显然他们是要攻击朱老总。这些历史上的问题,党早已作了结论,怎么可以用来作为反朱老总的根据呢?我们不能提供他们材料。"但不写又怎么办呢?思来想去干之就写了一个含混其词的材料,主要引用毛主席红四军第九次代表大会的决议,笼统地说,批评了红军内部一些错误思想,指出这是认识问题,很快纠正了;没有明确写关于朱老总的材料。我们写了一整天,字斟句酌,不让他们抓住什么把柄做"炮弹"。我们原以为这件事混过去了。不料第二天"新人大"来质问干之,给"三红"写了什么材料,干之如实说了,他们发起怒来,说:"前两天叫你写,你说有病推托,现在你给'三红'写,就是挑拨两个组织的关系。你必须承担全部责任。"并强迫干之公开写大字报,把给"三红"军人班写材料的过程和内容公布出来,并说:"凌晨三点钟贴出来,我们四点钟去向'三红'提抗议,抗议他们违反协议,单独向你要材料。"干之表示不能写,明确说:"不利'大联合'的话我不说。"要求免去这项指令。"新人大"的学生说:"必须写,到时不贴出来后果自负。"说完就怒气冲冲地走了。这天晚上,我和干之又陷入极度困难之中:不写吧,"新人大"不会饶恕他;写吧,两派打起来,最后定会说是"走资派"挑起武斗,浑身是嘴也说不清。讨论了大半夜,我们决定写个"言不及义"的检查,于是写了几十个字,他说:"我不知道两派组织的协议,犯了错误,由我自己负责。希望两个革命群众组织迅速实现'大联合',这是我最衷心的希望。"不知情的人根本看不懂这张大字报中提到的什么"协议",犯了什么"错误",对此干之都不加说明,只想蒙混过关。直到次日凌晨三点钟,我才帮干之抄好这份材料,并按规定一大早送给"新人大"。之后我们心里忐忑不安,不知会有什么灾难降临。我在这天(8月23日)的日记中记下我的惶惑:"都是革命组织,为什么给'三红'写一个短小的材料，就使他们发这么大的火呢？"晚上八点钟，"新人大"叫干之去听审，骂了干之一顿，说他是"老滑头"；要他重新写检查，一定要把军人班要他写材料的事写上去。这说明他们一定要借这个题目打内战，打击"三红"。干之只好再作一次检查，但仍只能作自我批评，真不知自己错在那里。写得言不由衷，自然通不过。半夜十二点我们把大字报送去，"新人大"看了怒气冲冲，两把就给撕了。干之无奈，就去找"三红"说明情况。不料"三红"翻脸不认账，也骂他挑拨两个组织的关系，并说"你要写大字报，你自己负责"，真是逼得人走投无路了。

于是干之被迫写第三次检查，规定次日早七点贴出大字报。干之依样画葫芦，改换些词句，写些模棱两可的自我批评，再三强调；希望两派大联合等等。他们见干之死守"自我批评"一条线，就是不讲具体情况，却也无可奈何。过了两天，"天派""地派"因聂元梓问题大打起内战，"三红"和"新人大"总部也紧随其后互相攻击，全校硝烟四起。干之这次灾难就这样悄然渡过去了，但两派斗争的步调始终未能取得一致。

第八章　生离死别

一、第一次被绑架

"文化大革命"开始一年来，我一直采取积极抵抗的态度，抵制"红卫兵"的错误言行，用"合法斗争"的方式反对他们的不人道和不讲理的行为。因为我自认为，一我不是当权派；二不是什么学术权威，虽然任何组织都排斥我，但一直没有理由正式把我列为批斗对象和"牛鬼蛇神"，所以他们不能剥夺我的发言权。同时我的抵制有理有据，他们无法驳倒我，虽然对我恨得牙痒，却无可奈何；于是就千方百计想办法抖我的历史，硬要把我也打成"牛鬼蛇神"，在政治上压倒我，迫使我"老实"和"服帖"。

不堪回首：中国人民大学校史管窥（1966-1970）

  1967年9月间，他们终于向我开刀了。

  其实7月间，他们已向我发出了信号。7月间，我在大字报棚看到一张转抄的刘少奇"第二份认罪书"——他的第一份"认罪书"是1966年7月29日给建工学院的《请罪书》。"中南海造反队"给刘少奇下了紧急通令，要他交出书面检查，具体回答戚本禹《爱国主义还是卖国主义》一文中提出的八个"为什么"问题。刘少奇的"认罪批"逐一回答："61个叛徒集团"问题是经中央批准的；"关于和平民主新阶段"是根据中央讨论的意见写的；八大政治报告是"代表中央作的，明确说了阶级斗争"；1958年"我没有攻击三面红旗"；"桃园经验当时是比较好的，不是形左实右的典型"；"'文化大革命'中我犯了路线错误"——刘少奇的回答引起中南海"造反派"的更大愤怒，写了张大字报、批判刘少奇是"反攻倒算"，根本不认罪。我看了，感到虽不像认罪，却说出了许多人们不了解的情况，于是就当作新闻，在看望干之时简单介绍了要点。干之说：现在不让人说实话，解释没有用的。他仅仅说了这句话，谁知第二天即7月16日，我就看见"新人大"6204部队贴了我一张大字报：《警告何干之的臭老婆刘炼》。当时我是带着女儿来给干之挂蚊帐的，她认得我和干之的名字，硬拉着我快走，我哄她到路口等我，把这张大字报全抄下来了。大字报二三百字，全是污秽得不堪入目的谩骂，说："刘少奇反扑了，老王八何干之的臭婆娘刘炼听了这个消息欣喜若狂，向她的王八丈夫报告了这一'惊人的喜讯'。于是老混蛋何干之连日来向我新人大战士猖狂反攻倒算，拒不承认自己的'三反'罪行……你这老狗瞎了狗眼，我们誓叫你和你的狗主子刘少奇、彭真、周扬等一起完蛋……刘炼如果再煽风点火、上蹿下跳，我们就叫你这个臭婆娘和你的王八丈夫一起尝一尝我们的铁拳头……"我看了以后怒不可遏。当天我在日记中说："用辱骂、侮辱和人身攻击来对待一个同志，这是为什么呢？找不到打击我的理由，就用捏造事实和谩骂的方法来丑化我。为了维护共产党员的尊严，我有必要澄清事实，我不怕打击。我希望他们能尊重事实，按照党的政策办事。"当晚我写了一张反驳的大字报：《说明真相，答"新人大"6204部队的警告》，于17日上午贴了出去。之后，我紧张地等着红卫兵来打击我。很奇怪，好几天过去，也没人理睬我。这两张大字报不久都被覆盖了。我以为事情就这样过去了，但这种肆无忌惮的人格污辱却难于从我心中抹掉。这个"6204部队"是些什么人，我至今也不知道。但是他们却在悄悄地准备着打击我的"铁拳头"。

他们一方面非法地查阅我的档案材料，组织专案组到外地调查我的亲人和朋友，企图寻找攻击我的炮弹；与此同时，他们加紧了对干之的监管，不仅不许干之回家，也不许我和孩子们去看他或给他送东西。南五楼上的斗室也反锁起来，只在他大便和吃饭时开锁放风，小便也在室内。干之喜欢散步，后来他告诉我，他只走三步就碰上墙壁，心情苦闷到极点。我非常担心他犯病和轻生，只能从大字报和大喇叭上听到他被斗的消息。我终日坐卧不宁，反而希望学生们来"质问"我他的情况，以判知他是否仍健在。这期间又听到许多可怕的消息：李培之被重新揪斗，诬她是叛徒；彭明再次被殴打；"摘帽右派"许惠尔，因卖"文革"各种小报，被抓去毒打致死。我亲眼看见他被红卫兵抓住，反剪双臂，一面骂他一面抽打他，一直揪到"三红"总部，再也没有出来——第二天就听说他被打死了。有一个战斗队写出大字报，要求维护《六六通令》，居然有人批上"造谣，打死活该"六个字。这时的生命轻如蚂蚁，真令人不寒而栗。

我的心紧缩着，似大石压在胸口，不时隐隐作痛，惶惶不可终日。灾难终于来临了。9月25日深夜三点钟，我正搂着小女儿睡觉，朦胧中听见"咚咚"敲门声，我立刻被吓醒了。小女儿也醒了，紧紧揪着我的衣襟连声叫"妈妈"。我去开门，两个红卫兵在门口低声说："何干之心脏病发作了，要你赶紧去看他，带些药去。"我立刻似冷水浇头，战栗起来。但我也有不祥之感，怕他们骗我，于是我问："为什么不送他回家？"他们说，"动不了了，你赶紧去吧。"于是我用力拧小女儿的屁股，想让她哭，以便说明我走不开，请求他们送干之回来——可是她吓得小脸苍白，一声不响，怕哭出声来红卫兵会打她，宁可忍着屁股痛。我无奈，只好把她交给母亲照管。母亲也吓坏了，我安慰她："不要紧，我去看看干之，一会儿就回来。"我穿上衣服，带上干之的药，随他们出门。我们刚迈出大门，门洞黑黑的，门两边突然过来两个人，扭着我的胳膊反剪着，低声喝道："不许叫，跟着走。"我偏大声叫:"你们干什么?我会自己走,你们这是绑架。"一个男生用力戳我的后腰,低声喝道:"喊什么!"这时夜深人静,我的声音格外响亮,我大声说:"妈妈,锁好门。"屋里立刻关了灯。他们押我下了楼,到外面,他们才放开我的胳膊。我说:"你们要干什么?"一个说:"到了你就知道了。"他们带我到了五处,进了一间会议室,灯光明亮,好几个人在那里等着。我问:"干之呢?我要去看他。"他们说:"他好好的,没有病。今天叫你来,是要你写交代材料。"我气了,说:"要我写,通知我好了,过去也写过不少,为什么要骗我、绑架我?"一个头头断喝道:"什么绑架?是对你监督。"我说:"要我写什么我写好了,为什么不让我回家?你们关起何干之,又要关我,我家里一个老人和五个未成年的孩子,谁来照顾他们?我要回家。"说着我就朝门口走去。红卫兵头头吼起来,用粉笔在门口画了一条线说:"你敢走出这条线以外,一切后果你自负,不要怪我们打你。"我说:"你们不讲理,你们凭什么对我实行监管?"他们说:"凭你的反动历史和推行修正主义教育路线的问题,你要在这里老实交代你的'三反'罪行。"我又说:"我什么洗漱用具都没有带。"他们说:"会给你拿来的。"又喝令我交出家里大门和箱柜的钥匙。我严词拒绝,我说:"你们要搜查我的家,必须有我本人在场,你们随便抄家是违反《六六通令》的。"我曾经在大字报棚中抄下 1967 年 6 月 6 日中共中央、国务院、中央军委、中央文革通令,而且记下了其中重要条款:第一条"除国家专政机关奉命依法执行必要的逮捕拘留任务外,任何团体和个人都不准抓人、不准私设公堂和变相的私设公堂";……第四条"严禁武斗,严禁行凶打人……";第五条"除国家专政机关奉命依法执行任务外,任何团体和个人都不准对任何团体和个人进行搜查和抄家"。并说"对于违反上述各条的团体,分别情节轻重在一定范围内通报批判"。我这时只有用中央文件来维护自己的权利了。我简述了《六六通令》中上述条款,不料这些号称"最听毛主席的话"的红卫兵竟大笑起来,笑完了就骂我"对抗红卫兵运动","对红卫兵的革命行动刻骨仇恨"等等;然后四个人一起上来,两个拧着胳膊,两个搜我所有的口袋,把一串钥匙硬是抢走了,我挣扎、抵抗也无济于事。其中三个人在头头的示意下走了,我知道他们

第五章　惊魂痛史

是去非法抄家了，我又大声喊："9月20日总理接见红卫兵代表团谈迎接国庆问题时，批评了打砸、抢抄家之风，说封建阶级抄家还要皇帝批准，你们怎么可以背着我随便去抄家，难道你们没有看见那张大字报吗？"我是9月21日抄下这张大字报的，当时总理还批评了"红卫兵"捕捉彭真的错误，我记得很清楚。他们再不理我了，送来纸笔要我交代历史问题和历史系教学改革的材料。我说："历史问题我一到解放区就写了，而且入党前后经过近十年的审查，还写什么？档案里都有。"他们失口说："你的档案我们全看过了，又查出了新问题，你要老实交代。"我一听又气起来，我说："1967年5月31日中央文件《关于查问档案的规定》当中第四条说'尚未成立革委会，未实行军管和革命联合的单位，原则上不能借阅档案材料'，你们没有'大联合'，为什么私自查我的档案？"这一下惹火了他们，他们拍着桌子说："你管得太多了，你老实写材料，再跳你会倒霉的。"说完就走了，并把门反锁住。我心实不平，好久才冷静下来，只好按他们出的题目写。这些材料我不知写过多少遍了，合起来有几十万字。少年时期一时兴起组织的几个社团，中学毕业后参加了'三青团'两个月的活动，经过入党前三年和入党后七年半的审查，早已弄得一清二楚。如今十年后又当作重大历史问题拘禁我、逼我交代；还吓唬我说查出了新问题，我当然不信，我断定是借题整我。唉！秀才遇见红卫兵，是有理说不清了。看到"文化大革命"以来，红卫兵专门斗人的历史问题作为整人的武器，这是和某些干部学来的伎俩。在龙泉寺时，学校和系的领导就指使一些人公布过我的档案材料；那时不容我分辩，现在借此机会写个明白，未尝不是件好事，免得他们胡乱捏造。想到这里，我就安下心写起材料来了。写乏了想睡觉，房间里面没有床，只好把几张椅子拼起来躺一会儿。

　　第二天他们给我拿来洗漱用具，显然已经抄了我的家，也没听他们说发现了什么。我告诉他们说：这一年来已经抄过好几次家了，还封了几个月的房门，抄走了许多文件、资料。有人还私自拿走我800元现金和许多布票、工业券，后经我告状硬不承认，却悄悄地放回500元，还赖我放忘了地方、责任自负，我就吃个哑巴亏算了。现在又在我不在场的情况下抄家，你们必须给我开列清单。他们说：你母亲在场，我们也留下了清单。我要求见我的孩子，对他们无人照顾和管束极不放心，我要对大孩子作些嘱咐；他们不许可，要我写条子给他们，要什么东西也要通过他们去取。

我就这样被囚禁起来两个多月。后来他们虽送被褥来，但我一直睡在八张凳子上，几乎每晚都失眠。我既担心干之，又牵挂老母亲和孩子们。我的心都碎了！这是什么审查啊？！我从未受过这种待遇。我又多次要求回家去写材料，他们说，我只要老老实实快点儿写完材料，就放我回家。

他们并没有遵守诺言，我写了许多材料，再也写不出什么，他们就开始对我进行漫长的质问。大概是把我现在写的材料和档案里过去的材料对照，找出一些矛盾和我已疏忽的细节来"质问"我，有的则是把调查来的材料叫我具体交代。一开始时我坦然自若，有问必答，后来发现，他们确实掌握了些具体材料，而我却忘了，无法回答。于是他们开始了粗暴的审讯，说我"隐瞒罪恶历史""抗拒审查"和"不老实交代"等等。这一下把我弄昏了。

其中一个主要问题是桃源社问题。这在入党审查时早已作了结论，是"一般的学生社团"，现在却说是"特务组织"。我坚决否认，说农业大学组织已作了结论，他们说："那是农大包庇了你，你现在必须重新交代。"他们要我交代参加者和会议内容。桃源社是我从北京大学退学后在天津教小学时，几个好朋友在假期、课余时间组织的文学社团，取名为桃源社，即向往陶渊明的世外桃源。我们在一起读鲁迅的杂文和小说，有时出些散文题目分头写作，如《秋声》《秋色》《秋韵》等等，互相交流评论，编成一个小册子《片片秋》，毫无政治倾向。入党时这个问题曾当作"政治问题"审查了好几年，现在又旧事重谈。令我心慌的是他们声称在天津的家里搜出了一本会议记录，记载了我们的发言，要我逐一交代。这可难住了我，我完全忘记了这本会议记录，更不记得谁讲过什么话。于是他们就说我"隐瞒"，"抗拒"和"不老实交代"。仅这一个问题就翻来覆去"质问"了我两个月，到后来我干脆不作声了。他们说："你讲课记忆力很好，不看讲稿就能讲，《六六通令》也记得那么清楚，怎么这些问题却说忘了。鬼才相信。"他们像审犯人一样，要我站在房屋中央，他们围坐一圈，你一句，我一句，喊口号，打态度，每次都弄到深夜，我的精神几乎崩溃了。但我始终不接受他们武断的结论："桃源社是特务组织。"我说，"你们不能推翻农大党组织的结论，这本会议记录也不能改变问题的性质。"他们说："你不交代清楚就别回家。"这一条触动了我的心。我是多么想回家啊，但是我不能因此而瞎说。我说："你们就按会议记录的内容去定性好了，上面也有人名，干什么非要我一一交代，若因记不清说错了，岂不害了别人？"审讯就此僵持住了。他们就转而集中打我的态度，说我是"历史系最顽固的一个"，他们发誓定要攻破我这个"顽固堡垒"，并扬言说"凭这一条就可以把你送交公安局"。我心里打了鼓：如果真的正式逮捕我，这个家可怎么办啊。我开始有点儿害怕了，我矛盾着，斗争着。但我确实无法违心地满足他们的无理要求，一切历史旧账我自己承担，绝不能去伤害别人。尽管如此，我搜肠刮肚的交代中，还是说错了两个人——后来知道，她们为此也受到了牵连。这完全是因为我记错的缘故，而且很快我作了更正。

这期间我接待了多起外调人员的"审问"。因为我是被监管人员，所以他们对我的态度十分恶劣，拍桌子、打板凳，任意辱骂我，我于是拒绝合作，不回答问题，不答应写材料。专案组人员来压我，我抗议说："这不是调查，这种态度先入为主，把我看成反革命，我写什么也不会相信的，最好别找我调查了。"后来情况才有所改善，大概是专案组对外调人员讲了些什么吧，我才按实际了解的情况，写有关人的材料，绝不多写一句含糊之词，也不加议论——这是我坚守的一条原则。

11月16日，监管我的"红卫兵"突然放我出来，要我跟他们走。我问到哪里去，他们不回答，只说："到地方你就知道啦。"走到马路边看见一辆小汽车停在路边，我吓了一跳，莫非真的送我去公安局？我停步不前，他们推搡着我走。这时从车中下来两个人，原来是农业大学政治课的两位青年教师，我才放下心来。这两个人都曾是我的学生，后来抽调出来在职培养、做政治教员，这时成了"造反派"，他们说揪我回农大批斗。"文化大革命"以来，我一直有个幻想：认为我调到人民大学是个天大的错误，我在农业大学工作了15年，在那里入党，在那里评为副教授，在那里度过我青春最美好的年华；农大的领导都了解我，信任我，学生也尊重我、爱戴我，我若在农大，绝不会受到现在的折磨。不料这次批斗打破了我这一幻想，是我太天真、太幼稚了，"文化大革命"是全国性的灾难，农大怎么会有例外呢？不过当得知不是去公安局，我的心就踏实了，倒要看看农大斗我什么问题。

到了农大，车子径直开到阶梯教室门前，路边墙上横贴了一条斗大字的标语："把大特务刘炼揪出来示众"。我这才明白，两校已经串连起来对付我了。我心想，我的历史结论是在农大作的，看你们翻什么案。

这天农大政治课的"造反派"们，把原来政治理论课各教研室的领导全揪来了，调到外校的也无一例外，在台上站成一排，每人背后都有人不断地压我们的头和腰。我站在那里，很想看看熟人们，就直起腰来巡视群众。我看见许多熟悉的面孔，他们有的躲避我的眼光、低下头去，有的轻轻点头示意。我曾经在这个阶梯教室讲过课，作过时事报告，每次都获得热烈的掌声，下课后讲台前总围着许多学生和我交谈——回想起那些师生情感交流的幸福时光，今天我却站在这同一讲台上被批斗，心中酸楚不已，眼里涌出眼泪来。但我马上警告自己，绝不能在他们面前流泪，我闭上眼，强忍住眼泪。背后的"造反派"看我挺着腰面对台下，就猛地压我的头，台下也有人喊"刘炼低头"，于是我努力把我的思绪拉回现实，仔细听他们批判我什么问题。

轮到批判我了。一个青年教师跳上来，我歪过头去看，他并不是中国革命史教研组的教师，因水平不高，不适宜做政治教员，已调到中学去工作了。如今他来控诉，说他是个受害者，被排挤出政治课，我们这些领导人都有罪责。随后他逐一揭发问题，谈到我时，他讲了一件事：1958年学习"大跃进"时，他说粮食产量能够不断地成几何级数成倍增长。我当时说，不可能，例如跳高，到一定高度，增长一厘米都很困难，不可能依几何级数成倍增长。这本是个小学生常识，但他记住了，硬说我的话是反对"三面红旗"，"反对'大跃进'"，是"三反言论"。我几乎忍不住笑出声来，当场对他说："到现在我仍然是此观点。小麦原亩产 80 斤，可以丰产到 160 斤，但不可能 320 斤、640 斤、1280 斤这样永远不断地翻番增长，我们搞农业的都明白这个道理。"他万没有想到我会发言，立刻涨红了脸，禁止我说话，并领着大家喊口号"打退刘炼的猖狂气焰"。背后的人按我的头和腰，没理的占了上风。我心里这时才明白：原来一切"造反派"都是一样的，什么"造反有理"，恰是"无理造反"。我见其他被斗者都默不作声，"造反派"要他们交代什么问题，他们都老实地顺着"造反派"的要求回答，什么如何"包庇"我入党啦，什么"打击新生力量"啦，什么"官僚主义"啦……我听着心里好不是滋味，怎么过去的工作全都错了？！这时我才明白是我太痴愚了，应当向他们学习。这次会又是以打击我最凶而收场。

11 月天气已经很冷了。我实在无法再在教室的板凳上睡觉了，于是再次要求回家，以后需要我写什么材料，通知我就是了，我绝不会外出的。虽然他们在这次绑架中没有收到什么实际效果，但就此把我列入系的"重点批斗对象"，压制了我的抗拒，剥夺了我的发言权，这就达到了他们的主要目的。于是他们同意我回家"继续交代""老老实实随叫随到"。我得到了"监外管制"的"宽大处理"，高高兴兴地回家去了。

回家后，母亲告诉我，那天我被绑架后不久，红卫兵就来抄家，翻箱倒柜一直到天明，拿走许多材料，从未写过什么收据给她。她说这两个月她提心吊胆，让孩子们来看过我几次。孩子们说我没床睡觉，更加重了她的担忧，幸而大家都没有生病。我问她有没有干之的消息，她说孩子们去看过两次，都被打发回来了。我平安回到家，孩子们非常高兴。我心中暗想：为了孩子们，也要顽强地活下去。

二、流离失所

在我被绑架之前，我已预感到学校两派联合无望，必然要发展为大规模的武斗，仅我直接看到、听到的情况，就可以判断这一趋势的必然性。早在 1967 年 6、7 月，我就频繁听到各地武斗的消息，零星记录在日记里。7 月 23 日日记中写道：武汉地区武斗激烈，每次死伤数百人；8月10日、14日日记中说：内战硝烟开始弥漫校园，发生多起武斗。一方说对方杀了人，另一方说对方自己造成的血案，连事实都搞不清楚。连日武斗多起，一面制止一面发生；8月31日一个学生从沈阳来，悄悄来看我，说沈阳武斗很厉害，"造反派"夺解放军的枪，到北京的火车没有列车员，秩序大乱；9月初听到安徽两派火并，反对解放军，冲师部大楼，夺战士枪……在这样四处狼烟的恶劣形势下，9月5日江青在接见安徽来京代表会议上讲话，竟然进一步煽风点火、推波助澜。她在大会上说："我声明：谁要跟我武斗，我一定要自卫，我一定还击……我不是提倡武斗……当阶级敌人来向我们进攻的时候，我们手无寸铁怎么行呢……我是'文攻武卫'……你们双方不要回去都搞起武卫来，戴上柳条帽，拿起长矛来，那就不好了。"自此，任何一派都打起"文攻武卫"的旗号，堂而皇之地进行武斗。人民大学则按江青的具体指导，果然用柳条帽和长矛来武装本派的"红卫兵"战士。

由此可见，武斗进一步发展的趋势是江青推动起来的；人民大学的派仗和武斗，也是江青直接指挥的。7月间江青、康生直接插手人大"文化大革命"，点名孙泱是人民大学"第一号敌人"。接着两派在肖前问题上展开尖锐的斗争，因为肖前首先在"新人大"亮相，"三红"就处心积虑要打倒他；后来江青知道了，误把"肖前"当成"萧乾"，于9月5日凌晨江青接见"新人大"和"三红"代表时，公然表示支持"三红"打倒萧乾（前）。结果两派为此大打内战。

由此可见，人民大学的派性斗争和武斗，都是江青一手挑动、推动起来的。至于什么"我是坚决反对武斗的"，都是表面文章，说来骗人的。当时也听到有所不同的声音，就是周总理9月20日接见"天派""地派"的讲话，他严厉地批评他们打内战，宣布凡是不实现"大联合"的单位，不准参加国庆节游行。这样，上海赶紧联合，一天一夜11所高校、几十所中学立刻分别联合起来。北京也于9月20日听完报告后，两大组织进行午夜谈判，21日清晨即宣告"人民大学大联合委员会"成立。我一时还为此高兴过。可是不久江青在接见河南、湖北来京红卫兵代表会议（9月）以及在《北京文艺座谈会》（11月）上，又大肆煽动说：有些单位"再乱一下是有好处的……

乱敌人，不是乱我们……我们不怕乱。""红卫兵搞了一些过火行为，如什么'喷气式'呀，挂牌子，下跪呀，但这不是主流，这是支流……是难于完全避免的。"一番风火，把刚刚联合起来的"稳定"局面又煽得混乱起来；沙滩上的联合顷刻瓦解，"红卫兵"更加肆无忌惮地为所欲为起来……

  过了一天，我就被非法绑架了两个月。在关押期间，我虽看不到大字报，但我从广播中听到内战的吼声，嗅到内战的硝烟。最令我震惊的是，广播传出江青点名孙泱是"大特务"，并说中国人民大学"叛徒多""特务多"，我听了心惊肉跳，这样一来，人民大学永无宁日了。两派果然就孙泱问题互相攻击对方，力争本派揪斗孙泱的战绩。3月间戚本禹来人民大学，宣布孙泱为"第一号敌人"，并主观捏造了一个莫名其妙的次序，说人民大学的敌人是孙泱、郭影秋、胡锡奎——就令人们诧异不止了，来校仅三年的孙泱竟成为"第一号敌人"——直到9月江青出面，硬说孙泱是"大特务"，至此江青失意要打倒孙泱，进而攻击朱老总的意图，就昭然天下了，由此也注定了孙泱在劫难逃的厄运。果然，10月6日我在广播里听到奏起扣人心弦的《骑兵进行曲》，就站在窗下倾听，又有什么惊人的消息要发布了。——《骑兵进行曲》原是我最喜爱的曲子，一哼起它来就令人精神振奋，可是如今我一听到这曲子就心惊肉跳，因为这是红卫兵发战报的前奏曲。一曲终了，广播中宣布孙泱"畏罪自杀"了。我简直不敢相信自己的耳朵。接着另一派广播了长篇文章《孙泱之死》，揭露了"事实真相"，攻击对方看管不严，是为了灭口。据说孙泱是坐着吊死在暖气管上的，暖气管离地面不足三尺，孙泱一米八五的大个子，怎么能坐在地上吊死呢？此后就围绕着孙泱之死，两派互相攻击，打广播仗。到11月放我回家时，已经在武斗中发生了流血事件。有的学生和干部为了抢夺大扩音喇叭而爬上电线杆，另一派则动起武来打伤了人。为了制止高校武斗，北京市革委会派出解放军军训团进驻人民大学，原以为可以控制住局势，谁知"造反派"已经打昏了头、斗红了眼，似脱了缰的野马已经勒束不住了，两派内战愈演愈烈。毛主席设计的"文化大革命"蓝图：夺权 大联合 三结合 斗批改，完全破产了。号称"最听毛主席的话"的"红卫兵"和"造反派"们，完全不按照毛主席的"指示"去做，而是背道而驰；夺权、大批判（打派仗）、大规模武斗。这正依了毛主席自己讲过的一句真理，客观规律是不以人的主观意志为转移的。

这时什么"要文斗不要武斗"、《六六通令》，甚至"最高指示"，都被"造反派"们造了反，不仅不予理会，反而各取所需地用来作为打派仗的根据，需要时用两句来钳制对方，不利于己时则装聋作哑，编造歪理。但他们却按照江青的胡言乱语互相揪对方的"叛徒"和"特务"。一时间，人民大学"叛徒""特务"满天飞，《骑兵进行曲》一播放，准揪出一个"叛徒"或"特务"，号称是"战报"或"特大战报"；这个人就可以被抓被打。这期间被揪斗、殴打的人太多了，他们先在所谓"批斗对象"身上实行极其野蛮和残酷的"武斗"。

某系一位讲师被发了战报后失踪了——后来另一派揭露了真相，说这位讲师被"造反派"用乱棒打死，下身打烂了，血肉模糊，惨不忍睹。一个生命就这样结束了！最令人发指的是1968年4月何思敬之死。何思敬是中国著名的法学家、哲学家，精通日、德、美、法等国文字，是新中国成立后高教部直接批准的一级教授（与何干之同时），曾是毛主席十分尊敬的专家、学者。1938年在延安时，毛主席组织几十位高级军事干部参加学习德国军事家克劳塞维茨的《战争论》的研讨会，请何思敬主讲。当时只有一本词意不顺的文言文本，毛主席请何思敬用德文原版边译边讲，每次介绍一章。这本书的思想论点，对毛主席后来写的《论持久战》起了重要的作用。克劳塞维茨一个著名的论点："战争是政治通过另一手段的继续"，列宁认为这句话是对战争"所下的定义"，是"一句至理名言"；毛主席也用这一观点分析了中日战争的发展规律。毛主席非常尊敬何思敬，称他为"老师"。就是这样一位对中国革命有重大贡献的学者，1968年已是72岁高龄，竟被一群丧失理智的疯子肆意侮辱和殴打，在洗脸房里挨斗。他们围成一圈，把何老你推过来我推过去。老人患高血压症，戴着深度近视镜，在推搡中脚步不稳，一下撞在水泥池边沿上，当时眼镜撞碎，眼球突出眼眶，血流不止，不久即因脑溢血去世了。我从广播中听到这个消息，心脏几乎跳出胸膛，我立刻想到干之也定会听到这个噩耗，他会更加难过的。

1933年，干之在广州中山大学教书时，与何思敬共事。在地下党员何思敬的帮助下，建立了中国文化总同盟广州分盟。1937年，干之与他又在延安相遇，1950年同在人民大学工作。他们有着长达35年的友谊。听到他的死讯，干之一定会心脏病发作的。我恨恨地想："文化大革命"难道就是革文化人的命吗？这些老学者学问的积累需要五六十年，谈何容易；结束生命却只在一瞬间，而且死得不明不白。何思敬之死，又惹起他们打了一阵派仗。打人凶手公然赖账，逃脱罪责，当时真是如毛泽东所说"和尚打伞，无法（发）无天"，没有人追究法律责任，何思敬之死自始至终没有人作出明确的交代；浩劫之后只召开了一个追悼会给他平反，他的女儿何理平（系曾任共和国外交部长和驻联合国代表黄华的夫人）拒绝出席追悼会，要求惩办凶手。但是参加批斗的人那么多，已经查不清了。最后还是不了了之。

对批斗对象之死，"红卫兵"和"造反派"们无动于衷，并且完全不负责任。而对他们之间因武斗致死的事件，却大做文章。到1968年，终于发展为大规模的武斗。大规模武斗之前，他们双方大造舆论，进行了几个月的"大辩论"，双方都拥有一批大笔杆子，吃饱了就炮制攻击对方的大块文章，也不署名，采用各式各样的化名，什么"向东辉""东方红""农奴戟"等等。文章确实写得很有"战斗水平"，"文化大革命"的语言、词汇确实很吓人。这些造反的秀才们，在这场大造反革命舆论的"大辩论"中表演得淋漓尽致，对5月开始的大规模武斗的升级升温，起了推波助澜的恶劣作用。

5月10日，校内武斗加剧；军训团半年来毫无建树，不得已退出学校。从此两派更加肆无忌惮了，各自划出防区，建立工事，打造武器（如长矛、弹弓炮等），砖头、瓦片、铁钉、螺丝帽都是"子弹"。两派为了争夺辖区，发生了剧烈的冲突。我从广播中得知，有五个学生被打死，一个女生被刺穿腹部。我认识一个姓朱的女生，她的父亲1938年在延安陕北公学和干之一起工作，她来人大学习时，曾来我家拜访过干之，不料在武斗中被人用长矛刺破了子宫，今后怕不能生育了。大喇叭不断传播这些血淋淋的消息，在人民大学的校园上空织成了一块厚厚的恐怖之网,使人被压抑得喘不过气来。然后双方广播就互相攻击对方是"杀人凶手",并分别召开追悼会,祭奠死者。一时哀乐低回,校园里又罩上了一片阴森气氛。哀乐奏完立刻改变腔调,剑拔弩张,杀气腾腾,扬言"血债要用血来还",武斗迅速升级。

5月16日,几个头戴柳条帽、手持长矛的工人和学生到我家来说,这座楼(林园七楼,今四楼)要筑工事,要我们即刻搬出。我问搬到哪里去呢?他们说不管,自己去找地方住或投奔亲友,而且只给半小时时间准备。我心头慌乱,不知搬去哪里,也不知带什么东西,就七手八脚地装了一布袋随身衣物和毯子、毛巾被等日用物品。母亲心细,临出门找出一件棉大衣带着。孩子们只带出他们心爱的东西,一只篮球、一书包连环画和一筐新买的小鸡。我们像一群逃难者,提着各色物品离开了家。这使我想起30年前逃难的一幕:1937年"七七事变",日本帝国主义入侵华北,轰炸天津。我当时12岁,父亲远在西安,母亲带着我和10岁的弟弟,一行三人,背着沉重的包袱,随着逃难的人流,奔向意租界的一座大剧院——剧院屋顶铺着一面巨大的意大利国旗,可以免遭日机轰炸——我们蜷缩在剧院的座椅上过了好几天,轰炸停止了,我们才回家。那时总还有一座剧院可以遮风避雨,而今我们却无处栖身。当晚我们老少七人,就露宿在楼后保育院门前的平台上。保育院早已关门上锁,我们进不去,只好在屋檐下避避夜晚的寒露。幸亏母亲带出了棉大衣,我铺上毯子,母亲和女儿、小儿子盖着棉大衣,三个大儿子就只好挤在一起盖一床毛巾被。5月天气,夜晚很凉,我睡不着,披着一件风衣坐在外面为他们遮挡风寒。两派的探照灯整夜不停地照射,还不时听见砖头打破玻璃的声音。夜间巡逻的"新人大"战士走过来问我们是谁,看见一群孩子,说:"住在外面危险,会被流弹误伤。"我说:"无处可去。"他们说:"天亮了到前面楼房去找空房子住。"

第二天,我和大儿子去找房子。第一座楼房是两派对峙区域,一时谁也没占领。我们就搬进林园五楼(现在一楼)30号去住。房屋大门已被砍掉一半,室内空无一人,似被抄过家,一片狼藉,满地散乱堆着许多油画,大概主人是画家。我们把这些画整理好,放在柜里,就安顿下来。厨房里有蜂窝煤块和火炉,大孩子跑出去买食品,

第五章 惊魂痛史

我给他们做饭吃。至今他们还记得我炒的土豆泥特别好吃，说之后再也做不出那个味道了。生活环境变化，孩子们不知愁滋味，反而感到很新鲜有趣，整天玩扑克、斗小鸡，非常开心。我却愁肠百结，又牵挂着干之。让孩子出去打听干之的消息，又怕他们挨砖头，真是坐卧不宁，度日如年。但有个遮风避雨的地方，总比露宿街头强。因为对面楼有人经常扔砖头过来打破玻璃，我们只好全家挤在北屋里，把床拼起来睡。就这样过了一个星期。

5月22日，"新人大"几个工人和学生来说，他们要使用这座楼，让我们次日早十时以前搬走，不然后果自负。我问，搬到哪里去呢？他们说：离开"新人大"防区，搬到五处"三红"防区外边去。这时，我看见他们已经把这座楼三层从东到西全打通了，人们不下楼即可迅速穿越全楼。楼梯全部用大木檩条封住，只容一人通行。他们大概怕我们看见他们的工事，所以赶我们走。我又扶老携幼，大包小裹地准备跑到五处去。但各处设防，道路封锁，不准我们通行；我们只好又返回北门，把东西放到校门外。这里毫无遮掩，连树也没有，天又下起雨来。我实在想不出办法，就断然决定带着两个最小的儿女和母亲到农科院去，投奔干之的一个同族侄子家。但他们不让我们进门，抱歉地说："对不起，院部有通知，不准接待武斗单位的任何亲友。"我真懊丧极了，又冒雨带着孩子们回到人民大学，仍搬到五楼30号住下。

当天没有人来赶我们。过了两天，"新人大"正式占领了五楼。我见到历史系的两个学生，告诉他们我无处可去，亲友又拒不接待；他们才允许我们暂住几天。经过这么一折腾，晚上母亲心脏病发作；我无法带她去看病，只能让她含片硝酸甘油，卧床休息。我恳求他们不要再赶我们走；他们没有表态，也没有赶我们。我趁此机会，把小儿子和小女儿送到在国际关系学院读书的干之的二女儿梁禾禾处避了几天难。我们只安静了三天，他们再次通知我们搬到五处去，说通知了各路口守卫"战士"放行。

这样，5月28日我们五个无家可归者，搬进了五处四排两间平房。这个地区是两派对峙的"前沿阵地"，谁都没"驻军"，于是成了我们这些"黑帮"的聚居区。孩子们有了小伙伴，分外高兴，从此我们暂时定居下来。安定后,我让大孩子把小弟、小妹接回来,又让孩子回家去取些锅碗等用具。他们回来说,楼道已用木头封锁,并有"工人赤卫队"把守。孩子们悄悄从阳台爬到二层,跳窗进去,胡乱拿了一些衣服,之后就再也回不去了。我在门前用碎砖砌了个灶,买了一口大锅,孩子们每天拾些树枝回来,我给他们贴米饼吃,竟过起农家生活来。两个大孩子每天到学校去"复课闹革命",没有老师上课,只念念语录就放学回家。

大概两派都顾不上监管我们了,只因我们住处挨着"三红"的防区,他们知道我搬过来,就命令我每周写一次汇报给他们。我每天仔细听他们的广播,以了解形势,夜晚还从窗户缝隙(他们用木板钉死了窗户)中悄悄看他们的备战情况。"战士"们个个头戴柳条帽中,腰间扎着皮带,胸前、后背塞着《新华月报》等厚杂志——这是"防弹护胸",手持长矛在"防区"外巡逻。受到对方攻击时,他们就推着弹弓炮到前沿阵地来。弹弓炮是在一个建筑用的脚手架上捆上一根自行车内胎,用巨大的铁螺丝帽和砖头做炮弹,拉紧了弹出去,杀伤力是很大的。有一个小孩就被石块打伤了,如果是铁螺丝帽,定会打得头破血流。所以,我一见这些堂吉诃德式的武士出现,立即把孩子们关在屋里不准外出,以防飞来横弹。

我们在五处既紧张又安稳地住了一个月。紧张是耳闻目睹他们武斗,广播战日益升级,不断发战报,说揪出对方的"叛徒""特务";安稳是这一个月内"新人大"不来找我的麻烦,"三红"忙于打内战也无人理睬我,只不时有外调人员来,要我写些材料。幸而是夏天,我们带出来的衣物勉强过得去。只是因为武斗停发了工资,生活很拮据,靠一点儿活期存款节俭度日。因为我们住的五处四排临近双方战斗前沿,常有"飞弹"打来,我不放心孩子们出入,就到"三红"十兵团团部去,要求搬进南楼"三红"辖区里来。他们开始时表示同意,要我7月1日搬进去;可是后来又改变了主意,说不能让我搬进去,并且要我7月3日搬离五处。祸不单行,还未容我想好搬到哪里去时,就在7月3日,我又一次被"新人大"绑架,关进了地牢,过了两个月暗无天日的囚徒生活。

三、地牢里的酷刑

1968年7月2日中午，老二苗挺从人大附中"复课闹革命"回来，喜形于色地对我说："妈妈，'新人大'一个学生到学校找我，叫我转告您，明天可以回家去取东西。"孩子们高兴地跳起来，都要跟我去，各自拿他们想带出来的东西。男孩们要拿象棋和连环画，女儿要拿电光纸。我则要取些毛衣和生活用品；特别是想把缝纫机搬出来，以便给孩子们缝补衣服。母亲则要我取出毛线和织毛衣针……我们开列了一长条清单。虽然马上又要搬家，尚不知去处，但有机会先搬出些东西再说。于是第二天上午，我带了两根粗木棍和绳子，准备抬缝纫机；五个孩子兴致勃勃地从西边一个小偏门绕到学校北门，刚转过街角，远远地我看见"新人大"揪我的专案组成员×××（三年级的一个学生）半截黑塔似的站在北门外。我知道上当受骗了，忙对孩子们说："不好，他们要抓我，我们赶快回五处去。"我指挥孩子们扭头就走。×××断喝一声："刘炼，你哪里去？赶快滚回来！"这时已有两人追上来，我知道跑不了了，就对孩子们说，"你们赶快回去告诉婆婆，我大概回不去了，你们想办法给我送洗漱用具。"孩子们吓坏了，五双大眼睛望着我。小女儿拉着我的衣襟不放手，男孩子们说："妈妈快，我们一起回家去。"这时我顾不上他们，更怕他们跟着我吃苦头，看着这群孩子，我心头一阵酸楚，用力推开他们，扭转身，挺起胸膛，迎着凶神恶煞的"造反派"，从容地走过去。

这时红卫兵上来扭我的胳膊，我用力甩开说："我跑不了，我会自己走。"他们把我带到图书馆一间屋子里，我问："抓我来干什么？"他们说："这一阵子你好逍遥啊，躲到五处，让我们找不到你。"我说："你们把我扫地出门，我无处可去，是你们让我搬到五处去的。"他们就骂我投靠"三红"，企图让"三红"保我。我说："无稽之谈，你们为什么骗我来？"他们中一个人态度突然和蔼起来，对我说，"叫你来是想给你戴罪立功的机会。"我一愣。他接着说："你住在五处，一定看见'三红'进行武斗的工事，在什么地方，布置了多少人，你老实告诉我们，有你的好处。我们要说明，'三红'是掀起武斗的罪魁祸首，"我断然回答说："我不知道，他们不许我们看，把窗户都封死了。"他们不信，硬让我写材料。我不写，他们态度就凶起来了，说我包庇"三红"，保护"三红"。我说："我真的不知道，其实我是从你们的防区过去的，你们的工事我倒是亲眼看见了，你们打通楼层、封锁楼道等等；但'三红'没有人问我，即使问我，我也不会说一个字；同样，我在那边看见什么，也不会告诉你们。因为我反对你们打内战、搞武斗。我绝不介入你们的武斗，我不会写一个字给你们的。"他们语塞，就蛮横起来，转了话题，说我"敬酒不吃，吃罚酒"，要把我押到地下室关起来，明天就发我的"战报"；并说发现了我的新问题，是个真凭实据的"大特务"。我吃了一惊，之后又平静下来，认为他们是恐吓我。但由于我的不合作，我是回不了家了。我转而一想：如果合作就会放我么？肯定不会，我绝不用原则作交易，坚持反对武斗的立场不动摇。

之后他们就把我的眼睛蒙起来，上上下下，七拐八拐，把我带到一间灯光耀眼的大房间，所有的窗户都用三合板钉死，不漏一丝光亮，使我不知方向、不辨昼夜了。掀开眼上的黑布后，我才看清大房间里靠墙一边竖放了一排单人床，已经住了几个人。看管我们的是幼儿园的保育员，其中一个曾带过我的小女儿，我真是哭笑不得：幼儿园的保育员没事干了，被调到这里当"狱卒"，这个世界太荒唐了。她们也认得我，态度比红卫兵好得多，要我解下腰带和身上的小刀剪、钥匙串等物品，交她们保管，说是"为了我的安全"，大概是怕我自杀吧——这是多虑了，我绝不会走那条路的。

地牢管得很严，不准互相交谈，不准在室内走动，只能整天坐在床上。日本、国民党监狱中的囚犯，每天还有放风的时间，我们却连晒太阳的权利都被剥夺了。我被关押两个月期间，没有见过太阳和天空。日光灯日夜亮着，我无法入睡，只好用一块黑布蒙着眼睛睡觉。饭由保育员送来，顿顿是窝头、咸菜。上厕所要两三个人凑在一起，由保育员监视，这是我秘密交谈的最好机会，因为监管人员只在厕所外边等候。上厕所要上一层楼，经过几个大厅，有时大厅门开着，我看见里面陈放着许多铁书架。这座图书馆刚刚落成，尚未启用，就搞起"文化大革命"，许多书成捆地堆放在角落里或堆放在窗前，当作

"工事沙包"。后来我才知道这些铁书架也作为审讯吊打"囚徒"的工具。

白天没事干,他们就指导我们学习毛主席两篇文章——一篇是《敦促杜聿明等投降书》,一篇是《南京政府向何处去》,并要求背下来,谁背不下来就在床边罚跪。我怕罚跪,读得很用心,背得一字不差。但有几位难友总也背不下来,就被连日罚跪,一跪几个小时,我真替她们着急。我虽然能流利地背下来,心里却十分抵触,暗自生气,认为叫我学这篇文章是岂有此理,莫名其妙:我早已成为"阶下囚",何来"投降"问题?我早已到了"山穷水尽"的地步,连丈夫的面也见不到,我去向谁"靠拢"?武斗期间被赶得无安身之地,校门都出不去,说什么"突围"呢?我越读越生气。今天想起来,真可笑自己那时竟然如此认真地联系实际,"活学活用",徒生烦恼。

同室难友中我只认识两个人,一位是经济系资料员屈真。我悄悄问她,为什么被抓来,她说:"我也不知道。"后来审讯时总问她爱人的问题,才明白她是受了"株连"。她爱人是校级领导干部,党委宣传部长,曾被"三红"保过,所以"新人大"偏要打倒他,当然老婆也不能幸免,这一点我是深有体会的。每天晚上九点钟就来提审她,我真为她担心,一夜不能入睡,不时从黑布下面看看她是否回来,只要床空着我就睡不着。每次她都是早晨五六点钟才回来,脸和眼睛都被打肿。她偷偷告诉我,不按他们的意愿回答问题,他们就打她。

另一位难友是孙泱的夫人石琦,似乎没有人理睬她。上厕所时我问她,"孙泱自杀你知道吗?"她流着眼泪抽泣地说:"知道。"但她绝不相信孙泱会自杀,因为那时孙泱还能出来自己打开水,和她约好每天晚上八点钟在水房碰面,秘密交谈几句。孙泱死前两天还对她说:他们整他是为了打击朱老总,孙泱曾做过朱德的秘书。但孙泱告诉石琦,他坚信党的政策重视证据,他的问题定会查清楚,党绝不会冤枉一个好人;并要石琦保重,照顾好孩子。因此,石琦说,孙泱绝不可能自杀。孙泱死后,他们又抓了石琦,狠命地斗争她,把她推倒在地痛打她,她的头撞在水泥地上,撞断了两颗门牙。后来他们把她单独关押,故意把窗帘绳和剪刀放在窗台上,暗示要她也自杀。她说:"我偏不死,我一定要看看他们的下场。"他们的阴谋未得逞,就把她关押到这里，之后就没有人提审她了。

再一位是学校总务长孙锁存的夫人，我原不认识她，她没有什么文化，是位家庭妇女，只知道发愁和哭，不知为什么抓她来，她家里有老人和孩子，放不下心。她视力很差，患有青光眼，忧郁和哭泣使她的眼病更重了，一只眼几乎失明。我们每天听到楼上打人和号叫声，以及铁链的撞击声，大概是有人戴着脚镣吧，她就哭着说是她的丈夫，她听出亲人的声音。见此情景，我既愤慨又同情，一个无辜的家庭妇女，他们也不放过，真是毫无人性。

一天，他们七手八脚地又搬来一张床，我想大概又抓来什么人了。下午听到《骑兵进行曲》响起来，说幼儿园抓出了一个"敌人"。我原不介意，睡梦中被嘈杂人声惊醒，我不敢张望，从蒙眼布下看见推进一个人来，好可怕的样子。两眼肿大、青紫，像两个大核桃，原来是幼儿园副院长张洁。我原和她很熟，现在几乎认不出她了。现在连幼儿园也卷进来，人大已没有一块净土了。我问她为什么揪她，她也说不知道。

最令人发指的是一位姓戴的女医生的遭遇。她已退休，自己开私人诊所，从不过问政治。只因她的亲戚刘×是人大教师，被打成"反革命集团"分子，她被牵连，从校外抓来，关在这里。那位教师，我早就从广播中听到他的"战报"，被野蛮毒打，双腿致残。戴医生的专案组负责人就是这个地牢的"牢头"，一个马克思主义哲学课讲师×××。此人凶狠无比，脚蹬一双木屐，"呱哒呱哒"走来，一听到这个声音，戴医生就吓得尿裤子。我亲眼目睹她被毒打的样子。她几乎隔两天就被提审一次，天亮拖回来，养好伤再打。他们逼她承认参加了刘×的"反革命集团"，她说"不是"，他们就用乒乓球拍左右抽打她的脸，一个晚上竟然打碎了六个球拍。早上回来时，她的脸肿得像个篮球，眼睛都看不见了。审讯时，凶手们一边抽烟，一边用烟头烫她的脸和手，烧出一个个黑洞。他们用凳子的一只腿压在她的大脚趾上，两个壮汉猛地一踩，脚趾盖立刻掀翻，血流如注。又叫她跪在铺满煤渣的地上，腿弯处压一根木棍，两个壮汉一边踩一边逼供。或是用绳子捆着两手大拇指，吊在书库铁书架上，用钢鞭抽打她。尤有甚者，他们用布条浇上化开的沥青，点上火后贴在她的手臂上，待沥青将凝时猛地一揭,臂上整张皮被撕开,然后他们再在伤口上浇盐水,她疼得昏死过去。他们就给她包扎好,养两天再弄另一只手臂。每次送她回来,都像拖回一具死尸。她躺在地上,不让人扶她起来,用微弱的声音说:"糖水糖水……"我们赶快泡一杯浓糖水喂她喝,她才慢慢缓过气来。她是医生,知道低血糖昏迷要喝浓糖水。我一生没见过这么野蛮的酷刑,1976年,我到重庆参观白公馆、渣滓洞,看见用沥青撕皮的刑法,叫作"披麻戴孝",才知道他们是从国民党反动派那儿学来的。我真不明白怎么这些人变得如此残忍,玩忽人命,不择手段。开始几次她被殴打时,我还替她出主意,说:"再打你时你就说《毛选》第四卷第1305页中说即使是对犯罪分子,审讯工作也必须禁止使用肉刑。"谁知,她讲了这些话,被打得更凶了!我真后悔教她用毛主席的话来自卫,反而害她吃了更多的苦。这位戴医生的灾难,至今深深印刻在我脑海中。她能大难不死真是奇迹。后来放她走时,她双脚肿得穿不进鞋子,把布鞋剪开当拖鞋,蹒跚地离去了。之后再也没有听到她的消息。

过了几天,我也开始被提审了,也是晚上九点钟。我被带出囚室,走进一间平房。里面灯火明亮,已经有好几个人等在里面。我巡视四周,认出了好几个人,有的是我教过的学生,其中还有两个教师。我的专案组都是历史系的"造反派",有一个一年级的"红卫兵",一脸凶相,粗声粗气,腰间皮带上总挂着一条铜丝鞭和一把有皮套的匕首,使我想起电影里审讯革命者那些打手们。这个房间似乎是放体育用品的储藏室,屋角堆着垒球棒、网球和各种运动器械。他们坐在几只白木箱上,我站在屋子中央,背后站着两个人。他们开始审问我,第一句就问我,"还有什么没有交代的重大问题?"我愣了一下说:"什么重大问题?我所有的问题都交代过了。去年9月到11月又写了许多材料,那些也是重大问题吧!"他们一起吼起来说:"是问你,别装傻,你是想摸底吗?"我说:"不是,是不明白什么叫作重大问题。"主审人×××说:"我们发现了你的新问题,你要老实交代。"我说,"没有新问题,一切历史问题,包括读书会、桃源社问题,都反复交代过无数次了。"他说:"你没有听见我们发的战报?"我说,"没听见,前两天我们屋里的广播给切断了。"他说:

"好，我就告诉你，你参加过什么特务组织？要老实交代。"我先是一惊，立刻断然否认："什么？什么特务组织？我从未参加过！"他们生气了，乱吼起来，骂我装糊涂，抗拒坦白，并对我交代政策：坦白从宽，抗拒从严。我心里说，二十年前我参加土改时，审问那些地主，就知道这些政策，还用你们来开导我？他们见我说不出什么，就说："今天先给你出这个题目，你参加了什么特务组织，谁发展你、你又发展了谁，回去好好想想，明天老实交代。"就送我回牢房了。

第一次没有打我，我平安地回到地牢后，她们都很吃惊，说我运气好。我苦笑说："重头戏怕是在后面呢！"我整天苦思冥想：什么新问题呢？什么特务组织？他们大概是在唬我，借以整人。我百思不得其解，这样挨到晚上九点钟，他们再次提审我。这次气氛大不相同了，专案组成员个个扎着皮带，主审者腰间挂了匕首，我心里"咚咚"跳起来，心想他们大概要动武了。

主审人先问我，一整天想起来了没有？我说："实在想不起来，我从未参加过什么特务组织，能否提示一下？"他生气地说："提示你算是你交代的吗？好吧，我告诉你，有人揭发你参加他们的组织，有很多人。这个人你弟弟都说你认识。你自己交代了，我们会从宽处理，否则……"说着他拔出匕首，一刀一刀削他坐的木箱，木头一片一片落在地上，看来匕首很锋利，一会儿就削得满地木片。我看见他的武力示威，反而生起气来，心想：恐吓我也不怕，没有的事就是没有。他举着匕首威胁我说："你交代不交代？"我控制一下激动的心绪，平静地说："我确实想不起来，我从未参加过什么特务组织。你们既然掌握了许多材料，你们按材料定案好了，我不能随便乱说。我若编造个什么组织，编错了你们不会信，还要我供出同党，这岂不害人又害你们奔走去外调，浪费国家资财。因为没有这回事，只为了自己过关，少吃苦，说假话，是不对的。"我原以为我这番合情合理的话，会唤起他们一点儿理性，不料更惹怒了他们，一起对我吼起来："谁要你编造，谁要你说假供？你这是攻击'造反派'，攻击革命小将。"我身后的打手已按捺不住，抄起垒球棒打我的后背，我没有提防，跟跄了几步，几乎跌倒。他们揪住我的头发，按下我的头让我站好，然后几个人用电线拧成一头呈球状的长棒，狠命地打我的背、腿

第五章 惊魂痛史

和胳膊。我咬紧牙，忍住剧痛，一声不吭。打了一阵子，我看见主审者示意停下来，他又问我："你说不说？"我说："如果打能使我招供，我早就说了，何必挨打，况且是历史问题。毛主席过去在《论政策》一文中说'对任何犯人应坚决废止肉刑，重证据而不轻信口供'，你们为什么用殴打来逼供？你们按证据定案好了！"他怒气冲冲站起来，走到我面前说："你果然是历史系最顽固的人，你总是有理。我告诉你，顽抗到底，死路一条。"说着他扬起手中的匕首，用刀尖对着我的喉咙，说，"你知道学校死了多少人？"我已感到冷冰冰的刀尖压刺得喉咙疼痛，他抖抖手腕说："你说不说？你不承认就宰了你，我只要刺进五公分，你就白死了，你信不信？"我挺直了腰，头往后仰，闭上眼睛，突然意识到自己已面对死亡，这是一群毫无理性的人，什么事都做得出来。这时我的思绪如万马奔腾，东突西驰，一忽儿是何思敬血淋淋的眼球，一忽儿是戴医生笆斗大的脸。我确信，如果我被刺死，定是白死，他们会编造出"畏罪自杀"的假象。我该怎样面对死亡的威胁呢？我想起电影里对革命者暴力逼供的镜头，想起面对刺刀视死如归的老乡们。我想，为了保卫党的利益，保卫自己对党的忠诚和人格的尊严，我决不能求一时之安，而屈服于暴力。想到这里，我岿然不动，但眼角流下了思恋的泪水。别了，干之！别了，妈妈！别了，孩子们！我是为了坚持实事求是的原则而死，原谅我吧，亲人们！我等着，等着，一声不响，好一阵子只感到刀尖微微深刺了一点儿，随即又放松了，背后又被电线球棒打起来。我这时睁开眼睛，看见有人拿起垒球棒，一个教员用眼光示意那个学生，不要用垒球棒打我，于是那个学生扔下垒球棒，转而用苍蝇拍抽打我，大概是把我当作"小小寰球"上"几只苍蝇"了吧。刚从死神处回来的我，竟然差点儿笑出声来，急忙咬着下嘴唇，抹了一把脸，低下头，不让他们看见我的眼泪，误认作示弱。我的倔强，使他们毫无办法，这一幕暴力逼供的闹剧就此收场，只勒令我写材料。我就把过去写过的问题又写了一遍，应付他们。

这次地牢逼供，也引起我深深地思考。我否定了是专案组为了整我而编造故事的想法，开始猜想是被什么人诬陷了。如果真是如此，我将遇到更大的麻烦，很有可能因调查不清而拖延时间，出牢无望。

我陷入深深的困惑之中。这期间，我从看守人员闲谈中听到我家的情况。一个姓陈的国际政治系的学生说："何干之家的东西随便拿，书可真多，有人把你家的书从二楼阳台上扔到小车上，一车一车拉到海淀去卖，衣服也一箱箱地搬走。"言者无心，却被我听到，这一下可真是扫地出门了，我们今后可怎么生活呢？这不是抄家而是公开抢劫和掠夺——事实果真如此，我们所有不舍得穿用的新衣，以及小孩子的衣物，都被洗劫一空。后来落实政策时，我连是什么人抢劫都说不出来，只能说当时守楼的是国政的学生和"赤卫队"，让抢劫者自我谴责吧！

　　之后他们又提审我几次，仍无任何进展。不知为什么，渐渐地没有人来理我们这些"囚徒"了，我们的生活暂时平静了几天，但思念亲人和孩子的心情却浓烈、纷扰起来。我夜晚常做噩梦，有两次梦很奇怪：一次是梦见干之也被关到地牢里拷打，戴着脚镣"哗啦哗啦"地响，还似乎听见他痛苦的呻吟声。他脸色煞白，眼镜被打掉了，我大叫："别折磨病人，他有心脏病。"哭醒了还听见我自己的喊声，遮眼布都湿了。看守人问我怎么了，我不作声，用被子蒙住头。那影子在我眼前闪回，不肯退去，我想，也许是因为听见那位总务长挨打的号叫声引起的吧。我出地牢后，不久听到专案组的人说，我被关进地牢期间，干之果然被带到教学大楼地下室去审讯过。教学大楼地下室是"三红"的审讯室，因张春桥一次讲话中说，30年代上海党是"假党"，两派都要揪干之去审问，被"三红"抢了先。干之一口否认这些诬蔑之词，他们就把他带到教学大楼地下室去；地下室的看门人问专案组"是否要采取特别措施"——意思是要不要施刑。专案组吓唬了干之一顿，又把他带回南五楼去审讯了。

　　又一次是梦见孩子们到颐和园去游泳，最小的儿子丁萌11岁，还没有学会游泳，竟被大浪卷进漩涡没了顶。我又一次惊叫醒来，流着泪对看守人说：我惦记我的孩子们，希望能让我回家看看一家老小。她们虽然同情我，却无法帮助我。我找机会对我的专案组提出这一要求，他们说："你老实交代，就放你出去。"我只好把痛苦的思念深深埋在心里。后来我回家后，孩子们过了好久才无意中说出了一次险情，果然是弟兄几个到颐和园游泳，先在浅水区游，后来两个哥哥带着小弟弟游向深水区，突然水深，踩不到底了！小儿子惊叫起来，挣扎几下就沉下去了，一个哥哥去拉他已够不着他的手了，就大声呼救！幸亏救生员及时发现，迅速将小儿子救起，不然他就淹死了。

这两个梦为现实所验证，令我惊讶不已，这大概是亲人梦魂萦绕，第六感官相通吧！

这愁闷难挨的、不见天日的生活终于有了尽头。8月22日，久无声息的大喇叭忽然响起来，我们听到振奋人心的消息：工人解放军毛泽东思想宣传队进驻学校了。我们大喜过望，似久盼的甘露飘然而至。我想，宣传队进校总不能允许这些凶手们如此肆无忌惮地为所欲为吧，他们是来执行党的政策、是来制止武斗的，对我们这些人的冤案也定会实事求是地处理了。听到广播，我们公开谈起来，看守人员也不加制止了，对我们的态度也和蔼了许多。

第二天，宣传队就接管了地牢，我原以为会立刻放我们回去，不料那两个人来"训话"时，面孔冷冰冰的；只说他们初进学校，不了解情况，要大家不要急躁，容他们把情况弄清楚后再决定怎么处理，并要大家填写基本情况。我大着胆子问地牢里的情况可不可以反映，他们说当然可以，但要实事求是，不要趁机报复。我听了心里凉了半截，看来我高兴得过早了。他们当然先听取地牢负责人的汇报，首先把我们看成"罪犯"。但我不管这些，还是详细地写了一个材料，揭发他们对戴医生实行野蛮酷刑的违法行为。不料，第二天宣传队的代表当众"训话"时说："革命群众对你们专政是出于对毛主席的忠心，对你们罪行的愤慨。当然打人是不好的，但这是革命群众出于义愤。你们应当正确对待自己、正确对待群众，不要否定革命群众的革命性，有些过激行为是难于避免的。"我听了很生气，断定这个宣传队不会真正执行党的政策，就不再写材料了。但我想念母亲和孩子的心情却按捺不下，8月25日写了一个简短的申请报告交给他们。这个条子的底稿我保存至今。报告说，"今年5月16日'新人大'占领林园七楼，我全家被赶出，指定我们搬到五处四排，后来五处成为'三红'辖区。'三红'命令我于7月3日搬走。当天我被'新人大'扣押在这里，至今不知我的家人搬至何处，听说可能搬到六处。

我有五个孩子，最大的 16 岁，最小的 8 岁，我母亲已 74 岁，患有心脏病。我爱人何干之由历史系'三红'看管，我很不放心一家老小，希望宣传队代我查询我家人的住处，并通知他们给我送些日用品来（脸盆和肥皂）。让我见他们一面，问问家里的情况，不知是否可以？"他们一直推脱，说等回到系里再说。这样一直拖到 9 月初，才放我们各回原单位。

　　回系之前，给我们放了一次风。两个多月不见天日的眼睛，一下子接受不了耀眼的日光，我们都捂住眼睛，过了好久才慢慢适应，看清周围的环境。这是图书馆大楼一个四面封闭的小庭院，直通地下室。地上长满荒草，堆满乱石块，似乎很久没有人管理了。后来我多次到图书馆去找我们昔日的"囚室"和这个小方庭院，但始终没有找到，似乎它已从地球上消失了。但愿如此。

（作者是何干之教授的夫人，人大教师）

三、乌台今日已无诗

冯其庸

(摘自《风雨平生——冯其庸口述自传》(四))

四

本来社会已经走向"左"的险境了，1959年的庐山会议原定方针是纠"左"的，没有想到因彭德怀说了真话，不仅彭德怀被罢官，而且变本加厉地掀起了反击右倾的极左的运动，于是社会经济、政治再度走向"左"的险境。

1966年的"文化大革命"运动，就是在以上的历史背景下发生的，当然更深层的原因就不是我所能知道的了。

在"文革"爆发之初，学校领导接到一份中央调令，要调我到"中央文革"工作。校党委立即作出决定，同意调我到"中央文革"去工作；并由副校长孙泱带着校党委的决定来告诉我，动员我去报到。我与孙副校长关系较好，他原是朱总司令的秘书，是孙维世的哥哥，我与孙维世、金山也有过交往，加之孙校长为人朴诚，所以我们比较投合。孙校长说，这场"文化大革命"谁也不清楚，学校生怕跟不上中央的形势，你去了"中央文革"，学校就不至于跟不上形势了，为学校着想还是去吧。我对孙校长说，什么叫"文化大革命"我一点也不知道，我怎么好去工作呢？何况我担任文学史和作品选两门课，一时都停下来，学生会有意见。但当时是中央的调令，再加上党委的决定，我也不好坚决拒绝。所以我对孙校长说，让我缓一缓，等把课程安排好后再去报到，目前暂时不去。孙校长虽然觉得我讲得也有道理，但还是说你尽快去报到。然后他就回西郊人大了。

我当时心里特别不踏实，实在不愿意去，所以就尽量拖延。大约过了一个多月，北京市委书记彭真垮台了。不久前，《五六一通知》刚下来时，彭真还召集会议，请理论家和史学家到市委讨论《五六一通知》，同时也讨论姚文元批判《海瑞罢官》的文章。我被邀参加了这次讨论。我见到戚本禹也去了，这时大家都还不认识戚本禹，只知道他是史学家，比较"左"。其实他是江青的同伙，说不定这次到会上，是来摸底的，他在会上一句话也没有说。会议讨论得很热烈，一致反对姚文元的文章，要求作学术辩论。其实这时连彭真都已被"四人帮"算计了，所以没有多久，彭真就垮台了。北京市委重新改组，由李雪峰任市委书记，人大校长郭影秋任文教书记。郭校长就把我找去，问我去不去"中央文革"，如果不去；愿不愿意与他一起去北京市委。他是副书记，管文教，他要我去负责写社论。"文化大革命"中担任北京市委的文教书记，当然是在风口浪尖上，我去写社论，那等于是在战场的最前沿。但我当时想，北京市委比"中央文革"当然小多了，何况郭校长是我十分尊敬而信任的人；当时我的处境是不去北京市委就得去"中央文革"，我的打算是尽量往小的单位去，不要到"中央文革"去，所以我立刻选择了去北京市委。郭校长也很高兴，我也借此摆脱了"中央文革"。我到北京市委后，第一篇社论就是《热烈欢呼中央的英明决定》。这是新市委向中央表态的一篇文章。当时写社论的有三个人，就这个题目各自写一篇，由市委挑选后呈报中央批准。我交上去的当天深夜，报社忽然来电话，说社论中央已经通过了，是选的我写的一篇，一字未改；中央还有许多好评，说这篇社论思想好、文笔好，因此通知我赶快到报社去看校样，接我的车已快到我门口了。这样我连夜到了北京日报社，仔细校读了排印稿，然后就回家。第二天一早社论就出来了，当时市委内部一片好评，郭校长为此很高兴。谁知高兴的时间不长，大概只有一周多的时间，这篇社论被江青、康生看到了，说是"右"的思想；加上新市委在其他问题上也跟不上"四人帮"的步伐，所以新市委成立不久，我被打倒了。新市委被打倒后，"文革"的形势越发飞速发展，首都的高等院校以清华、北大为首，已经是闹翻天了。开始是批判所谓"反动学术权威"，中国人民大学与北大、清华一样，"造反派"已经声势浩大，摩拳擦掌。我当时还在北京市委，我与郭校长商量，我还是先回学校；郭校长也同意我的意见，让我先回学校。哪知我刚回到学校，一夜之间，语文系便满园贴出批判我的大字报，罪名是"中宣部阎王殿的黑线人物""反动权威",后来又上升到"刘少奇的黑线人物"等等。我当时还只是一名讲师,为了批判我,一夜之间,便把我提升到"学术权威"的位置上。但我心里很清楚,我的学术地位并不会一夜之间提高,只是一夜之间有些人找到了打倒我的借口而已。实际上长期以来,我在教学上一直挑重担,而且得到了学生的爱戴。还有我不断被中宣部、《文艺报》《戏剧报》借调出去写文章,早已使有些人感到不舒服了,"打倒反动学术权威"正是最好的一个借口。所以我是中国人民大学第一个以"反动学术权威""黑线人物"的罪名被打倒挨批斗的。与我同时被打倒的还有胡华同志。正在我被批斗的同时,有一天夜里,人大校园内的高音喇叭发出刺耳的叫声:"郭影秋揪出来了!红卫兵都到广场上集合,批斗郭影秋!"其声音凄厉而恐怖。我心想"造反派"马上要来抓我了,我如果躲开更加不好,不如挺身而出。果然,刚想完,"造反派"就破门而入了(当时我已被关押在西郊语文系的宿舍里),把我押到广场的台上,站在郭校长旁边一起挨斗。

之后我的任务就是接受系里红卫兵的批斗,同时还要在全校批斗郭校长时陪斗(并不是每次都陪)。记得系里第一次批斗我时,恰好是一个狂风大雨的下午,我的衣服已经全部湿透,台下的人衣服也湿了。他们宣布我所有的一百多篇文章都是"大毒草",他们连毛主席称赞过的文章也忘记了。这时雨愈来愈大,我想这是天在哭,为全国所有被暴虐的知识分子痛哭,为中国文化遭受历史上空前的大破坏、大劫难而痛哭!漫天的滂沱大雨和宣判我所有的文章都是"大毒草",却促成我写成了两首诗:

一九六六年六月感事(二首)

一

千古文章定有知,乌台今日已无诗。
何妨海角天涯去,看尽惊涛起落时。

二

漫天风雨读楚辞,正是众芳摇落时。
晚节莫嫌黄菊瘦,天南尚有故人思。

不堪回首：中国人民大学校史管窥（1966-1970）

有一次批斗是因为我交给党组织一篇调查报告《回乡见闻》。这是三年困难前后（1962年），我回家乡探望我母亲时的所见所闻，全是事实。我交给组织后，还得到校党委和北京市委的表扬，说我能向组织反映真实情况。因为我回家前，党内有过传达报告，传达党中央毛主席的指示，党员外出回来要向党组织反映社会真实情况，这时正是三年困难时期，大批地区发生灾荒，饿死不少人。由于党的嘱咐，我回来时才会向组织报告。我的报告里说，我亲眼看到我的老家无锡前洲镇冯巷饿死人的情况，亲耳听到了老百姓的议论。我还在报告末尾说明，我的家乡是江南鱼米之乡，只要落实党的农村"十六条"政策，干部的作风廉洁，纠正浮夸风，纠正虚报产量等等，困难肯定是会克服的。这样一个报告，"造反派"却说我是反"三面红旗"，是反党反社会主义，要我向全系作自我批判、认罪。但我手头没有这份报告，我把原稿交给组织后自己没留底。我心里很清楚，我头脑里根本没有反党思想，哪里会写反党文章。土改时，我与我母亲是一户（当时我还未结婚），我分得一亩五分地，我母亲也分得一亩五分地，共三亩地。我从一个真正的农民，如今成为中国人民大学的一名教师（当时还未评职称，统称教师），我感激党还来不及，哪有可能去反党？所以我就向军宣队提出，要看原报告，否则我无从检查。军宣队就将我的《回乡见闻》（为批判我而重印的）交给了我。我看到原文后，心里愈加明白和自信了。我就向"造反派"们提出来，要批判我、要我认罪，必须到我家去，将文章念给当地老百姓听，让他们来批判我，你们要以此批判我，这样不是批判得更彻底、规模更大吗？但我的意见他们不接受。实际上是他们不敢去，我家乡的老百姓如果知道，我因反映了家乡的困难而遭到诬陷，被打成反革命，老百姓是不会饶过他们的。这时军宣队、工宣队看了我的文章，也都明白了，根本不是什么反党反社会主义的问题，所以这场批判也就不了了之。我因此而重新得到了这篇文章，至今还保存着。

"文革"中的另一件事是有一天夜里，我被学生接走了。当时家里的人都紧张得不得了，要我多带点粮票。我说不用，我一直爱护学生，学生不会把我怎么样，我就跟着学生走了。出了"铁一号"的大门就上卡车。我认识路径，他们的方向是向西郊学校去的。汽车开到半路，有一位学生在我耳边悄悄说："别紧张，我们是来保护你的。因为知道对立派明天要来抓你，怕你遭灾，我们今天先来把你弄走，名义上只好说是去批斗你。"我听了也很感动，觉得学生还是好的。到了西郊人大，他们就把我藏了起来，对外只说被他们抓去批斗了。接着就是学校两派不断的武斗，还死了三个学生。我大约被关了20多天，运动的趋势又转向了，他们就放我回去，说现阶段没有事了，你回去吧。这样我又回到张自忠路住处。发展到后来，主要不是学生整我，而是语文系的"造反派"教师整我了。他们把我的日记抄走，加以篡改，并摘录重抄，说是我的反革命日记，要我签字承认。我对他们严加驳斥，我说我从未听说过日记是由别人记的，我对自己的日记每个字都负责，对你们抄的"我的日记"，我一个字也不能负责。有一次，一位教师拿着他们给我改的"我的家庭成分是商人"来通知我，我责问他们土改时我分到一亩五分地，这能是商人吗？他们无法回答。

在这一段时间里传来消息，老舍自杀了，陈笑雨自杀了，还有我的一位同班姓朱的老同学也自杀了（在无锡一个中学里），而且死得很惨。我听了非常伤心，后来我为老舍补题了一首诗：

哭老舍

沉江屈子为忧国，忍死马迁要著文。
日月江河同不废，千秋又哭舍予坟。

那一段时间，我的家被抄了多次，因为家里只有我大女儿和小女儿看家，我爱人在外语学院上班，家里无人管。抄家时我的多种《红楼梦》都被当作黄色小说抄走了，在西郊人大校园展览。我这才知道家里被抄，也十分担心这股把《红楼梦》当作黄色书抄毁的风一起，《红楼梦》要遭灭之灾。我就赶忙托人借来一部庚辰本《红楼梦》，每天深夜赶抄，抄了将近一年，刚好在1969年下放前抄完。所以我现在还留有一部我自己抄的庚辰本《红楼梦》。

1970年，人大被下放江西余江。火车刚到刘家站时，正值滂沱大雨，却通知不要下车，直奔南昌，参加挖修八一湖的劳动。于是我们就直接到了南昌，参加了挖八一湖湖泥的劳动。我负责拉车，当湖泥装满一车（木板带框的车）时，我即负责拉走。这是一项极重的劳动，那时我虚岁47岁，身体还好，加上我在家乡种过十多年地，干过许多重活，所以还能顶住。在南昌挖湖泥约有一个月的时间，然后就到了余江农村。我们的村子记得叫李下基，住的都是营房式的房子，任务是开山、打石头，使之成为建筑材料；另外就是种茶、采茶；再有到春天农忙季节就是种水稻。这几种活我都很快就学会了。打石头时，我不小心被铁锤打坏了左手大拇指，情况很严重；幸亏医务处的同志很同情我，使劲给我打青霉素，居然没有感染、溃烂。种水稻我是内行，学校里大都是北方人，不会种水稻。所以我还帮着教他们拔秧、插秧等。每到早春采茶季节，就是天天采茶忙，我的任务是挑茶叶。茶叶很娇贵，采下来的茶叶不能着地，一着地就会沾泥土味，所以必须一肩直挑到茶场晾茶处。我因为早年在家乡挑过重担，能挑100多斤，不需要停下休息，可以转换着两肩直挑到茶场。这样我又成了专职的挑夫。

但是，在干校，并不是光劳动，还接受定期的批判，作检查。记得一位同志因为晾晒《红楼梦》而引起了一场批判。就我所知，干校先后还死了三位教师：两位是因为江西天气太热，学游泳淹死的，一位是因受冤气愤不过，开木工房的电锯自杀的。这三位都是与我们在一起的。我那时与别人不一样，我把"文化大革命"看作是一场历史的浩劫，我们赶上了这个历史劫难，除了接受外，无处可躲避，除非是死。但我又觉得不值得去死，这要感谢司马迁，他说"人固有一死，或重于泰山，或轻于鸿毛"。如果因为不能忍受眼前的冤屈而死，我觉得太不值得了。我无锡国专的同班同学、好友朱君用剪刀自杀的消息传来，我几乎为之痛哭失声，他是精熟历史的历史教员，但却不能从历史中取得鉴戒，我哭他的诗说：

哭同班好友朱君

哭君归去太匆匆，未必阮郎已路穷。
绝世聪明千载恨，泰山一掷等轻鸿。

末句是既伤心痛惜他，又责备他不应该泰山一掷。所以我当时自己发誓，并嘱咐家里人：我绝不自杀，除非被打死。纵然被打死，也是屈死而不是该死。所以，我的心态是一定要把这场运动看到底，看它个水落石出，就像我第一首诗说的"看尽惊涛起落时"。终于我在干校时就看到了林彪折戟沉沙的结果。当时我心里暗暗地想，我也会看到江青的下场的。我的诗友江辛眉在"文革"中有一首诗，诗中有一句说："江草衰青卧夕阳"。他偷偷给我看时，我微笑点头，心照不宣。所以当时虽然条件艰苦、命运未卜，但我却一直想着将来，我坚信有将来。我下"干校"时，除抄成《红楼梦》外，还买了不少书。当时不少老教授纷纷把书卖了；我非但不卖，还去把别人的书买回来。我把全部书钉成九个大箱；我说如果真的战争了，那也是天意，但我坚信我会回来的，我仍要用这些书的。所以"文革"中除抄家丢失一部分书外，我还买进了不少书。在"干校"我也是这个心态。当我听到林彪摔死的消息时，我愈觉我内心所预测的或许真要应验了。

三年"干校"生活，我利用假日，两上庐山、湖口、彭泽、东林寺，寻陶渊明、慧远、陆静修的足迹。在星子找到了黄山谷题词的落星寺遗址和周瑜练水军处，用它与史实对勘。我还跑到铅山，想找辛弃疾的坟墓；没有想到虎头门离铅山还有数十里之遥，我只得无功而返。我还在除夕到了桂林，然后又到阳朔，在阳朔坐小船溯流而上，经九马画山，一路风光如画。我心里默默记着，将来要把这些山水收入我笔端。我还利用探亲假到了雁荡山，在永嘉看到了江心寺，想到了近代诗人施叔范《过永嘉江心寺哭文天祥》的名诗。我到了雁荡山谢公岭，遥想六朝诗人谢灵运的风致。还到了大小龙湫，从而领会了徐霞客对大龙湫的一段特殊的描写。我还利用回北京的机会到了黄山。那时整个黄山没有一个游人，我独自登山，在玉屏楼住宿。因为我到天都峰下时，已是夕阳残照，我趁此将没的天光，奋勇独自登上了天都峰顶。正是独立苍茫，满目残阳。我又赶忙下来，再穿一线天上玉屏楼。过一线天时，天已漆黑，我是摸着石壁通过的。到玉屏楼已经掌灯，所以服务员说，从来没有人像我这样，敢黑夜登山。那次我跑遍了黄山全山，还意外地找到了石涛当年的古汤池。池很完好，但已被改作仓库。我是碰上他们开仓库取东西，从窗户里看到石壁上四面的题字，进去细看，才发现就是石涛所画过的古汤池。池原在路边，现仓库也仍在路边。画中提到的祥符寺，就在旁边，已被改为办公室。但用原地址一对，这几处古迹便可互相对证、确凿无疑了。我还从"人字瀑"中间找到了徐霞客当年登山的古道。因徐霞客书中记到，他是从"人字瀑"登山的，至今古代的石级还依然存在，可以确证。我还利用回京的机会，登了泰山，直上山顶，看到了秦始皇立的无字碑，还有浔阳张铨的题诗碑，诗曰："莽荡天风万里吹，玉函金检至今疑。袖携五色如椽笔，来补秦皇无字碑。"诗极有气势，令人不忘。我还看了曲阜的孔庙和孔陵。此时"造反派"破坏孔庙、孔陵的罪证历历在目，依然可见。我在孔庙的东庑看了久已神仰的《五凤刻石》和《孔宙碑》。《孔宙碑》"文革"中也遭到了破坏，被凿坏了若干字。在邹县孟庙，我看了名刻《莱子侯刻石》，还看了文徵明手植紫槐，已是满地龙蛇，成为奇景了。

　　三年的"干校"生活，是我重干苦力劳动的生活，也是我仍在"文革"中接受批斗的生活，我在人身上和精神上都还未得解放。但是三年"干校"生活，我还是有收获的：一是我好不容易有三年的时间回归自然，朝夕与山水田园相接触，如果没有隔一段时间的批判，几乎是陶渊明般的生活了。何况我们离陶渊明的栗里、彭泽也不算太远，我还到庐山的南栗里去调查过陶渊明故居遗址，到东林寺走过虎溪三笑的遗迹虎溪桥；二是我学会了几种新的劳动本领，如开山打石头、采茶等，这是我以前在家乡劳动所没有的；三是结合我读书调查的癖好，我游览并调查了不少名山大川和文化遗存，大大扩展了我的眼界和胸襟，这对我以后的读书、研究和书画都是有很大的好处的。所以当我离开"干校"时，还写了一首诗；隔了几年我再到江西时，还曾去"干校"探望，却已经物是人非了。那首诗为：

干校即事

　　　　三年从事到江西，手植新桐与屋齐。
　　　　门外青山对图画，屋前流水入梅溪。
　　　　西崦日落锦为幔，东谷云生玉作猊。
　　　　最是村南行不足，红樱花映白沙堤。

（作者是语文系教授）

杂忆篇

一、"四清"回来我就直接进了"牛棚"

方汉奇

等到"四清"快结束的时候,"文化大革命"已经开始了。我是1966年7月回来的,从生产队回来之后就直接进了"牛棚"。那个时候,原来的领导已经靠边了,"造反派"当权了。我们新闻系那时在南一楼(今品园楼一楼、二楼那个位置),是座两层楼,学生宿舍、资料室、党政办公室都在那儿,我们的"牛棚"也在那儿。所谓的"牛棚",就是找一个教室把我们集中关起来,吃、住、学习都在里边。当时学生和革命教师,以学生为主,组成革命委员会,就停课闹革命了。"牛棚"里面关了不少系的领导和骨干教师、问题教师,系领导都成了"走资派"。我是因为社会关系、历史问题被关起来的。这些问题和关系,其实都是"思想改造"的时候自己写的和交代的,但也因此成了"文化大革命"的对象,当上了"牛鬼蛇神"住进"牛棚"了。

"文化大革命"开始的时候我正好40岁,身体最好的时候,干起活来是强劳动力。我的体会是,知识分子只要体质好,过劳动关并不难。相对地说,劳动人民过知识关要难得多。那一段时期,再苦再累、再脏再重的活儿,都没问题。一个是思想上有那种自觉:知识分子要改造、要和工农结合,要向劳动人民学习。这是新中国成立以后接受的思想意识,有这种主动的要求,对劳动并无抵触情绪。另外劳动本身也是件快乐的事情。那个时候条件很艰苦,三九天都在户外干活。西郊中国人民大学的所有下水道我都钻过,所有的房顶都上过,打扫卫生、扫厕所,再苦、再累、再脏的活都不在话下。

不堪回首：中国人民大学校史管窥（1966-1970）

"文革"中，革命群众在打派仗时，我们这些"牛鬼蛇神"就被搁置一边了。两派之间互相是不来往的，但我们这些老牌的"牛鬼蛇神"倒是可以两边走动。因为两边的"革命群众"都认识。比如新闻系的办公室在南一楼，这里属于"天派"的地界。新闻系老师、学生的所有信件、报纸都送到南一楼。而"地派"在中间线北侧，他们就拿不到属于他们的信件、报纸。我们这些"牛鬼蛇神"就可以当信使，每天为两派"革命师生"送报送信。两派都不拦我们，因为这些是他们的需要；要拦的话，就没有人送了。所以我就游走于两派之间，在职工食堂（现在艺术学院那个地方）吃饭，然后到南一楼劳动干活。这种情况维持没有多久，军、工宣队入驻，两派斗争告一段落。稍后学生一分配，学校基本上就没人了。接着人大的教师、干部就开始下放"干校"了。

1969年11月，我作为第一批"五七"干校战士，去了位于江西余江的人大"五七"干校。下去时报名很踊跃，除了老弱病残，基本上都下去了。"五七"干校是根据毛主席的指示办起来的。旧的学校已被砸烂、砸碎了，道路已经走不通了，知识分子就只能到工农那里去接受再教育了。所以去的时候并没有多少思想障碍，觉得走这条路是很自然的。去干校的时候是下了决心连锅端的，全家都下去了。原来我住在林园2楼，房子都退了，所有的锅碗瓢盆全都带下去了。人大的后勤和组织工作做得非常好，有很多人连没用完的蜂窝煤都带了下去。还组织了专列；包括铁路运输在内，当时一切都是服从政治运动。

（作者是新闻系教授）

二、在"运动"中保持清醒的头脑

宋 涛

"反右派运动"结束后不久,中央要求长期在学校从事教学工作的同志,要下放到实际部门里去,了解实际情况。1958年春,我挂职下放到安国县当副书记。我亲眼看到了"深挖地,广积粮,大炼钢铁"的种种场面,老百姓却传唱着"红薯面,红薯馍。离了红薯不能活",感到这不是什么"大跃进",而是实实在在的大破坏,心疼得很。

几个月之后的秋天,我从安国回来后,就和学校的李培之同志讲了这些情况。李培之说,你可以给周总理写信。李培之说,她和周总理是法国勤工俭学时的同学。于是,我就写了封信,一封给周总理,另一封给了当时的河北省委书记;把大炼钢铁、深挖地、广积粮的种种弊端都讲了一下。李培之先给周总理打了个电话,在得到总理允许后,晚上八点多钟我和李培之一起去中南海把信面呈总理,并向他倾诉了我对"大跃进"和"人民公社化"运动的看法。

之后不到一个星期,总理就到安国视察了。

总理等到村里百姓家里看了看,摸摸老百姓的炕,是凉的。到了县委办公室,地方领导汇报完情况后,周总理问我,宋涛同志,你有什么意见?当着那么多人的面,我只好说:"没有,有些已经向总理汇报了。"总理就问县委书记:"这里的群众怎么都不烧炕呢?"他回答说,今年不怎么冷。总理于是反问他,为什么你这个房间烧了炉子?县委书记也没办法回答。完饭后,总理和我一起走,到地里去察看情况。一直到现在,我心里对总理都很敬重,总理真是好,他是那么朴实,实事求是。总理去世那天,我非常悲伤地哭了。

1959年,中宣部组织、我主持编写批判赫鲁晓夫和"反修"的文章。文章写完交给中宣部后,他们安排我们几个同志去东北参观考察。从黑龙江到长春后,学校来电报,让我立刻回来。回来后的第二天，有人通知我，说我是"右倾"，是"三反"分子，反对"大跃进"、反对人民公社。我写给河北省委书记的信，被转给北京市了。当时的北京教委主任主持召开了一个规模很大的会批判我，学校接着也开会批判我。直到当年12月15日，批斗才停止。1960年3月份，教育部的负责同志和中宣部副部长周杨同志，为此专程赶到我们学校，胡锡奎等几位副校长主持了会议。他们两人说，宋涛同志怎么会是反党分子呢？他年轻时就参加党，抗日战争和解放战争时期一直参加革命，是很进步的一个同志。就这样，我被恢复了工作。

"文革"开始后，我是中国人民大学第一个被贴大字报的，标题就是《宋涛是什么人？》，顿时校园就轰动了。从那以后，学校的大字报就遮天盖地了。贴我大字报的那个研究生，后来向我道了歉。我说你们年轻人对时局没有认识，我不怪你们。实际上，批斗过我的人，很多是迫于无奈和对当时形势认识不清才去做的，我不怪他们，我还是把他们当同事、朋友看。我觉得人要有坚定的信念和对实际情况的清醒认识，这样才能经得起风雨。

人不能随风倒，要有原则性。我认为人一生要无愧于同志和朋友，对同志和朋友，我都是以诚相待的。

1969年4月，我被下放到江西余江"五七"干校劳动。但我还是顽强地坚持自己的看法，不认罪，因为无罪可认。1972年底，军管会当场宣布，宋涛没有任何问题。我作为最后一批"解放人员"回到了北京。因1970年中国人民大学解散，我被分到北京师范大学。在北师大那里，我被恢复了教学工作和经济系主任职务。

我的家人因我而受到牵连，遭受了无尽的痛苦，儿子女儿都没有很好地上学。儿子宋强高中三年级毕业。没能升学就下放了；女儿宋文力是在高二时被下放到了河北。他们上学时成绩都很优秀。他们也是在我下放回来后，经组织推荐、才成为工农兵大学生，后来一个在化工厂工作，一个在北京科技大学教书。

（作者时任经济系主任）

三、经受运动磨炼

孙国华

我1952年毕业就当老师了。后来就来了一个"三反""五反"。"三反""五反"就是"打老虎"啊,咱们学校管后勤的鲍建章、刘一心都被当"老虎"打了。我到人大的时候,第一次就是他们跟我谈的话。"三反""五反"就开始出问题了,"左"的苗头就相当厉害了。

后来,先是"胡风事件"不少人受影响,"反右"范围就更扩大了,然后就"反右倾"。"反右倾"比"反右派"从级别上稍微差一点,但也更厉害了、面更广了,包括像张晋藩这样的老师,都请他入"老君炉"。

1955年"胡风事件""肃反""审干"时,我因为被捕那事,被留党察看两年。这年,教研室副主任我就不当了。某种意义上说,这也保护了我——我已经不是别人的拦路虎了,所以"反右"的时候我没做"右派",但是也是个"中右"。曾让我去发言批判"右派"我也去发了言,但被告认为"软弱无力"。我不知道学校总共划了多少"右派",反正人大法律系划了不少,其中研究刑法、宪法的最多。

当时法律系有个林希翎,原名叫程海果,年龄不大。因为她很崇拜蓝翎、李希凡,就改名为林希翎。我当时是团总支书记,她入不了团。我知道这个人很有才华。而且后来林默涵也很欣赏她,吴老曾经专门给她一间小房子,让她写作,就因为她有才华。她看到一些事,看到我们黑暗面的一些东西。赫鲁晓夫在苏共二十大的秘密报告,我们都不知道啊,她知道一些,就给抖出去了。这不就是大问题了嘛,就批判她。当时就是这样,批过头了,她就越不服,越不服就批得越厉害,最后就定了个"反革命"。后来咱们人事处老处长、老干部李逸三给她奔波，要给她平反。李逸三曾给葛佩琦平反，葛佩琦也是个冤案。但是林希翎这个就一直没平反。人都逃不脱时代的局限，时代的悲剧。

1959年庐山会议以后，又"反右倾"。那时提出来的观点是"政策就是法，是我们最好的法"。我不同意，我写了文章，而且因为这个差一点把我逼死。开小会、大会批判斗争我，一直到最后我就觉得已经活不下去了。可是峰回路转，给我发了一张票，让我去人民大会堂参加新年联欢会。我说这是怎么回事呢？我已经被批判成这个样子了，还让我去参加联欢会？我眼泪还没擦干，心里还"咚咚"直跳，就到那去参加会去了。怎么回事呢？听说是这样的，有位老同志到胡锡奎那儿去了，说："你们学校有个孙国华，毛主席说'政策就是法'，他反对。"这一下子就找到我了，就批呀、批呀。后来，不知道怎么又传到那个老同志那里，那个老同志说因为"那天我多喝了一点酒"而说话不准确，我才摆脱了厄运。

后来"四清"，我又到农村搞了几年。先在通县搞了两年，后来又到平谷跟周新城在一起。搞"四清"一直搞到1965年春天。当时苏联要派一个留学生，大概胡林昀了解我懂得俄语，就让我来带留学生，把我从"四清"那边调回来，带个留学生。当时带留学生也不好带。咱们党的好多纪律规定，不让他到家，他要请你到苏联大使馆也不能去。而且我们要贯彻党的方针政策，给他指定的都是"一评""二评""三评""四评""五评"……"九评"。当然有些还能有共同语言，比如说到专业的问题，他也同意我们的观点。但是也免不了还有些不好相处的地方。

"文化大革命"时，法律系斗争很激烈，有人说法律系阶级斗争严重，郭影秋专门派人来调查，调查的结果是没有他们说的那么严重，认为不是那回事。郭影秋提出"应当团结起来向前看"。而这就是郭影秋被揪出来的理由之一，也是罪状之一，说他搞"阶级调和"。另外，郭影秋还被说成是"二月兵变"的黑干将。在毛主席"八一八"接见红卫兵以前，邓小平辟谣，说军队除了毛主席能调动，谁也调动不了；所以说贺龙"二月兵变"是没有的事，郭影秋是冤枉的。当时郭影秋在苏家坨蹲点，郭影秋这个人作风也挺好，苏家坨的人就来了好多，农民要保郭影秋。后来，周总理号召大家回去"就地闹革命"，不要这么跑了，回家"抓革命促生产"，是这个调子。可"八一八"毛主席就在北三环路上接见了红卫兵，还是号召要继续发动群众，搞"大串连"，揪啊、斗啊。毛主席还在另外一个讲话中点了郭影秋的名，说他把农民引进城来保他。

那些农民，我想是自发来的，不会是郭影秋招来的。因为郭影秋在那里搞过"四清"工作，农民知道他是个好干部。郭影秋在人大这段口碑还是不错的。看他对法律系这个事，他真正来调查，确实是不应当再那么搞阶级斗争了。如果谁要查你的三代，还查不出点事来？查你海外关系，还查不出事来？社会关系，有的人说了，有的人就没说。过去地下的时候要提高警惕，多注意一些那是对的，但也不能不加分析，可是现在搞成"以阶级斗争为纲"就错了。

后来，人大江西"五七"干校成立了，我夫人是第一批，先去。她走了一个多月，我就和全家去了。家里的东西，大部分书籍卖废纸了，除存了一点（主要是《马恩全集》《列宁全集》和一个大衣柜）在学校外，其余的东西也都搬去了。她母亲是老北京，原来是贝满中学的老师，退下来就住在我家；后到西安去找她大儿子去了，我们北京就没家了。那些年中学生们也管不住了，也都闹着要去参加兵团……。这个时候老大、老二走了，老三、老四、老五跟着我，还有我老母亲，都去了江西。当时家属住在锦江镇，我们住在刘家站。去农村接受贫下中农教育、与工农相结合，在我的思想里我还总觉得这个是必要的，我们确实是应该这样锻炼锻炼。但是回想起来却耽误了很多宝贵的时光。就说外语吧，原来用英语、德语，后来用俄语，这个不知捡了多少次、扔了多少次。

那时我们被叫作"亡命徒"。我开始是在一连，后来到三连。三连连长有一句口头禅，说什么工作拿不下来，就说找几个"亡命徒"来。比如这个建筑拿不下来，找几个"亡命徒"——就是说我们什么都能干，拉塘泥、盖房子、打石头、搬石头，从房子上面跳下来，艰苦的事都干得了。"亡命徒"就是什么也不怕，天不怕、地不怕的。这些人不一定都是"戴帽子"的，像我当时也是"敌我矛盾、人民内部矛盾处理"，开除党籍了。那时真难受。我们这些人是真干，只要这个事真正交给我干，我就把它干好。那时我还老给人家提意见呢，看到损害公共利益的事，我就愿意说。人家说到这个时候，你还提什么意见？

在干校也学习，当然是学习"左"的那一套东西。干校比在学校好一些，因为在干校打乱了原来两派的关系了，各个系在一起。档案系那些人都还比较好，不大会戴着有色眼镜看你，都是比较通情达理的。在干校那段还是培养了深厚友谊的，大家都是五十来岁的嘛。

1972年人大被停办，这帮人怎么处理呢？留在江西，当时江西省委第一书记程世清不要，说我这儿人都安排不了，你那些人干吗？周总理后来说还是回北京。在回北京以前，安排我们到井冈山去看一下，然后就分批回北京。我跟另外一个干校的人（档案系的董俭同志）押着货车，走了好几天才回到北京。

从干校回来以后，开始没什么事，后来决定了人大一分为几，我们这批人就到了北大，还有一部分到师大、师院。还有个别根红苗正的人，在我们以前就分配工作了。而且有几位根本就没去干校，就留在北京。这就是历史，挺复杂的。

我曾经先后去过三个干校，1959年就下放到人大在丰台建的第一农场，就是锻炼干部，也叫干校。张腾霄也去了，他是赶大车的。我在那儿搞了一年半。第二次是到江西的干校。分配到北大以后，对我说，又该第二次下放了，又把我下放到北大的干校。一直到毛主席去世，到了第二年春天，我才回来。回来就让我上课，学生包括陈兴良、周旺生、李克强等。我就给他们上课。北大1977年就招生了，比我们早一点。北大法律系一直没停，只是有的时候不招生，有时招的很少。本来北大法律系也要取消。迟群、谢静宜把法律系那些人叫到一起，说：毛主席说大学还是要办的，指理工科，文科要不要办了？法律系还要不要了！让大家讨论。北大这些同志也很聪明，他们不敢公开反对，就说先做个调查，来了个缓兵之计！到法院一调查，法院的那些人都老了、不行了、得换班了；第二是一调查就拖时间了，所以北大法律系就一直没取消。

（作者是法律系教授）

四、"文化大革命"来了

唐孝纯

由于各方面的努力,我们外语教研室被评上了本校先进集体,也有同志评上了北京市先进个人。先进个人是叶遇春(他非常正直,英语水平挺棒的,大家挺服他。在"文化大革命"的时候,他自杀了)。

正好在集体积极向上、很融洽的时候,"文化大革命"来了。"文化大革命"之前已经有一些情况。"文革"开始后,学校里的中层干部普遍地被打倒了。我爱人夏加曾经担任过图书馆副馆长,书报社也是他在很困难的情况下一手办好的。"文化大革命"中他被打倒了,我那个时候也是到了边缘。人家说"你参加夏加的批斗会去","斗夏加,叫唐孝纯去"。我呢,在教研室里挨批。但原来大家都比较了解,怎么批得上去呢?当然个别"左"的也有。但我们是这么一个集体,对于我是什么情况,人家总还要看看实际情况,不能跟着外边的风。所以我在里面被批来批去,写检讨,但没有戴"高帽子",没有"挂牌"。但我整个家庭因为老夏的那个情况,戴"高帽子""挂牌子"、在校园里敲着锣批斗,什么都有。那个时候,不说我们自己人格尊严完全没有了,就是小孩也遭受了大人冲击的影响。我在西郊集体学习、不在家,夏加是"走资派",家里有一个保姆,被街道的红卫兵轰走了。三个小孩,最小的只有七岁,两个姐姐带着,到晚上害怕啊!在"五七"干校的时候,我们在刘家站,孩子们在锦江上学,我们一个月回去一次、走很长的路才能见上一面。

那个时候的生活就是这样。大家都是这样,我们个人经受一些苦也没有什么。出发去干校之前,工宣队、军宣队在文化广场宣布:"你们就下乡去吧,你们一去就不复返了,人大就没有了。"我当时想,个人下、上是小事,但人大从此停办了,我心里特别想不通。我下干校是比较早的,差不多是第一批吧。我去了以后,老夏才下去。老夏去的时候,保姆还说:"你把小孩留给我吧。"他说:"不,我们艰苦就一块艰苦,大人跟孩子一块,我们不分开。"后来她说:"你把小儿子留下吧",意思是给你们留个根吧,万一你们都死掉了,还留个后代在我这里。保姆是奶妈,三个小孩都是她奶大的,她这么讲是挺心酸的。但后来还是都去了干校。那个时候我们也做了一去不复返的打算;老夏去的时候,锅、碗、瓢、盆等用大箱子装着,都带去了,书也带去了。书还是可以带,也可以看。但如要总看书,不好好劳动,当然会挨批。有的带去的也没看。

在干校初期,政治学习很紧张,特别是军宣队在的时候,要"斗私批修",要一遍一遍地背那些文章。我是紧张得不得了,一紧张全都忘了。幸亏长的文章没有轮到,短的轮到了,从头到尾背《愚公移山》这篇文章。在干校主要是劳动,我在地里采茶比较多,也插过秧。像我这样体弱多病的,除采茶以外,曾经有一段时间也干过"轰鸡",在瓢泼大雨里也挑过粪,基本上采茶还算是比较轻的活。老夏他干什么都拼命,打石头盖房子,人家一天打三四块,他加倍。他有句话就是"活着干,死了算",就是活着的时候就拼命干。采茶的时候,人家中午回来吃饭、歇一歇,他采茶整天就在地里面;用一个毛巾缝的口袋,里面搁几个馒头、一点咸菜,吃晚饭都在地里。

在干校,起初我是被看成有问题的。第一是因为整个上海地下党被打烂,而我是上海地下党的;第二说我是"国民党的特务"——因为我母亲跟宋美龄是熟悉的,他们就说俞庆棠"上着天、下着地"——而我也曾在国民党统治时期的学校工作过;第三说我还留过洋,是"美帝的特务"。有这三顶帽子。可能因为只是怀疑,并没有把我当成批斗对象;也可能我们教研室对我稍微"软"一点,如果把我推出去,早就被批斗了。后来到干校去的时候,我就低着头认真干活。从干校快要回来之前,教务处的副处长江农,那个时候在办子弟学校,做校长。我后来就在那里教英文。等到临回来之前,江农就让我跟他一块儿审查干部、作结论。我想他暗示我不是被审查的对象了,已经可以审查别人了。

后来,我在干校停办前就回北京了。回来以后,小孩们有分配工作的,有学习的。我就在"铁一号"跟一位同志一起审查住在"铁一号"的人的情况。从那以后,我就觉得自己的问题差不多没事儿了。

(作者是外语教研室主任)

五、"文革"时就是应付怎么能够生存的问题

王传纶

"文革"时生活颠倒了，谈不上什么系统的想法了，就是应付怎么能够生存的问题。那时我家三个人，一个孩子、两个大人，孩子毕业到了军垦农场，我就第一批上"五七"干校了。干校在江西鹰潭余江县的刘家农场。当时学校派去看地点的是原来的党委副书记崔耀先，他原来当过山西的一个地委书记，后在学校管党务工作。他到那去以后，就挑了余江县。余江县因血吸虫病而出名。他知道学校这些人也不会干活，得了血吸虫病很麻烦，所以就挑了一个坡地，下面有一点水，可以洗脸、洗澡。那里的生活条件非常苦。最初去的一帮人分成两部分，一部分是盖房子；一部分管生产、管茶树、养猪、种地。我在基建队，基建队的主要成员是经济系的教员，我跟张腾霄（后来的党委书记）在一起劳动。我没有技术，也没有劳动技能。他虽然年纪比我大，但那时他体格比较好，又会劳动，他就带着我干活。我们两个合在一起做基建队最粗的活，就是把石灰跟沙子搅拌在一起，每天搅拌四五车，给基建队盖房子用。

"五七"干校的时候，劳动很苦。军宣队带我们去，就是认为我们这些人主要是去接受教育的；而越是困难的条件下，越能锻炼人。所以我们有时候白天没有太多劳动，晚上却要劳动。我们这些人年龄比较大，还有相当多的人戴眼镜，晚上劳动就比较困难。劳动完了以后也挺累的，也没人看书研究了。基本每人都有一个半导体收音机，就靠这个知道外面的消息。

这种情况到"林彪事件"传达以后，慢慢地就松了。军宣队知道国内的政治情况要有一些变化，所以就不像以前那样抓得紧了。后来生活、劳动各半天，半天劳动完了以后，剩下的时间愿意干什么就干什么。好多人就千方百计地请假回北京了，然后想联系哪个单位了。

北京的一些单位也觉得，可以从我们那个地方找人，所以一批一批的人就陆续回来了。

当时我们在那里干了一两年以后，粮食够吃了，菜也多了，还有很多肉吃，生活就慢慢改善了。每个人都在考虑自己将来做什么，真的当一辈子农民？我想大家都没有这个想法。我觉得如果自己当农民的话，会是一个不合格的农民。当时想，将来总是有一份可以做的工作吧，虽然不一定是自己喜欢的工作，可也不会强迫你做一些实际上不能做、也不会做的农活。

那时候还有一个"笑话"。经济系的项冲跟军宣队的人探讨，他说我们年纪这么大了，将来做什么？军宣队的同志说，将来总是有事情可以做的，比如图书馆看看柜台呀、传达室看看门呀。可问这个问题的人呢，他脑子想的就根本不是这样的。他跟我很熟。他患有神经官能症，还失眠。大家也了解他，就觉得他身体不好，不能劳动，就给他找一头牛放，就跟他讲，他的任务就是管这头牛，每天拉着牛上山。可时间久了以后，他觉得老放牛也有问题，就吃安眠药自杀了。我听他们说，他在自杀以前还想找我聊天。他原来是燕京的，年纪比我还大一点，是搞金融的，国民党时期曾在银行里工作过。

1972年回来的时候，中国人民大学没有了。那时就有一个前途问题。中国人民大学当初的副校长是郭影秋，他当时也是被打倒的，没有发言权了，可多少还有些影响。郭影秋有一个比较富有远见的打算，说中国人民大学既然没有了，这些人也不可能老留在"中国人民大学"，但中国人民大学聚起这样的队伍不容易，就成建制地调到别的学校去。所以我们经济各系就基本调到北京经济学院。经济学院原来是以劳动人口为主的，我们调去以后，就配备经济各系，基本上不打乱，不和他们合编。这个学校的学生很少，原来的教员都还在，而且也没有这样的系科，我们进去以后也没有什么事情。另外有一部分人到北师大了，清华、北大也都有一些，还有一些人在市委或调到其他单位去了。大体上不是太分散，基本上都在北京。

我到了中国银行。当时中国银行有一个调查研究处，叫第四处（现在叫国际金融研究所）。"四人帮"打倒了以后，还是有些对外的经济关系。中美关系以及周边的一些关系恢复，有很多未了的事情要处理,像中美之间的资产冻结问题、汇率的问题。虽然那时对外的银行很少,可终究还是需要有个窗口。那时候我们国际金融的一部分教员就跟他们联系,大家以前就熟悉,彼此也信任,他们也欢迎我们去帮他们工作,因为不占他们的编制,也不要他们发工资。最初去的时候,有陶湘、林与投等人。

去了以后,就帮他们做一些业务上的事情,量简单的是翻译往来电报。后来因为中国银行要到处开展业务,就需要了解当地的情况。我先后做过拉美的金融市场、银行情况的分析,纽约市场、东京市场的分析工作也都做过。胡耀邦到中央党校管事的时候,提出利用外资的问题。我就参加了这个工作,就是把列宁利用外资的一些情况和苏联当时的情况整理成材料。当时还做了一些其他工作,像利用外资的问题、人民币汇率的问题、外汇管理问题,还有主要国家的金融体系状况,等等。

复校初期,基本上是后勤的人盖房子,还有些行政工作。因为还没有学生,像我们教员就没有什么实质的工作,就搞自己的。每个系都根据自己的情况做些准备。金融恰恰有这个便利条件,对方也需要,我们有一些人就到中国银行工作了。中国银行聘请我当研究员,实际上,是希望我能够离开中国人民大学到中国银行,可是等到真正要调我的时候,学校又不同意了。我在银行一直工作到改革开放以后,后来我们学校自己的事情多了,我就彻底回来了。

(作者是经济学系教授)

六、运动中的坎坷经历

卫兴华

我的命运是和我们党和国家的命运联系在一起的。我们党和国家的命运走曲折道路的时候,我的命运也是曲折的。"文化大革命"中,我们党的许多领导干部受到迫害,作为一个普通的老百姓、一个普通的教师,我也是受迫害的。党的十一届三中全会后,我们党和国家走上了改革开放的正确道路,党和国家的各项事业逐步发展繁荣,我的命运也逐步好转。

我是在风风雨雨、坎坎坷坷中走过来的,几乎每次"左"的政治运动,我都是挨整的对象。改革开放以前,整个政治空气是比较"左"的,我自己又喜欢独立思考,跟不上"左"的那一套。我 1947 年入党,后来被捕;出来以后,我不能再直接去解放区。1955 年"肃反",当时被捕以后的是非没有结论,是审查的对象。1957 年"反右"的时候,我差一点被划成"右派",最后划了一个"中右"。为什么呢?那个时候我给学校个别领导提意见,说他缺乏科学态度、缺乏民主作风。我讲了些例子,主要是指校方组织批评我校历史学家尚钺教授关于我国奴隶制与封建制的历史分期问题,它与毛主席著作中所采取的范文澜的西周封建论不同。其实,郭沫若也不赞同西周封建论,主张春秋战国之交的历史分期。毛主席是允许"百家争鸣"的。我提出这是一个科学、民主的问题,要讲科学、讲民主。人家就说我是在提五四运动的口号,说你在向谁"要科学要民主"呢?这不是说党不民主,党不科学吗?这不是反党吗?因此,我被划成"中右",被打入另册了!

我在"文化大革命"中被定为"叛徒""特务",被群众专政,受冲击也很大。那时凡是坐过牢的全是叛徒。包括刘少奇、薄一波等,我也不例外。他们的道理是:敌人宁可错杀一千、不能放走一个,

第五章 惊魂痛史

怎么把你放出来的？肯定是"从狗洞里爬出来的叛徒"；我们地下工作者死了很多人，那还不是你们出卖了同志？靠出卖同志不就是"从狗洞里爬出来的"吗？我说，如果说我是"叛徒"，你们应该查一下我是怎么叛变的，查一下报上登过我什么嘛。他们说要害就在这里。如果报纸上登了你写的自白书、自首书，你就当不成特务了；把你放出来，报上不登什么，那正好让你当"特务"。在这种逻辑下，我就成了"叛徒"和"特务"。

我被抓到地下室，——就是中国人民大学现在教学楼二楼的地下室；严刑拷打，不仅拳打脚踢，还用木棍打。打够了、打累了，就把我押到一个小屋里，水泥地上铺点稻草。我的生命也没有保障，但我的信念是：第一，不能自杀；第二，不能被杀。那时候经常抓你，放出来以后，过两天再把你抓起来打一顿，逼着你交代。没有的事情，我怎么交代？生命没有保障了，实在没有办法，我就想到"三十六计，走为上计"，就赶快走掉了。因为档案里都有我老家的地址，我没敢回家，就跑到一个远方本家的哥哥那里，他在大同口泉煤矿当工人。我在大同口泉躲了二十多天。后来就回了老家，又躲了一个多月。听到中央人民广播电台广播军宣队、工宣队进入中国人民大学，我觉得生命有保障了，就回校了。

回来以后，我、宋涛、吴大琨、项冲、徐禾、李光宇等十几个人，都被关到"专政队"挨批挨斗。那时，我是"叛徒"，吴大琨是"反革命"，宋涛是"走资本主义道路的当权派"，我们都受到监管，失去了自由。我和宋涛是被关押时间最长的，1968年过春节也被关着。

1975年，我恢复了教学工作。由于中国人民大学被解散，经济学系并入北京师范大学。我参加开门办学。我系师生到李瑞环同志任党委书记的东郊木材厂边劳动边教学。粉碎"四人帮"以后，中国人民大学复校，同时政治空气慢慢转变，历史是非才搞清楚。在1984年我当经济学系主任的时候，才彻底地把最后一些历史问题搞清楚。

1984年10月18日的组织结论是"卫在敌人审讯时没有暴露党的机密和个人身份"，并肯定我由太原到北平后，"参加组织了山西流平学生的反阎活动，包围前门外宪兵队，保存了地下工作人员所寄存的太原城防图，还介绍过进步学生去解放区。"按照中央文件复查，恢复了我的组织生活。党籍恢复到 1947 年 8 月，参加革命工作从 1946 年算起。

我觉得，"文化大革命"是很坏的事情，但对我来说，坏事也变成了好事。为什么呢？"文革""左"的那一套，不仅仅是我们一般的下层人员受到迫害，包括像邓小平、彭真他们这些高层都受到迫害。他们就会知道，过去"左"的一套，害死了多少人啊！政策就慢慢地转过来，平反昭雪。在这种情况下，中央的政策、文件一个个地出来了，冤假错案慢慢地平反了。有些历史问题，认真搞调查。原来"造反派"搞调查是想把我打成"叛徒""特务"，大搞"逼供信"；后来实事求是地调查之后没有这回事，反而对我有利了。他们把正面、反面人物都找了，最后才把我的问题彻底搞清楚了。

（作者是经济学系教授）

七、我在"文革"中遭受了毒打

高承宗

1991年纪宝成任人大校长期间,开始了编写校史的工作,我也是被聘请的顾问之一。但是编写出版的校史中"文革"部分我认为过于简略,仅只有两三页纸,涉及两三个人。至于一些被迫害致死的教职员工、两边打派仗死的学生,都没有反映。为什么你不记录一下呢?所以我认为尽管中央恢复了人大,而且中央已经全面、彻底否定"文革",彻底否定了"文化大革命",而在人民大学却没有彻底做到这点。

(一)"文革"中我被抓、被打的情况

像我本人被抓、被打这件事,在人大"文革"期间也是比较突出的事情。"文革"初期,首先是对中层干部以上的——就是系主任、总支书记、包括校部的处长、副校长、校长在内,都被戴高帽游行,搞了一个阶段。那个时候就算有点打,也就是推推搡搡、戴高帽子、丑化侮辱,真正被毒打的还较少。那个期间打伤、打死的也有,但被打的多少有点历史问题,当然绝不应该打死,而像我这样被毒打的情况,可以说在人大是突出的,时间是在1968年5月份。

当时抓我的时候,打我的战报第一条是"三青团骨干";第二条是假党员;第三条说我是破坏"文化大革命"的罪恶黑手。这都是污蔑不实之词。

我老家是湖北恩施,1949年11月6号解放。1950年3月我参加工作时,是恩施高中二年级的学生,还没毕业。我1952年在恩施专署机关时,被吸收入党,那是刚解放不久第一批在专署地委机关发展党员,只发展了6个,我是其中一个。1952年5月,专署根据政

务院部署，抽调干部培养科技人才；恩施专区当时分配有10个名额，每县一个、专署两个，我被抽调出来，并指定我带队到省教育厅报到。在武昌补习了两个多月后，8月份我就被录取到人民大学专修科学习，没有学理工科。在离开专署时，我曾写了一份入党申请书交给党支部。那个时候，政治审查很严格。来人大以后，我又被指定为国内贸易班的学习班长。批准入党时间是1952年12月初，我已在人大，通过组织关系转过来；后来1953年在人大贸易系转正。1954年我被调到人大校办工作。1955年全国人大第一届二次会议，从北京市的一些大单位抽人去大会做记录，人民大学抽一个，就把我抽去了。到人民代表大会去当记录员，那个审查当然也是很严格的。这些档案上都有，我自己也不可能造假。

抓我的时间，是1969年5月某天晚上11点左右。白天我还在上班，我们校办的三个人还在轮流上班。由一个女同学敲门，佯装找高老师，我已感到不妙。我一开门进来有十个人的样子，都拿着匕首，其中4个人主要是绑架，拖我走。一进去就蒙住我的眼睛，用布塞到我嘴里，就将我拖到"新人大"总部四层（后来得知）。我的鞋跑掉了，脚趾刮出了血；他们找出了一双旧布鞋，让我踩着。其余的几个人抄我家，文件、相片盒拿走，抄家时不准我爱人、女儿下床。

抓去以后，先叫我听"战报"的时候，就扇耳光扇了好多次。那是个小伙子打的，你想这个力量有多大，而且是拼命扇，说："竖起你的狗耳朵听战报！"听"战报"就是那三条罪状，那纯粹是诬蔑，就是那种状况。

后来挨打大概是用铁锹把、皮鞭子、竹扁担之类的东西打的，反正是用了好几种东西。后来知道还有这么粗的钢管，下头接的器械带、软的橡胶管子这几种东西。打到最后，是从腰部一直到大腿整个这一带，没有一点好肉，完全跟乌鸡一样，比乌鸡还乌，比黑衣服还乌，没有一块好肉。

另外耳朵也打出血了，流血了。当时耳朵打出血的时候，他们也觉得有点那个，也找到校医院一个大夫去看。那个大夫我听声音知道是谁，姓陈。当时他去了以后一看，他讲了几句话，我还听得见。他说现在耳朵出血，这是耳膜破了，还是里面的脑血管破了，现在不好

第五章 惊魂痛史

确定，反正这么流血是很危险。他的意思是说，除非是想打死，你们这么打很危险。他讲到"除非"这里，不让他讲了……大概大家都听懂了后面那个意思。所以我现在一个耳朵听得着，另一只耳朵一接电话像长途电话一样的听不清楚——这是后来发现的。现在左眼已失明，耳朵也聋得厉害。

放出来以后，"三红"的人就把我送到北医三院去看一下。大夫说，打成这个样子，瘀血这么重，先吃点药看看，活血化瘀，看三四天，一个礼拜。要能淡化，能吸收就算；要不能吸收，就要从局部取出瘀血。当时我的身体比较好，躺到外头，不在家里住。家里不能住了，就在留学生楼，在这边住到工、军宣队进校，才搬回家。没有住在医院里。那时候也不可能住医院，那时候"文化大革命"，医院里被打的人挺多，他们也不愿意再接收这种人了。谁管呢，医院也在闹革命。所以医生说，你们回去看看，后来过了十多天再去看，他说身体还行，已经在淡化，比原来淡化多了。大概两个月左右，基本上都消除了。

但是后来的后遗症那没办法。那么打，从夜里11点钟抓去，一直打到天亮，我脊椎骨有三节软组织，经检查是被打断了，那时候才四十一二岁，恢复力相对还是强一点。所以到"五七"干校的时候，有的时候犯一犯，重的时候起不了床，就休息几天，之后照样还劳动。后来复校以后有时疼，有时也不疼，反正腰不是太好。复校以后，我在校办工作，有一次，我到教育部去开会，北大、清华、师大我们四个学校的校办主任开会，我去了，坐在沙发上就起不来了。副部长张文松说：你怎么搞的，我说就"文革"中被打的。反正一直这么凑合着。到了2005年，正好是春节初四、初五，吃完早饭以后还挺好，往沙发一坐，一下就剧痛，碰到哪里都疼得不行了。后来找学校大夫，他们说我们也没办法，赶快送医院。到医院，他说是原来的伤长的骨刺，骨刺正好戳到中枢神经，可不全身都疼了嘛。所以这样就动了手术。动手术以后，第五天我就好了，七天就出院回家养，回家养了两三个月就能走路了。

当时打我的时候给蒙着眼睛。蒙着眼睛看不见人，打的人也不讲话。后来第二天大概五点钟左右，放我之前，又审问了一下，问我跟宫士湘的关系。但那次就没蒙眼睛了，从口音知道，他就是头一天打我、审问我的人，就是他。后来怎么确认就是他呢？是因为军宣队来了以后，不是"大联合"嘛，在文化广场举行"大联合"会议，两边都有武斗队队长，这边"新人大"的武斗队长，就是当时打我、审我的这位老弟，就是他，但名字我不知道。

这些事后来我认为也算了。我现在对这些人也没有再说什么，我就装作都不知道，也就完了。但是我还想说得是，把我抓起来打完了以后，放在图书馆地下室躺着的时候，看我的就是我们收发室的人，就是我领导下的收发员，全都认识。这几个人大部分都还在，他们就是表面上弄成都是工人在搞你，实际上我心里明白。有一个工人还比较好，但是死了，他叫张文启，当时收发室的组长。那天把我放到地下室以后，已经是早上，张文启问我吃不吃东西，他回家给我弄的棒子面粥。我说这还是有感情、有人性的同志。但是其中另有一个就差点儿，他看到别人打我的时候，他躲开。反正也都不是他们的问题，他们都是被别人利用了。我心里明白，真正策划者就是校部某几个人。为何对我下这样毒手？要说平时，我跟这些人没什么过节，"文革"中我没有参加过任何人的专案组（包括领导）。校务部总支某人要诬整某总支书记，我和另一位同志坚决反对，互相争吵一次，此人怀恨在心。工、军宣队来后，此人又反目成仇，企图整我，在宣传队严格掌握政策下，此人落空。

我刚才也说过，这些个都是历史了。说实在的，大运动里面有个人的品德问题，但总的来讲，当然是党的路线、政策问题，不能完全规避。所以，我现在对过去"文革"当中对我不好的人，并没有怎么样。现在我们还是照样友好。比如说他们要字画，我都白送他们。实际上，死记着个人仇恨也没有用。

这次抓我的时候，既抄了我办公室的笔记本，也抄了我家里的笔记本。我把"文革"当中抄家形容叫作"开膛看人心"。我的笔记本，连相片都抄走了。我看他们也没发现有反动的问题。尽管是从1950年参加工作到人大，应该说审查更严格，经过这么多运动，我敢说我的笔记本中如果说要有一个字有问题，我就可以成为"反革命"。从家里抄走的我那几个笔记本，后来都还回给我了，只剩一本没退给我。说明没发现一个问题，从中间还发现我写的还是正面的东西多。

其中有一本还没还给我的是，学校让我代表贸易系去接收财经学院时的笔记本。财经学院接收过来是两个年级；接收过来以后，要跟我汇报每个学生的情况，所以我那个笔记本记的学生情况多。结果这个本到现在还没退给我。抓我、审查我的时候，审问的人说你那个本里面记那么多学生干吗？我说那个时候是1953年8月，那些学生是财经学院并过来的学生。我接收过来以后，学生的团支部书记、党支部书记向我汇报，我记下的他们的情况，不存在整人的问题。

我办公室的东西也被抄走了，从那天起以后，我就不再进办公室了，等于我权利已经被剥夺了，我被打成那个样子了，我也进不了办公室了。

但是我在校办，我是机要秘书，我的工作笔记本有好几本。开党组会得记录，我单独有记录本；校长和党委书记的联席会议，每两个礼拜开一次会，我也得作记录。这些笔记本后来都没拿回来，没给我。所以复校以后，我给党委写了一个报告，我说办公室公家的东西他抄了我不管，笔记本当然也是公家的；但是我工作的东西，抄走了，没给我交代下落。作为"文革"比较乱的时候，抄的家，谁拿走的，我很难负责。我写了正式的声明，交给党委。我说从我被绑架走以后，办公室我进都没进去，也没见到我的东西，到现在也不知道下落。所以我要讲清楚，那些笔记本，当时是属于机密、绝密的东西，我说我不负责任。

（二）干校劳动笑话

我这个人从小也读了点古书，我自己专门写的有些诗。因为我们家祖父、父亲都是读旧书的人，祖父是个秀才，我多少受到点古文的熏陶，所以平常也爱写点诗。"五七生活点滴"这一组诗，都是我在干校写的，反映的是当时我们在干校艰苦生活的情景。

五七生活点滴：

不堪回首：中国人民大学校史管窥（1966-1970）

其一
八一湖底淤多年，起挖污泥堆成山。
五七干校土瘠贫，正好塘泥可肥田。

其二
五七大军赴南昌，拉泥装车日夜忙。
一个车皮要装满，夕阳开始到天光。

其三
排车拉泥雨中驰，汗浸雨淋里外湿。
八一大道穿梭过，人笑不该有知识。

其四
装满偌大火车皮，一锹一锹多费力。
南柴工人施善意，支援传带增效率。
（注：南柴，南昌柴油机厂。）

其五
猛干重活吃得多，一顿要吃一斤馍。
铁路食堂免粮票，得幸吃饱好干活。

其六
三两光面一溜光，碗底不剩一滴汤。
无奈素腹不知足，竟将高醋来充肠。

其七
瓢泼大雨打农药，药水逐雨全跑掉。
茶树好似洗个澡，刁狡刺蛾叶下笑。

其八

某连伙食管理员,买回腐乳一小坛。
战士每人分一块,左君知晓怒冲天。
大会点名狠批判,五七战士不吃苦。
居然还吃臭豆腐。战士默默听此言,
心头想笑又想哭,享乐水平此地步。

其九

活学活用万人会,轰轰烈烈茨坪开。
干校组团去参会,要给统帅致敬信。
内容时尚不待言,书写不同大字报。
美观整齐至重要。杨头正愁无能手,
有人推荐找老高,奉命精心书写成。
杨君点头直称好,可惜好字用得少。

其十

信江洪淹锦江镇,吾居进水半人深。
水落舍成污泥沼,独自清掏无人问。

其十一

艰苦卓绝忆当年,巨星终成燎火源。
万里长征由此起,五星红旗竖天安。
其十二工农揭竿闽湘赣,整合主力在三湾。
精兵强将随统帅,转战顽敌罗霄山。

其十三

茅坪溪畔八角楼,红灯长明照九州。
星火燎原振斗志,终将焚灭蒋光头。

比如说其中第三首是讲我们在南昌拉塘泥的情景,"雨中驰",

"汗浸雨淋"。南昌那时候四五月份天天下雨，穿着黄雨衣，就是南昌扫垃圾工人穿的那种雨衣，能穿到那个雨衣那时候还很不容易，还要通过关系。最后才从南昌的环卫部门买到了一部分。穿那种雨衣是可以防雨，但是不透气，不透汗，虽然防雨，但是里面的汗透不出来。我们两个人负责一个车，一个拉，一个推。一车装满塘泥，一般来讲都有六七百斤重、七八百斤，一个推一个拉，你想想里面要冒多少汗？所以我就说"汗浸雨淋里外湿"。我们从南昌八一公园拉到南昌柴油机厂那个地方的火车站卸下，中间要经过八一大道。八一大道就是南昌最大的、跟北京的天安门一样大的广场，是南昌最大的集会广场，通过那里的时候，老百姓看见我们来回穿梭的样子，别人都笑，"人笑不该有知识"，说这些人都是有知识。

你看还有一个笑话，有一首诗我写的是我们有一个连——因为刚下干校的时候分五个连——那个第一连的管理员，有一次从鹰潭买回了一个土坛子，一坛腐乳，就是酱豆腐，一个人分得一块。我们刚开始下去时，每天早上就是生萝卜条撒把盐，大概多少放那么两勺油一拌，就是咸菜。刚开始去还没有馒头吃，都是干一点的粥，晚上也是米饭，北方人都不习惯。结果一连的管理员买了一坛酱豆腐，一人分一块，后来被人知道了就在大会上批判。

（三）关于吴老去世时的一些情况

1966年的12月，吴玉章校长去世了，我们几个校办的秘书由王宗伯牵头，我一个，还有潘祥治一个，我们四个人在校内负责。总的追悼会是国务院中央办公厅负责，简称叫中办负责。王宗伯他是吴老的专职秘书，他平时就跟中办联系多，所以他就负责和中办联系，中办有什么要求都通过他，我们剩下的三个人，就负责校内的悼念活动组织工作。

吴老去世的当天晚上，有的师生知道了，自发地前去悼念。自己跑到交通股，抢车啊……有的不抢车，自己跑到北京医院，使北京医院很难安排——来了这么多人到底是不是人大的？就是人大的这么乱也不行。后来经过组织，由我们四个人负责。由于当时各个系的系主任都靠边站了，我们就把各系一般的秘书找一个来开会，说既然吴老去世了，大家都悲痛，在这种情况下，不要再搞什么派性了，我们就提出这样的要求。车子问题，我说由我们负责通知交通股或者组织。那个时候都是计划分配，人民大学比较特殊，在1956年能分配两个大的斯柯达，别的学校没有。两辆大斯柯达，一辆外头漆是红颜色的，一辆是灰颜色的。那时候红的是代表革命，灰色的不好；两派代表就有点嘀咕，要我定。我心里也想，我要指定，两派都不好弄。后来我就说这样得了，干脆抽签得了。当时来的人至少有20个；到了校长办公室，我说你们都冷静下来，谈事的负责人在这里留着，其他的人在门外头等着。我说你们选两个人，扯两张纸到外头去写，写一个"灰"字，写一个"红"字，搓成团拿进来；拿进来以后另外在这里又搓一个团，写个"先"，写个"后"。抓两次，先分出谁先抓谁后抓，抓到先的那就先抓。那再抓的时候，抓到红的坐红的，抓到灰的坐灰的。

当时代表两边来的负责人，我都还记得，因为当时有一个是"赤卫队"的工人，那时候还不叫"新人大"，那时候校务部叫"赤卫队"。"赤卫队"的头头之一是个医生，叫任有信，他代表赤卫队抓的阄，后来才有"新人大"。

结果好像是这样的：红色的是"新人大"代表抓上了，灰色的那个车"三红"的抓到了。当时也不叫"三红"，也分等级，"三红"里面分三等：真正出身好的才能叫"红卫兵"；没有多大问题的叫"红卫队"；老一代教职工，过去院校合并来的老教授、老教师，根据当时的政治意识，不能参加"红卫队"，就叫"东方红公社"。后来就简称为"三红"，"三红"就是这么来的。

（作者是校长办公室秘书）

第六章　亲人遥祭

一、追忆父亲，我能写成一本厚厚的书

孟小灯

　　父亲走了，也就不记得父亲节了。今天被约稿，内容还是写父亲。追忆父亲我能写成一本厚厚的书，多厚也写不完。父亲的称谓，是对儿女而言的；女儿我今天就写写父亲与我有关的点点滴滴。

　　先说父亲给我取的名字：孟小灯。灯是什么？不落的太阳，太阳每天东升西落，灯却永远闪亮。但是父亲当年可没那狂妄的意思，他眼里，灯仅仅是点燃自己、照亮别人，灵感来自蜡烛。他年轻时，夜里两点之前没睡过觉，陪着他著书立说的，只有桌上那盏绿玻璃灯罩的台灯。小灯就是一点温暖的光，安静的、谦和的，没有太阳那样光芒四射。

　　话说到这儿足够了，应了这名字，我前半辈子光照亮别人了，一点都没温暖自己。要是把小灯誉为蜡烛，"蜡炬成灰泪始干"，我就别活了。

　　长大后父亲问我改不改名，我说不改啦，已经习惯了。父亲指点我写文章时，又给我取了个笔名：子羊。子羊？什么意思？让我联想起"俯首甘为孺子牛"，受不了啦！我一个横眉冷对千夫指的人，野马一般的性格，怎么就沦为子羊了呢？当时真想离他出走。后经父亲耐心地劝说，我也就同意做个平和谦逊的乖孩子了。

　　可是问题又来了：我以为我以后就叫我"孟子羊"了——可父亲

告诉我,他们家姓赵,"孟氧"也是他的笔名,解放前给进步报纸写文章,用过很多笔名,孟氧这个笔名用得最多,后来人们只记得这个笔名,全然忘记他原来叫什么了。姓赵?赵子羊?赵紫阳?当年赵紫阳还在台上,不能叫;后来赵紫阳下去了,更不能叫了。

那些年父亲整天伏案著文章,很辛苦。我想方设法让他休息,经常坐写字台对面与他搞笑,纠结的还是"子羊"。我说,我终于想明白了你为什么要我叫"子羊"、父亲抬起头,脸上似有疑问。我说,你是想让我像你一样,又怕我不能完全像,就叫我"子羊"。父亲眼神鼓励我继续说。我接着说,你看,孟字下去掉皿,氧字上去掉气,不就成了"撤头撤尾"的孟氧了吗?父亲笑了,嗔怪说我想多了。

其实,父亲一直叫我"灯孩子",这个乳名只有父亲这样叫,连母亲都从来没有叫过一次。我知道有叫孟小冬的,孟小灯有没有重名不知道,但是"灯孩子",只属于父亲的我。

我曾偶然看到一张老照片:那时我刚满月,母亲抱着我出来晒太阳,正巧赶上父亲和同事走进院子,父亲走近我们母女,手背在后面看我,同事带着相机,给我们照了我的第一张全家福。后来我翻过照片,看见后面父亲的手迹:我绝非袖手旁观。大概他在解释,为什么没像大多数父亲那样接过我,或和我们并排留影。可他明明就是"袖手旁观"嘛!

我 1956 年出生,父亲 1957 年被打成"右派"。坏处不说了,好处是有很多时间待在家里。从"反右"到"文革",我就没好好上过几年学。小时候父亲只关心我身体健康,不说谎话,从不管我学习;期末考试没有"双百"也不批评。因为他第一次拿起我语文书,让我背课文时,我从第一课一直背到最后一课,中途几次打断、我都置之不理,等全书背完我大喘气时,他点着我的脑门说:"太爱表现了。"

也不记得小时候他对我有什么教诲了,只记得他没大没小地气我。假期我三天就把所有作业赶完了,他却规定要我每天练大字。同学来找我出去玩,等在门外;他说写够三篇就去,急得我一把鼻涕一把泪地写——他站旁边用砚台接着,说正好可以研墨了。

他看出我的学习能力并赞叹我的记忆力,知道我除了贪玩没别的毛病，所以他从此不再过问功课的事了；甚至说："小学时交给小学老师来管，长大了再交给我。"天有不测风云呀！哪有机会交给他，没等长大，就"文革"了。他被关进监狱，母亲进了牛棚，我就成了有父有母的"孤儿"了。

我虽没有学历，却多少还有点文化，毕竟是从小坐在爸爸腿上、闻着书香长大。后来我看了电影讲电影，看了小说讲小说，身边总是不缺朋友。人在脱离了父母之后，成长的速度惊人，威廉·配第说：劳动是财富之父，土地是财富之母。这是经济学的语言；我认为，社会和环境才是塑造人的根本。我到今天，既不是书生，又不是淑女，那个年代脱不了干系！当然父亲也脱不了干系。

父亲被抓走那年，我还不满12岁；不仅每日惊恐万状，甚至食不果腹。在父亲杳无音信几年后，他被判刑了，死刑缓期两年执行。还是坏处不说，好处是可以和家人通信了。我没有被重刑吓倒，我不相信父亲是坏人，是想搞武装暴动、颠覆共产党的反革命。我紧紧抓住了迟来的机会，从此开始了和狱中父亲来去都被拆开检查的通信。

没人告诉我狱中通信规定，我像天生就知道一样，每封信都安全通过检查——我们谈的内容之广泛，就像自由人。就在那几年，父亲给我讲了许多知识，除了不讲政治，其他无所不聊。他知道我毕业后在外地船厂工作，就告诉我潮汐与月亮的关系，教我怎样计算每天涨潮落潮的准确时间；还教我各种文体和诗歌的写作，偶尔也讲历史及人物分析。

一次，我写信兴致勃勃地说，我去泰山旅游，当登顶时我感慨：我比泰山高！遭到父亲点评：你有多高？10年没见你，料你不过1.65米，怎么能比泰山？你应该说一览众山小。哦！什么父亲，如此不解幽默，代沟啊！

1976年"四人帮"被粉碎了，我鼓起勇气写信说：这么多年一直不敢说，现在忍不住告诉你，我想你，想去看望你！父亲回信很快，他说如果我不主动来看他，他一辈子也不会要求我这么一个亭亭玉立的女儿，来到阴森的监狱，看望一个被判死刑并带给我无限苦难的父亲。终于还是我先开口了，他赶紧告诉我怎样来探监：还要在单位保卫科开具介绍信，证明我是他的女儿。我照办了，并把母亲给我准备的路费买成食品，用 5 分钱买了张站台票，混上了开往山西临汾的列车。

查票，我没有，两次被轰下车。而我这个闯荡江湖的人就不怕这个，换乘短途车，倒腾两次也就到了。下车后实在难以启齿打听临汾第三监狱，索性雇了个三轮车。车夫明知道监狱不远，几分钟就能走到，但欺负我是女性、外乡人、又是去那种地方，竟拉着车大街小巷地绕，把我绕晕了，才拉到监狱门口，还索取了 5 元钱。

进了监狱，我在会见室等候。环顾这间屋子，不像电视里演的那样，隔着玻璃看、拿着听筒说；而是前后两个门：家属走前门、犯人走后门，一条贯穿两边的高高柜台把屋子分开。我心狂跳，等待那一刻。父亲身穿编号狱服出现在门口，我真的认不出了，我努力辨认，更看不清了，泪水挡住了视线……

父亲安慰我之后，又询问了家常。接着他换了话题，语气中充满力量：抓紧时间，爸爸简单和你说几个重要的问题。"第一，我绝对不是反革命，更没有搞过什么武装暴动。第二，我的问题是学术问题，不是政治问题，即便在学术上我也没有搞错。第三，我没有罪，也从来没有认过罪，我在不断地上诉，给最高人民检察院、给党中央。灯孩子，你放心，做我的女儿绝不丢人！"

无需多言，听了这样的话，我已经不再流泪了。临别时，父亲握住我的手，一团纸自自然然到了我的手里。我们没有约定，但关键时刻我像地下工作者那样，四下一看，没人注意，匆匆告辞，然后大大方方出了监狱。

我进了一处公共女厕，打开父亲塞给我的纸团。正面反面密密麻麻写满了申诉文字。我草草看了一遍，又叠好塞进胸衣，这才如释重负、信心满满地出来。我走了，父亲彻夜不眠，夜里 12 点零 5 分的火车，父亲真怕再出什么不测。而我，心中有说不出的喜悦：我爸不是坏人！真的不是！不是我自己意念的不是，是真的不是！这次见面意义天大，我暗暗下定决心，一定要把他救出来，让冤案彻底平反！从此我走上了漫漫申诉路。

刚探监回来的那些日子，整天就像开了锅的水。我把从监狱拿回的纸条，工整誊写，然后自己刻成蜡版，又借来油墨辊印机，自己在家干得热火朝天。一份份装订后还温热的散发着油墨芳香的申诉材料，经过我的手、我的腿，投遍了我认为有一丝希望的信箱。

一个孩子，无论想法多美好，无论决心有多大，无论如何也无力抗衡社会。法院的通知就像晴天霹雳，案犯和家属的申诉被驳回，维持原判。胡耀邦平反了多少冤假错案，解放几十万"右派"，我们盼星星、盼月亮、盼春天、盼解放，盼来的父亲复审的结果，却如此让人失望。我累了，气馁了，情绪一度接近谷底。

父亲也得到了同样的复审通知，同时感觉到我的情绪变化。他平静地写来一封信，是这样说的：灯孩子，你现在干的事情，就像走一百里路，你已经走了九十九里，就剩最后的一里了。而这一里，相当于前面九十九里，一样难走，希望你咬咬牙，再坚持一下。

就这一段话，我像打了鸡血似的，又精神抖擞再次上访。我要将这官司打到底！父亲出狱后我们说起这事，他说当时写这段话是何等艰难！就是自己死在狱里，即便女儿躺倒不干了，他也不能对我要求什么。他给女儿带来的苦难已经太多了，可是现在形势这么好、平反的机会很大，不坚持太可惜了！他思虑、权衡了许久。

"替父申冤"最有效的一次，是我在北京市高法门口蹲守三天。因为我发现，通过普通上访接待，根本解决不了问题。所以我斗胆直接找高法院长。天天像来上班一样准时，死盯着出出进进的每一个人，不时也和看门大爷聊两句；第三天，看门大爷就被我感动了，主动帮我联系上了院长。

院长听我一席炒蹦豆般不加标点符号、不敢停顿分秒的诉说，点点头，要看我的申诉书，当院长看到申诉书最后一句坚定地写着："这一冤案如果得不到彻底平反，我将申诉不止"时，拿起了钢笔，郑重地在申诉书空白处写下决定父亲命运的几个字："请转刑庭，找专人复审。薛光华"。当时情景不用赘述，可想而知。

案子很快就有了进展，经过专门为父亲成立的七人组成的合议庭，阅卷、审理、核查；我又建议他们与被告见面，不要总是看那些不属实的材料，他们接受了。在监狱，又一次开庭，终于把所有的问题弄清楚了。回去研究后，决定无罪释放。过程一波三折，限于本文篇幅，一笔带过了。

第六章 亲人遥祭

　　写到这儿,我不想写了,那些事早就翻篇了。我曾经冒失地问过父亲一次:"当年'文革'群众组织逼供信,屈打成招,他们打过你吗?"我知道我有胆量问,也没胆量听。父亲表情沉重,回答我了:"当然,小打咬咬牙就忍过去了;大打就晕过去了。"我难受极了,从此再也没有揭开过这块伤疤。时间过滤了许多忧伤,我会选择性失忆,都快想不起那些不愉快的场面了,留在心里的只是对美好的思念。

　　父亲出狱时唯一的行李是一个破纸箱,里面装满父亲在狱中写的、与自己案情无关的学术手稿。狱友打击他说:"明天就上断头台了,写什么也没有用了!"父亲回答:"即使明天上断头台,今天不写还能干什么?!"父亲在狱中除了写学术论文,还自学了数理化,他竟然说爱因斯坦相对论并不难懂,只要把公式用文字表达。

　　父亲回来后,没有计较个人恩怨。他说:"那是整个民族的灾难,个人不过是历史长河中的一滴水,推动历史车轮的人也往往被碾进轮下。在监狱已经耽误了十三年,要抓紧时间,有太多事要干。"

　　这平反真够彻底的,再也没有麻烦找上头来了,好事却接连不断。第一个获得"全国五一劳动奖章"的教授、最佳讲课教师、优秀共产党员等等,高帽子戴了一头。频频被迫参加社会活动,面对记者的采访。他悄悄对我说,我是不会被捧晕的,电视台的摄像机都架在家里了,还是被他婉拒了。

　　多年的研究,他形成了自己的理论体系;特别是他学了自然科学,更是如虎添翼。我说你到底写什么呢?能不能用一句我能听懂的话说明白?他想了一下:"我在社会科学与自然科学之间架起了一座桥。"

　　父亲几乎争分夺秒地工作。我却不学无术,享受着在父亲身边的无忧无虑的生活。他希望我考大学,辅导我政治经济学,张口就讲《资本论》,还讲第二卷的地租理论。当我是研究生哪!我和父亲渐行渐远,我心里很别扭。

　　那一年,屋漏偏逢连夜雨,诸事不顺。有一天,我在单位门口等车,同事过来与我调侃,他说你怎么还在这儿,改革大潮都来了,怎么还不下海?我何德何能,下去还不淹死?你怕谁呀?上面你敢和江泽民说话，下面你敢和大流氓拼杀……我晕了，为了实现人生的自我价值，我辞了工作，"扑通"一声跳下海了。好景不长，我就呛了两口水，狼狈地爬上岸。

我病了，接着公司又把我开了，沮丧之极。我躺在床上，父亲很冷静地对我说了三句话："关于病，现在科学和医学如此发达，相信你的病很快就会治好；关于工作，你失业了，还有爸爸呢，我能保证你生活水平不下降；关于你，你是谁呀，堂堂孟小灯，什么困难能压倒你？"听后，我起身看病去了。病好后赋闲在家，百无聊赖，心情极差。

父亲说，"你要是有点特长，外语、数学都行，我也能帮到你。"听了这话，我心里特来气，我为什么什么都不行？你心里比谁都清楚。其实女儿对父亲什么撒娇话都可以说，效果也不会差，可是我一句毒舌话顺着嘴边就溜出来了："为了你，我什么都能做；你为了我，一句话都不肯说……"父亲沉默了，披上大衣转身出去了。

父亲去了校长办公室，对校长说："我的女儿……"刚一张口眼圈就红了。校长连忙制止说："孟老师，你别着急，是我们没考虑周到，给你落实政策是我们应该做的，包括你的家属、子女。你之前受了那么多冤屈，回来又为学校做了那么多贡献，我们一定把你的问题解决好。"接下来，学校人事调动史上最快的一次调动就是为我的，三天之后我就进学校上班了。

听见母亲低声说："你把她调到身边，不出三个月她就给你惹麻烦了，"父亲轻松地回："不用三个月，只要一个月不惹麻烦，她就保住了。"我进学校后，见每个老师不用讲义都能干侃三节课，我就闭嘴了，领导说我性格内向；大学的工作程序我不熟悉，干得慢，领导说我们教育工作就需要你这样细心负责的人。哦！这是走了什么运呀？！不过我进了学校，摇身一变，的确成了"努力工作还不黏人的小妖精"，校长见了我父亲都忍不住夸我两句。

我是顺风顺水留在学校了。但，对父亲说那句不符合我做人风格的话，却始终在心里挥之不去，我不能原谅自己。父亲是一个多么自尊自律的人，从来不会为自己的事或家人的事麻烦别人；我为父亲做的事，是一个女儿该做的，再正常不过了，怎么能成了要挟父亲的撒手铐呢？懊悔至今呀！

父亲一生历经种种迫害，加之出狱后忘我工作，身体垮了，74岁就带着无限的遗憾离世了。最后他说，到了收获的季节，生命却离我而去。他在病床上写完《经济学社会场论》序言最后一句，再也不谈理论了。我竭尽全力地照看他，搭上半条命，也没能挽留住他。

父亲走了，我病倒了。父亲病了还有我；我病了却没有父亲了。手术后昏迷了三天三夜，冥冥中看见父亲身穿蓝条病号服渐渐走远的背影，一下惊醒了！我明白，我和父亲阴阳两隔，永不相见了。那一刻我坚强了，我知道，没有父亲的日子，全靠我自己了，我要努力！

生命不知何时也会离我而去，我不能再浑浑噩噩混世了。我想了许多，想起父亲曾经问过我，愿不愿意给他写传记；我当时头摇得像拨浪鼓。待我恢复了元气，首先就要给父亲写传记。我没写过书，也不知道怎样写，我就把我能想到的记录下来，我的《纯粹孟氧》一书就顺利出版了。

父亲去世快两年了，他的《经济学社会场论》还没出，我多次催促出版社也没用。最终还是想出了办法，和校长商量后，我去出版社，对他们说要开"孟氧学术研讨会"，邀请了全国研究《资本论》的专家、学者，希望赶在孟老师两周年忌日前把书印好。书出了，会也如期开了，很成功。

父亲是中国注释《资本论》的第一人。他从1953年开始动笔写这本书，开始是在校刊上陆续发表，1957年被划成"右派"后被退稿了。1980年出狱后，又有刊物约稿，他继续写。刊物中途因经费问题停刊了，注释又搁置下来，直到他去世也没有出版自己的单行本。这本书的命运和它的作者一样坎坷。但是即便他被打成"右派"或关在狱中，油印的、非正式出版的、不写他名字的注释，还是在各大学经济系流传。

父亲的老友鼓励我把这本书整理出版，我做了，出版了，又为父亲完成了一桩心愿。在校史馆展出的父亲写的各个时期、各个版本的注释，包括最后我出版的、我设计封面的、漂亮的人大红的、砖头那么厚的《〈资本论〉历史典故注释》，被定义为帮助了一代人学习《资本论》。

后来我又陆续整理出版了《孟氧学术文选（史学卷）》《孟氧学术文选（经济学篇）》。其中史学卷最难做，幸好有朋友帮忙，其艰辛在此不提了。此时，不光是父亲的心愿，连同我的心愿也了了。

在整理、校对、出版的过程中，我是快乐的，好像又和父亲走过一段时光。今年恰逢父亲去世20周年，往事还是历历在目。在我看来，父亲还是幸运的。首先，不是说他的经历还不够坎坷，也不是说他的遭遇还不算悲壮，因为有多少人虽然最终被历史证明是对的，自己却早早含冤九泉，而父亲看见了自己的胜利，看见了敌人被钉在耻辱柱上。其次，父亲是幸运的，因为他有我，有一盏小灯，小灯光亮微弱，却温暖父亲的心。20年来，父亲的目光一天也没离开过我，同样指引我做人做事。

谨以此文献给父亲。

父亲永远的灯孩子 2017.06.28

（作者是人民大学教授、经济学家孟氧的女儿）

二、母亲阮季,永远活在我的生命延续中

尚晓援

我的母亲阮季,1968年12月15日自缢身亡。从她弃世至今已经49载过去,即将半个世纪。母亲离世之后,我从来没有为母亲专门写过片纸只字。然而,这么多年来,无论走到哪里,这却是内心一个未了的情结。

其实,在那个年代成千上万的罹难者中,母亲仅是其中之一。在百度搜索里,她的名字只有和我的父亲尚钺相关联时,才能看到只言片语。但是,每一个母亲,都永远活在她的孩子们的生命延续中。母亲和我血肉相连,母亲的形象在我心中栩栩如生。母亲离世在我内心留下的创伤,将伴我终生,永无痊愈之日。在父亲、舅舅,老一辈亲人相继去世之后,可共担这份沉重思念的只有我们这些兄弟姐妹们。

2008年12月15日凌晨,我弟弟尚小卫发出一封邮件,其中写道:

亲爱的姐妹,你们还记得40年前的这个凌晨吗?40年了,我一直以为时间会抹去一切。但是,我错了,我永远忘记不了1968年12月15日那个早晨发生的一切。那天的一切一切都好像刚刚发生的一样,随时都会浮现在我的眼前。

我们谁都不知道,40年前的这个凌晨,我们的母亲在想些什么,做些什么,我们谁也不知道她内心的痛苦和挣扎,我们也不知道她是不是曾经走到我们床前,我们什么都不知道……我们后来知道,她走了,她选择了离开我们,没有留下任何遗言。

我想如果人若是有灵魂,那母亲的灵魂始终没有离我们远去。她永远能听到我们的话语,包括看到这封书信。

母亲不是名人,去世之前,相夫教子的家务颇重,加上无休无止

的政治运动,她从未获得过安静的学术研究条件。她在学术上的建树尚未成熟,家中留下的多是读书笔记和调查记录。如果没有因政治迫害而导致的愤然离世,以母亲的聪慧和她早年在燕京大学所受到的系统训练,焉知母亲不会在后来社会学复兴的年代中,成为颇有建树的学者?

我最早学的是中国经济史,但是后来因多种机缘,从事社会政策研究。当我翻拣母亲的文稿,发现母亲当年在川西所做的儿童调查问卷和笔记时,真是感觉到冥冥中自有天意:我有意继承父亲历史学研究的衣钵,却无意中踏上了母亲作为先驱者所走过的儿童保护之路。

在颠沛流离中求学

母亲原名阮怀昫,1920年出生于一个客居北平的知识分子家庭,祖籍为安徽合肥的阮姓人家。我的姥姥是苏宝琼;姥爷是阮永樨,字性白,他们住在后牛肉湾胡同一号,那是个有五个套院、几十间房子的大宅院。母亲出生的第二年,姥姥便去世了。为了照料子女,姥爷再娶。大革命前夕,北方政局不稳,生活便逐渐困迫起来,房子也越住越小。

在小学、中学时,母亲读书很刻苦,成绩优异。"七七事变"后,北平沦陷,她和她的二哥寄居在他们的舅舅家中,一应开支由舅舅供给,直到进入大学。

母亲参加了燕京大学和辅仁大学的考试,结果,成绩优异,被两所大学同时录取,还都获得了奖学金。在燕京大学,母亲考取了最难考的医学预科,实际这就是协和医学院,协和医学院是八年制,三年预科在燕京。

面对国难,燕京大学的同学当时有两种选择:或是离开北平参加抗战,或是在沦陷区继续学习,当然也有人计划去游击区、参加共产党。当时燕京大学的校方还是希望同学们继续学习。母亲回忆,校长司徒雷登根据他的观感,认为中国抗战的大后方最需要的是人才,燕京大学的同学最好完成学业,到大后方去。同时,他以为同学们年轻,认识不清楚,很容易因社会的一般黑暗情况而深感失望,如果受了共产党的教育，到游击区去，则会使中国的情形更为混乱。在这些不同的倾向中，刚刚 20 岁出头的母亲，十分犹豫。

不过，事态的发展并没有给母亲留下多少选择余地。珍珠港事件后，美日宣战，燕京大学于 1941 年 12 月 8 日被日本人占领，很多学生和教授被捕。两个月后，母亲开始了自己人生的另一个阶段。母亲这样形容她当时的思想：

我的中学和大学都是在国家多难期间度过的。从"一·二九"开始，直到珍珠港事件，在这个过程中，有许多熟知的同学参加革命，而我却直到毕业的那一年，和这些活动都是没有多大关系的，都是以第三者的立场来评论和同情的。

母亲从小所受的教育，使她对政治和党派不感兴趣。她的主要想法是认真学习，埋头苦干，洁身自好。但是，正值多事之秋的中国，并没有给母亲留下多少洁身自好的空间。在燕京大学被日本人占领之后，母亲不得不南下。

抗战全面爆发以后，为使友校不致停办、学子不致辍学，华西协和大学敞开心扉迎接友校和逃难的师生。同属教会学堂的金陵大学、齐鲁大学、金陵女子文理学院、燕京大学和华西协和大学五所大学，在成都华西坝汇集，将华西协和大学的校舍和设备发挥出最大的功效。母亲等几个先来的学生，就在华西协和大学借读。在颠沛流离之中，母亲对社会学逐渐产生了浓厚的兴趣；而她读过的《社会学导论》的作者正在这里任教，于是，母亲便转入到社会学专业。

在华西协和大学的半年，母亲参加了成都慈善团体的调查活动。她认为自己很幸运："这些调查帮助我明白中国的社会科学应该怎样做研究。"其后，母亲还参加了基督教会主办的边疆服务团。服务团的参加者大多是流亡学生和各大学的教授，分宗教、社会、生物、地质、畜牧五组。当时，任教的教师中有社会学家、民族学家、人类学家李安宅，母亲和一些青年朋友常借他的家中开会。

李安宅以"训练、研究、服务"的口号，号召青年人下乡，参与边疆工作。母亲参加的那个调查组，用了两个月徒步旅行，去各山寨考察。母亲看到各阶层的生活，许多过去听到的故事都变成了现实。

20世纪的中国，仍有许多人过着牛马一般的生活。这些落后的农村使母亲对文化教育有了新的看法。

调查回来时，燕京大学临时学校已经开课，既有沦陷区来的老同学，也有新招的后方学生，还有四川本地人。燕京大学校园中，社团生活非常活跃。因为在当时的社会，社团比较自由，不受干涉。母亲也参加了一个学生社团，叫Nowel，是圣诞节的意思。母亲在自己的社团中承担了组织社会工作的任务。她看到学校后面的天灯巷里主要住户都是卖破烂的，儿童生活在拥挤、脏乱的环境中，于是就以这样的社区为中心，开展工作，锻炼自己。每天下学后，同学们轮流去给孩子们点眼药，发豆代乳，作家庭访问。

开始时，开展工作很困难。儿童的家长对大学生们的行为不理解。他们以为这些大学生是多事。后来，因为一个面黄肌瘦的女孩被带到医院，看了病吃了药后好了起来，他们因此改变了态度，对大学生越来越欢迎。大学生走过时，孩子们经常喊"老师"。这更激发了母亲和同学们的热情。由于豆代乳不能长期供给，母亲还发起募捐。在这样的工作中，母亲觉得自己逐渐成熟起来。

因为亲人在重庆遇上麻烦，母亲又来到了重庆。在重庆，母亲在一家《新世界》月刊找了份差事，暂时糊口。她的收获就是有空整理了研究结果。母亲说：

我把边疆的材料整理出一篇《从嘉戎杂居看戎民族社会组织》。因为过去都以为嘉戎无姓，而我这一次考察发现他们的房名相当于汉族的姓。根据这样的组织线索，是可以追求下去的，我以为这是很珍贵的心得。这一篇文章用人类学的功能方法写成，寄给李安宅先生，自己很胆怯。他却很快回信，说结构、材料和方法都很好，叫我寄到《边政公论》去，还寄来一封介绍信。这使我增加了信心。

抗战胜利第二年，燕京大学迁回北平，母亲则在农村过了一个夏天，为边疆工作指导所工作，记录农民的歌谣；还作了一些语言学的记录，收集了大量民歌和故事。边疆工作指导所的经费有限，无法解决生计，正好这时华西协和神学院社会服务处主任到西康去了，母亲便接替了他的职位。

社会服务处的服务区域是成都南门外的贫民区。服务处每天下午施诊,上午给失学儿童开办两个识字班,另外还随时做一些救济工作。母亲到任后的那一个月,发生过两次火警,有一次烧掉 200 多户。母亲到受灾区调查以后发现,受灾民众连换洗的衣服也没有,于是就发动神学院的同学捐助衣服。

母亲不反对宗教,却不愿参加每日三次的祈祷和布道,因此暑假时又去重庆实验救济院。救济院设在乡间,只有数年的历史,是国民政府在重庆时特地设立的,占地 350 亩。院长魏永清是燕京大学校友,母亲入燕京大学就是受了他的影响和鼓励。母亲读二年级时,他去美国学神学。他是个农家子弟,由教会资助读完大学,人很热情、爽直,在燕京大学还当了一阵教务长。

母亲在慈善事业中感受到了生活的意义,从中得到了很大乐趣。在救济院时,救济院长的一位美国同学所在的大学 Lindenwood College 为中国女生设立了三个奖学金,经此人介绍,母亲得到了这个奖学金。但是那边只管返回的路费,而去的路费则要自备。母亲为了筹措路费,就回到了北平。

此时东北军事局势已经很明显,华北很快就会改变颜色。在北平,她先在女青年会做了一个月的干事,又到天津参加了天津儿童急救会的工作,同时申请中美教育基金会的旅费补助,并准备护照和体格检查。但很快,天津就解放了。出于对新中国的憧憬,她在华北大学第一天招生时便跑去询问了一番。但是对于共产党还是不大了解,又因为必须持介绍信,再加上对团体生活有些恐惧,所以迟疑了许久才去报考,1949 年 5 月中旬,她终于入学。

进入华北大学后,母亲得以和父亲尚钺相识,她的生活也翻开了新的一页。但是,社会学研究和学习在中国很快就被禁止,母亲只好改为研究世界历史。

甜水井,温馨的记忆

我出生的地方,是鸭儿胡同三号,在北京的后海附近。2005 年,我和姐妹们一起回去过几次,想寻找当年的记忆。但是这里已经变成了旅游区，热闹非凡。鸭儿胡同三号也已被拆，变成了一个大工地，旧时的痕迹荡然无存。

我从记事起，就住在北京西城区南长街甜水井胡同一号。这是父母苦心为我们经营的一个快乐的小天地。至今，这个小院还是我记忆中一个美好的梦。但是，这个小小的天地很快也被政治风暴摧残得七零八落。

1950年代末，父母凑钱在甜水井胡同购买了一个小小的四合院。甜水井胡同的西头，紧贴中南海的东墙根，东头就是我家，胡同里一共只有四个院门。我家前后两个跨院。进口是一个当时北京常见的门楼，门前的对联是"忠厚传家久，诗书继世长"，当然都是繁体字。门两侧还有两个小小的石墩，好像是两只小小的狮子。一进门楼，是一个小院，向西一拐，便是主院。

我们全家人都住在主院里，北房三间为父母的卧室和父亲的书房兼客厅。西厢房两间为卫生间和厨房。南房三间为餐厅、孩子们与保姆的住房。还有卫生间，一间东厢房暂时无人居住，用作储藏室。

除了甜水井一号，母亲还有一处书房，两个房间，位于铁狮子胡同一号（简称"铁一号"）人民大学宿舍内，在红三楼丙组八号。楼下住的是著名党史研究专家胡华。我们都叫他胡华叔叔。他的儿子胡刚是我的小学同学。胡华叔叔可能神经衰弱，那时候母亲晚上在桌子上打字，胡华叔叔都会叫人上楼来阻止，说影响了他的休息。后来，人大的党委书记郭影秋在红三楼丙组四号住了一段时间；他搬走后，我家就住进了四号。直到今天，弟弟全家还住在那里。

尽管母亲从小读书，但也颇会治家。甜水井胡同小小的院子虽然不大，母亲却把它经营得有声有色，乐趣无穷。父亲喜欢种花。在他的书房前，东边是一株毛桃树，西边是一株葡萄和一株丁香。在东厢房的前面，爸爸和妈妈每年种上一些丝瓜、刀豆和苋菜。有一年，丝瓜到了该结的时候，却看不见挂果。妈妈站在一张凳子上，仔细看着已经爬到房檐下的丝瓜藤，发现在丝瓜叶的掩盖下，有一个丝瓜已经长到小臂般粗大了。

我读研究生的时候，导师孙健曾提到，当年到甜水井胡同我家做客的情形，连连称赞我家的饭菜好吃，金华火腿炖的冬瓜汤给他留下了很深的印象。他的夫人刘老师还说，从我家回来之后，孙老师大大赞扬我母亲善于持家。

对孩子们来说，甜水井胡同一号的生活是衣食无忧的。但有一段例外，这就是所谓"三年困难"时期。当时受到最大影响的是母亲。因为妹妹京子是在那个年代出生的，母亲在怀孕、生育和哺乳期间，本来就营养不够，还要省出自己的口粮给父亲和孩子们吃，结果，母亲浮肿得很厉害。

其实，在甜水井胡同生活的这几年时间，父亲已经危机四伏。他在"反右倾"运动中受到全国的点名批判，不能发表学术著作；在人民大学也成为众矢之的。但是，即便在这样的环境中，母亲还能以平常心度之，在惊涛骇浪之中，为父亲和孩子们营造出一个平静的港湾，也真够难为她了。这几年，是父母一生中最幸福的时光。后来，父亲对我说："你不知道甜水井胡同的几年有多么重要，使我的身心都得到了恢复和休息。"

甜水井胡同的孩子，都到南长街小学上学。但当时"铁一号"附近的府学胡同小学是东城区第一中心小学，非常好。到了我上小学的时候，母亲就安排我上了府学胡同小学。我在府学胡同小学时，不能每天回到家里，母亲就和我一起住在"铁一号"的那两间书房里，每周的中间和周末才回到甜水井胡同。

这是我和母亲生活在一起最密切的岁月。我们一起在食堂吃饭。记得当时米票比较紧张，我和母亲开始没有买米证，吃饭的时候，只能买窝头和馒头。后来，母亲要出去参加"四清"运动了，为了安排我的午饭，就花了十斤米票，办了一个米证，又从家里带来了一些猪油，让我吃米饭的时候，就用猪油和酱油拌饭吃，说这样很好吃。但是，我第一天就把米证丢了。所以最终也没有吃上猪油拌饭。

1968，踏上不归路

父亲和母亲工作的单位，是中国人民大学。父亲从建校起就在这里工作，直到去世。父亲主持的历史教研室，1950年代培养了一大批研究生。这些研究生，后来大多成为出色的历史学家，也是各地很多大学历史系的中坚。

但是，父亲当时并不见容于人大，这有当时人大的政治气候所致，也有人大的政治小环境的原因。父母在甜水井胡同一号购房居住的行为，在人大成为一个非常严重的政治问题。虽然房子是以母亲的名义购买的，但在人大，父亲还是因此受到了严厉批判，理由是共产党员不该拥有私房。为此，父母被迫把已经购置的、并经过翻盖和装修的甜水井胡同一号卖掉。

尽管如此，人大的很多人还是不依不饶，说是共产党员更不该卖房子。父母被迫把这所已经出售的房子又收回来，再以"献产"的名义，交给北京市政府，由人大的职工居住。我们在甜水井胡同一号的住宅，就这样被剥夺了。父母收回已经出售的住房，在退款给购房者时，把这笔房款加上数月的利息一并退还。这位购房者为此十分感动，觉得父母这样厚道的人真是少见。

父亲去世以后，历史学家李新曾经对我讲起当时的情况。他当时是人大党委常委。父亲购置私有住房一事，曾经在党委常委会上讨论，很多人主张因此开除父亲的党籍。李新和另外一位常委坚持说，开除这样一位老同志的党籍，务必慎重。

常委会后，李新找到父亲，告诉他必须赶紧把甜水井胡同一号的住房按照要求"献产"。父亲只得被迫把房产"献"出，这样，虽然党籍保住了，但父亲还是受到了党内的纪律处分。在"文革"中，甜水井胡同一号住宅的问题又被提了出来，最终成为母亲被迫害致死的原因之一。

"文革"之后，父亲写信给中组部，希望重新调查有关自己的错案，同时也提出了对私房落实政策的问题。此后，中组部复信，请人大为父亲落实政策，包括私房。父亲去世时，还留下遗嘱，希望人大把非法剥夺我家的私房还给子女。此后，虽然几届校长对此都没有异议，但是，阻力依然重重。直到现在，这一处私房也没有归还。

甜水井胡同一号被剥夺，我们全家搬到了"铁一号"。不久，"文化大革命"就开始了。我当时仍在府学胡同小学上学，后来升入北京五中。在五中时，有一个大家都非常喜欢的老师，叫肖钰。他特别擅长教数学。一天，全校同学外出参加活动，回校时，肖钰老师在班会上说,今天我们的学校发生了重大的敌情,有人书写了"反动标语"。接着,他就带领大家呼喊革命口号。

不幸的是,出于口误,他呼喊革命口号时,误喊成"反动标语"的内容了。当时,他吓得脸煞白,赶紧带领大家又呼喊了多遍革命口号。当时的学生都只有十三四岁,看到老师紧张,觉得很好笑,都说要是追查下来,我们可以为老师作证,确系口误。过了一会儿,肖钰老师还是很不安,自己离开,自动跑去汇报了。

一会儿,我们就听到校园的大喇叭高声广播,全校紧急集合,到大操场开会。到大操场不久,就听到宣布,扭送现行反革命分子肖钰去公安局。听到这个消息,全班同学都愣住了,怎么也想不通,怎么老师一下子变成现行反革命了?不过,到底是年龄尚小,是非不清,很快,我们就觉悟了:觉得自己可能是阶级斗争的警觉性不高,所以有人呼喊"反动口号",还是非不辨,以为是口误,居然要给人家作证。

回家以后,我告诉妈妈这件事。妈妈似乎对我的觉悟不以为然,说:如果他真的是口误呢?这样把人家当现行反革命分子,不是毁了一个好老师吗?妈妈的态度和其他人真不一样。这件事情我牢牢地记在了心里。

母亲去世时,我正在内蒙古插队,家中的情况不甚了解,母亲自缢的详情,还是家里人告诉我的。

1968年5月25日,中共中央、中央文化大革命小组发出《转发毛主席关于〈北京新华印刷厂军管会发动群众开展对敌斗争的经验〉的批示的通知》,随后殃及全国各地的"清理阶级队伍"运动爆发。据统计,这场发生在"文革"中的政治运动,共造成非正常死亡人数50多万,全国被揪斗人数超过3000万。

这年的12月,人民大学的"清理阶级队伍"也是如火如荼。父亲当然在劫难逃,又被关押受审。在批斗父亲时,母亲还曾被陪斗过。那年,姐姐晓航17岁、弟弟小卫13岁、妹妹京子7岁。晓航已定于12月初去山西农村插队。

母亲的性格是宁为玉碎,不为瓦全。可能觉得在运动中受到了人身侮辱,全家可能都要被扫地出门,没有前途,所以绝望了,才毅然做出最后的抉择——在"铁一号"的家中自缢。

事后晓航回想,在妈妈自缢前一周,有一天家里到处都是敌敌畏的味道,尤其一个紫花碗,味道特别浓烈。可能那天妈妈就已经尝试过服敌敌畏自缢,但是没有最后下决心。

妈妈自缢之前的一个晚上,和晓航谈到很晚,大意是告诉她,将来家里可能就要发生大的变动,没有办法再支持孩子们了。孩子们将来要依靠自己,好好地改造思想,也可以去找西安的大姨,等等。晓航那时也不太理解,觉得很困了,想去睡觉。但是妈妈不停地说,一直说到深夜一点多钟,晓航实在支持不住,就睡了。妈妈左思右想,可能犹豫了一夜,才最后决然地走上了不归路。

早晨,也就是12月15日,孩子们在浴室中发现了妈妈,赶快去找平时认识的人大历史系的大人。当时,没有人马上来抢救妈妈。直到最后,工宣队、军宣队的人终于来了,还来了很多其他的人。家中人来人往,有人竟然趁乱偷走了父亲刚刚发的两百多元工资。

母亲离世以后,工宣队、军宣队也不让爸爸回家。在家的三个孩子很害怕,每天晚上挤在一张床上睡觉。过了十多天以后,爸爸才被释放,回到家里。

母亲去世之后两个多星期,在内蒙古插队的地方,我接到了母亲给我的最后一封信。写信时,母亲大概还没有自缢的想法。信中写道,想给我寄一些学习资料。其中用了一句成语:欲速则不达。这句话,我记了一辈子。

后来,我回到北京,见到了姐姐晓航,她给我讲了当时的情形。在那以后的很多年,都有一个情景,反复地在我的梦境中出现:母亲去世的时候,我正好在家,母亲的行为被我们发现了——因此,母亲的生命得以挽救,我们没有失去母亲,我幸福得笑出声来。

不过,每次从这样的梦境醒来之后,我都是泪流满面地回到了真实的世界,重新发现了无可挽回的真相。只有一次例外:那次,我在梦中梦到母亲去世了,又梦到梦醒了,母亲去世只是一个可怕的噩梦,幸亏梦醒了……

当我真的从梦中醒来之后,怔忡了好久,不知道哪一个梦是真的,不知道母亲是否真的离世了。后来,我读到《庄生梦蝶》的故事,想到自己的梦，马上就理解了。

母亲只活到 48 岁。因此，在我的心目中，母亲永远是年轻漂亮的。我没有"白发苍苍"的母亲的概念。不过，直到现在，我看到别人能够奉养父母到七八十岁，甚至九十多岁，都觉得这是人生最大的福分。如果我也能够有这样的福分就好了。我的大舅享年 89 岁，二舅享年 98 岁，他们和我的母亲是同胞兄妹。如果不是那个是非颠倒的时代，我的母亲很可能也长寿如斯。

现在，我住在新西兰基督城，坐在阳光灿烂的客厅中，看着蓝天、白云和花园中盛开的杜鹃花，心里不禁幻想，如果父亲和母亲仍然健在，他们如果和我在一起，享受这份温馨和宁静，我们的生活该多么美满！

2017.07.01

（作者是英国 SUSSEX 大学发展研究所博士，北京师范大学社会发展与公共政策学院教授，澳大利亚新南威尔士大学副教授）

三、基隆吹来暖暖的风

——在台湾寻找父亲的脚印

李 杭

2017年5月3日傍晚,我乘坐厦航881次航班抵达台北松山机场,揭开两周一人自由行的序幕……

为什么是我,一个人,从远在"天边"的英国来台湾自由行?

这就要从2012年第39期《中国新闻周刊》(10月29日出版)说起。这期杂志在报道1959年中国科学院哲学社会科学学部与人民大学合办的"文艺理论研究生班第一期"的长文《文研班:文艺理论界的黄埔一期》中,第一次公开披露该班"一些同学……不幸罹难。在人大任教的李尚公,曾经在台湾加入共产党,被逼迫交代是潜伏特务。他说:'我把良心剖给你看,用一根烧红的铁通条插入了自己的胸膛'。"

这里提到的李尚公,就是我父亲,他是这个所谓"文艺理论界黄埔一期"的一员。他当时是中国人民大学的讲师,是人民大学选送到该班的学员。

"文研班"第一期

"文研班"是由时任中宣部副部长周扬提议创办的。

1959年夏,"文研班"在全国范围内招生。报考要求是:在大学中文系或文化艺术单位工作两年以上;中共党员,专业骨干;政治可靠,有培养前途。

"文研班"第一期最终招收了39人,全部是在职干部。其中年龄最小的是何西来,21岁;最大的是中央乐团的演员解冰,44岁。

她在延安时已经是著名歌唱家,演过《白毛女》中的喜儿,周扬一见面就能叫出她的名字。

为了创办一流的文艺理论干部培训基地,"文研班"可以说"不惜工本"。

虽然文研所就有研究戏曲的专家,但是中山大学王季思的名气大,就专门请他坐飞机从广州来北京讲课。在何西来的记忆中,课时费很高。"一个课时就45块,我一个月工资才48块半。"

何其芳亲自设计了"文研班"的课程,请来了各领域的顶级名家讲课:俞平伯、吴组缃讲《红楼梦》,余冠英讲《诗经》,游国恩讲《楚辞》,李泽厚讲美学,季羡林讲印度文学,李健吾讲17世纪古典主义和19世纪法国文学等,冯至讲杜甫和德国文学,卞之琳讲莎士比亚,叶君健讲安徒生,……周扬还把左联时代的著名作家唐弢专门从上海调来,担任"文研班"专职教师,负责教现代文学和指导写作。

"文研班"开班不久,物质就已极度匮乏。货架渐渐空了,人大教工食堂的饭菜也一天不如一天。这个研究生班的学员都是各单位送来的尖子,领头"闹事"。人民大学校领导"釜底抽薪",立即任命该班的李尚公为教工食堂"指导员"。结果我爹的办公桌搬到了食堂办公室,和原来的管理人员李萌坐对桌,他成"半工半读"的了。我父亲为办好这所教工食堂,殚精竭虑,很下功夫。所幸的是,食堂办好了,大家总算是不幸之中的大幸吧?从此食堂"相安无事"。这是我爹在"文研班"最让人记得起来的作为。

对于李尚公1948年曾是中共台湾地下党一事,作为家属,我们之前一无所知。为此,我们在2014年4月19日专门拜访当年"文研班"党支部成员,中国社科院文学所前副所长,《文学评论》前主编何西来,他是《九畹恩露:文研班一期回忆录》(社科文献出版社,2011)的主编。此书中收录了人民日报原文艺部副主任缪俊杰的回忆文章《风雨同舟学友贤》写道:"谈起京城'老大哥',我记起为人厚重的李尚公。李当时是人大中文系的教师,他是'插班'来的。我们交往不多,只听说他是老党员,老地下工作者,我们总是以'老大哥'而敬之。""尚公真是勇士啊!壮哉,尚公老兄。"作为"文研班"党支部成员,何西来对我父亲是台湾中共地下党的事当场写道:

"这些事我也清楚。""尚公是我在研究班时的老同窗,老学兄,已过世几十年了。俊杰学兄在这篇回忆文字里,忆及尚公兄的一些往事和为人,与我有戚戚焉。"

从流亡中学生到国语教员

我爹是山东肥城人。其父赤贫,无以为生,跑到济南黄河以北的齐河县当维护黄河河堤的河工,养家糊口。就这穷样,我爷爷还是不惜送自己的大女儿当童养媳,也非得送我爹,他唯一的儿子,上学念书。当年我爹算是念书念得好的,一路凭着举家鼎助和各种奖助学金,1936年竟然考上济南一中——这是当年山东全省最好的中学。但突然时局骤变,日本全面侵华的"七七事变"改变了历史进程,也改变了千千万万普通老百姓的命运。当年济南一中的校长孙东生在1937年8月新学期的开学典礼上说:大家必须读书,我们是教员,你们是学生。我们应当把你们培养成国家的人才,要弦歌不缀。读书也是抗战,也是爱国,也是救国。济南要是不能待,我带你们走,不做亡国奴。胡维成老师(当过教务主任,代理过校长)第二个讲话:"听说日本鬼子占了天津,下令中国人都得弯着腰走路……我这副腰板就是弯不下去!"国民政府遂决定组织山东中学西迁。

我爹他们也在这洪流中,随济南一中整校整班的一边步行,一边坚持上课,跋山涉水,风餐露宿,从济南出发,经泰安、济宁、金乡、商丘、开封、郑州、许昌、方城、社旗、南阳、郧阳(济南一中在此改称国立湖北中学)、均县、白河、洵阳、安康、西乡、城固、汉中、宁强、广元、剑阁、梓潼、绵阳……历经两年,步行7000里——路上的艰辛就不用说了:我爹左耳廓的一部分,就是在此途中冻掉的——他们不但上完了全部初中课程,1939年还走到了四川绵阳。在那儿,他又上完了高中(迁川后改称国立第六中学,我爹是6级二班,1936年上初一,1939年上高一)。

根据《中共德阳地方组织的摇篮——国立六中二、四分校》记载:李尚公和孙跃东在当地主办了《简明新闻》,每天公布最新抗日战况和各方面重要消息,影响很大。1942年他考上了地处甘肃兰州的西北师范学院（抗战期间北京师大西迁与其他高校合组的战时大学）中文系本科。

在西北师院，我爹遇到了我娘，她是比我爹晚入校的学妹，国语专修科（学制二年）的学生。1945年，抗日战争终于胜利了！全国上下，欣喜若狂。1946年暑假，西北师范学院所含各校开始复员，我爹妈也在那年同时毕业。

台湾从1895年甲午战争后割让给日本，已经50年，岛上正规学校只用日文教学，没有汉语教育。当时台湾大中学校急需合格的汉语教师，国民政府的"国语推行会"，由名教授黎锦熙（1890—1978）、魏建功（1901—1980）领衔，招聘人员，赴台工作。我爹妈就是在这种情况下被招聘赴台的。他俩都专门接受过推广国语所需的教育部的ㄅㄆㄇㄈ注音符号系统训练。

我们知道我爹在台湾当过国文教员，他是和我妈一块儿去的；我们还见过他从1947年初到1948年初整整一学年在桃园农校的聘书。但是我们从不知道，他在台湾曾是中共地下党。1979年为我爹"平反"时，根本没提他1949年以前有过一段去台湾的经历，好像这段历史根本不存在。

桃园结识烈士遗孤

种种迹象表明，人们还记得我爹的死，而且确有隐情。

我通过各种渠道，一点一滴搜集当年台湾中共地下党活动的信息，主要集中在桃园县——我爹赴台在桃园工作的时间最长，有一年多，我认为在那儿可能有较多的信息。渐渐地，关注的重点集中在"桃园义民中学案"，黄新华女士是我关注的第一人。黄是当年桃园义民中学中共地下党员黄贤忠（1920—1952）烈士的遗孤，出生在1951年她父母入狱时；后被孤身送入孤儿院，有一段异乎艰难的非常人生。黄新华为搞清楚她父亲的沉冤，是费了大力的，网上有关的报道也最多。

我决定先找一位桃园籍的台湾学人，从认识开始，建立友谊，再开展寻访工作。我的亲戚奚树祥老师，是清华大学建筑系1958年的毕业生，正好当时在台湾有业务往来。我就请他代找一位桃园籍的朋友。几经周折，终于找到台湾大学一位桃园籍的邱荣举教授，他父亲在台湾1950年代"白色恐怖"时期曾因"桃园义民中学案"入狱，算是黄贤忠的"难友"。他愿意帮助我查找父亲的踪迹。

我与这位邱老师素昧平生。他就是听说有我这么一位大陆人士寻找父亲的踪迹，古道热肠，愿意帮忙。与此同时，我还与桃园农校取得了联系，他们也愿意提供帮助。由于1949年以前的档案不全，没能查出什么线索。

我与邱老师联系，告知他这些情况。他建议尽管如此，我来趟台湾实地走访一下，还是很有必要的。有些事，本人来与不来，效果会很不一样。事后证明，真是如此。

虽然该准备的尽量准备，其实握在手里的东西还是非常有限。我就是这样"孑然一身"上路的。

当晚一到位于台北民生西路198号的西悠饭店，我就接通了邱先生的手机。

邱老师如约而至，我们一见如故，没有寒暄，拟定了行动计划。

第二天中午，邱先生接我去见黄新华。这场期盼已久但毫无把握的约会突然而至。我曾经通过别的朋友想约见黄，都被婉拒了。谁也不愿意老揭过去痛苦的伤疤。邱先生真有办法！他老说："你得来台湾。你不来，许多事情没法开口；你真人到了，一些原来不好办的事，就能办。"

这次见面定在台湾大学旁门的咖啡馆，我们早到了几分钟，接着黄新华就到了。一见面，我们都感到很亲切，两人的父亲当年同在桃园一地工作，都来自大陆。黄贤忠的名字，刻在北京西山森林公园的烈士碑上。我在这次赴台前特地前去拜谒，和碑上黄贤忠的名字合了影。我让黄新华看这张照片，她频频点头，看看照片，看看我，她知道我的用心，眼眶里湿润起来……我们小心地聊着家长里短和彼此关心的问题，像多年不见的亲戚。她父亲当年留下来坚持，被逮捕枪毙了；我爹撤回大陆，20年后竟也陨于非命……

黄贤忠在1952年5月20日临行前写道：

> 满腔热血为三台,
> 从来未做死安排。
> 若得瘦骨埋斯土,
> 魂兮归去亦快哉。

呜呼,好一个"归去亦快哉"!

时间过得很快,分别的时候到了。我们合影留念,黄一脸笑容。朋友们都说,这是难得一见的黄的笑容照。我怀着不舍的心情与其话别。祝新华健康平安。

基隆吹来暖暖的风

我这次赴台,一开始是瞄着桃园农校去的。不过我记得我爹曾经说过,他刚去台湾时,在基隆还待过一段时间。

我在台北查了几天档案,当地有关部门和人士非常配合:她们提供了官方档案里我父母当年入台和离台的原始材料复印件,很难得。

当我和蓝博洲、林正修、许孟祥、邱老师等谈起我下一步的寻访计划时,蓝博洲的一席话引起了我的注意。蓝是台湾研究当年中共地下党活动的著名学者,他研究"基隆中学案"前后持续了30年,所著《幌马车之歌》,再版三次,非常详细。他说:当年在基隆的中学就基隆中学和基隆女中两所。你父亲若在基隆待过,很可能就在基隆中学任教。林正修说不妨去看看。虽然我们的话题又转到别处,可在我心里:基隆,基中;基中,基隆……就放不下了。我一定得亲自去查访一下。

我看过蓝写的《幌马车之歌》。2016年,在上海还刚举办了"《幌马车之歌》钟浩东、蒋碧玉纪念特展"。该书的主角钟浩东当年是基隆中学校长,中共基隆工委书记。当年台湾中共地下党机关报《光明报》,就是在基隆中学编辑印刷出版的;后被当局破获,因此案被捕的有44人之多,枪毙了7人,都是知识分子!这是1949年中共台湾地下党被破获的头号大案。

去之前我们向基隆中学校长室打了招呼,隔日上午我们访问基中。

基隆离台北很近，就23公里。翌日上午，我们驾车沿着高速公路向基隆飞驰。路旁的指示牌逐个显示下一个出口的地名，一会儿就是"基隆"了。忽然，地名显示的是"基隆，暖暖"，下一个就只剩下"暖暖"……我感到非常惊愕！

任何人都不会有和我一样的感觉：因为我女儿李小暖的小名就是"暖暖"，怎么会出现在这儿？紧接着铺天盖地扑面而来的都是"暖暖"二字：暖暖国小，暖暖中学，暖暖火车站，暖暖街……我好像忽然明白了：1985年我母亲给我女儿、她的孙女起的名字，是从基隆暖暖这个地名来的！我父母当年在台湾一定和基隆暖暖这个地方有着非同寻常的联系，否则我母亲绝不会给她的孙女起名叫暖暖的。我大声对正在开车的邱老师说我妈给我女儿起的名字就是暖暖，我根本不知道在基隆有个地方叫暖暖。邱老师也感到非常不可思议，他说这里边一定有说法。

很快我们就到了基隆中学。当我们向基隆中学校秘书说明来意，做完自我介绍后，他并不接话，胸有成竹笑眯眯地打开一本事先准备好的装潢精美的纪念册：这是该校建校70周年纪念册，里面居然鬼使神差地保留了1946—1950历年教职工的花名册！其中1946年的花名册最全，有28人之多。李尚公和钟浩东两人的名字赫然在列！其余年份的名单明显不全，有的只有寥寥数人而已。什么都不用说了，正式文档，白纸黑字，铁证如山。同来的邱老师不禁在我胸前连打三拳，激动地说："真是有上帝保佑你，你爹妈保佑你！他们料到有一天你会寻找到这儿来的！"我爹1947年1月底离开基中去桃园农校时，中共地下党员钟浩东给他开的介绍信，和基中1946年教职工花名册，把我爹与基隆中学，与钟浩东紧紧连在了一起。

在基中主楼二楼一字排开的玻璃展窗里，展览着钟浩东等人的事迹，并没有什么顾忌。从某种意义上说，钟浩东是当年台湾最著名的共产党人——以他们夫妇和"基隆中学案"为素材拍摄的电影，一部接着一部，历30年而不衰。其中1989年侯孝贤所导的《悲情城市》获威尼斯电影节金狮奖，影响最大；1995年侯导再以钟浩东夫妇生平为蓝本拍摄了《好男好女》，获戛纳电影节提名。2017年，台湾另一位名导李烈也以"基隆中学案"为素材，改编当红电玩《返校》，加入拍摄相关影片的行列……为什么钟浩东在台湾有这么大的影响？因为他从反对日本殖民统治起，就投身台湾民族解放和人民民主斗争，矢志不渝，赤胆忠心，人格高尚，为台湾各界所敬仰。

钟浩东和我父亲，是1946年8月同时到基中分别担任校长和国文教员的。钟是台湾抗日名宿丘念台（1894—1967，丘逢甲第三子）和李友邦（1906—1951，中共地下党员，后也被国民党枪毙）推荐的；李尚公是由国府"国语推行会"派遣的，他们都是上级主管部门认可的基中教学骨干。国民政府开始接管台湾不久做了件大好事，就是积极推行"国语（即普通话）教育运动"。国民政府教育部在抗战期间，未雨绸缪，选定国立西北师范学院、江津白沙国立女子师范学院等三所高校的中文系，培养推广ㄅㄆㄇㄈ注音符号系统应用的人才。抗战胜利后，该部速派"国语推行委员会"委员魏建功、何容及干事王炬等来台指导国语推行工作。

李尚公在基隆中学教授国语，当然是独当一面。当时基中大陆来的教师虽然不少，但是只有他最专业，国语发音标准，而且娴熟ㄅㄆㄇㄈ注音符号教学。事实证明，注音符号真是学习国语的利器。老师只要花很短的时间教会学生注音符号系统，所有汉字，学生看看上面的注音符号，就能自己读出来，效率奇高。

可是在基中的国语教学工作刚刚走上正轨，李尚公却只干了一学期就转到桃园农校去了，钟浩东还给他开了介绍信。这件事有点儿反常，除非有某种特殊原因。像我父亲这样由国府推荐来的国语教员，接聘一般都是干满一学年才正常。他中途离开，校长还特地给他开介绍信，里边一定另有"文章"。

基隆中学地下党支部第二任书记陈仲豪后来谈道：我与钟校长说："这么多进步教师聚集在一起，恰似《水浒传》里的聚义厅，使学校不知不觉成为北部地区中共地下党活动的一个重要据点，这样是不是会惹人注意？钟校长回答说，刚刚接手办学，没有核心和骨干力量不行。事实上，这么多红色的教职员先后来到基隆中学，流动性很大，不少人任职一两个学期便走了。"李尚公在基中，很快就和钟浩东熟稔。一方面，固然李确实是当时基中推行国语急需的专门人才；另一方面，像李这样赤贫出身的西北师大毕业生，也特别引起钟的注意。所以钟李二人惺惺相惜，一拍即合。李尚公在基隆中学时期加入了中共地下党。

1948年5月由于台湾白色恐怖非常厉害，中共台湾省工委只能转到香港开会。会议决定为了隐蔽精干，部分同志需分批撤离台湾。恰逢当时我妈北师大中文系大专班毕业后，已经为社会服务两年，按规定可以回北京师大续读中文系本科三四年级，又刚刚怀孕，这样他俩在1948年暑假后回到大陆。

钟浩东为父亲开了两张证明

1949年春，李尚公进入人民大学前身华北大学学习。在存档的他那时写的自传里，台湾这一段经历的证明人他填的都是钟浩东（钟1949年8月底被捕，1950年10月14日才被枪毙），那时钟还活着。李尚公在自传里提供的这个信息非常重要，钟浩东当时是可查的活着的同单位的党内领导与行政领导，是李尚公最好的个人历史证明人。几年后当钟浩东牺牲的消息大白于天下，李尚公再写自传时，他这段经历的证明人就改写为张勇和熊启芳。因为不能再用已知死去的中共基隆工委书记钟浩东当这段历史的证明人了。当时有关中共台湾地下党人的现实情况是秘密，绝对不能外露，这是关系到还在台湾的那些地下党人生死存亡的大事。

蓝博洲说：“张志忠（中共台湾省工委）——钟浩东（基隆中学）——李尚公（桃园农校）是一条线；张志忠——钟浩东——黎明华（桃园义民中学）是另一条线，都是由基隆中学到桃园发展。”李是1947年2月初去的桃农；黎则是1947年5月"二•二八"之后有暴露之虞才去的义民中学。在1947年初，中共台湾地下党的人数极少，全岛不足百人。台湾当年只有台大一所大学，日据时期，台湾本地人一般只让学农医两科，所以农校是当时社会精英聚集的地方。

有关档案揭示，钟浩东为我父亲离开基隆中学，是开了一明一暗两张证明的：一张明的是拿出来给桃园农校看的从基隆中学离职的证明；另一张暗的是允许我父亲在基隆中学请长假的证明。钟浩东为我父亲去桃园农校工作"留了后手"：在那边干得好能待就待下去；

干得不好也不至于"失业",随时可以返回基隆中学继续任教。钟浩东给我爹这么"优渥"的进退条件,绝非仅仅是给一个普通国文教员的。我爹还另有任务去桃园农校——为中共在桃园地区开辟一个新点。在基中接我父亲班的是蓝明谷,他随即就成为中共基中支部三个支委之一。我父亲1月底才走,他2月1日马上到任,一天都没耽误。他俩的交接"好像"是事先约好的,天衣无缝。

1947年2月初父亲一到桃农,就赶上"二·二八事变"。在事变过后展开的"清查"中,虽然桃农"涉案"学生众多,但是该校有关师长对此多有缓颊,鲜有学生被捕的报道。桃园农校当时外省籍老师占一半以上,领导层都是大陆来的外省籍教师。此案后,不同省籍师生之间的关系还很正常,不能不说与外省籍有关师长在"二·二八事件"中的表现关系极大。从1946年12月24日发生北京大学女生沈崇被美军士兵强奸,到1947年台湾"二·二八事件",短短三个月内催生台湾年轻知识分子的思想激变,绝非现在一般人所能想象。桃农现存的有关档案已经不完整,不能完全恢复李尚公当年的活动轨迹,只知道他仍然是教学骨干,还承担学校部分的组织工作。同时他还经常请假外出,有时候没有请假记录,人也不在校内。我爹在桃农与校长李康伯(外省籍国民党人)的关系后来恶化,原因是李尚公一直替学生说话,多有护佑;故引起校长日益不满。这当属后话了。

基隆中学校秘书等人引领我们在校内参观。主楼右侧山坡下有一座特意保留下来的"防空洞",据说就是当年中共台湾省工委机关报《光明报》的秘密出版地。我问他们还有没有当年留下的房舍,回答说只剩下一栋了。我们往校园深处走去,看见在一片没膝的杂草后面有一排平房,这排房子当年是单身教工宿舍。我走过去细看,门牌是"暖暖区水源路二巷22号"。

又是"暖暖"!

70年前,我爹也许就曾住在此处。

当时我父母尚未结婚,正在热恋当中。我母亲在台北"国语推行会"任文秘;我爹在基隆中学当老师。每到周末,主要是我妈来基隆。

当时从台北来基隆要乘"台铁",到站就是位处基隆市暖暖区的暖暖火车站,或八堵火车站。当年八堵火车站站长李丹修经常在周末看见年轻的"外省人"我父母,在八堵站相聚相离,口操国语,明显是外省籍公职人员,甚是稀奇。在我妈离去后李丹修有意过来和我爹搭讪,一通报姓名,两人都姓李,更是亲切,遂逐渐熟悉起来。我爹还主动教过他们站的员工学国语。后来我爹要调到桃园农校去,可巧李丹修就是桃园人氏,帮了我父亲很大的忙。

1947年"二·二八事件"突发,根据相关史料记载,"(1947年)3月11日上午,(基隆)要塞司令史宏熹的侄子史国华率领两辆军用卡车(军人)包围八堵站,在月台先枪杀了4名台铁人员;李丹修等13人后来也被押上军卡,从此一去不返。"

李尚公那些天为了"组织上的事",几乎天天冒着危险乘"台铁"往返于桃园和基隆之间,对国民党血腥镇压无辜百姓怒火中烧。他和李丹修还互相提醒要注意安全。哪知3月11日国民党军再次光顾这个火车小站,掳走李丹修等十数人,从此杳无音信。据说这些人都被虐杀投入大海。李丹修这个昨天还活生生的一个好朋友,转眼就被捕失踪;我爹看到人去楼空,心里万分悲痛……"基隆八堵车站惨案"是台湾"二·二八事件"中最突出的个案:一个基层单位有17位无辜员工被枉杀!

我们家,就从台湾暖暖开始

这个暖暖区,大概是我父母从大学,恋爱,工作,到结婚再到成家过日子的20年里,彼此感觉最温暖的地方;也是他俩共同走入社会,经历风雨如磐岁月的地方。再也没有其他地方可以和这个暖暖区相提并论了。这段感情,我妈深埋在心灵深处,从未示人,哪怕对她自己的儿子。1968年我爹自尽;我妈当着外人的面,没掉一滴眼泪。而当1985年她唯一的孙女出生时,她没对任何人说明她为什么给孙女起名叫"暖暖",这是她个人一生中永难忘怀的一段回忆,稍纵即逝。"我给我自己活,我不相信眼泪,我也有欢乐。"我不禁想起台湾歌手周杰伦的那首歌:

听青春，迎来笑声，
羡煞许多人。
那史册，温暖不肯
下笔都太狠 ……
千年后，累世情深，还有谁在等？
而青史，岂能不真？……
如你在跟，前世过门 ……
跟着我，浪迹一生。
雨纷纷，旧故里草木深，
我听闻，你始终一个人。
斑驳的城门，盘踞着老树根，
石板上回荡的是再等。
……

2017年5月29日，当年在台湾工作的中共地下党丁宁阿姨亲笔写道：

我们（指她与丈夫程浩，程浩曾任全国政协副秘书长；在国共重庆、南京谈判期间，担任中共代表团机要组组长。1946年1—9月，在台湾从事中共地下工作）受周恩来副主席派遣，随钱瑛（当时中共南方局委员，解放后任监察部部长）到敌占区上海、台湾从事党的地下工作。

我们于1947年1—9月在台湾工作。当时负责掩护我们的中共党员吴克泰（原名詹世平）向我们介绍过，基隆中学校长钟浩东是他发展的中共党员。1947年1月，钟浩东派李尚公到桃园农校开展工作。钟浩东后来担任中共基隆工委书记，1949年8月被捕，英勇牺牲。

在台湾时，与我们经常联系的中共台湾工委委员张志忠（1949年12月被捕，1954年3月16日被枪毙）负责台湾桃园地区地下工作。他向我们介绍过：桃园县在台湾是重要的县，桃园农校是桃园最著名的学校。我们地下党在那里有一个点，是李尚公等人在那里开辟的新点。在"二·二八"后的白色恐怖下，仍坚持下来，没有人叛变组织。

近几日，杭侄访我，提到他父亲李尚公不堪忍受对他的政治迫害，选择离开，表现出对党的忠诚。

我虽然没有见过李尚公，但是我可以证明李尚公是我党在台湾从事地下工作的同志。

50年前，1968年底，我父亲刚刚去世，一个风雪交加的凌晨，邮递员"凄厉"的呼喊声在寂静的校园宿舍区回荡——有人给我们家发来电报。当时众人对我们家正唯恐躲之不及，有谁会来电报呢？打开一看，原来是我父亲年轻时的同学和同志，时任济南某中学校长的任××（惜已忘记名字）发来唁电："李尚公同志永垂不朽。"

50年后，历史终于见证了。我们可以告慰父亲，就像《这里的黎明静悄悄》歌词一样：

你静静，静静地飘落。
铺满金黄，金黄色的山坡。
……
飘落，飘落，
你没有被埋没。

你也不应该被埋没。那些为祖国统一贡献过青春，甚至献出生命的人，特别是其中还有自己的亲人，真是不能忘记：

月光如水，
想起你，
青春火焰在心底。
燃烧所有记忆，香魂满地不见你。
今生无法忘记，
花在风中哭泣。
生命每次深呼吸都有你。
呵 ……叫我怎能不想你。

我们家，就从台湾·基隆·暖暖这里始，从此悲欢离合，一路走来；但却不忘暖暖，刻骨铭心。

（作者为李尚功的儿子，现居美国。本文节选自《南方周末》）

四、寸草心犹在，不忘慈父情

项 威

2017年，是父亲百年冥诞。

1970年5月2日，父亲在江西余江刘家站人民大学"五七"干校仰药自尽至今，也已47年。

父亲项冲，字怡如，浙江杭州人。1934年考进燕京大学经济系，1938年毕业，获学士学位。后在上海交通银行任办事员。上海沦陷时避难杭州家中，不久就和同事一起辗转逃到重庆，仍在交通银行任职。

太平洋战争爆发后，中美成为盟国，美国不仅提供物资援助，而且也愿意为中国培养战时及战后复兴所需的人才。正因如此，美国增加了中国赴美留学生的数量和奖学金的额度。在这种情况下，父亲选择了参加美方组织的留学资格考试，成绩尚佳，成为第一批留学生。

当时国民党对此也是很重视的，他们决定在第一批学生赴美之前组织一次培训，为期一个月，内容是军训和党化教育。蒋介石亲自出席培训班的开业及毕业仪式并训话，国民党高官如冯玉祥、宋子文也到培训班讲话。然而这就成了父亲日后罹难的原因。

培训结束之后，父亲于1944年抵美，入纽约大学商学院学习；1948年毕业，获硕士学位。同年回国，仍在交通银行任职。之所以说父亲罹难的主要原因就在于这个培训班，是因为，尽管父亲在解放后如实交代了这个问题，但毕竟记入档案，在"文革"时成了"特务"，"历史反革命"的所谓证据。

1948年父亲在交通银行沈阳分行任襄理。此时的东北已经是风雨飘摇，势如累卵。在沈阳城破之前，父亲返回上海。出于对国民党的失望，父亲辞去交通银行的工作，到沪江大学任教。1950年父亲转赴燕京大学，任经济系副教授；于是我们全家由沪迁京。1953年燕京大学消亡,父亲在中央财经学院工作。1955年到中国人民大学经济系任副教授,直至去世。

我的母亲,1948年毕业于上海圣约翰大学,获学士学位。随父亲到京后,先在人大图书馆工作,后在人大附中任英文教员。

我的父母都是平凡而普通的人。他们也像普天之下的父母一样,无微不至地关爱着我和妹妹。我的父亲是一个谨慎的人,平安躲过了一个又一个政治狂潮;然而在那"风波不断连天浪、扫尽英才剩夕烟"的时代,他终于被"文革"血海吞没了。

文革初期,我家并未遭劫。虽然亲戚朋友中被抄家、殴打、游街的比比皆是,其中我的四姨妈也就是母亲的姐姐,因不堪"红卫兵"暴徒的殴打而割腕自尽。

随着"文革"向"武革"转化,在1966年秋末冬初之际,人大两派也开始兵戎相见了。从1967年下半年开始,恐怖来临了。两派的广播站总是在夜深之际先播放一段红色暴力音乐,随后如狂犬般地吠叫:"战报!战报!我们抓出了大叛徒××,这是毛泽东思想的伟大胜利!"肃杀之气笼罩着我们。

1967年12月27日,夜静更深之际,突然,某派广播站播出了抓出父亲的战报!与此同时,大门也被敲得山响。我开门之后,就看见几个学生模样的人,这是抓父亲的暴徒。母亲含泪对我说:"陪爸爸一起去吧。"于是父亲和我一起,在这几个暴徒的押送下来到图书馆楼。到了之后,抓父亲的暴徒让我在大厅等着,他们把父亲带走了。大约一个小时之后,其中两个暴徒带我父亲来到大厅。借着昏黄的灯光,我看到父亲的面颊红肿,口鼻流血,步履蹒跚,我赶忙扶住父亲。

长夜漫漫,寒风凛冽,子搀父行,一路无言……

自1968年3月北大武斗开始,民院、北外、京工以至人大都开始进入武斗阶段。原林园四楼的家,也成了"新人大"的前线阵地,我们全家也只能到人大附中暂住。武斗虽然使我们全家失去了住房,但也有值得庆幸的一面。这就是,那些暴徒不会三天两头地到家里逼迫父亲交代所谓的问题了。因为这些暴徒已经忙于打派仗而无暇他顾。

1968年6月27日，我不得已前往黑龙江生产建设兵团。临行之际，全家黯然相视，父亲执手相送，全家无语。

我劝父母和妹妹留步，独自一人去北京站，远赴他乡。到兵团之后，由于好几个同学的处境与我相近，故心情不错。应该明确告诉大家的是，黑龙江兵团施行工资制，月薪32元，这在当年足以满足自己的用度而且有节余。应该说，在面临一系列糟糕选择的时候，我所作出的选择还不是最糟糕的。

在接到母亲的信之后，我才知道，在工宣队、军宣队进入之后，人大武斗已经结束，"人大三红""新人大"也归于消亡；但父亲被军宣队集中审查了。至于详情，母亲在信中并未详谈。后来，母亲才告诉我，父亲的审查已经结束，回到家里。这真让我如释重负，以为难关已过。

1970年1月，我到黑龙江兵团已近两年，获准回家探亲。春节之前到京，终于见到了父母和妹妹。在此期间才知道，父亲被关押审查期间，多次被批斗。每言及此，都被父亲岔开。后来母亲告诉我，父亲被定性为："敌我矛盾，作人民内部矛盾处理。"

探亲期间，父亲和我谈到了自己的历史，并且提出了去"五七"干校的打算。母亲和我都不同意，因为父亲的身体不好，失眠非常严重。况且我在黑龙江，母亲患风湿性心脏病，妹妹还是小学生，父亲独自去干校是很让人担心的。

然而父亲没有改变决定，就在我即将返回黑龙江的时候，父亲告诉我，他要求去干校的申请被批准了。事后我们猜想，父亲是为了减轻对我和妹妹的影响，而主动申请去干校的。

1970年2月25日，料峭春寒。我乘晚间的65次直快离京。我不让家人送行。但父亲执意不肯，带着妹妹送我到北京站。一路上我不断劝父亲早点回家休息，但毫无效果。直到我上了火车，还是看到父亲拉着妹妹，站在站台上。

我急忙下车，只见父亲和妹妹泪流满面，刹那间我不禁热泪夺眶而出。我只会说，你们回去吧。父亲说，你补张卧铺票吧。列车就要走了，我回到车厢后，看到父亲拉着妹妹，依然站在站台上。谁知道，这竟是永别！

1970年5月下旬,接到母亲来信,才知道父亲5月2日在江西余江人大"五七"干校服毒自尽。母亲带着妹妹去干校料理后事已毕,且已回京。刹那之间,父亲拉着妹妹为我送行的一幕,又清晰地展现在眼前。

最后,用父亲留下的一首诗,作为永恒的纪念吧。

锦绣年华逐逝波,
王谢世家奈若何?
读书万卷直须破,
下笔千言悔更多!

写于 2017 年 9 月 12 日

(作者是项威的儿子。1978年考进人民大学计统系统计专业学习。后在国家统计局出版社工作至退休。)

五、祖母，你因何受难

陈 原

先祖母，目不识丁，一生含辛茹苦。从事过的唯一职业就是帮佣，却在半个世纪前被难，成为那个时代最早的受难者之一。

五十年来，一想起那一幕幕场景，悲哀、悔恨、激愤，我就难以自己。似乎已经成了永久的心灵创伤，灼痛不已。

"铁一号"钟楼前受辱

1966年，我家住在北京张自忠路3号。这里过去是铁狮子胡同1号，所以习惯称"铁一号"。"铁一号"是人民大学的宿舍。9月的一天，我偶然在我父亲的抽屉里发现了一封发自上海嘉定的电报，报封上的收报人是"中共北京市中国人民大学党委"。我当时9岁，看到这封来自我祖籍的电报，很自然就联想到我的祖母。赶紧抽出电报一看，泪水顿时夺眶而出。电报写道：

你校档案系陈兆祺之母张云英于9月8日投河自杀，希通知陈来处理后事为要。嘉定娄塘派出所

电报带有"加急"字样。

别看我年纪不大，但祖母自杀的原因，似乎已经无需大人解释了。那年的8月，史称"红八月"。一天，我去祖母住的地方给她送东西，在红一楼甲组五号，迎面就看到一张半扇门大小的"勒令"，白纸黑字写着：

限令地主分子张云英立即返回原籍，接受劳动改造！！！

东城区红卫兵

我敲了敲门，无人应答。邻居告诉我，"你奶奶正在钟楼下面呢"。

钟楼是"铁一号"大门内正中的一座建筑，算是这座院落里的主建筑。钟楼底层的大教室，进入"文革"后，就成了批判会的场所。大教室外的空地处于路口，人来人往，则成了批斗会的地方。

我赶到那里，黑压压的人群正围着中间的空地，二十多位平时住在大院里的爷爷奶奶们蹲在地上，低着头，脖子挂着一块块牌子，上书地主分子某某某、富农分子某某、资本家某某某、国民党反动军官太太某某、大地主小老婆某某某。我的祖母蜷缩其中。遣返原籍前，"红卫兵"强迫他们每天到这里接受批斗。

我没敢细看，转身跑回家中，一路还听到院里的小伙伴喊我是地主婆的孙子。

我的父母当时每天都在西郊人大参加"文革"，很晚回家，有时根本不回家。晚上和我说了什么，我已经不记得了，只记得叮嘱要我好好上学、不要管我奶奶的事情。可我每天上学都要经过钟楼前，都会看到人们围着祖母他们辱骂、吐口水，心里很不是滋味，也很困惑。

我们兄弟三人一直都由祖母照顾。她辛苦勤奋，不但为我们洗衣做饭，还抽空打扫楼道，将楼道的扶手从上抹到下，从来都是干干净净。她怎么会忽然成了众人憎恨的地主婆？和她一起挨批斗的那些爷爷奶奶怎么也转眼间就成了阶级敌人？

大概过了一周，一天中午下学回来，在红一楼旁的路上，正巧撞上我父亲和我表兄，一边一个，中间是我祖母，往大门口匆匆赶去。我祖母一眼看到我，就高声呼唤我的小名。我正想迎上去，不想我父亲拼命摆手，让我绕过去。祖母过去后，还不停地回头喊我；我也边走边回头，但始终没喊出一句来。没料到，这一回头，竟是我与祖母的永别！

家乡水塘惨遭不幸

回老家的一路，她是怎样的情景，我无从得知，但可以想象出来。

那时北京火车站，有部滚动电梯，大概算是大众可去的公共场合里唯一的一部电梯。我们这些少儿，在那个年代也没什么可玩耍的，所以常常跑去乘坐电梯,当作乐趣。在北京火车站,不时可以看到像我的祖母那样的人,被剃成阴阳头,身上还打上各种标记,有人往他们身上扔石头,有人吐痰。我亲眼目睹,一位老人头上血流如注,自己捂着伤口往车站里面跑去。

过后很多年,我听上海的亲戚说,我的祖母在列车上被"红卫兵"发现是遣返的黑五类(地富反坏右),就当场给她剃了阴阳头。祖母用头巾包着头,先到上海,看望了几家亲戚,发现家家都已自身难保,只得回到嘉定娄塘镇。

1986年春天,我第一次来到我的祖籍嘉定娄塘。不想,轰动了镇上,说是:陈家里的孙子回来了!还有人说我是"陈家姨娘的孙子",而祖母实际是"续弦",并非侧室偏房。我伫立在祖母自尽的那一洼水塘旁,男男女女都围在我的身边,向我诉说他们所知道的情形。

一位老奶奶抓住我的胳膊说,她也是当年被赶回来的,但她熬过来了,"如果你奶奶像我那样,忍一忍,大概就可以活过来的。"

"她死的时候,一条头巾包着整个头。我们都看到了。"几位中年人细致地形容。

住在水塘旁的一户人家告诉我,祖母的遗体漂浮在水塘靠近他们家的那一侧,派出所打捞遗体后,只得从他们家门里抬出,为此还锯掉了门框。

经人引领,我来到祖母弃世前栖身的小屋。这是一户人家的柴房,不足六平米,阴暗潮湿,连一扇窗户都没有。镇上的人说,祖母被镇上安排住在这里时,只有杂物,没有床,也没有桌椅。眼见如此简陋、破败的地方,我不知道那短短的几天,她是如何生活的。

此情此景,已经令我心酸不已,可更为悲怆的内幕还在后面。

当晚,我住在嘉定城里。好友的姐姐在检察院工作,她的邻居是法院法官,他们说,小的时候常常跟随大人去我祖父家,认识我的祖父母。"文革"后,清理"文革"遗案,检察院和法院都怀疑我的祖母是他杀。理由是,距离她最近的是一条河流,如果投河,为什么不选择这里,而跑到距离较远的大东街水塘,浅浅的水塘很难淹毙。

我的祖母带回的日用品很多,共有76种、上百件,完全是打算长期过日子的模样,为什么会忽然自尽?最关键的是,她身后留下的全国粮票很多,钱却极少,而据我的父亲和亲戚们说,为了她回乡度日,每家都给了不少钱。这些钱估计是被人拿走了。之所以不拿全国粮票,那是因为容易被察觉。县里怀疑谋害我祖母的人是大东街的"造反派",是谋财害命。

当我将这些疑问带回娄塘镇时,镇上的人却说不会的,他们对我祖母都很好,很照顾的,没人会谋害她。

以后,每次去上海,我都会来到娄塘的这片池塘旁默默思念我的祖母。镇上见过她的人越来越少,但年轻一代又都会告诉我,他们听父母、祖父母讲过,知道有一位老太太曾经在这里自杀。再往后,池塘填平了,新房纷纷建起,但一个遥远的回忆依然不散:一位老人很多年前在这里结束了生命。说是老人,其实,祖母遇难那年才59岁。

与大时代结为因果

我的祖母究竟是投塘自尽还是被杀后投进池塘?这是一个永远的谜。无数个日日夜夜,我因祖母的遇难而自责、而悔恨。临别时,我竟然没有再喊她一声奶奶;当我知道她的不幸后,竟然没有致信嘉定,要求彻查她的死因。

终于,有一天,我在梦中又遇到了我的祖母。她的形象定格在"铁一号"钟楼前的那一幕,散乱的头发、苍白的面容、身上落满痰渍。我猛然惊醒,两天后就赶到上海,托好友为我的祖母在嘉定选择了一块墓地。当墓地落成时,我面对墓碑,心中长久地默念慈爱的奶奶。说这是墓地,可连衣冠冢都不是,墓碑上下,空空荡荡,没有一张照片、没有一片遗物,只存有我们这些子孙的哀思之情。

雕塑家吴为山曾为我的祖母塑了一尊头像,因为无从看到我的祖母究竟是怎样一个人,他只能从对我的了解来想象我的祖母。结果,塑像看上去好像一位知识女性。事实上,我的祖母从未读过书,右眼自幼患疾,几近失明。

根据现在找到的族谱看,我的祖先陈万山曾经居住在浙江余杭。满清入关,"嘉定三屠",以致嘉定田园荒芜,于是他率全家徙居江苏嘉定娄塘，晴耕雨读，开创家业。先祖陈虞璇确实是位乡绅，或者叫地主，不但家有良田，还在上海几家大企业做过会计师，旧时称账房先生，家里的书房摆满了中外书籍，而我的伯父曾是上海有名的律师。

祖母姓张，原本住在娄塘临近的镇上，家境贫寒。祖母的母亲就是我祖父家的佣人，因此常常带着我的祖母过来，一起为我祖父家做事。我的祖父花甲之年断弦，就娶了我的祖母，生下了我的父亲。

祖母自入陈门，几乎没有过上一天好日子。祖父因中风而半身不遂，家道中落。祖母独撑门户，母兼父职，只能靠变卖田产过日子。日军侵华，江浙沦陷，祖母背着包袱，搀扶着我的祖父，拉着我的父亲，加入了逃难的人群，辗转于江南各地，过着颠沛流离的生活。上海成为孤岛之际，祖母怀揣大米，夜间爬过封锁线，靠枪口下贩运粮食养家糊口。由于家族财产纠纷，祖母还曾被告上法庭，关入大牢。

1947年3月，祖父病故。此时家里已经田无一垄，房无一间，祖母和父亲二人寄人篱下。祖母不得已，外出帮佣，直至1950年代初，才进京与我父亲生活在一起。大约六七年前，我曾托人查阅上海嘉定的土改档案，其中我家多位亲戚的名字均有记载，而祖母，既无田地记录，也无房屋在案，可偏偏因为我的祖父曾经是地主，结果划了个地主成分。这个"剥削阶级"的帽子，一戴就是终生。

土改对中国社会最深远的影响，岂止是其中发生了什么，其阶级成分的划分和出身的认定，更成为一种烙印，长达30多年里，让一部分人几代在社会生活里抬不起头来，左右了他们的人生走向。一遇政治运动的风吹草动，他们往往最先遭劫。"文革"爆发，他们又是最早的受难者，一再被宰割、被侮辱、被伤害。惨绝人寰的北京大兴、湖南道县等地的屠杀，无不以他们为目标，从刚出生的孩子，到七八十岁的老者，无一幸免。

我在农村插队时，全村有30多位所谓"地主富农反革命分子"及其子女，经常被大喇叭叫到大队部训话。苦活、累活、不记工分的活，都由他们承担；招工、当兵、外出上学，与他们完全绝缘。而他们大多成长在新社会，除了血缘硬被打上印记外，与旧时代毫无关系，却一生下来就成了"贱民"。有的人虽说被"摘帽"，可"摘帽"本身就是一种"帽子",依然低人一等。直至改革开放以后,他们才不再受歧视。

我的祖母,一介平民,生下来无非就是干活、结婚、生孩子,相夫教子,靠自己的双手劳动一生,对政治一无所知,既不想招谁,也不去惹谁,只求过个平稳日子。可是,时代的惊涛骇浪却将她推入深渊谷底,命如蝼蚁;不要说反抗,就连活下去的机会都丧失殆尽,只能任人践踏,草草结束了短暂的生命。

半个世纪过去了,但愿祖母在另一个世界平安无事,但愿她的冤魂寄身那方墓地,不再游走哀伤。

2017.07.08

(作者又名顾土。专栏作家,文史学者。1982年大学历史系本科毕业,先后在人民出版社、人民日报社工作。)

第七章 我们五届

一、关于人大"文革"的日志

林俊德

（1966年）4月16日，《北京日报》发表关于"三家村"和"燕山夜话"的批判材料，以及《前线》和《北京日报》为此写的"编者按"，开始了文化学术战线的大批判。

4月18日晚，参加在大教室召开的全校党员大会。校党委副书记孙泱在会上作关于参加学术批判斗争的动员报告，指出："参加这场斗争是最突出的政治。"他宣布，"校党委决定把参加这场批判斗争作为当前学校一切工作的中心，全力以赴投进去，以此带动一切。"他说："如果我们丢掉了这一条，那就等于我们各项工作都没有政治、没有灵魂。"初步计划，普遍停课两周，集中批判吴晗和"三家村"股份公司，然后，分三条线将这场斗争长期地、深入地进行下去，彻底清除封建阶级、资产阶级的思想影响，把毛泽东思想的伟大红旗插遍各个领域。他号召全体共产党员以战斗员的姿态积极投身这场伟大战斗，为粉碎各色"牛鬼蛇神"的进攻，为捍卫社会主义、捍卫毛泽东思想而战，站在这场斗争的最前列。他在报告中谈到一个值得注意的问题：学术问题与政治问题固然有联系，但又不是一个问题。有些人是借古非今、借古讽今，这就不仅是学术问题，而是严重的政治问题；有些人可能在学术观点上也有些错误，但他们是借古颂今，拥护党、拥护社会主义。这两种人是根本不同的，应该区别对待。

应该把学术问题和政治问题区别开来，不能混为一谈。

4月19日，系党总支决定，我班从今天起停止正课学习，全力以赴投入思想"文化大革命"，先安排四周（五年级搞到期末、毕业，一、二年级搞两周）。下午，学校召开全体师生员工大会，五位同志发言，表示了坚决投入这场思想"文化大革命"、斗倒斗臭各种反党、反社会主义思潮的坚定意志和不可动摇的决心。最后，孙泱副书记代表校党委作动员报告，号召全校师生员工以战斗的姿态投入这场大革命，经受革命风浪的磨炼。这个会揭开了我校全面批判各种反党反社会主义思潮的序幕。

同日中午，为借《三家村札记》和《燕山夜话》等大批材料，给洪禹同志打电话；他答应帮找找，找到就借给我，如找不到，让我看看报上发表的材料。他说，能找到更多的材料，多看一些，当然好；如找不到更多的材料，看看报上发表的就差不多了。根据你们现在的状况（时间、精力、水平等），能把《北京日报》发表的那些材料好好消化，就很不错，就算是抓到要害了。况且其他各报还有许多材料，一下子也看不完。他指出，各方面的材料很杂、问题很多，应该抓住中心、抓住主要问题，进行马克思列宁主义、毛泽东思想的分析，把握问题的实质，不要东拉西扯、淹没在材料的海洋里。我顺便向他反映同学们对郭沫若的议论：许多同学认为郭沫若一而再、再而三地为封建统治者翻案、恢复名誉，这显然不符合主席思想，应该拉出来批判。（我班有同学写大字报："这次再也不能让郭沫若滑过去了！"）他说，有这种想法的人不止你们，中央以及各报社都听到许多这样的反映。不过对这些问题应当具体分析，建议你们读读郭沫若的文章，拿它与吴晗等人的有关文章对照，看有哪些共同之点、又有哪些不同之点，不能一概而论。具体事物具体分析，才是马克思主义的态度。

5月2日（星期一）下午，到洪禹同志家做客，受到洪禹同志和叶茵同志的热情接待。洪禹同志与我进行了长时间的谈话。他从我的谈话中看出我的提高，表扬了我的进步。他说，你来北京快四年了，四年中接触不是太多，却明显地感到了你的进步。拿现在的你同刚来京时的你比较，确实不一样，有很大的变化，水平提高了，你的谈话表明了这一点。当然，这也是很正常的。如果你现在给我们的感觉同刚来时一样、没有什么长进，那岂不是白吃饭了吗？这除主观努力外，也说明人民大学各方面都有所变化，搞得不错。这就很好！他希望我戒骄戒躁，看到好中还有更好的，进步快中还有更快的，虚心向同志们学习，在现有基础上更上一层楼。我又一次向他请教对郭沫若问题的看法，他对此作了详细的阐释。他说，郭沫若的学术观点是有不少错误，如大力为帝王将相翻案，歌颂帝王将相，可以说是违反马克思主义的，甚至是反马克思主义的；但是不是说他就同吴晗、××等人一样，都是借古非今，反党反社会主义，也就是说都包含政治上的错误，那就值得研究。学术问题无疑是同政治问题联系在一起的，但同什么样的政治联系在一起，则有所不同。吴晗、××的学术问题是同反动的政治观点联系在一起，即借古非今、借古讽今；郭沫若似乎不是这样，他写的《蔡文姬》《武则天》等剧本，给人的印象倒是借古颂今，想借歌颂曹操、武则天等封建统治者的丰功伟绩来歌颂毛主席的伟大。自然，这种做法是很不妥当的，起了歌颂帝王将相的反作用，造成许多不好的影响；但这类错误跟吴晗、××等人错误的性质就不相同，不能采用相同的办法去处理。既然郭沫若主要是学术观点上的错误，而当前反对的主要是政治上的错误，那就不能拉在一块打，否则就没有主次、就太不策略了。洪禹同志指出，革命的热情是好的，是第一位的，首先必须有敢于革命的精神；有了这一条，还必须学会如何革命，才能实现革命的目标。就是说要讲究战略策略，不能蛮干一场、乱打一气。他特别强调要独立思考。他说，所谓经风雨、见世面，就是要在革命斗争中独立判断各种各样的问题，站稳立场。正确的东西要经过自己的理解消化，变成自己的东西；错误的东西也要经过自己脑子分析、鉴定，然后给予批判，绝不能人云亦云、颠过来倒过去、随风摇摆。要做到这一点是不太容易的，要准备犯错误、受批判，但经过反反复复的锤炼，就能提高鉴别能力，使自己的立场站得更稳一些。他对郭沫若其人作了这样的评价：这个人一生曲曲折折、走了不少弯路，也可以说犯了不少错误，甚至动摇过，但最终还是走到共产党这边来了；抗日战争期间在国民政府军事委员会政治部第三厅工作，组织和团结国统区的进步文化人士从事抗日救亡运动，我党的许多同志都曾在他的掩护下工作，应该说，他还是对我国的革命事业做出一定贡献的。对他进步的方面，我们总是应该肯定的，也是应当欢迎的；特别是后期，总的趋势是向着党的。既然这样，我们就应当让他工作下去，过多地纠缠他过去的错误，把他搞得过不下去，那是不太策略的。我们对李宗仁回国都表示欢迎，说爱国不分先后，对郭沫若的进步也就应当欢迎。李宗仁现在过来了，如果我们还大揭他的老底，说他杀了多少共产党人，把他搞得过不下去，那也是不成的。简单的做法不利于团结95%以上的群众投入革命事业。最后，议论到一个传闻：有不少人说，批准郭沫若入党是工作需要，其实他并不够条件；只是他在青年人中影响很大，很多青年表示要走郭沫若的道路（"先专后红"），中央担心引起不良后果，才把他吸收到党内来。洪禹同志指出，这种说法既没有任何根据，本身也是前后矛盾、不能成立的，行掩护之实，打着斗争的招牌：说中央是由于担心青年走郭沫若"先专后红"的道路才把他吸收入党，但是他的"先专后红"是客观存在的，并不会因为入党而改变。相反地，现在把他吸收入党，不正好证明这条路是可行的吗？即你"专"了，最后就能"红"；你只要有知识，中央就会接收你入党。这样的结论不是更糟吗？中央是不会做这样的蠢事的！这种说法是很成问题的，甚至牵涉到对中央的看法。这一席话给我极大的教育和启发，使我弄清了许多问题，学到了一些正确认识问题的方法。

　　5月8日，《解放军报》在头版显著位置发表署名"高炬"的文章《向反党反社会主义的黑线开火》。文章指出：《北京日报》4月16日以三个版的篇幅发表的《关于"三家村"和〈燕山夜话〉的批判》材料，以及《前线》和《北京日报》的"编者按"，"不过是借批判之名，行掩护之实，打起斗争的招牌，干着包庇的勾当"。《光明日报》也在头版发表署名"何明"（后来得知此人即关锋）的文章《擦亮眼睛，辨别真假》。文章说：《前线》和《北京日报》的"编者按"是"假批判、真掩护，假斗争、真包庇"；它们所摘编的《燕山夜话》的材料，是"突出次要，掩盖主要，避重就轻，大事化小。"《解放军报》和《光明日报》还分别用第二、三两版的篇幅，在《邓拓的〈燕山夜话〉是反党反社会主义的黑话》的通栏标题下，刊载了林杰、马泽民、阎长贵、周英、滕文生、靳殿良等人摘编的《燕山夜话》的批判材料。这件事使我大为震惊，深感斗争的尖锐、复杂，自己的认识落后于形势的发展；同时也产生了诸多疑问和忧虑：这两个刊物与北京市委、市委三人（刘仁、郑天翔、万里）领导小组是什么关系？"编者按"是不是三人领导小组写的？应该怎样看待这个领导小组、怎样评估市委的整个工作？斗争将如何进行下去？

同日傍晚，给洪禹同志打电话谈了一些情况和想法。他特别提到今天《解放军报》和《光明日报》发表的文章、材料，他说这些文章、材料的发表，说明意识形态领域的阶级斗争越来越深入；而情况是很复杂的，形势发展很快，人的认识往往赶不上，必须抓紧学习，紧紧跟上去。他诚恳地检查了自己在这方面的不足，说过去由于没有好好读《燕山夜话》，不知当中有些啥货色、在人家发表材料时就看不出有什么不足。前次在跟你谈话时还说《燕山夜话》的文章那么多，一时看不过来，不一定要全看，看看《北京日报》发表的那些材料大体就差不多了，就能抓住最主要的东西，因为人家编材料总是把主要的东西摘出来，不可能把次要的东西摆了一大堆、主要的东西倒没有。现在看来，这个认识是很成问题的，《北京日报》摘编的恰恰是次要的东西，而把主要的东西有意掩盖过去。他希望我好好学习，注意观察，认真分析各种各样的材料，从现象中看本质，抓住最主要的东西。他尤其强调要独立思考，要善于提问题。对很多人、很多事，现在还分辨不清，有不少还涉及高级干部，不要乱下结论，应该多看、多想。像邓拓这样的人物，总不能算低级吧？可他是个反党分子；再高的还有赫鲁晓夫，他是苏联的头号人物，高级得很，却是个修正主义者。对这样一些问题，可以好好想一想，但也不要毫无根据地乱猜疑，造成不必要的混乱。至于当前思想界不太安定，那是很正常的。在这样大变革的形势下，很少人能置身事外，每个人都要经历一场深刻的革命，怎能安定得下来呢？洪禹同志这番话含义很深，值得仔细回味、多加注意。

5月17日下午，我班班会，国际共运史课教学组组长李景荫老师传达系党总支扩大会议精神。会议指出，当前正在全国范围广泛开展的"文化大革命"，已经由学术批判，发展为保卫党中央、保卫毛主席、保卫毛泽东思想的尖锐的阶级斗争，由一般的思想意识形态斗争发展为革命与反革命的大搏斗。这是两种前途、两种命运的伟大决战，是关系我们党和我国人民前途与命运、关系世界革命人民前途和命运的头等大事。党总支要求全体同志全力以赴投入斗争，无条件地、死心塌地地、毫不含糊地跟党走，经受这场残酷、尖锐的阶级斗争的考验。党总支决定，我们这个年级（班）要紧跟斗争形势，一直干到期末，本学期的功课挪到下学期重新安排。同学们为之热烈鼓掌。

5月22日（星期日）上午，到中国美术馆参观李家庄团支部"学习毛主席著作事迹展"。结束后到附近的中宣部宿舍拜访洪禹同志，受到洪禹同志和叶茵同志的热情接待。他们十分关心我们参加文化革命的情况，详细询问了一番。我尽可能具体地作了介绍。随后，洪禹同志谈了一些很重要的意见。他说，要充分认识这场斗争的严重性、尖锐性；要打破框框，敢想、敢说、敢闯、敢做、敢革命。要用毛泽东思想为尺子，拿它来衡量一切：符合毛泽东思想的，才是正确的；不符合的，就是错。不管他是谁、地位有多高、名望有多大，都没有例外地要予以批判。我反映：近来同学们都怀疑彭真有问题。他说，这个问题，中央还没有点明，具体情况不清楚；你们可以去分析、去思考、去判断。现在摆出的很多材料都说明，北京市委有严重问题，报上已公开点了中共北京市委的名。你们同学那样考虑问题，也不是不可以，甚至可以说是有根据的；大家一定会往那里去想，一定会提出这个问题。究竟是怎么一回事，现在还很难说，可能同学们想的就是对的，也可能不对。事情真相总有一天会清楚的，等着瞧吧！对此，我表示了疑虑：我真不敢想象这样的人、在毛主席身边工作了这么久的人会有问题，会反党、反社会主义。他回应道：是啊，说起来问题很严重，但也不是不可能，赫鲁晓夫不是躺在斯大林身边好久、担任了很重要的职务吗？我们这里说的人还没有赫鲁晓夫的职位高呢！高岗也在毛主席身边躺了好久，职位也很高嘛，彭真还没有他高呢！早在高炬、何明的文章发表以前，陈毅同志在一次高级干部会议上就提醒大家："你们在座的各位要提高警惕，赫鲁晓夫就躺在你们身边。"这就指明，在我们这里出现赫鲁晓夫之流的人，并不是不可能的。要打破框框，不要被"权威""名人"吓住，一到这里就不敢再往前想了，认为×××哪能有问题呀？要是这样考虑问题，那么无产阶级的彻底革命精神就太差了，哪能把所有有问题的人都揪出来呀？中央号召大家要解放思想，敢想、敢说、敢斗争。我又提出：过去许多报告都是彭真作的，看起来调子还不低。洪禹同志回答：赫鲁晓夫有时候调子也不低。他反复强调，不要被框框束缚住、不要被现象蒙蔽住、不要被"名人""权威"吓唬住；要透过现象看本质，要有"舍得一身剐，敢把皇帝拉下马"的大无畏精神。同时，他也指出，还是独立思考，自己分析、自己判断好，这比哪一个人告诉你哪一件事是什么样子的都强，都更能得到锻炼、提高。我们就应该在大风雨中锤炼自己、提高自己的识别能力。

5月24日下午，4时30分以后，系里先召开紧急党员大会，后召开全系师生员工大会。系党总支书记葛锡又传达校党委紧急会议精神，向全体教职工戳穿中共北京市委假揭露、真包庇，假批判、真掩护，破坏文化革命深入发展的阴谋。晚上，召开"全校师生员工声讨邓拓反党反社会主义'黑帮'大会"。会后，全校沸腾起来了，师生员工忙着写大字报，揭发、批判"黑帮"的反党罪行。真正群众性的、彻底不妥协的反击战开始了。

5月25日，经过昨晚的发动，群众行动起来了，高涨的革命形势出现了。大家口诛笔伐，愤怒声讨反党分子的滔天罪行。面对这种形势，我既高兴，又有些不安。高兴的是：群众动了起来，革命声势造成了，这是对反党分子的最大压力，是文化革命胜利的重要保证；不安的是：对有些现象不能理解，例如：

1. 很多人把北京市委与邓拓一伙完全等同起来，喊出"彻底捣毁北京市委"的口号，这是正确的吗？难道北京市委烂透了吗？北京市委是党的一级组织，提出"捣毁北京市委"，允许吗？

2. 很多人的大字报是随心所欲写出来的，想到哪里写到哪里、爱怎么写就怎么写；好多人、好多事是凭空想象或者推理出来的，毫无根据地给人下各种各样的结论。而且怀疑面越来越宽、被指名道姓批判的人也越来越多。彭真是大家集中谴责的一个，很多人说他是大阴谋家、"中国的赫鲁晓夫"，是骗子手、最大的反革命头子；还有刘仁、郑天翔、宋硕、张文松、范瑾、郭沫若，都在被揭露、批判之列。此外，同学们还点到了高教部、中宣部等部门，怀疑到罗瑞卿、陆定一等人，甚至怀疑到中央书记处、邓小平同志那里去了……乱七八糟，不知哪是真、哪是假，谁是该批判的、谁是不该批判的。这样搞行吗？会不会被坏人利用、被一些别有用心的人钻空子，借此咒骂我们党一通？

3. 内外界限不分，党内的事也拿到外头讲，好像再也没有什么限制了，啥都可以说。这样做好吗？

就是这样一些问题，一整天都在我脑子里打转。虽然也照样写大字报、参加大批判，但心里却有点愁闷，不知如何是好。

5月26日晨6时30分，学校召开紧急党员大会，校党委副书记赵德芳传达周总理和毛主席关于当前"文化大革命"问题的指示。周总理指示："大字报要分两种，一种是公开的，口径须与报上讲的一致；一种是内部的，可以随便一些。会议也要分两种，党内、外分开，党内问题可以通过组织内部提出来、转达上去，绝不能拿到外头去讲。这样做对党、对国家都有利。运动要有领导、有组织、有计划、有步骤地进行，要摆事实、讲道理，不要搞过了头。文化革命一定要搞下去、搞到底，但要采取妥当的形式，要先把道理讲清楚。"毛主席指示："'文化大革命'一定要进行到底，但这又不是三天两天所能解决的，而是个长期的战斗任务，需要五年、十年，甚至更长的时间。开大会声讨、漫画、拍电影、拍电报等形式不要搞，我们可以开座谈会、写大字报、写文章揭发批判。"我觉得总理、主席的指示来得太及时、太中肯了，只有这样，才能真正把运动搞深、搞透、搞彻底，才不至于出乱子。像前天晚上和昨天那样搞，不出两天，非出乱子不可。

6月3日，接父亲5月29日信，说他于5月14日率省巡回医疗队到顺昌县埔上公社巡回医疗，在那里设立省流动医院，为时半年。7月5日又接到父亲7月1日信，说他们流动医院全体工作人员遵照省委决定，于6月23日回榕参加本单位"文化大革命"运动。算起来他们在乡下工作了40天。

6月8日清晨，原我校经济系研究生江春泽等七人，在校西边食堂（经济、语文、新闻、党史、国政、档案诸系学生食堂）门口墙上，贴出一张揭发经济系主任宋涛所谓"反党、反社会主义、反毛泽东思想罪行"的大字报。随后，揭发校、系各级领导问题的大字报，如雪片般迅速贴遍全校各个角落，一改此前只涉及北京市委、中宣部等外部问题的局面。晚上，学校召开全体师生员工大会，校党委副书记孙泱作报告（郭影秋在5月下旬被中央任命为改组后的北京市委书记处书记，校党委由孙泱主持）。他欢呼我校"文化大革命"新高潮的到来，勉励大家乘胜前进，再挖、再揭，横扫一切"牛鬼蛇神"。他代表校党委揭发了前北京市委"修正主义路线"对我校工作的影响，号召全体师生员工进一步清除这条"黑线"的影响。

6月11日上午，语文系研究生马畏安等人，贴出抨击孙泱6月8日晚报告的大字报；中午，共同政治理论课教研室教师麦农等人，写大字报支持马畏安等人的意见，指出孙泱的报告是前北京市委"修正主义路线"的翻版，是一个大骗局。

6月13日上午9时许，办公大楼墙上贴出校党委副书记崔耀先、赵德芳、监委书记凌静三人联名写的大字报，表示坚决支持我校无产阶级革命派的革命行动，坚决站在革命派这一边，同孙泱展开斗争。随后又传出北京新市委决定停止孙泱党内外一切职务的消息。同学们由此断定孙泱是"黑帮分子"，大家激愤起来，由几个人领头、成百人跟随冲进孙泱家里，把孙泱揪到大操场来（开头还有人给他戴上高帽，后被摘下），自发开了个斗争会。后来崔耀先等人赶来，主持了这个会，宣布停止孙泱的一切职务，校党委由崔耀先主持。许多人发言揭露孙泱的罪责，群情激昂，把孙泱搞得很狼狈；也有人浑水摸鱼，会场秩序混乱，不好掌握。后决定下午有组织地开大会，斗争孙泱。下午3时，在文化广场召开全校批判、斗争孙泱大会。孙泱被揪到台上，许多人上台揭发、批判他。大会整整开了三个半小时，孙泱也被勒令站了三个半小时。散会后还如同挨斗的地主分子一样被押下去。孙泱是什么问题尚不明确、更未定性，就这样七批八斗，好吗？我心有疑虑。这是我校文化革命中任意斗争各类人员的开端。

6月16日上午，参加在文化广场举行的全校师生员工大会。刚进校的工作组与大家见面，组长赵一平作动员讲话。此前两天，6月

14日，新组建的北京市委派来以海军政治部副主任赵一平为组长的工作组，领导我校的"文化大革命"运动。

6月26日下午，给洪禹同志写信，着重向他请教：如何认识毛泽东思想也可一分为二的问题。社会上和校内揭发、批判所谓反毛泽东思想言行的声势越来越大、调门越来越高。关于"毛泽东思想也可一分为二的"观点被纳入批判的范围，被斥为反毛泽东思想的黑话。我有点心慌，担心涉及曾经谈论过这个问题的洪禹同志。于是，写了这封信。我把日记里追记的洪禹同志去年7月18日关于这个问题的谈话抄上，请他审查是否有误，并请他进一步谈谈认识。6月29日中午，收到洪禹同志（6月28日）的回信。这封信集中回答了我提的问题，将一年前关于这个问题谈话的内容系统化、条理化了，从而更加深刻、更有说服力。这封信使我坚信，洪禹同志在这个问题上是无可指责的；也使我深化了对这个问题的认识，此后再也没有犹豫、摇摆过。

7月10日（星期日）下午，前往中宣部拜访洪禹同志。在"文化大革命"如火如荼地展开、中宣部被指为"阎王殿"，遭到万炮齐轰、处于瘫痪状态之际（进出自由，无须如以前那样严格盘查），我拜访了洪禹同志。他就正在轰轰烈烈展开的"文化大革命"的有关问题，发表了精彩的谈话。他说，应当遵照毛主席的教导，既要勇敢、敢于彻底革命，又要理智、善于冷静思考一切问题，做智勇双全的革命者；既不当胆小鬼、逃兵，也不做狂徒、莽夫。他指出，首先要有彻底革命精神，敢把皇帝拉下马——没有这一条，就失去革命者最基本的品格；其次要冷静，要实事求是，要讲究斗争策略，不能蛮干、瞎撞，更不能毫无根据地瞎说一气——瞎说一气的人，不能算是真正的革命者。他说，当前的形势很好，但情况又很复杂，各式各样的人都跳了出来，争着表演一番，各种人都在表现自己。被揭发的人固然在亮相，揭发别人的人同样也在亮相，同样在经受考验。一定要从党的利益出发考虑问题；一定要保持清醒的头脑，识别真假。要在斗争中活学活用毛主席著作，学习活的毛泽东思想。他谈了对运动中出现的一些问题的认识。他说，为了把一切"牛鬼蛇神"通通揪出来，必须放手发动群众，大鸣、大放、大字报、大辩论，大揭盖子；但是不能认为所有被揭发、被批判的组织和个人都是坏的。"黑线"影响很深，许多人都执行了；但究竟是怎样执行的，要具体分析。绝大部分人是盲目执行的，是无意识跟着走的，只有极少数人是自觉地、死心塌地执行的。中央已有定论，95%以上的党组织、党员是好的，是愿意革命的；陶铸同志（担任中宣部部长）来后也说，中宣部的大部分同志是好的，并没有说都是坏的。我们虽然在中宣部，但对"黑帮分子"的内幕也不清楚，都被蒙在鼓里，叫"内蒙古"。过去很长时间，都是从组织观念的角度去执行错误路线的。这样一些问题当然也要检查、清理，但跟黑帮分子无论如何是不一样的。斗争使我认识到，在今后的工作中要把握两条：一要有组织观念；二要用主席思想这个最高指示来衡量一切。符合主席思想的就坚决执行，不符合主席思想的就坚决抵制——不管是来自哪一级组织的。这两条缺一不可，后一条尤为重要。以往最缺乏的是后一条，常常盲目服从组织，也就上了那些个野心家、大党阀的当。这是个严重的教训，应该认真汲取。洪禹同志还谈到，对一个干部应当历史地、全面地看。一个干部，他说过许多话、做过许多事，有的还作过报告、起草过文件、发表过文章，甚至出了书——这些就是考察他的依据。应当根据这些东西、用他的所作所为来评判他。他充满自信地说，自己参加革命以来没犯过什么错误，没受过什么处分。自己写的许多东西，现在回过头来审查，也没有发现有什么不对头的，还是符合毛泽东思想的。应当经得起运动的审查、经得起党的考验。假的真不了，真的假不了！

7月27日，"中央文革小组"领导江青、陈伯达、康生前一晚在北大辩论会上，"关于工作组执行错误路线、建议撤销的讲话"，以及北京新市委第一书记李雪峰"关于市委决定撤走北大工作组和其他学校工作组的讲话"，很快传遍我校。我校工作组当即瘫痪、不起作用，校内掀起了批斗所谓"牛鬼蛇神"的高潮。晚饭后，各系同学纷纷行动起来，前去揪"牛鬼蛇神"出来戴高帽、游街、开斗争会；晚8时半以后，集中到文化广场，把包括孙泱、崔耀先、赵德芳在内的校、系主要领导五六十人揪到广场舞台上，自发地开了一个大规模的斗争会。会上让每个被斗对象依次向台下群众作自我介绍，承认自己是"牛鬼蛇神""黑帮分子"，着重叫孙泱交代问题。斗了一个多小时，又把各系、各部门的被斗对象分到原单位,由原单位群众处理。我系集中斗了葛锡有、戴卓、徐景秋、何非四人。葛锡有态度恶劣,向他质证任何事情,都回答"绝无此事",被斗的时间最长,折腾到次日凌晨2时多才收场;其他三人态度稍好,被早点放回去。这次大批斗有若干明显的缺点:斗的人太多,打击面过宽;违反政策之处甚多,如戴高帽、戴纸篓(甚至戴厕所里装粪便纸的纸篓)、顶痰盂,推、拉、踢、逼(逼他们承认自己是"黑帮分子",把所有被斗对象都当作"黑帮分子"),等等。我觉得这些做法是不妥当的,不利于"文化大革命"的健康发展;但又认为这是大规模群众运动难以避免的缺点,是可以原谅的。

7月28日,在无政府、无领导的状态下,校内掀起批斗所谓"牛鬼蛇神""黑帮分子"的新高潮。一切由学生作主,想揪谁就揪谁,要斗谁就斗谁,愿意怎么整就怎么整,到处有游街、有斗争会、有批判会,造成一股短暂的恐怖气氛。昨晚行动中的缺失,不仅重现,而且大大加剧了。最大的问题是打击面过宽,据不完全统计,半天多,全校斗了200多人次,哲学、财贸、计统每个系都斗了30余人,把系领导、教研室负责人、一般工作人员、政治辅导员等大大小小的干部通通揪出来游街、批斗,一串连着一串。哲学系的学生和青年教师在一片空地上批斗系里的头头脑脑。被批斗对象站在板凳上,群众大多站地上,围成一圈;给我班上过课的逻辑学教师李萌拿了一张靠背椅摆在靠前处,坐在上面,跷着二郎腿,脸带微笑,一副悠闲自得的样子。不知谁喊了一声:这个跷二郎腿的人不是好人!几个学生就冲过去把他架出来批斗,他一时惊慌失措,差点哭了出来。总之,任何一个教师、干部让学生感觉不顺眼,就有被批斗的危险,颇有些人人自危。许多教师、干部提心吊胆,生怕什么时候被莫名其妙地拉出去批斗。此外,变相体罚、侵犯人身自由,逼、供、信等违反政策的做法更普遍了。比较起来,我们系做得稳妥一些,只斗了葛锡有、戴卓、徐景秋、何非四个系领导,以及据说是"老右派"的教师高放,方式也文明一些。

7月29日晨,前往中宣部拜访洪禹同志。由于校内关于第一副校长、党委书记郭影秋是革命领导干部还是"黑帮分子"的争论越来越激烈,昨天又传来康生在内部讲话中点到郭影秋与"二月兵变"有关的消息(所谓"二月兵变",即彭真、贺龙在1966年2月策划在北大、人大每校驻一营军队、准备搞政变的子虚乌有的事件。康生7月27日晚在北师大的讲话中提到,郭影秋知道彭真搞的"二月兵变"),更给争论火上浇油。29日凌晨,部分同学把郭影秋从新市委揪回学校斗争。究竟应当如何看待郭影秋,我把握不准,遂于早晨6时许,匆匆赶去请教洪禹同志。7时到达,洪禹同志刚起床,正在收听广播,他认真听我介绍了校内争论的情况,尔后谈了看法:他倾向于我此前的认识——郭影秋同志是个犯有错误的革命干部。对外面传的康生同志那些话要作具体分析,要搞清楚康生同志是不是那样说的,有没有误传;即使康生同志确实说过郭影秋同志与"二月兵变"有关,也不能说明郭影秋同志就是"黑帮"。可能有几种情况:一是郭影秋同志知道要在人大驻军,但不了解内情;二是郭影秋同志了解"二月兵变"的全部情况,已上报中央;三是郭影秋同志了解"二月兵变"的有关情况,但是犯自由主义错误,没有揭露;四是郭影秋同志既了解"二月兵变"的有关情况,又参与策划阴谋……康生同志那样讲可能是要证明"二月兵变"确有其事,并不是说郭影秋同志参与了这个阴谋。你们可以独立判断,究竟属于哪种情况。用自己的脑子分析、判断,这是最根本、最可靠的方法,也是最能磨炼人的。遇事自己不动脑子,只看人家的态度,坐等上级的指示,上级点头你跟着点头,上级摇头你也跟着摇头,这种态度不是马克思主义的态度。针对我希望他帮助向陈伯达同志打听对郭影秋看法的请求,洪禹同志指出,不要指望从他那里得到明确的结论。一方面,可能他也还不清楚,不能下结论;另一方面,就算他心里有了底也不一定告诉我们。在党作出正式结论以前,个人是很难表示什么态度的。他说,你只要有比较多的党内斗争经验就会明白,一个严肃认真的领导者,对某一件事情,在把它的全部真相搞清楚以前,是不会轻易表示肯定或否定的意见的。他希望我如毛主席经常教导的那样,掌握大量的乃至全部的材料,经过仔细的分析、研究,作出自己的判断。然后拿它与中央的指示对照,如果相符合,就坚持、执行;如果不符合,就赶紧改正——这也是很好的锻炼。洪禹同志这一番充满辩证分析的谈话,尤其是他的实际行动，提供了客观、具体、全面认识人和事的极好的范例。在这次谈话中，洪禹同志还就近日中央决定撤销工作组一事发表了看法。他说，撤走工作组，并不意味着工作组本身是坏的，而是说这种形式不适应"文化大革命"形势的需要，有碍于运动的开展。撤销工作组可以更加放手地让群众起来闹革命，打破一切框框，彻底揭发问题，更有利于革命。这是基于对群众的最大信任，是要让群众（特别是革命小将）更好地磨炼自己、更好地革命，是从培养和造就千百万经得起大风大浪考验的无产阶级革命事业接班人的战略目标着想的。与此相关，洪禹同志谈到如何理解党的领导问题。他说，哪里按毛泽东思想办事，那里就有党的领导；哪里不按毛泽东思想办事，那里就没有党的领导。不管他是不是文化革命小组成员，只要他按照毛泽东思想去率领群众前进，他就是群众的领导，他就体现了党在那里的领导作用。每一个革命者、每一个共产党员，都应该力争成为运动的先锋。他还说道："执行党的政策和充分发动群众是一致的，根本不存在什么矛盾。"我于10时半左右回到学校。

同日上午11时许，参加在文化广场举行的全校师生员工大会。驻校工作组宣布了北京市委关于撤销大专院校工作组的决定；工作组组长赵一平表示，要虚心接受人大革命师生的批评，相信人大革命师生能把"文化大革命"进行到底。赵一平讲话后，北京市大学文化革命委员会副主任陶鲁笳、委员张经武上台与大家见面，并分别讲了话。张经武的军人气概和自我介绍，给大家留下深刻的印象。他一走上主席台中央便说：我，张经武，弓长张，经武，就是经营武装。引得全场大笑，把宣布撤销工作组带来的沉闷空气一扫而光。

（关于8月2日大辩论内容见本书第二章"重大事件"此处略）

8月18日上午，参加在天安门广场举行的首都百万军民"庆祝无产阶级文化大革命"大会，即毛主席首次接见"红卫兵"。我们班的沈大德同学无意中被请上天安门城楼（大会工作人员到群众中来找一些人到前面去，沈大德以为是去当标兵，自感到个头比较大，能够胜任，便自告奋勇前去），见到了毛主席，还同毛主席握了手。他下来后兴奋万分，激动地向同学们讲述在城楼上的见闻。

8月20日下午，参加在大教室举行的"红卫兵"组织成立大会。

200多位"红五类"报名者参加大会,其他革命师生旁听大会,外校的红卫兵代表列席大会。大会宣告中国人民大学"八一八毛泽东主义红卫兵"成立。(后改称"八一八毛泽东思想红卫兵")8月18日毛主席接见"红卫兵"前后,应邀参与同班同学张联瑜、张锡林、许寿明、刘启用等人发起的成立"红卫兵"组织的筹备活动,经过几天酝酿、谋划,基本就绪。

(关于8月20日大辩论内容见本书第二章"重大事件"此处略)

8月27日上午,与班上同学李金海、丁雪荣、宋柱修、杨秉文离京乘免费火车南下串连。28日中午抵上海,住复旦大学教学楼303教室。先后接待了上千名大、中学校学生,向他们介绍首都"文化大革命"情况,鼓动他们积极投身"文化大革命"运动。李金海、杨秉文应邀到文化广场参加上海市委召开的北京南下串连革命学生大会。据介绍,北京学生同市委和曹荻秋展开了激烈的斗争,声势很大、反响强烈;首先在复旦大学大字报栏、尔后又到上海市委贴出"炮打上海市委"的大字报,引起很大轰动;宋柱修到上海文建中学宣传"文化大革命",受到围攻,直至深夜才回到住地;我与丁雪荣应邀到上海中建锅炉厂(现称"东方红锅炉厂")及其半工半读红专学校串连,受到那里的革命青年、学生、工人的热烈欢迎,得到他们的大力支持和帮助(为我们打印了一批宣传材料),同他们建立了深厚的友谊。9月3日上午离开上海前往福州,4日中午抵福州站,被接到仓山的福建师院中文系安顿。参加了5日下午北京来榕串连学生会同福建学生在福州人民体育场召开的揭发、批判大会,揭露福建省委、福州市委对抗"文化大革命"的罪行,持续时间很长。夜9时以后,把叶飞等省、市负责人找来,并责令叶飞几次表示态度。期间,发生了所谓"工人、农民殴打福建日报社'造反派'"事件,使与会学生的愤怒情绪达到顶点。一万多名学生走出会场,上街游行,高呼"炮轰省委、炮打叶飞""罢叶飞的官、撤叶飞的职"等口号,震动榕城,折腾到次日凌晨4时许才收场。利用晚间和在福州多待一天的机会,几次到中医学院附属医院(即省人民医院)看望父亲。碰巧母亲和弟弟俊辉在此,难得见面,都很高兴。长辈刘祖丕、刘荣喜、林元成先后来访,谈话的主题都是"文化大革命"的情况及个人感受。刘祖丕同志的认识最深刻，他说，"文化大革命"，一是毛泽东思想的普及运动，经过运动，可使毛泽东思想大大深入人心，成为每个革命者的行动指南；二可横扫一切"牛鬼蛇神"，保证我国不变颜色；三是破除一切旧风俗、旧习惯，完成最艰巨的任务。他表示，从革命利益出发，个人受点委屈没关系，即使戴高帽、被斗争也应该愉快接受，不能有怨言。他勉励我放开手脚、大胆地干，什么也不用怕，什么也不用顾虑，只想到一条——按毛泽东思想办事。他风趣地说，要跟在你们后面前进，要向小将们学习。他的话给了我很大的鼓舞。我还同就读于福建师院政教系的泉一中校友黄印献、俞江东见了面，畅谈了参加"文化大革命"的体会。丁雪荣、李金海、宋柱修、杨秉文于7日晚离榕前往广州。我滞后一天，8日晚离榕，10日早抵广州即赶去暨南大学教学楼四层与他们会合。在广州待了3天，参观了毛主席主办的农民运动讲习所旧址，在讲堂前合影留念，这是这趟南下串连拍的唯一照片；瞻仰了广州起义烈士陵园；参观了黄埔港，看到了我国自行制造的"光华号"大客轮（此客轮曾到印尼接运华侨同胞）；还渡江到黄埔岛，参观了陆军军官学校旧址，包括后来仿造的校门、鲍罗廷楼、总理楼，以及其他文物，如孙中山旧居、孙中山纪念碑、战斗英雄林文虎烈士墓、海上英雄艇"先锋号"等。由于广州大、中学校学生大多外出串连，学校比较冷清，我们一致认为这里无事可做，决定12日离开。宋柱修去老家山东，我们四人前往南昌共产主义劳动大学总校参观。五人一起乘12日夜的682次快车离开广州，于13日下午抵株洲，宋柱修继续前行，我们四人下车，转乘火车又汽车，于14日上午到达南昌市郊的共产主义劳动大学总校。我们同该校政治理论班和政治文化技术班的同志座谈，听他们介绍共校的情况及自身学习、劳动的情况，参观了共校陈列室。这个陈列室面积不大，展品不多，却较好地反映了共校的鲜明特色：自力更生、艰苦奋斗，教育与生产劳动紧密结合，培养能文能武、又会拿笔又会劳动的普通劳动者。陈列室最引人注目的展品是，1961年7月30日伟大领袖毛主席为共校的题词。这里的教职员工和学生正忙着准备明天进京串连，我们不愿意过多地打扰他们，便于下午4时多返南昌，并乘当晚的16次特快列车离开南昌回北京。16日上午抵西直门火车站，南下串连到此结束，历时21天，行程14640多里。

9月16日，午间回到学校。我们在上海的活动情况，特别是张贴"炮打上海市委"大字报的事，已传到校内，一些熟悉的同学批评我们"搞错了方向"，引发我们深思。晚饭后，伍连连拉我出去谈话，除说我们"在上海搞得不怎么样"外，介绍了许多情况。据她说，近一个时期出现了多起乱批斗、乱抄家事件，闹得很凶、很不正常，好多真正的老革命、"左派"的家也被抄了。8月24日至9月上旬，对外联络部掀起一股反对她爸伍修权的恶浪，一小撮别有用心者胡说伍修权是"打着红旗反红旗"的人物，叫嚷要搞掉伍修权的一切政治资本；一部分人不明真相，捕风捉影跟着写大字报攻击她爸，几种人纠集在一起，妄图把她爸打成"黑帮"。紧接着是抄家，一大帮"红卫兵"涌进她家，声称要扫"四旧"，没有"四旧"就扫"洋货"（伍修权同志经常出国，有一些外国友人送的礼物），把她家的东西翻了个遍。她爸以极大的耐心和宽广的胸怀对待此事，主动把东西拿出来让他们检查，把所有礼物都搬到客厅，准备让他们"扫去"，没有一点厌烦情绪。这事被上面发现了，刘宁一（时任中联部代部长）当即打电话过来，严加制止；把她爸请去"开会"，令"红卫兵"立即退出。就是在这种情况下，她爸离家时还十分客气地对那些"红卫兵"说："我现在有事得马上出去，你们以后有事还可以再来。"没有埋怨、更没有指责"红卫兵"们，表现了高度的党性原则和对群众运动的热情支持，对幼稚无知的青少年的谅解和爱护。有些工人参与了"抄家"，看到她爸的作风那样好，住所那么简单、朴素，深受感动，撤出后连忙写大字报表示要"向革命老前辈伍修权同志学习"！同时表达歉疚之意。这事闹得很大，直至闹到中央、毛主席那儿，主席很不满意，在一次会议上批评道：怎么搞到伍修权那儿去了？这个方向不能算对吧？！这事到此才算完了，伍修权同志经受了一次考验。伍连连认为，这样乱斗乱抄很不好，容易被坏人钻空子。我完全赞同她的意见。

9月21日，《毛泽东选集》简体字横排版第一卷开始发行。我和"八一八毛泽东思想'红卫兵'"的10多位战士，于上午7时50分乘学校交通股装饰的彩车，到海淀区人委会书库领书；8时30分左右,装着 1500 册红宝书的彩车来到校门口,从这里到文化革命广场(原称"文化广场")几百米的马路两旁,挤满了夹道欢呼的革命师生员工,千百只紧握《毛主席语录》的手,一起向彩车上的毛主席巨幅画像挥舞致意,向我们手上捧着的《毛泽东选集》致意;千百个声音汇成一股洪流,"毛主席万岁!""毛泽东思想万岁!"的欢呼声震天动地。彩车来到广场,革命师生员工很快聚拢过来,开了一个简短隆重的庆祝大会。会后立即发行。由于数量不多,决定先卖给外地来的中学生;近午,才通知我校学生也可以买。我立即奔向广场买来一册,激动的心情久久不能平静。

9 月 22 日,我校原党委书记、副校长,中共中央西北局文教书记胡锡奎,被从西安揪了回来,当晚在文化革命广场举行斗争会,声讨他所谓"反党反社会主义反毛泽东思想"的罪行。由于准备不充分、材料不确切,打得不准,并没有把胡锡奎镇住。

10 月 1 日,参加天安门广场国庆 17 周年庆祝活动。我和我系的一些同学被安排为维持会场秩序的标兵。前一晚 11 时从学校出发,12 时许到达天安门广场。我们负责公安部到历史博物馆后头的广场地面,是游行队伍第九列的标兵。我们到达指定地点后,群众游行队伍即开始进场,川流不息,直到今天上午 8 时才终止,会场基本稳定下来。上午 10 时,毛主席和其他中央领导人登上天安门城楼。广场上数百万革命群众,同声欢呼"毛主席万岁"!欢呼声、口号声、歌唱声达 5 分钟之久。10 时 05 分,北京市代市长吴德宣布庆祝大会开始。首先是林彪副主席讲话。这个讲话最大的亮点是指出"以毛主席为代表的无产阶级革命路线,同资产阶级反对革命路线的斗争还在继续"。实际上发出了批判资产阶级反对革命路线(后统称资产阶级反动路线)的号召。《红旗》杂志 1966 年第 13 期发表的国庆社论《在毛泽东思想的大路上前进》就明确提出:"对资产阶级反动路线,必须彻底批判。"接着是工农兵和革命学生代表讲话;随后是来自五大洲的国际友人讲话。11 时 15 分大会结束。之后是从全国各地前来的数百万革命群众大游行。作为标兵的我们,最艰巨的任务由此开始执行。我们一直站在标兵点上,让游行队伍从身边通过,持续两个多小时。下午 2 时许,第九列游行队伍走完,我和我系的几位同学凭借标兵证，穿过一队又一队游行队伍，来到天安门广场金水桥旁。那里是人群最密集的地方。我们在极其拥挤的人流中，一边帮助维持秩序，一边等待毛主席的出现——那个位置可以清楚地看到城楼上的毛主席。从我们到金水桥旁至游行结束，毛主席先后四五次出现在城楼上，向游行群众挥手致意。我们每一次都看得很清楚，每一次都拼尽全力高呼"毛主席万岁！万岁！万万岁！"下午3时25分，游行队伍全部通过天安门广场。最后一列高举红旗的队伍，和十几万举花组字的学生汇集在天安门广场，一拥而上，冲向金水桥旁。这时，毛主席和林副主席、周总理等中央领导人又一次出现在天安门城楼上，还走向城楼西区、向群众招手。周总理挥动双手，指挥全场高唱《大海航行靠舵手》，节日的欢腾气氛达到顶点。我们到下午近4时，才恋恋不舍地离开天安门广场回校。

10月6日晚，参加"八一八毛泽东思想'红卫兵'"和"赤卫队""八一'红卫兵'"联合在大教室举行的"誓死捍卫以毛主席为代表的无产阶级革命路线大会"。根据林副主席国庆讲话和《红旗》杂志1966年第13期社论《在毛泽东思想的大路上前进》的精神，一个彻底批判资产阶级反动路线的战斗开始了，"无产阶级文化大革命"的一个新的更大的高潮即将到来。回过头来看，批判资产阶级反动路线的开始，就是群众之间大分裂、大对立的开始，每一派都声称自己执行了革命路线、对方推行反动路线；矛盾越来越尖锐、对立越来越严重，谁都想争得有利地位、占领制高点，辩论解决不了问题，就诉诸武力。

10月14日晚，参加在北师大东大操场举行的"彻底批判资产阶级反动路线誓师大会"。首都各大专院校的革命师生，和来自全国各地的革命师生数万人参加大会。北京市委第一书记李雪峰，市委第二书记、代市长吴德，市委书记处书记刘建勋、雍文涛等出席。8时许大会开始，先让吴德表示态度；接着大会发言，师生们揭发、批判了以李雪峰为首的北京市委在前阶段"文化大革命"中推行的资产阶级反动路线，责令李雪峰交代。李雪峰向与会群众检查自己的错误，态度相当诚恳；但内容比较空洞，原则性的东西较多，具体事例很少。大家不满意，会场上责难的口号声此起彼伏。主持者令其再做准备，以便进一步检查。

　　10月22日，红军长征胜利30周年纪念日，《人民日报》用一版半的篇幅介绍大连海运学院的15个革命学生组成"长征红卫队"，步行两千里，从大连来到北京的事迹，并且在第一版头条位置发表了《"红卫兵"不怕远征难》的社论。指出："大串连，是群众在'无产阶级文化大革命'中的伟大创造。""大连海运学院的革命学生，不坐火车、汽车，徒步行军进行大串连，这又是一个很有意义的创举。"10月24日深夜至25日凌晨，陈伯达同志在人民日报社对北京市部分学生的讲话中又说道："中央赞成步行串连。这不是简单的方式方法问题。步行，比坐火车、汽车，对你们的锻炼，对你们的将来，对你们的前途，都有更大好处。""步行，有很大好处，可以经过千山万水，看到群众种种生活，听到群众语言、群众意见。可以从南到北，从北到南，接近工农群众，使你们晓得社会上有各种各样的人，有各种不同的意见。各种不同的意见都代表不同的社会思潮。你们就可以用脑子想一想，考虑，判断。电灯，有电源；过去点油灯，要有菜油、煤油、花生油。你们接触到许许多多意见，得到许许多多养料，将来就可以变成灯光。"在这些事例、社论、讲话的推动下，同学们纷纷筹划外出步行串连，动作快的已经走了出去。我和周围一些同学也在考虑这件事，且有了重走当年毛主席率领秋收起义部队上井冈山的道路的设想。

　　10月28日—11月7日，撰写参加"文化大革命"半年来的回顾材料。全文如下：

　　我在"无产阶级文化大革命"初期所犯错误及其教训

　　乘批判资产阶级反动路线之机，我粗略审视了"无产阶级文化大革命"开始以来自己的表现，颇有感触。现把这一时期所犯主要错误及其教训总结如下，以便日后引以为戒，免蹈覆辙。

　　一、盲目服从，稀里糊涂犯了许多错误。

　　1.4月底至6月初，写文章批判"三家村"十分卖力，完全陷入黑帮分子设下的假批判、真包庇的圈套，不自觉地为推行资产阶级反动路线服务，数次上当，走了很长一段弯路。5月底对北大聂元梓等七人的革命大字报很不理解，误认为北大出了"乱子"。

2. 6月1—13日，对校党委的问题认识不清，一再受蒙蔽。开头不仅不写大字报揭发问题，还到处宣传我校党委与北大党委不同，是个彻底革命的党委。参与围攻给校党委贴大字报同学的行动，指责他们浑水摸鱼，是反党行为。这一阶段末期有所察觉，开始给孙泱贴大字报，但对校党委的其他成员，如崔耀先、赵德芳等人的问题仍认识不足；就是孙泱，也没有认识其反党反社会主义的嘴脸，且认为即使孙泱是反党分子，校党委也不一定是坏的，充分信任校党委。

对社会上的阶级斗争认识不清，前北京市委的问题暴露得比较充分，我意识到了；对前中宣部，无论从情感上还是理智上都很难接受它是"阎王殿"的说法。直到6月10日晚，参加全校党员大会、听了中央文件《一九六五年九月至一九六六年五月文化革命中两条路线的斗争大事记》（文件揭露了中宣部大量反毛泽东思想的事例，传达了毛主席批评中宣部是"阎王殿"的指示和"打倒阎王，解放小鬼"的号召），才有所醒悟。

二、很不理解，站在"文化大革命"对立面。

6月14—29日（工作组进校至北京新市委宣布撤销工作组），对毛主席亲自发动和领导的这场伟大革命运动很不理解，"怕"字当头：怕打乱旧秩序，扰乱安定的学习环境；怕搞错人，伤感情；怕出乱子，不好收拾……什么都怕，归根到底就是怕群众、怕革命，不自觉地置身于群众运动之外，指手画脚、泼冷水，有时甚至站到群众运动对面，反对和压制群众运动，成了群众运动的绊脚石。充分信任工作组，坚决执行工作组的指示，完全按工作组的要求行动，甚至比工作组的"右倾路线"还要右，缺乏无产阶级的革命精神，走到了敢想、敢说、敢做、敢闯、敢革命的反面，不自觉而又忠实地执行了资产阶级反动路线，犯了方向性、路线性的错误。

1. 6月14日，当群众刚刚起来，校内稍有点革命气氛、开始有点"乱"（其实是正常的革命秩序）的时候，我就惊慌失措、恐惧万分，认为是"右派"出笼，闹翻天了，指责行动起来的群众是"胡闹""瞎干一场"，根本不把它看成革命的群众运动。连忙与伍连连、张联瑜两同学跑到钓鱼台向"中央文革小组""告急",大肆渲染我校运动的阴暗面,要求中央立即派工作组来校领导运动。中午回到学校,听说工作组已经进校,顿时松了一口气,以为这一来可有救了,当晚即同伍连连一道找工作组反映情况。

2. 工作组进校初期,还来不及全面推行资产阶级反动路线,校内的革命气氛尚浓,大字报成批成批地贴出来,从校党委到系党总支,直至班党支部、辅导员,揭出了许多问题。眼看校党委被冲垮了,许多人又起来冲击系党总支,准备把系党总支冲散;还有人起来冲击班党支部、辅导员,要把班党支部、辅导员冲掉……总之,群众起来了,要把一切旧秩序砸烂,搬走前进道路上的障碍物,建立全新的革命秩序。本来这是大好的事情,我却接受不了,把大好革命形势看成一团糟,怀疑那些搬掉党委障碍物的人是"右派"分子,是乘机发泄阶级仇恨,想把我们的老干部都打成黑帮;断言我系党总支是革命的,谩骂那些要踢掉系党总支的人是跳梁小丑、想浑水摸鱼,准备同他们决一死战;指责那些冲击班党支部、辅导员的人是个人野心家,想捞取政治资本,是打着革命的旗号行个人报复、发泄私愤之实(不排除个别人如此,但把大多数群众都说成这样,就是错误的)等等,顽固维护旧秩序。这就在很大程度上压制了革命群众运动。

3. 自己不积极写大字报揭发问题,还对别人写的大字报百般挑剔,指责人家揭发的材料不符合事实,怀疑人家别有用心。

4. 冷漠、消极对待各式各样的批判、斗争会。斗争校、系领导人时没上台发过一次言,而对群众革命斗争中出现的一些小缺点、一些所谓"过分"的举动,如责问、训斥、站板凳、戴高帽等等,则评头品足,多方责难。

5. 工作组全面行使职权后,完全按照他们划定的框框行动,在工作组的指挥下跳舞。把工作组的领导,等同于党的领导,绝对服从。要是有人背着工作组干点什么,就指责人家目无组织、不守纪律;要是有人怀疑工作组、批评工作组,就责难人家怀疑新市委、怀疑党中央;要是有人反对工作组,那就非给他扣上"反对党中央"的帽子不可。对于一些同学自发搞起来的责问会、斗争会,不仅不参加,还斥责人家违反政策。本来工作组执行的是一条压制群众运动的资产阶级反动路线，够右的，我却认为他们一些做法太左，比工作组的"右倾路线"还要右；偶尔也觉得工作组有些做法不大对头，但由于对他们充分信任，就没有再去想它，甚至没有提过任何意见。

6.6月26日晚，从一位同志处传抄来胡克实在6月下旬向中学工作队员作的报告记录稿。这本是一篇推行资产阶级反动路线、镇压革命群众运动的黑指示，却被我们捧为经典，我和一些同学一遍又一遍地读着这个讲话稿，如获至宝。一致认为，这样一来我们的"方向更明确了"，"腰杆子更硬了"，那些乱蹦乱跳的"狗崽子们"未免高兴得太早了，早晚要收拾他们。在胡克实黑指示的启发下，我们把一大批积极揭发问题的人，都看成"假左派，真右派"（不排除个别人如此），或者是"中间派""看风使舵的投机分子"，而把自己看作当然的左派，自鸣得意。

就在得到胡克实黑指示的第二天（6月27日），校工作组组长赵一平同志向全校师生员工传达了李雪峰同志6月23日的讲话。李雪峰同志这个讲话，是资产阶级反动路线的集大成，与胡克实黑指示的精神完全一致，同我们正在自觉不自觉推行的资产阶级反动路线高度合拍。因此，我们一帮人非但没有察觉它有什么错误，还认为这是一篇高水平的讲话，好得很，句句说到我们心坎上。听传达时，欣喜若狂、眉飞色舞，报以最热烈的掌声。这个讲话更加坚定了我们的错误思想行为，听后便大讲特讲运动的阴暗面，大力宣传抓"游鱼"、抓"右派"，并且实际抓了起来——我与李金海、许寿明、张锡林、张联瑜、宋柱修、朱中仁、伍连连、陈剑英诸同学在相当长时间，夜以继日，用大量精力整理起×××的反党材料来。还计划整理×××、×××、×××等人的材料，准备在适当时候公布，把他们打成"反革命"或"右派"学生（后因情况变化，众人只整了×××一人的材料，由宋柱修写成文，没有上交；李金海单独整了×××的材料交工作组）。我和张锡林、李金海还受工作组委派，在一段时间担负起观察×××动向的特殊任务。对于这几个人，我始终认为他们的为人做事不大地道，尤其是×××、×××二人，政治倾向、思想观点很成问题，在以后的适当时机、适当场合是应该加以揭露、批判的；但是在运动初始阶段，耗费那么多精力去整理他们的材料，准备把他们打成"右派",则是错误的,就是不自觉地执行了资产阶级反动路线,客观上起了转移斗争目标、压制群众运动的恶劣作用。

7. 保护工作组,不自觉地充当资产阶级反动路线的维护者。

7月21日,北大关于工作组问题的辩论之风吹到我校。我顿时头脑发热,认为这是"右派"捣乱、反对党的领导的行为,与班里几位同学一道起草了一张大字报,抵制北大革命同学送来的大字报,指责人家是妄图煽动我们起来反对工作组。表示坚决拥护我校工作组的领导,谁反对工作组就同谁干到底。

7月23日以后,"中央文革小组"陈伯达、康生、江青等领导同志几次到北大调查研究,主持关于工作组问题的大辩论。7月26日晚,我到北大大操场旁听了由江青同志主持的北大革命师生关于以张承先为首的北大工作组执行什么路线、该不该赶走问题的万人辩论大会,争论激烈。最后,陈伯达同志代表"中央文革小组"作结论,指出北大工作组执行的是一条"右倾机会主义"的路线,是阻碍革命运动的绊脚石,建议北京新市委撤走它。李雪峰同志代表新市委作检查,承认派工作组的做法是错误的。宣布市委决定尽快撤销北大工作组,并且要把市委派到各校的工作组全部撤回。

对这样一个急剧的变动,我怎么也理解不了。我错误地领会了陈伯达同志讲话的精神,认为他说的是北大工作组犯了"右倾机会主义"错误、应该撤走,并没有说所有工作组都要不得,都要撤走,好的工作组还是可以留下的,不好的撤走后可以再派好的来。总之,工作组还是要的,只是不要坏的。这就从根本上抛弃了陈伯达同志讲话的精髓:撤走工作组,放手让群众自己起来闹革命。从这个错误认识出发,我认为李雪峰同志宣布要撤走全部工作组的决定是草率的,没有经过慎重考虑。

陈伯达同志作的结论和李雪峰同志宣布的决定很快传遍我校。第二天,我校工作组就瘫痪了,再也支撑不住了。而革命的师生则被解放了,革命的烈火又熊熊燃烧了起来,大家要怎么干就怎么干。一两天内,全校揪出数百个"牛鬼蛇神"和重点批判对象。斗的斗,批的批,戴高帽的戴高帽,游街的游街……汇成一股不可阻挡的革命洪流,红色恐怖笼罩整个校园,"牛鬼蛇神"丧魂落魄,革命群众扬眉吐气。这本是一件大好事，是我校从未有过的大好革命形势，我却接受不了。对比此前相对安定的秩序，我认为当前的局面是"大乱"，近乎"胡闹"，一时看不懂这种惊天动地的革命创举。我把这种"乱子"归咎于市委撤销工作组的决定，认为要是工作组还起作用，就不至于这样"乱"。我翻来覆去地思考，还是归结到一条：工作组不该撤走，否则就无法搞革命，就体现不了党的领导。我想到千条理由万条道理，就是没有想到，用毛泽东思想武装起来的革命群众，能够最彻底地解放自己、最有效地教育自己、最妥善地管理自己。有了毛泽东思想，就有党的领导，就有正确的方向、路线，就有最好的革命秩序。于是，我便轻率地提起笔来，给"中央文革小组"写信，企图陈述种种理由，要求把工作组留下来，领着我们闹革命。信写到一半，怎么也写不下去，怎么也不能自圆其说，只得放下笔，回过头来再次学习陈伯达同志的讲话，反复学习《红旗》杂志第9期社论《信任群众，依靠群众》。经过一番学习，一番思索，一番斗争，才对主席放手发动群众的革命路线有所领悟，才打消了给"中央文革小组"写信挽留工作组的念头，才下决心投身革命群众运动，经受群众运动的洗礼和磨炼。但对工作组错误的性质仍没有足够的认识，一直认为，像北大那样的犯"右倾机会主义"路线错误的工作组毕竟是少数，大多数工作组还是好的，之所以要撤走，是因为他们不熟悉学校工作，没法领导运动。至于对我校工作组所犯错误的性质，更是长期认识不清，在他们撤走时，我和我的同伴们是把他们当作较好的工作组欢送出校的；当听到、见到有些同志要求批判工作组、不让他们轻轻松松撤走时，我们是很不以为然的，指责人家有意刁难、居心不良。

认识派工作组是路线错误，那是在党的八届十一中全会以后；认识我校的工作组同样犯了方向性、路线性的错误，应彻底批判，则是在10月1日林彪同志国庆讲话发出批判"资产阶级反动路线"的号召以后。足见我受"资产阶级反动路线"毒害有多么深、执行得多么坚决、维护得多么顽固，几乎完全陷进"资产阶级反动路线"的泥坑。

三、违背方向，死保头号当权派郭影秋。

6月13日中午，向青之流炮制的"把孙泱的后台大老板郭影秋揪出来"的大标语贴出后,我断定这是一条转移斗争目标,把矛头指向新市委、华北局、党中央的反动标语。但开头觉得,应该汲取前一阶段在孙泱、校党委问题上的教训,不要轻易表态,让人家贴去,看看究竟有多少材料再作判断。我还想,不管你郭影秋是什么人,只要发现你有错误,我就要揭,有多少揭多少,只是不给你胡乱扣帽子、随意下结论罢。别人可以贴大字报,郭影秋为什么不可以贴呢?因此,我还写了一张揭发郭影秋在1964年2月22日校团委召开的"重温毛主席号召,总结学习雷锋一周年收获大会"上讲话,诬蔑"带着问题学习毛著,有时会导致实用主义"的大字报。本来,我的上述想法、做法是无可非议的,是符合"文化大革命"方向的;然而,当时校内的大多数人,包括周围的许多要好的同学都认为郭影秋同志是坚定的"左派",而"左派"的问题"三年以后再说",现在不是整郭影秋同志的时候,谁企图整他,谁就是反对新市委、反对党中央,就是"右派"。大伙儿看到向青之流的那张大标语都很气愤,议论纷纷,一致认为应该反击。在这重大是非面前,我的动摇性、患得患失等弱点充分暴露了出来;没有经过多少思索,就赞同大家的意见,撕掉了揭发郭影秋问题的大字报,跟众人一道高声赞扬郭影秋,并且从此心甘情愿地充当了郭影秋的"死保户",铸成一系列严重错误,在个人生命史上写下不光彩的一页。

1. "六一五"反革命事件的积极参加者和忠实维护者。

6月14日晚,工作组贴出郭影秋的表态大字报。函授学院某些人当即贴出"郭影秋的大字报是个大阴谋"的标语和相应的大字报,激起工人们(校内各类工勤人员)的愤慨。6月15日上午,工人自发召集了全校师生员工大会。会前发起签名运动,表达"誓死保卫革命左派郭影秋"的决心;会上斗争了反对郭影秋的5个人,喊出"反对郭影秋就是反对党中央、反对毛主席","誓死保卫革命'左派'郭影秋","誓死跟郭影秋同志站在一起"等口号,还四处寻找给郭影秋贴大字报的人。我是这次大会的积极参加者,不仅迫不及待地签了名(还替伍连连签上名),在会上振臂高呼上述口号(呼喊之前曾犹豫过,不知喊这样的口号妥不妥,但看到绝大多数人都起劲地喊,不喊的是极少数,且遭到周围人的白眼,便自觉地高呼了起来），坚决主张把反对郭影秋的人打成反革命，斗倒、斗臭，而且在会后参与斗争、审讯向青的大会，还为会上群众的激愤情绪所鼓舞，冲动地在我们宿舍（6处4排2号）门前贴出"那些攻击郭影秋同志是黑帮分子的跳梁小丑们，你们敢不敢把你们的材料公布出来？你们反对郭影秋同志，就是反对新市委，就是反对党中央、反对毛主席，你们是彻头彻尾的假革命、反革命！"的口号式大字报（宋柱修、杨绍竹一同签了名），指桑骂槐，把我班部分反对郭影秋的人打成"反革命"。我可谓"六一五"事件的干将！

"六一五"事件以后相当长时间，全校革命师生围绕"六一五"事件展开了一场声势浩大的辩论，大战若干回合，几经反复。不少同志指出"六一五"大会起了压制革命群众运动的作用，是个全校性的反革命事件；也有相当部分同志认为，"六一五"大会是革命的大会，好得很。我在这方面虽没做什么具体事情，却坚定地站在肯定"六一五"大会革命性的同志一边，与这些同志一道反驳否定这个大会的言论，以致连新市委代表武振生同志，在6月16日工作组召开的全校"文化大革命"动员大会上，对"六一五"大会作无关痛痒的批评都接受不了，立即与一位同学联名给"中央文革小组"写控告信，对武振生同志的批评提出反批评。肯定郭影秋同志是坚定的革命"左派"，肯定"六一五"大会的革命性。此后还多次欢呼过赞颂"六一五"大会的大字报，等等，一直不承认这个大会的反革命性质。

回头看，"六一五"大会确实是一个全校性的反革命事件。因为，第一，它保护的是我校头号当权派——第一副校长、党委书记；而他是一个犯有严重错误的人，是这次运动揭发、批判的重点，无论从哪个意义上讲都是不该保的。第二，会上喊了许多带有严重政治错误、甚至反动的口号。第三，它斗争了好几个反对郭影秋的人，把一些主张揭发、批判郭影秋的人打成反革命（尽管这些人本身都有很多问题，有一些也是该斗的，但是在那样的场合、依据那样的理由斗他们，是错误的，客观上起了压制革命群众起来揭发、批判郭影秋以及其他犯有严重错误的人的消极作用，让"牛鬼蛇神"得到掩护自己的机会，严重地阻碍了运动的发展）……基于上述原因，不管这次会议是谁召集的，是自发的还是自觉的，有无幕后策划者，都起到镇压革命群众运动、保护"牛鬼蛇神"和犯有严重错误的人过关的坏作用,都应该看作全校性的"反革命"事件。无论我意识没意识到、承认不承认,我都是这起"反革命"事件的积极参加者和忠实维护者,这是我对党对革命事业犯下的一个不可饶恕的罪过。

2. 参与为郭影秋评功摆好、阻碍革命师生大揭大批郭影秋的大合唱。我没写过这类大字报,但到工人、贫下中农中间作过调查,专门了解郭影秋的优点、功绩,并到处宣传、介绍他的优秀事迹,说服别人一起保护他。随着材料的积累(郭影秋确实有许多感人事迹),我越发坚定了当时的信念,越保越坚决。对歌颂郭影秋功德的大字报,大力支持、无比欣赏;对揭、批郭影秋错误的大字报则极其厌恶,或者完全不看,或者横加指责,从根本上反对人家揭发、批判。

3. 关于郭影秋问题的辩论,我始终站在"东生"中心联络组一边(虽然我不是其成员),确信郭影秋是坚定的革命"左派"。数次参与围攻少数派的所谓"辩论";热烈欢迎苏家坨的贫下中农来校参加辩论,希望他们多来一些,想以势压人,把自己的观点强加于人。对持不同观点的人非常反感,施加种种压力。

4. 上窜下跳,想方设法保护郭影秋。7月28日中午传来郭影秋与所谓"二月兵变"有牵连的消息,当晚一部分同学到新市委揪郭影秋;我和李吉荣、杨秉文、张锡林、许寿明、宋柱修等同学紧随其后冒雨赶往新市委想问个究竟,在新市委接待站等了好几个小时。29日凌晨2时许得知郭影秋已被那一部分同学揪回学校,我们连忙起身返校,4时40分回到学校;在新饭厅由江春泽主持、上千人参加的斗争郭影秋的集会已进行了1个多小时。我对部分人在没有弄清真相之时就肆意斗争郭影秋、喊出"打倒郭影秋"口号的行为大为不满。7月29日下午,李雪峰同志在万人大会上宣布撤销郭影秋担任的北京市委书记处书记职务的决定,我甚为不解,当夜与许多同志一道骑自行车前往新市委,先后询问了陶鲁笳、马力、吴德等市委负责同志,一定要他们回答撤销郭影秋职务的具体原因,直闹到第二天下午才返校。此后又数次到市委、"中央文革小组"接待站,希望向领导人反映对郭影秋的看法,报送为郭影秋评功摆好的材料。8月12日,参与了坚守东风2楼、保护郭影秋(以免被反对派揪走)的事件。8月21日清晨陶铸同志在我校关于郭影秋问题的辩论会上指出，郭影秋不是黑帮，也不是"左派"，批评了我们一方的一些做法。我心生怨恨，当天下午与一些同学和工人到"中央文革小组"接待站，要求中央首长接见，以控告陶铸同志模棱两可、是非不分的讲话。在那里待了两天两夜，无果而返。

5. 对郭影秋错误的严重性认识不足（特别是对其在"文化大革命"中的错误缺乏认识），很长时间认为他是坚定的革命"左派"，应该加以保护，从而有意无意地打击了积极主张揭、批郭影秋的同志，压制了他们的革命行动。这是方向性、路线性的错误，是我自运动开始以来一贯"右倾"、"保"字当头的集中反映。

附带提一下：在郭影秋同志问题上，我校大部分师生员工都犯了方向性、路线性的错误。他们都像我一样，自己不揭发、批判郭影秋，还千方百计企图堵住别人的嘴，阻止别人揭发、批判郭影秋，把他当神物保护起来，谁动了他，谁就是"反革命"、就是"右派"。这就在客观上起了压制革命群众运动、保护犯有严重错误的人和"牛鬼蛇神"过关的坏作用；同时，由于郭影秋是我校头号当权派、党委司令官，与许多问题有牵连，他的盖子揭不开，校内其他问题的盖子就很难揭开，这就严重阻碍了我校"文化大革命"运动的顺利开展。这是对"无产阶级文化大革命"的反动。

现在看来，正确的认识和做法是：郭影秋是我校头号当权派，是这次运动炮轰、检验的重点，也是揭开我校阶级斗争盖子的头道关口。运动一开始就应该万炮齐轰郭影秋，揭开他本身阶级斗争的盖子以及与他有牵连的阶级斗争盖子，并循此前进，揭开整个学校阶级斗争的盖子（还可能有更大的盖子）。因此，运动兴起后，群众给他贴大字报，揭发、批判他，是完全正确的；而不主张给他贴大字报，不揭发、不批判（或暂时不这样做）则是错误的；反对给他贴大字报，阻挠群众揭发、批判他，是根本违背"文化大革命"方向的。在郭影秋尚未经过群众运动审查、检验，就把他调到北京新市委担负重要领导职务（直接领导全市的"文化大革命"运动），有可能是某些人策划的既包庇郭影秋又包庇我校党委的大阴谋；即使不是这样，也是错误的决策。它给了人大革命师生巨大的压力，阻碍他们去大胆怀疑郭影秋、揭批郭影秋，并循此揭发校党委的问题，阻碍了我校"文化大革命"运动的发展（运动初期的情况证明了这一点）。如果是前者，就应当彻底揭露、深入追查，把主谋揪出来；即使不存在有意策划的阴谋，也应该严肃批评，引以为戒。

郭影秋本人的错误究竟属于什么性质、归第几类，应该在全校革命师生员工大揭大批、摆出全部确凿材料以后作结论。一开始就认定他是黑帮或"左派"，都是不妥当的。在证据极不充分的情况下就把他当黑帮打，是不对的，一般说来是在大方向基本正确前提下的缺点、错误，是可以原谅的，但也不排除有少数别有用心者乘机捣乱；而在运动初始就宣布他是坚定的革命"左派"，到处为他歌功颂德，用这顶帽子去封人家的口，也是错误的，是更大的错误，甚至是方向性的错误。毫无疑问，在郭影秋问题上存在严重尖锐的阶级斗争，确有少数敌对分子兴风作浪，企图把水搅浑，以便自己逃脱。这是需要严加注意、高度警觉的，但不能把它看成运动的主流。

从目前揭出的材料看，郭影秋在"文化大革命"以前犯有许多错误，"文化大革命"中又忠实执行资产阶级反动路线，犯了更严重的错误，无论如何称不上"左派"，不是一、二类干部。但仅凭现有的材料，也不能说他是反党反社会主义的"右派"分子，四类的案定不了。他与党的矛盾还属于非对抗性的矛盾，还不能把他当敌人打。当然，如果揭出新的包含更严重问题的材料，他的态度又极不老实，其矛盾的性质也可能转化为对抗性的。

四、敏锐性差，消极对待蓬勃兴起事物。

1. 对"红卫兵"组织的态度。"红卫兵"初现之时，我把它看成儿童团之类的组织，大不以为然，对其伟大历史作用毫无认识；又一度把它当成"贫协"一类的阶级组织（因为它只吸收工人、贫下中农、革命干部、革命军人、革命烈士的子女，所谓"红五类"参加），而中央是不赞成在学校成立此类阶级组织的，因此也就不宜成立带着鲜明阶级组织色彩的"红卫兵"。此外，我还想，学校有党团组织，党团员分别参加党的组织生活和团的组织生活，不应该参加其他组织；目前党团组织瘫痪，党团员没有了"家"、失去依靠，可建立一些战斗小组，以适应运动的需要，一旦党团组织恢复活动，就不能再有其他组织存在，"红卫兵"不可能是长久性的组织。干革命靠党组织领导，用不着搞什么"红卫兵"。由于有这种种考虑，我对"红卫兵"组织是不大热心的，虽然应几位同学之邀参加了筹备协商会，却一直犹豫不决、瞻前顾后，甚至觉得，这种组织是非法的，不该参加。还有一个情况，妨碍我对"红卫兵"组织持正确的认识、抱积极的态度。我校最早出现的"红卫兵"组织"人大红卫兵"，建立初期形象不佳，严重脱离群众，加上它与我们持不同观点，我多方指责它，认为它是一个特殊阶层的组织，不仅不利于革命，还大有害于革命，表示决不参加这样的组织。直到8月18日毛主席接见"红卫兵"后，经过一番思想斗争，特别是电话请教老前辈、得到赞许的答复后，才决定加入。

2.对大串连的态度。开头对大串连很反感，认为大批学生走南串北、东奔西跑打乱了革命秩序、破坏了校园环境，到处乱哄哄的，互相干扰，有碍运动的正常进行。因此，我连班与班、系与系之间的小串连都不积极，更谈不上大范围的串连了。足见我害怕群众、害怕革命运动达到何等程度。

五、自觉性低，犯了错误还迟迟未醒悟。

《红旗》杂志第11期社论《在毛泽东思想的道路上胜利前进》（《人民日报》8月22日转载），精辟地论述了近几年来（特别是文化革命以来）党内严重尖锐的思想斗争，对我触动很大。使我对前一时期犯的错误有所醒悟，提出我们究竟站在哪一条路线上的问题，并不无痛心地向周围的同学坦言，我们应该做好在郭影秋问题上犯方向性、路线性错误的思想准备。但由于缺乏闯劲、革命性不强，始终没有冷静地思考文化革命以来的所作所为及其后果，彻底批判和清算前一时期的错误，以至于此后一犯再犯。直到10月份，批判资产阶级反动路线时，还犹如站在十字路口，辨不清方向、下不了决心，使我在这一决定性战役中又打了败仗，处于极被动的地位。

以上就是"无产阶级文化大革命运动"开始以来，我所犯的主要错误。其性质是方向性、路线性的错误，是"右倾机会主义"的错误。

这些错误归结到一点,就是不相信群众、害怕群众、害怕革命,从某种意义上也可以说是反对群众、反对革命。我们伟大的导师毛主席在《这个乡两年就合作化了》一文的按语中指出:"群众中蕴藏了一种极大的社会主义的积极性。那些在革命时期还只会按照常规走路的人们,对于这种积极性一概看不见。他们是瞎子,在他们面前出现的只是一片黑暗。他们有时简直要闹到颠倒是非、混淆黑白的程度。这种人难道我们遇见得还少吗?这些只会循着常规走路的人们,老是对于人民的积极性估计过低。一种新事物出现,他们总是不赞成,首先反对一气。随后就是认输,做一点自我批评。第二种新事物出现,他们又按照这两种态度循环一遍。以后各种新事物出现,都按照这个格式处理。这种人老是被动,在紧要的关头老是止步不前,老是需要别人在他的背上击一猛掌,才肯向前跨进一步。"(《毛泽东著作选读》〔甲种本〕第319—320页,人民出版社1966年7月版)在这里,毛主席给党内的"右倾机会主义者"画了一幅绝妙的肖像。对照我近半年来的行动,何其相似乃尔!

我之所以会犯这样一些严重错误,原因有千条万条,最重要的一条是缺少毛泽东思想,没有真正用毛泽东思想武装头脑,对以毛主席为代表的无产阶级革命路线很不熟悉、很不理解,缺乏无产阶级的彻底革命精神,终于走到毛主席革命路线的对立面,陷进资产阶级反动路线的泥坑。具体地说就是:

1. 对社会主义时期阶级斗争的规律和特点认识不清,对"文化大革命"的到来毫无思想准备,充满迷茫困惑。毛主席发动这场大革命,是基于对社会主义时期阶级斗争的长期性、复杂性、曲折性、严重性的深刻认识,特别是对新的历史条件下阶级斗争的新特点——"和平演变"、打着红旗反红旗的深刻透彻的认识。客观上事在必行,主席加以引导,一场轰轰烈烈的"文化大革命"便蓬蓬勃勃地展开了,由此就产生了主席指导这场伟大斗争的战略战术。我对主席的阶级斗争学说似懂非懂,对阶级斗争的新特点一窍不通,"书生气十足,把复杂的阶级斗争看得太简单了",从而对这场大革命的迫切性和深远意义认识不足,对这场大搏斗的到来准备不足。当大革命风暴刹时降临时,就晕头转向、摇摆不定,不知道依靠谁、团结谁、打击谁（尤其看不透那些挂着共产党员、革命干部招牌，打着红旗反红旗的反革命修正主义分子的真面目，对这些所谓"共产党员""老干部"恨不起来，怎么也不相信他们是阶级敌人，生怕搞错了），更不知道采用什么办法来达到目的。一时间陷入重重迷雾之中，辨不清东西南北，以致于被阴险狡猾的党内走资本主义道路的当权派一骗再骗，走了一段又一段弯路、遭到一个又一个挫折。正如伟大导师毛主席指出的："忘记十几年来我党的这一条基本理论和基本实践，就会要走到斜路上去。"（转引自《红旗》杂志 1966 年第 13 期社论《在毛泽东思想的大路上前进》）这是个极为严重的教训。

2. 缺乏群众观点，害怕群众，站到革命群众运动对立面。毛主席说："人民，只有人民，才是创造世界历史的动力。"（《毛泽东选集》第 3 卷，第 980 页，人民出版社 1966 年 7 月版）主席从彻底的唯物主义观点和坚定的无产阶级革命立场出发，无限信任群众，紧紧依靠群众。"毛主席的路线，是让群众自己教育自己，自己解放自己的路线，是'敢'字当头的路线，是敢于相信群众，敢于依靠群众，敢于放手发动群众的路线。"（林彪语，载《人民日报》1966 年 11 月 4 日）这就是毛主席革命路线的核心。主席最深刻地认识到，一切革命运动，没有人民群众的充分发动和积极投入都是不能成功的；在新的历史条件下，在阶级敌人搞"和平演变"、打着红旗反红旗的新形势下，非最充分地发动群众，采用大民主，即"党无所畏惧地让广大群众运用大鸣、大放、大字报、大辩论、大串连的形式，批评和监督党和国家的各级领导机关和各级领导人"同上），不能把党内走资本主义道路的当权派，和一切"牛鬼蛇神"挖出来、挖干净，不能实现人们灵魂深处的大革命，不能把"无产阶级文化大革命"搞深搞透。这是最彻底的无产阶级革命精神，最锋利最巧妙的战略战术。我对主席的这条革命路线很不理解，根本违背了主席的教导，背离了主席的立场。我没有彻底的唯物主义观点，不相信群众的大多数，不依靠群众的大多数，没有把能否放手发动群众、充分调动群众的革命积极性看作运动成败的关键，而把群众看成群氓、阿斗；不是热情支持群众的一切革命行动、积极投身于革命群众运动之中，而是站在群众运动之外，指手画脚、品头论足，说怪话、泼冷水。有时甚至站到群众运动的对面，压制群众运动，反对群众运动，把革命群众打成反革命。我相信的，只是自己和自己身边的少数人，以及来自上级领导的所谓"指示"。我没有看清阶级斗争的新特点，缺乏无产阶级的大无畏英雄气概，在群众斗争的惊涛骇浪面前"怕"字当头，"保"字领先，经不起狂风暴雨的袭击，几乎被汹涌澎湃的波涛所吞没。我的群众观点等于零，革命闯劲等于零，勇敢精神等于零，终于不自觉地站到资产阶级反动立场上，当了可耻的守旧派，可悲的胆小鬼，难堪的可怜虫。这是我永远不能忘却的羞愧。

3. 不善于独立思考和判断，盲目服从上级，无条件贯彻领导意图。毛主席说："共产党员对任何事情都要问一个为什么，都要经过自己头脑的周密思考，想一想它是否合乎实际，是否真有道理，绝对不应盲从，绝对不应提倡奴隶主义。"（《毛泽东选集》第3卷，第785页，人民出版社1966年7月版）在这里，主席既阐明了一个重要的认识方法，就是对各种事物必须取分析研究的态度，辨别真伪、把握本质；又指出了一个重要的政治原则，就是不要盲从，不要提倡奴隶主义。怎样才能正确分析研究事物，辨别真伪、把握本质，而不盲从、不搞奴隶主义呢？毛主席教导说："我们的眼力不够，应该借助于望远镜和显微镜。马克思主义的方法就是政治上军事上的望远镜和显微镜。"（《毛泽东选集》第1卷，第196页，人民出版社1966年7月版）任何事物，只要我们应用马克思主义的方法，应用当代最高最活的马克思主义——毛泽东思想这个政治上的望远镜和显微镜去观察、分析，都是不难把握其本质，决定我们的处理办法，而不盲从、不搞奴隶主义的。可是我完全忘记了主席这一教导，我是最懒的思想懒汉，最庸俗的奴隶主义者；最不愿意动脑子，也最不善于动脑子，一味盲从，奉行奴隶主义；只要是"上头"来的"指示"，就不折不扣，坚决照办，不会也不敢提出疑义。我把基层党组织与党中央、毛主席完全等同起来，把任何一级党组织都看成党的体现，把任何一级党组织的领导人都视为党的代表，必须绝对相信、绝对服从，不得怀疑，更不能反对，否则便是怀疑党、反对党。我只知道基层党组织与党中央有一致的一面，殊不知还有不一致的一面。我自以为只有像我这样"服服帖帖"，党组织说啥就是啥，才算得上对党有感情，拥护党、热爱党，是党的驯服工具；殊不知我的想法做法对党有百害而无一利。这种思想行为不仅在上级党委是修正主义组织的情况下是要不得的，不可避免地要造成种种损失，就是在上级党委是马克思主义组织的情况下也是没有好处的，不可能对党的事业起到推动作用。正如毛主席批评的那样："盲目地表面上完全无异议地执行上级的指示，这不是真正在执行上级的指示，这是反对上级指示或者对上级指示怠工的最妙方法。"（《反对本本主义》，《毛泽东著作选读》〔甲种本〕第22页，人民出版社1966年7月版）当然，在前一种情况下，恶果更甚。我身处修正主义的北京市委和中宣部、高教部领导的旧学校，处在史无前例的急风暴雨式的大变革中，在绝大部分党员、干部都认不清形势、跟不上主席思想，对毛主席的彻底革命路线很不理解的情况下，不开动脑筋，独立思考，深入分析，独立判断，而盲目相信上级指示，无条件服从上级领导，奉行奴隶主义，必然分辨不清真伪，把握不住本质，一再上当，屡犯错误，在资产阶级反动路线上越滑越远。这一重大教训，必须牢牢记住。现在我意识到，组织观念是需要的，但更重要、更根本的是要毛泽东思想；对任何组织、任何领导人下达的指示、命令，作出的决定、号召，都要用毛泽东思想来衡量和审查，符合的就接受，不符合的则坚决抵制。组织观念是服从于毛泽东思想的，我们需要的是毛泽东思想指导下的组织观念，而不是仆从式的唯命是从。这个原则同样适用于老前辈和亲朋好友。我信服的只能是毛泽东思想和符合毛泽东思想的观点、主张，凡是违背毛泽东思想的，不管它出自何人之口，都不能接受，要坚决顶回去！

4."私"字当头，患得患失严重，深怕失去拥有的种种好处。无私才能无畏。只有抛弃一切私心杂念、全心全意干革命的人，才最勇敢、最聪明、最能干，才能有最强的原则性和最坚定的革命性。我的闯劲之所以不足，革命意志之所以薄弱，有那么多"怕"字，一个重要的原因是私心杂念太多，害怕失去一些东西。在半年多的革命实践中，我并非对所有问题都没有自己的看法，也不都是错的。仔细想来，还时有一些正确的、符合"文化大革命"方向的看法，但由于对个人得失考虑太多，顾虑重重，担心失去好同学，担心脱离大多数成为少数，担心被孤立遭围攻，担心跟一帮声誉不好的人站在一起、说同样的话、背黑锅,担心日后转不了正、丢掉党籍,等等。这一大堆个人打算,终于使我丢弃脑子里一些正确的想法,附和错误的意见,并从言不由衷、勉强跟从,逐渐演变成为错误思想、错误行动的忠实辩护士;有时甚至为了某些个人目的(名誉、意气等)而自觉抵制正确意见、迎合错误思潮;有时提出一些正确意见,被周围的同学一说道,便不敢据理力争,连忙缩了回去……总之,我不是像无畏的共产主义战士鲁迅那样,在极端艰苦的条件下,在众议纷纭的情况下,站稳立场,坚持正确的意见,捍卫正确的路线,当顶天立地的英雄汉,做"独立支持的大树";而是拘泥于个人利益,随风飘摇,随大流、赶浪潮,背离大方向,抛弃革命原则,做了可悲可羞的软骨头,成了"向两旁偏倒的小草"。(从我的经济、政治、思想各方面的状况看,我实际上是修正主义线上的人物,或者说是修正主义的社会基础。我从修正主义领导集团那里可以得到自己所需要的一切,什么名誉、地位、前途……应有尽有。于是,我就把它看成最正确的领导、最优越的制度,并且误认为就是毛主席的领导,就是我们向往的社会主义制度,完全看不到它的缺失,更看不到它对真正革命派的压迫。从这种地位出发,我必然顽强地维护它,而竭力反对革命派起来造反。)这是小资产阶级知识分子的本性,是我的世界观没有得到根本改造的突出表现,是需要充分注意、认真解决的。否则,发展下去就会在紧要关头动摇变节,成为可耻的叛徒。

回顾这个时期走过的路,我心中无比惭愧。我对党对人民犯下不可饶恕的罪过,给革命事业带来不少损失(好在我不是运动的领导者,否则将造成更大的损失),这是我今后任何时候回想起来都要痛心疾首的事情,它将永远铭刻在我的脑海之中,时时引以为戒。我深感对不起党、对不起毛主席、对不起革命前辈,我这个共产党员太不够格了,像我这样的人怎配称无产阶级先锋战士呢?我愿意接受党和毛主席给予的任何处分。

我是在党和毛主席的培养教育下成长起来的革命青年,再大的错误、再多的挫折都不能使我低头,我跟毛主席干革命是矢志不渝的。我虽犯有严重错误,但我知错认错,坚决改正。我一定彻底批判自己的一切错误思想行为,彻底清算资产阶级反动路线的影响,从错误中汲取教训，坚定站到以毛主席为代表的无产阶级革命路线一边，高举毛泽东思想伟大红旗，把无产阶级文化大革命进行到底，为保卫党中央、保卫毛主席，捍卫伟大的毛泽东思想而贡献一切，誓做彻底的无产阶级革命派！

"雄关漫道真如铁，而今迈步从头越"，我决心从现在起，紧紧追随毛主席，跟着毛主席干一辈子革命，永不回头，死不变心。

最后，用毛主席的一段话来结束全文："错误和挫折教训了我们，使我们比较地聪明起来了，我们的事情就办得好一些。"（《毛泽东选集》第4卷，第1417页，人民出版社1966年7月版）

1966年10月28日至11月7日于中国人民大学

11月9日下午，与刘嗣安、李吉荣、杨秉文、侯建华等同学离京前往湖南长沙。参加由我班上述同学，语文系朱维群、牛玉秋，新闻系邱一兵、张春富，计统系陈海泉、靳竹林，财贸系唐正学，英语专修班老师谌馨荪、李宗惠，学生高明光，北京医学院卫生系王诗明、胡冬初、张宏炎、何家春、许长安、徐永安、张玲、张瀍东等人组成的"首都红卫长征军第一方面军"，拟沿当年毛主席率领秋收起义部队上井冈山的路线步行串连，分头离开北京到长沙集中，尔后从长沙起程。11日抵长沙，住湖南师范学院。至13日，各处人员基本到齐。此后几天，参观了毛主席早年读书的湖南第一师范、中共湖南区委旧址清水塘革命纪念馆，游览了岳麓山，还到韶山瞻仰了毛主席旧居，为步行串连作思想准备。22日，共23人的队伍踏上征程。头一天走了50多里到黄花，夜住黄花"长征接待站"。第二天走了60多里，傍晚赶到浏阳县蕉溪公社高陞桥大队。据介绍，这个大队学习毛主席著作比较好，公社在这里办了一所党校。该校没有固定校舍，招收的800多个学员分散住在贫下中农家里；学员大多是学习毛主席著作积极分子，每期10天左右，每天有半天同贫下中农一起劳动，半天学习毛著、改造思想、解决实际问题。学习结束即回去工作。看来这样的党校培养出来的学员，同群众有最密切的联系，最不会脱离实际、脱离劳动，最不会产生官僚主义、出修正主义，是培养训练干部的好方法，是办党校的正确方向。当晚住在该大队"长征接待站"。次日，即24日，清早参观该大队举办的阶级斗争展览会；中午与红卫生产队的社员一起吃"忆苦餐"(野菜、薯叶掺少量大米煮的稀饭),还请了两位苦大仇深、吃了半辈子野菜的贫农老大娘来忆苦,控诉旧社会的罪恶,受到一次深刻的阶级教育。吃完"忆苦餐",即前往八里开外的革命老根据地彭家湾(蕉溪公社樟树大队),受到毛主席的早年同学、新民学会会员、老共产党员彭道良烈士的儿子、复员军人彭早尔的热烈欢迎,并立即为我们介绍这个地方的悲壮革命斗争史。当年这个村有 70 多户人家,50 多户参加过革命,20 多人为革命献出宝贵的生命。他特别介绍了毛主席早期在这儿的活动情况。晚饭后,彭早尔请来 3 位当年的老红军,给我们讲述革命斗争史。他们讲的话太难懂,效果不大好。会后,樟树大队组织文艺演出队慰问我们,表演了许多精彩的节目,我们也唱了几首歌,搞了个联欢,把浓烈的革命气氛推向高潮。晚上分散到贫下中农家住,我与新闻系的张春富住在上屋生产队彭诗倩家,他们一家十分热情诚恳,只是讲的话不好懂,难以沟通,有些遗憾。25 日上午,彭早尔带我们参观几处革命遗迹:一处是毛主席 1927 年前后到过并召开会议的一间古老房子的厅堂,彭早尔特地请来当年亲眼见到毛主席的李子寿老人为我们作介绍。第二处是 1927 年前后"破四旧"的遗迹——当时反动派在这儿建庙宇,装神弄鬼威胁老百姓,革命群众奋起铲除了它,反动派重新把它建起来,革命群众再次捣毁它,……几经建起,又几经破坏,现在留下几个石墩。第三处是两位革命烈士悬头的大树树墩——当年有两位革命英雄(一位叫彭子明、一位姓吴,都不是本地人)在这里英勇就义,敌人将他俩的头颅割下来挂在这棵大树上,革命群众去抢,没到手,后花八块大洋买来一颗头,随即又被敌人夺去。抢来夺去,最后抢到一颗,由烈士的亲人缝到遗体上。现在留下了那棵大树的树墩(在一条小溪旁)。第四处是当年我红军游击队作战的战场(现为一片田地),我军的一位叫苏文东的支队长在此负伤,肠子径往外流,他一手捂住肚子,一手挥动旗子指向前方,拼尽全力喊道:"同志们,冲啊!"时隔 30 多年,这个冲锋号令还在激励着这里的革命人民奋勇向前。参观了这几处革命遗迹,心灵受到极大的震撼。午饭后,我们的队伍重新踏上串连的征程。彭家湾的贫下中农和革命青年夹道欢送,彭早尔佩戴全部勋章、奖章,鸣放鞭炮为我们送行，青少们争着为我们背背包、拿行李，送出村外好几里地，直到蕉溪岭下，经我们再三劝阻，才返回。

离开彭家湾后，我们越过上3里、下3里的蕉溪岭，行走35里，于晚间到达浏阳县城，当晚住浏阳县"红卫兵"长征接待站（原县人委招待所）。26日，朝文家市方向前进。中午路过尺瑶公社枫林大队，打前站的同志安排我们在大队的一家饭店吃午饭。我们发现这家饭店是专为赚钱而开的（所谓"资本主义经营方式"），就"造了它的反"，把负责人"教育了"一番，并打电话告知公社，请他们处理。店里的伙计规规矩矩地为我们做了一顿饭，让我们吃得饱饱、好好的（回想起来，当时的行为是多么荒唐，又是多么幼稚、可笑）。天黑时赶到文家市公社楼前大队，这一天走了70多里，是出征以来行程最长的一天。当晚住该大队"长征接待站"。27日中午到达文家市，在"长征接待站"安顿了下来。当晚参观当年秋收起义部队集中的里仁学校，听这里专管文物古迹的李海亮介绍文家市的革命斗争史。1927年9月19日，秋收起义部队在文家市集中，毛主席也来到这里，住里仁学校，当晚主持召开前委会议。会议通过了毛泽东关于放弃进攻长沙的主张，决定转向敌人统治力量薄弱的农村、山区，寻求落脚点，以保存实力，再图发展。20日晨，毛主席在里仁学校操坪向起义部队发表了鼓舞人心的讲话，他说："我们有千千万万的工人和农民群众的支持，只要我们团结一致，继续勇敢战斗，胜利是一定属于我们的。我们现在力量很小，好比是一块小石头，蒋介石好比是一口大水缸，总有一天，我们这块小石头，要打破蒋介石那口大水缸。"9月21日，毛主席率起义部队由文家市出发，沿罗霄山脉南下，向萍乡、莲花前进，开始向敌人力量薄弱的农村、山区进军。文家市是毛主席开辟的农村包围城市的中国革命道路的起点。在这里，我们参加了秋收起义部队纪念馆建筑工程的劳动；参观了1930年农历六月二十四晨毛主席率部队攻打文家市、消灭敌军一个旅兵力的战场遗址棺材岭。进行了短暂的整训，总结出征以来的得失，商讨下一步的行动步骤；利用全队会议间隙，队里的5位党员（李宗惠、何家春、王诗明、张宏炎和我，李是正式党员）开会，讨论共产党员在长征队中如何起模范带头作用问题。一致认为，我们不提领导不领导，但一定要吃苦在前、享受在后，起模范带头作用，特别要在学毛著、破私立公方面作群众的表率，决不能把共产党员降低到一般群众的水平。只要我们按毛泽东思想办事、按党的政策办事，起模范带头作用，就能带领大家前进，就在实际上起了领导作用，担任不担任领导职务就无所谓了。五位党员都有一个愿望：组织起来，共同学习，互相帮助，共同提高。整训后，张春富、唐正学和北医的许长安、徐永安、张玲、张瀍东离开大队伍，走自己的路，剩17人按原计划前行。

12月1日晨，离开文家市，朝井冈山方向前进。当天上午8时许即越过湖南省界，进入江西，一天走了120里左右，到福田公社住宿。2日中午，经萍乡到安源，参观了1921年12月毛主席第一次来安源的住处、1922年安源路矿工人大罢工期间（9月17日）刘少奇同志代表路矿工人与资本家谈判的大楼、1923—1924年间修建的安源路矿工人俱乐部（中国工人自己办的第一个俱乐部）旧址，以及安源煤矿横道矿井口（东风大巷）。当晚住安源煤矿接待站。后经六市公社、莲花县城，于5日下午7时多到达1927年9月29日毛主席改编秋收起义部队的永新县三湾村。这是一个只有20多户人家的小山村，每天要接待上千名"红卫兵"战士，给三湾人民带来巨大压力，也给小小山村增添了无限光彩。我们队的14位男同志被安排在一户老表家里，与其他单位的10多位同志一起住在摆着两副棺材的厅堂里。吃饭则要到1里多路外的接待站，在那里等吃饭的有好几百人，我们自带牙杯当饭碗，随便找根棍子折半做筷子，排了好长队才吃上饭。这一餐饭吃得好辛苦，不过也很有意义。晚上，20多个人躺在棺材下睡觉，更是平生第一回，真有意思！6日早间，向老表买了一些白薯借他们的锅煮着吃，之后又上路奔宁冈县城而去。下午1时许，到接待站安顿下来。午饭后，参观1928年4月28日毛泽东同志和朱德同志会师的龙市"红军会师桥"，1928年2—5月毛泽东同志居住和办公处（亦是朱毛会师后朱德同志居住和办公处，还是1928年2月21日中共宁冈县委会成立后县委和团县委的办公处），龙市红军会师广场——1928年5月4日在此举行庆祝红军会师大会，宣布成立中国工农红军第四军，朱德任军长、毛泽东任党代表。

7日上午，冒雨向井冈山北麓的茅坪挺进，11时许到达。我们置吃、住极其困难的条件于不顾（在此逗留的人员多得不得了），参观了湘赣边区党的第一次代表大会旧址（谢氏慎公祠）：这次会议，于1928年5月20日在毛泽东同志主持下举行，作出以井冈山为中心巩固和扩大革命根据地等重要决定；毛泽东同志旧居（八角楼）：三湾改编后，毛主席进驻茅坪一带，从此时至1929年1月，经常在这里住宿和工作，《中国的红色政权为什么能够存在？》一文就是在此写成的；红军烈士公墓：安葬在新城战斗和七溪岭战斗中壮烈牺牲的50多位红军指战员墓；红军医院旧址和湘赣边区特委办公室旧址，还到红军医院旧址，听当年毛主席的老房东谢槐福老人讲述毛主席关心群众生活的小故事（毛主席打草鞋的故事，给谢老人家送棉袄的故事，给邻居谢殿娘送火炉、煤炭的故事）。

　　8日早7时30分，离开茅坪，奔向井冈山中心地带茨坪。10时40分登上黄洋界，正好雾散天晴，站在黄洋界上眺望四周，简直像在天堂一般；又仿佛置身仙境，我感慨万端，任何语言都难以表达此时的激动心情。我们在黄洋界逗留1个多小时，瞻仰了"黄洋界保卫战胜利纪念碑"，听一位老同志介绍当年毛泽东、朱德亲自指挥黄洋界保卫战的情景。12时许继续前进，走了30多里，于下午3时到达茨坪。由于来此参观、接受教育的革命师生和"红卫兵"有成千上万，据介绍，到今天为止，小小的井冈山地区已容纳了四五万参观者，超出其接待能力四五倍，吃、住更加困难。我们自寻了一个在建的大帐篷（用竹子和油纸搭成），找来一些稻草铺上，就算有了宿舍；随后每人领到3个馒头作一餐。

　　我们前后在茨坪待了4天：在井冈山电影院门前听取有关井冈山革命斗争历史的广播；参观了井冈山革命博物馆、创办于1928年的中国工农红军第四军公卖处旧址、红四军军官教导队队部旧址、创立于1928年的红四军军械处旧址、红四军军部旧址；参观了毛主席旧居，包括堂屋（毛主席曾在此同井冈山的苏区干部开过会、并作了报告）、寝室兼办公室（《井冈山的斗争》一文就是在此写成的）、用膳处；还凭吊了红军烈士墓；1929年1月毛主席率红军主力向赣南、闽西进军后，国民党军队窜犯井冈山，小井红军医院遭到突袭，100

多名伤病员光荣牺牲,井冈山人民以极大的勇气将死难烈士安葬于小井。新中国成立后,1952年井冈山人民修建了烈士墓,将烈士遗骨迁葬于此。瞻仰了井冈山革命先烈纪念塔。此后,又到距茨坪10里的大井,参观了毛主席旧居(一栋民房):1927年10月至1929年1月间,毛主席经常住在这栋民房里。1929年2月,这栋民房七次被烧,只剩一堵残墙及屋后的海罗杉和柞树两棵;几十年来,当地的革命群众冒着生命危险保护这堵残墙,用树皮盖住墙顶,使它保存了下来,1960年照原样修复这栋房子时,将这堵墙嵌入新墙之中。参观了毛主席读书石:毛主席住在大井时,经常坐在这块大石头上读书、思考问题。参观了红军医院诊疗所、候诊室旧址,以及阶级斗争展览馆。随后前往小井参观红军医院遗址和伤病员殉难处。10日下午,我们长征队的全体战士到茨坪的红军烈士墓前敬献花圈,向革命先烈庄严宣誓。

　　11日上午7时30分许离开茨坪,经毛桃、大坑,12日下午到达遂川县城,被安排在红卫小学住宿。在此作短暂整训,总结前阶段活动的经验教训,提出改进意见,改选领导人员。经一番酝酿讨论,推举刘嗣安、何家春和我为新的领导成员。利用全队分散活动之机,我们5个党员聚在一起开了个党小组会,研究在新的条件下党员如何起模范带头作用问题。一致认为这个党小组有存在下去的必要,并且要真正起核心作用;要把牌子亮出去,切实发挥党员的先锋模范作用。15日早,中央人民广播电台广播了美国强盗飞机连日轰炸河内、炸死炸伤400多名越南同胞的消息,我队人员无比愤慨,当即联络了在遂的20多个长征队,并得到遂川县委、县人委领导的大力支持(县委谭书记和县人委章副县长专程来到红卫小学,以普通战士的身份接受我们分配的任务),于上午11时40分左右在县人民礼堂召开"愤怒声讨美帝轰炸河内的滔天罪行大会",相关长征队全体队员、遂川各校革命师生、遂川县委和县人委工作人员共1000多人参加大会,谭书记(县委第一书记)、章副县长,以及志愿军战斗英雄刘雅伦等出席大会。我们队和其他几个长征队的代表组成主席团主持大会。10多位同志代表十几个单位发了言,最强烈地抗议美帝的侵略罪行,最坚决地支持越南人民的抗美救国斗争,群情激昂、义愤填膺。刘雅伦讲了话，表达了全体革命战士彻底战胜美帝强盗的钢铁意志和坚强决心。大会通过了给越南人民的声援信。会后举行了声势浩大的游行示威，1000多名"红卫兵"战士和革命群众举着毛主席像、毛主席语录牌和彩旗，高呼"打倒美帝国主义！""打倒现代修正主义！"等口号，绕着遂川县城游行，持续1个多小时，威震遂川县、影响传四方。游行结束前，我们长征队进行了街头宣传，表演了几个短小精悍的文艺节目，博得广大观众的热烈欢迎。许多人说：这是遂川县少见的一次大集会，对遂川的工作是个很大的推动。

16日早，离开遂川县城，冒雨向万安县挺进。下午6时许，抵赣江边，乘小船过江，随后到万安县"红卫兵"接待站安顿。我们在万安县活动了一个星期，最重大的一件事是策划、开展了罗塘公社黄岗大队斗争"四类分子"大会。我们从几方面调查了解该大队的阶级和阶级斗争情况，尤其是"四类分子"的状况，制定了行动方案：决定斗争五个"坏蛋"，即罪大恶极的不法地主分子胡宗厚、恶霸富农分子罗定湖、作恶多端的大浑蛋孙训濂、历史反革命分子和右派分子肖相、历史反革命分子和一贯利用封建迷信毒害百姓的坏蛋肖升三；给全大队30多个"四类分子"钉门牌。这个方案得到了公社党委副书记、副社长和武装部长的赞同（公社党委提供了35个"四类分子"的牌子），获得广大群众的支持。经过周密准备，于20日下午，在第五生产队的一个大场地上召开黄岗大队群众大会，斗争上述五人。黄岗大队社员和本村晓瑞小学的革命师生共数百人参加大会。五个斗争对象低下戴高帽的头，站在群众面前，其他"四类分子"列队站在一旁陪斗。会场上群情激愤，口号声不断。该大队副大队长、贫下中农代表首先讲话，陈述大会意旨，揭露五个"坏蛋"的罪恶；接着我代表长征队讲话，简要阐述阶级斗争规律，疾呼千万不要忘记阶级斗争，痛斥地、富、反、坏、"牛鬼蛇神"欺压贫下中农、破坏社会主义制度的滔天罪行。严厉警告他们：只许规规矩矩、不许乱说乱动，谁要乱动，就叫他见阎王。热情歌颂贫下中农的革命精神，伸张贫下中农革命正气，为贫下中农撑腰。最后振臂高呼："打倒地、富、反、坏分子！""无产阶级专政万岁！""贫下中农万岁！""战无不胜的毛泽东思想万岁！""伟大的中国共产党万岁！""我们最最敬爱的伟大领袖毛主席万岁！万万岁！"随后勒令五个"坏蛋"逐个坦白交代其反革命罪行。由于群众认为他们的态度"极不老实"，"红卫兵"们逐个敲打他们，令他们跪在地上。随之而来的是游街，本村"红卫兵"战士押着五个"坏蛋"走在前面，革命群众紧随其后，绕着村子转，"打倒地、富、反、坏分子"的口号声接连不断，威风凛凛、杀气腾腾。吓得五个"坏蛋"浑身发抖、丧魂落魄；革命群众则扬眉吐气、欢欣鼓舞。游到孙训濂家门口，"红卫兵"战士令五个"坏蛋"跪在地上，一伙人冲进孙家屋里，敲墙壁、挖地板，翻箱倒柜大搜查，结果什么可疑的东西也没找到；离开孙家，继续游街，到了罗定湖家门口，又是一伙人冲进去搜了一番，同样一无所获。这期间，一部分"红卫兵"战士和青年积极分子分头去各个"四类分子"家钉门牌……整个活动进行了两个多小时，至5时30分左右告一段落。我们把善后工作交给生产大队和本地"红卫兵"们，嘱他们加强对"四类分子"的监督改造，即回罗塘公社所在地。21日晚，县委接待站在县电影院组织大型联欢会，在万安的几个长征队和万安县的革命群众千余人参加，并分别表演了文艺节目。我们队的节目占全部节目一半左右，演得相当出色（北医的王诗明扮演自编的《牢记阶级苦》和《不忘血泪仇》两个节目中的讨饭小孩，非常逼真，打动了许多观众，不少人为之落泪），博得千余观众长时间的热烈掌声。这是我们队出征以来最成功的一次表演，无论思想内容还是艺术形式，都达到相当高的水平。

　　22日早，离开万安县城，走向著名的革命老根据地兴国县。23日下午5时许到达县城，被安排在第一接待站（兴国县委党校）住宿。在这里，迎来了我入党一周年纪念日（12月24日）。回顾一年来的历程，心潮澎湃、意气风发。24日上午，我们参观了几处有重大历史意义的古迹：文昌宫——1929年3月毛主席来兴国后，在这里主办了一期青年干部训练班，为时1个月，培训了47名青年干部；兴国革命烈士纪念馆——陈列着大批革命烈士的遗像及其事迹介绍。二次内战时期，小小兴国县为革命英勇献身的有16000多人，个个都是堂堂铁打英雄汉。女英雄李桂荣死得尤为壮烈：惨无人道的匪徒用刺刀挑去她的阴部、割掉她的乳房，将10根梭镖插在她身上，活活地把她砍成四截，她一声不吭、英勇死去，表现了一个共产党员的崇高革命气节，可谓惊天地泣鬼神！鸡心岭——1929年3月，毛主席到兴国的第二天，即在这里召开了有5000多人参加的群众大会，发表了重要演说；陈家祠——1930年3月间，在毛主席直接领导下，这里举行了兴国县第一次工农兵代表大会；革命烈士陵园。听了1927年入党的革命老人李应奎，介绍兴国革命斗争史和毛主席作长冈乡调查的情况。这位老前辈曾在毛主席指导下担任消费合作社主任多年，做出突出成绩，受到毛主席表扬；他曾四次见到毛主席，同毛主席谈过话。他讲毛主席的故事充满感情，很具体、很生动，使我们受到深刻的教育和巨大的鼓舞。下午，前往离兴国县城10里地的长冈乡，参观了二次内战时期长冈乡苏维埃政府旧址、长冈"列宁小学"旧址（1933年10月，毛主席率中央调查团从瑞金来兴国，在长冈乡作农村调查，毛主席和调查团同志就住在这里的楼上，并在教室里开了两个晚上的调查会。后来，毛主席写成著名的《长冈乡调查》），还参观了1928年冬毛主席主持召开兴国、宁都、永丰、太和四县党员积极分子会议的旧址——燕子窝徐家祠。当晚住长冈乡接待站。

25日早，离开长冈乡，经于都曲洋，26日傍晚到达紧挨瑞金县城的九堡接待站。这一天，是毛主席73岁生日，当晚我们同公社所在地一个生产大队的青年，以及其他几个长征队的同志们举行联欢会，共庆毛主席73华诞。首先请一位据说参加过长征的"老革命"讲革命故事，又请另一位"老革命"唱战争年代流行的革命歌曲。随后我代表我们长征队作简短讲话，强调毛主席和毛泽东思想对于夺取中国革命和世界革命胜利的重要作用，着重论述今天庆祝毛主席生日的目的：一是激发我们对毛主席的深厚感情，无限热爱、无限信仰、无限崇拜毛主席，永远忠于毛主席、忠于伟大的毛泽东思想，永远做毛主席忠实的红小兵；二是响应林彪同志号召，读毛主席的书、听毛主席的话、照毛主席的指示办事，特别要把"老三篇"作为座右铭来学，掀起活学活用毛主席著作的新高潮，真正做到"手里不离毛主席的书，口里不离毛主席的话，头脑不离毛主席的思想，行动不离毛主席的指示"，做一个毫不利己专门利人、全心全意为人民服务的共产主义一代新人；三是树立毛主席的绝对威信，坚决贯彻以毛主席为代表的无产阶级革命路线,彻底批判资产阶级反动路线,高举毛泽东思想伟大红旗,把"无产阶级文化大革命"进行到底;四是对于我们长征队来说,特别要学习毛主席的彻底革命精神,在毛主席指引的革命航道上坚定不移地走下去、走到底。南昌大学长征队的代表也讲了话。之后,几个单位分别表演了文艺节目,热情歌颂毛主席的丰功伟绩,敬祝毛主席万寿无疆。整个活动进行得不错,很有意义,只是那个所谓"老革命"讲的"革命故事"有些离谱,东拉西扯不像样。27日早饭后,离开九堡继续前行,11时许到达沙洲坝。这是1933年4月至1934年10月红军长征前的"红都"。我们参观了中华苏维埃共和国临时中央政府大礼堂——1934年1月21日至2月1日第二次全国工农代表大会在此召开,毛主席向大会作了《我们的经济政策》的报告,又作了大会结论,《关心群众生活,注意工作方法》是其中一部分。大会继续选举毛泽东同志为中央执行委员会主席;参观了一口井——1934年毛主席帮助沙洲坝人民挖的第一口井,解决了当地群众的吃水问题。后来这口井被称为"红井",井边立了一块石碑,上刻"吃水不忘挖井人　时刻想念毛主席"。我们队以此为素材编了一个节目,在后面途经的一些地方表演,受到观众的热烈欢迎;参观了1933年4月至1934年8月中央执行委员会、毛主席办公处旧址——毛主席在此写出《必须注意经济工作》《怎样分析农村阶级》《我们的经济政策》《关心群众生活,注意工作方法》等著作;还到距沙洲坝2里地的乌石垅参观了1933年4月至1934年8月中央革命军事委员会、朱德总司令办公处旧址。下午4时多赶到瑞金县城,被安排在一个生产队的一间小屋里;28日上午,参观"瑞金革命纪念馆"和"革命烈士纪念馆"。下午,前往距瑞金县城10里地的叶坪。这是1931年11月至1933年4月中华苏维埃共和国临时中央政府所在地,我们参观了临时中央政府办公处旧址谢家祠;1931年11月7日在这里召开了第一次全国工农代表大会,新成立的中央工农民主政府就设于此;参观了中共苏区中央局和毛主席办公室旧址、红军烈士纪念亭、叶坪红军检阅台、红军烈士纪念塔、公略亭、博生堡,以及毛主席1932年夏天同群众一起劳动、车水的池塘等,还听接待员介绍毛主席在这里的许多动人故事和当地群众对毛主席无限热爱、无限敬仰、无限崇拜的事例。傍晚回到瑞金县城。29日下午转移到叶坪，被安排在一队，分在新村和老村两处住宿，并从30日早餐开始分散到贫下中农家吃饭。此后一个多星期，我们以叶坪为中心开展活动，主要是参加队里的社员会和集体劳动，慰问军烈属和革命前辈，向敬老院的老人拜年，访问革命老人、听他们讲革命故事，其中一位叫欧莲秀的老妈妈的经历，使我们大为感动。欧老妈妈在二次内战时期，深得毛主席关怀照顾，对毛主席有着极深的感情。红军北上后，白匪军窜犯叶坪，烧杀抢劫无恶不作，革命文物被毁坏殆尽，红军烈士纪念塔被拆得七零八落，刻着毛主席题词的石材被砸成碎块块。老妈妈见此情景，又气又恨，她趁夜黑天没人看见，到纪念塔废墟处寻觅，竟翻到刻着"毛泽东"三个字的一块小石头，她如获至宝，赶紧脱下外衣包起来抱回家，冒着杀头的危险保存起来，直到解放后才拿出来交给人民政府。老妈妈今年74岁了，身体不大好，找她的"红卫兵"又特别多，她讲起话来非常吃力，可是为了教育后一代，她还是满腔热情、不厌其烦地讲述当年的情景。她满怀深情一而再、再而三地诉说：毛主席真好，毛主席在这儿住3年，我们跟着享了3年福，毛主席的恩情不能忘。为了不忘毛主席的恩情，为了保存毛主席的名字，就是死了也心甘情愿。红要红透心、革命要革到底。她勉励我们"照毛主席的样子、接毛主席的班！"

1967年元旦，全队17人，即李吉荣、杨秉文、王诗明、刘嗣安、牛玉秋、胡冬初、林俊德、邱一兵、朱维群、侯建华、张宏炎、高明光、李宗惠、何家春、陈海泉、谌馨荪、靳竹林，在叶坪的炮弹形"红军烈士纪念塔"前合影留念。元旦之后，谌馨荪、李宗惠两位老师离队返校；哈尔滨工业大学王素智、谢德新两位女同学，北京钢铁学院女教师阎延生加入我们的队伍，几经变动，不仅没有减少，还多了一人。我们轮流进瑞金县城看大字报，了解当地和外地"文化大革命"进展情况；我和李吉荣还参加了城里召开的进一步批判瑞金县委推行的资产阶级反动路线、动员全体革命同志行动起来、掀起"文化大革命"新高潮的"向资产阶级反动路线猛烈开火暨平反大会"。我们还根据调查获得的材料，起草了两份大字报：一份批判叶坪接待站助长资本主义泛滥的行为，一份揭露所谓"老革命"的二流子谢成秀的丑恶嘴脸,在一场联欢会上宣读;教训了一户地主家属。到叶坪农业中学看大字报,做发动工作,协助该校的革命学生,批判反毛泽东思想的教员。搜集、整理了一本毛主席的小故事,印刷了300册。联络其他长征队,组织了一场联欢晚会,表演了不少文艺节目,吸引了许多观众。

1月7日下午,离开叶坪继续前行。当晚到达高围,住高围接待站。次日早饭后到云石山,参观红军长征的起点梅坑。9日中午,抵于都县城,被安排在第二接待站,即于都中学。在这里,除参观红军长征前夕毛主席的住房等几处革命遗迹外,主要做了两件事,一是翻印搜集来的毛主席《农村调查》文集,费了很大气力才印了出来;二是参加在于都剧院举行的联欢会,我们队表演了八九个节目,很受欢迎。1月12日下午4时30分,离开于都向赣州进军。这是出征以来第一次夜行军,大家热情很高、劲头十足,都想通过夜战得到一次较大的锻炼。一踏上征途,即飞速前行。头1小时走了10余里,天漆黑时走完30多里,到罗坳接待站,在此吃晚饭;8时许继续前进,这一程就有些困难了,但是大家互相鼓励、互相帮助,用革命英雄人物的形象互相推动,很快又甩掉了40余里。13日零点15分,到达江口接待站,我们叫开了接待站的门,进去歇脚,烤自带的馒头充饥。凌晨2时许重新上路,这一程更困难了,大家又困又乏又冷,好些同伴边走边打瞌睡边做梦,浑身发抖。就是在这种状况下迈步向前。大伙儿一段接一段地读主席语录,用伟大统帅的亲切教导互相激励;一个续一个地讲革命故事,用革命先烈的英雄事迹互相推动;一遍又一遍地唱革命歌曲,用威武雄壮的激昂旋律互相鼓舞……迈出了一步又一步,越过了一村又一村,黑暗在我们行进间不知不觉地消退,曙光在我们奋斗中悄无声息地降临。黎明到来了,朝霞出来了,我们在初升太阳照耀下,以最顽强的毅力走完最后一程,于清晨7时40分到达赣州车站饭店(接待站)。这样,我们就在一夜之间走了130里路,费时15小时10分钟(包括两次歇脚近2小时),这在我们行军史上是第一次;对于大多数同伴来说,也是此生头一回。大家非常兴奋,为之热烈欢呼。此后,大家分头深入赣州日报社、广播站、各造反组织了解情况;到江西冶金学院同冶院"东方红"战斗团、赣州市大中学校革命师生统一指挥部、全国赴赣革命师生联络委员会取得联系；分3组到几家大型国营工厂，下车间同工人一起劳动。我与朱维群、胡冬初、张宏炎、阎延生、王素智、谢德新一个组，到有1200多工人的赣州冶金机械修造厂，三位女同胞下铆焊车间；我们四位男子汉下锻造车间，胡、张为一班，我和朱维群为另一班。第一次胡、张上早班；我和朱上晚班，从下午3时30分到夜12时。锻造是把铁块打成各种形状的成品、半成品，包括炼红铁块和锻造两个环节。我初次上班，任务是从火炉里夹出通红的铁块，递给工人师傅锻造，直到下班都是干这个活。这是我第一次到工厂劳动，很有意思，很值得纪念。我们在此上了两班，随后转到杨秉文、靳竹林、高明光、牛玉秋、王诗明、何家春下的赣州精选厂。在选矿工段磁选班劳动了三次（上了三个班）。每到一处都同那里的工人密切接触，作些调查研究，进行有关"文化大革命"的宣传。24日，长征队的步行串连告一段，人员自行组合，自主行动。我和刘嗣安等乘汽车前往南昌，在此活动了两天。

26日乘火车奔上海，27日中午到达。在上海活动了3天，参观了位于兴业路76号（原望志路106、108号）的中共一大会址，以及鲁迅博物馆；同刘嗣安分别探望了丁雪荣的姨妈、屠新阳的父母，我还应邀独自去了屠新阳家一趟，受到她父母的盛情款待。30日上午乘火车离开上海返北京，2月1日晨到达北京站，历时两个多月的外出串连结束。

1967年2月21日，我班人大"三红"人士×××找我，声称代表系"夺权委员会"了解我交党费的情况，我不买账，双方争吵起来，无果而终。我系的人大"红卫兵""红卫队""东方红"等组织（"三红"）于2月12日搞了个所谓"夺权委员会"，把系里的党、政、财、文权抓到手里（其实这些权力早就不存在，如果还有点什么权力，也在他们手里），并责令全系师生员工服从他们的领导，按他们定的调子跳舞。我和一大批师生员工认为这个"夺权委员会"是非法的，不予承认。

2月22日晚，参加在大教室召开的"新人大公社"成立大会。"新人大公社"以"毛泽东思想红卫兵"为主体，包括了北京公社、遵义兵团等组织，实际上是原"八一八毛泽东思想红卫兵"等"保郭（影秋）派"群众组织的重新组合。我校的群众组织经过半年多的分化、重组，终于形成以人大"三红"（主要负责人孔宪龙、刘庆库）为代表的一方，和以"新人大公社"（主要负责人赵桂林、张祖义）为代表的另一方两大派对峙的局面。

3月2日夜，"中央文革小组"成员戚本禹来我校召开两方面代表座谈会，并在3日凌晨来到新饭厅，向全校师生员工发表讲话。他指出，无论是"新人大公社""毛泽东思想红卫兵""红旗"，还是"三红"，都是革命组织，其中的绝大部分人都是革命同志，是自己人或朋友，而不是敌人。人大革命师生的头一个敌人是孙泱，第二个敌人是郭影秋，第三个敌人是胡锡奎，这是三个走资本主义道路当权派的代表人物，还会有一些；另外，历史系的胡华之流是资产阶级的反动学术权威，这些是我们的敌人，应该打倒。可是由于种种原因，特别是由于革命群众之间长期打"内战"，这些敌人并没有被打倒，孙泱的反革命气焰还很嚣张，郭影秋还没有承认自己的罪行，胡锡奎的问题还没怎么触动……人大阶级斗争的盖子是揭开了，但揭得很不彻底，不深不透，还有很多工作等着我们去做。人大的问题，是所有高等院校中最复杂的一个问题。戚本禹由此谈到对我校两大群众组织得失的看法。他说，郭影秋的性质，以后不管怎么定，保他都是错误的；揭他、反对他是正确的。"新人大公社"方面的组织，在这个问题上是犯了错误的，而"人大红卫兵"方面则是正确的，他们揭得很积极。但"新人大公社"的同志承认了错误，造了反，也就行了，不能再叫人家"保皇派"，铁杆、钢杆，应该允许人家革命嘛！同样的，"三红"在康老问题上，犯了严重的政治错误，迷失了方向，认识错误又还不够，但也不能把它一棍子打死，把它当作反革命组织，应该给人家改正错误的机会。双方不应当再互相攻击。针对我校的具体情况，戚本禹提出四条建议：

1. 立即开门整风，多作自我批评，对自己多看缺点、错误，对别人多看优点、长处，学习人家的长处；纯洁队伍、统一思想。

2. 在整风的基础上，在毛泽东思想旗帜下实现大联合。

3. 紧紧掌握斗争大方向，把斗争锋芒指向一小撮走资本主义道路的当权派和资产阶级的反动学术权威,决不能扩大打击面,把所有党团员、干部都打倒。应该相信大多数党团员是好的、比较好的,是热爱毛主席的,应该解放一批不是黑帮的"黑帮"。

4.注意斗争策略;不许乱砸乱抢、损坏国家财产;坚持文斗,不要武斗;保守国家机密。

这是"中央文革小组"对我校"文化大革命"运动的第一次正式表态,对此后运动的发展产生了重大影响。

3月10日、11日下午、14日下午,根据戚本禹讲话精神,经过几方面代表协商,我班进行联合整风,总共开了两天会。名为"联合整风",实际上是×××为主的人大"三红"一方主持,对班党支部进行总清算,对大多数党员(除杨庆生、袁忠智、刘启用外)进行大批判、大斗争。"三红"人士个个慷慨激昂,一个接一个跳起来,愤怒控诉班党支部在"文化大革命"中及过去四年对他们的所谓"残酷迫害"和"法西斯专政",把过去的案全部推翻。过去好的,在他们看来都是坏的;过去坏的,他们认为是真正好的。全班党员,除上述3人,无论正式还是预备,都受到痛斥。照他们的说法,这些党员都是只对刘、邓有感情,对毛主席毫无感情;都是穷凶极恶的反革命的刽子手,而决非革命者;都是两面三刀的资产阶级政客,而决非老实人。简言之,都是假党员、假典型,是修正主义的黑苗子、赫鲁晓夫式的人物。最耸人听闻的政治术语,都用上了。其中尤以我和伍连连为甚,我们俩被他们视为"最顽固、最恶劣"者,是他们重点整治、收拾的对象。几场会,都集中火力对准我俩。从今天骂到昨天,又从昨天骂到前天;从班内骂到班外,从校内骂到校外;什么老底都兜了出来,什么罪名都加到身上,什么"帽子"都扣到头上。其态度之严厉、言词之刻毒,殊为罕见。14日下午的最后一次会,主持者还请了外班、外系的许多同学来观摩,以便推广"经验"。这是我有生以来遭到的最恶毒的攻击、最严厉的批判,尽管充满污蔑不实之词,多属捏造事实、栽赃陷害,或捕风捉影、夸大其词,我心里极不服气,却强按下怒火,平静地听着,既不澄清,更不反驳,随他们骂去;直到他们觉得没有什么好骂的,也骂不出声为止。我经受了一次考验,受到深刻的教育。伍连连会上一声不吭,任由那些人呵斥、痛批,会后心里难受,掉了泪;我找她聊天,耐心、诚恳地劝说、安慰她,她想通了不少问题,舒坦了许多。这场"整风会"在"三红"人士骂够班党支部和"新人大"人士之后收场。据说为"大联合"奠定了坚实基础,甚至已经联合了起来。我却认为,这场"整风会",不仅没有使两派同学之间的隔阂和摩擦得以消除、促进团结,反而加剧了矛盾和对立,离"大联合"不是近了,而是远了,实现"大联合"的路子更加艰难曲折了。

　　5月,我校以"新人大公社"为代表的一方,和以"三红"为代表的另一方,两派群众组织的对立日益严重;我班上的两派同学不时争执、情绪激烈,谁也不示弱、谁也不退让。"新人大"的同学转移到北一楼上10号房活动,我和黄民成、刘嗣安、杨绍竹等同学住到那里。

　　5月19日,与我系6502级"新人大"同学孙明晨离京前往乌鲁木齐,拟找新疆大学副校长、原我校党委常委、马列主义基础系主任云光,了解我系的历史情况及一些教工的问题。长途跋涉,历尽艰辛,只同云光见了一面,谈了3个多小时,收效甚微,得不偿失。6月5日夜回到北京。

　　9月16日晚,"中央文革小组"几位领导接见"天派"系统的清华"井冈山"、"新北大公社"、北航"红旗"、矿院"东方红"、人大"三红"、民院"抗大"等组织的代表。他们在讲话中提到,人大"三红"里有很多特务,孙泱是人大最大的特务,"三红"还保他呢!孙泱的秘书就是"三红"的,他经常拍照大字报给孙泱送去。"三红"负责人刘庆库企图辩解,遭到江青严词痛斥,她说,你们背信弃义,两面派,我看你就不像个学生,而像教工……"新人大公社"获悉后,于17日采取非常措施把孙泱及其老婆石琦、秘书阎志民抓了起来,并抄了他们的家。10月6日凌晨,孙泱在关押处新图书馆大楼("新人大公社"总部)的一间小屋里上吊自杀。"新人大公社"的头头们有些惊慌失措、不知如何是好,起初严密封锁消息,随后接连开会,商讨对策;人大"三红"得讯后大做文章,大叫这是一起反革命谋杀案,是一大阴谋。这是"文革"期间人大发生的一个重大事件,后果严重、影响深远。

10月12日，离京回福建。校内两派群众组织对立情绪不断加剧，个人无可奈何，亦无所事事；家里则担心我的人身安全，父亲于10月10日来电报，谎称祖母和母亲生病，让我速回。14日抵福州，先在省人民医院父亲处待了两天，后回惠安老家住了20多天，重返福州父亲处，又住了20多天。11月30日傍晚乘火车离开福州，12月3日晨4时回到北京（因蚌埠一带发生大规模武斗，耽搁了6个多小时）。

12月24日下午，叔父来校看我。他作为福建三明地区革命领导干部代表，参加中央为解决福建问题而举办的毛泽东思想学习班，昨日抵京，住解放军后勤学院。

1968年1月29日，农历丁未年十二月三十，除夕。上午叔父来校找我，我陪他到中宣部宿舍拜访洪禹同志，同洪禹同志长谈。下午，南安县委副书记陈天必、三明地委副书记许集美等同志先后到来，又一起谈了一阵。我于4时许先行告辞回校。

除夕夜晚，新人大校园热闹非凡。北一楼上各系各班同学忙着包饺子，筹备欢度佳节；"新人大公社"总部大楼灯火辉煌、锣鼓喧天、礼炮轰鸣，游园晚会正在那里举行。在校"新人大"战士无不欢天喜地、热血沸腾。我6202支队除沈大德、吴廷嘉两人外调未回，刘启用、杨绍竹生病在家外，都到了，丁雪荣、宋柱修、张联瑜还是刚从外地执行任务返京的。这么多同伴欢聚一堂，近几个月来还是头一回，大家都很高兴。加上有两位外地的解放军战士参加我们的聚餐（伍连连到湖南外调时认识的，最近进京参加"毛泽东思想学习班"，今天来校看她），更给我们的除夕夜增添了喜庆气氛。我们一拨人在宿舍包饺子、吃饺子，另一拨人到总部大楼游园会值班、游玩，过一阵轮换，最后合在一起吃糖果、花生，打扑克，直到次日（戊申年正月初一）凌晨3时才歇息，好生痛快！这是我上大学以来在京过的第五个除夕，很可能是在京过的最后一个除夕。过得很愉快、很有意义！

2月25日（星期日）上午，叔父来校找我，我陪他到对外文委看望惠安乡亲曾德聪，先后去了三次都没找着，沿途谈了许多问题。他提醒我注意，阶级斗争是异常复杂的，我们的头脑也要变得复杂一些。青年人由于缺乏社会经验，往往把问题看得太简单。他希望我：一要经受得住最严厉的批评，哪怕是最不符合实际情况的批评也要听，要听得进不同意见，善于从别人的意见中汲取合理的成分，改进自己的工作；二要多看别人的长处，虚心向一切有长处的同志学习。这些意见很有针对性，很值得我考虑。

4月下旬至5月上旬，校内两派群众组织的对立继续升温，武斗一触即发。"新人大"方面，以新落成尚未投入使用的图书馆大楼（称"红楼"）为指挥部，所属人员陆续集中到北楼、二处。不少人占住了林园的教工宿舍，把单元房打通、构筑了防御工事，还制作了钢钎、铁棍、大刀等武斗工具，在交通股开设了一个战备食堂；人大"三红"方面，以教学大楼（称"白楼"）为指挥部，人员集中在东风楼、南楼等处，把大批贵重物品转移到校外，大筑武斗工事，赶制钢钎、利刃、长、短剑等凶器，甚至制造炸药、手榴弹，盗取各种枪支，并且采取卑劣手段骗取了校幼儿园的2万多斤口粮，为武斗作了充分、周密的准备。双方数次短兵相接，各有伤亡。

5月14日凌晨2时许，"三红"派重兵进攻校工厂，妄图抢夺器材以为制造凶器之用，"新人大"战士奋起保卫国家财产，双方发生激烈争斗，语文系分社负责人王锡忠被进犯的暴徒刺死。全体"新人大"战士悲痛万分，下午在交通股召开追悼会，深切悼念为保卫国家财产而牺牲的战友。

5月上旬至中旬，叔父几乎每天来校看我，对我校两派对立的局面及武斗的气氛深感忧虑，十分担心我的安全。他反复同我周围的同学、老师谈话，劝告他们停止武斗。眼看劝阻无效，他考虑把我带离学校武斗场所，让我在他参加"毛泽东思想学习班"（福建班）结束时（5月中旬），跟他回福建。经他耐心做工作，我接受了他的意见。5月18日上午，他来校同我们班上的一些同学道别，以让我送他到火车站的名义把我带离学校。当晚，我住洪禹同志家，叔父回后勤学院办理离院手续。19日上午，我离开洪禹同志家，到北京站与叔父会合，他匆匆赶去向洪禹同志辞行，1个多小时后回来。据介绍，洪禹同志一家以最大的热情接待他，洪禹同志恳切地与他交谈了许多问题，还把他送到公交车站，并请他给父亲和刘祖丕、刘荣喜同志带礼物。叔父非常感动，一再说洪禹同志是他遇见的最好的一位首长，有许多值得我们学习的地方。我们乘12时35分的45次列车离京，21日下午抵福州。27日随叔父到他工作的明溪县，住了半个多月，6月14日离开；两度返惠安前林老家，三次经福州父亲处。7月25日夜返京，暂住洪禹同志家，了解、观察学校武斗的形势。7月28日夜，方回到学校"新人大"同学住的林园7楼。就在这一天凌晨，毛主席和其他中央领导人，在人民大会堂湖南厅（又称118厅）召见了首都高校"红卫兵"五大领袖聂元梓、蒯大富、谭厚兰、韩爱晶、王大宾，严厉批评他们煽动和组织武斗的行为，责令他们立即采取措施制止武斗。同学们向我传达了这个重要信息。看来我返校正当其时，武斗之风就要平息了。

8月22日，工人、解放军毛泽东思想宣传队1500多人进驻中国人民大学，执行制止武斗、促进"大联合"的使命，对被"文化大革命"耽搁了一年乃至两年的毕业生进行分配。

8月26日下午，参加工人、解放军毛泽东思想宣传队召集的全体毕业生（67届及66届尚未分配者）大会。宣传队负责人作毕业分配动员，基本精神是：不自报、不公议，由宣传队和分配小组决定，8月底完成。

8月26—31日，工人、解放军毛泽东思想宣传队和分配小组制定毕业生分配方案，上报北京市革委会审批。

8月29日上午，宣传队召开全校师生员工大会，欢呼我校实现"大联合"，正式宣布解散"新人大公社"、人大"三红"及所属一切机构，上缴全部"派"物。旧的组织形式不适应新的形势，解体了，"大联合"的局面形成了，人大运动进入新的历史阶段。

9月1日（星期日），前往中宣部向洪禹同志一家告别。估计毕业分配方案即将公布，随后就要离京奔赴工作岗位，须抓紧与亲友道别。洪禹同志和叶茵同志盛情款待我，同我进行了长时间的亲切的谈话，还带我到中宣部大院散步、照相。晚间临别时，应我的请求，洪禹同志将毛主席1946年3月13日给他的复信的照片一套（3张）送给我作纪念；还让我选取了他保存的陈伯达手书中的3幅：一张写着杜甫《登岳阳楼》诗的两句"吴楚东南坼　乾坤日夜浮"的对子，一张写着"海阔纵鱼跃　天空任鸟飞"且加盖"陈伯达"印章的条幅。可惜这三张有很高欣赏价值的墨宝，连同刘祖丕同志送给父亲、存在我处的陈伯达的另一幅墨宝"每至临文必慎所许恒虑一字苟下重诬后世"，在党的九届二中全会后迫于压力而焚毁。

9月2日上午，参加全系师生员工热烈欢送67届毕业生即将踏上工作岗位大会。随后回班，宣传队负责毕业分配工作的解放军干部陈永才，宣布了经北京市革委会审批的毕业生分配方案。我班31人，分配29人；伍连连由于犯了所谓"死保反革命老子、炮打无产阶级司令部的现行反革命罪"，黄济福由于"思想一贯反动，今年二月间又疯狂攻击谢富治副总理"，不予分配。我被派往广西，具体单位待定。离校后先到湖南洞庭湖军垦农场，接受解放军再教育。按规定，已分配的毕业生必须在9月5日前后离校前去工作岗位报到。相处6年，在近两年多的共同战斗中结下深厚情谊，互相学习、互相帮助、互相鼓励、互相促进，襟怀坦白、亲密无间的战友就要分开了；这一次分手对许多人来说很可能是永别，同学们极其难舍！为了留下永久的纪念，我们13人：张联瑜、刘启用、宋柱修、沈大德、丁雪荣、杨绍竹、冯万英、吴廷嘉、钱世文、刘嗣安、林俊德、张金福、黄民成，加上沈大德的两个妹妹和钱世文的一个妹妹共16人，下午一起到天安门广场游玩，拍了几张照片，后到北京烤鸭店吃了一顿丰盛的晚餐。这是我们这个战斗集体最后的一次聚会，是永远值得怀念的一次欢聚。

（作者是国政系1962级学生）

二、我所经历的人大"文革"一件事

张联瑜

1966年6月1日,中央发表了北京大学的"七人大字报"以后,在6月4号或者是5号晚上,把我们学校的校系领导都批斗了。一夜之间,所有卫生间的废纸篓都没了,当高帽子给戴上了。这时候我们思想转过来了,认为这样对待干部不对。6月15号,我们学校自发的批判那些"造反派",当时叫"抓游鱼",在文化广场批判他们。那时候,上级派的海军工作组已经来了,海军工作组的领导讲了几句之后,就把批判的"造反派"押走了,中午就放了这些人。

6月15号过了以后,大家对"6·15"大会有不同看法。有的认为好得很,比如说我们,"抓游鱼"嘛,打击"造反派";而"造反派"说是白色恐怖,前后辩论了半个多月。我们(国政系四年级在留学生办公室工作的朱忠仁、张联瑜、丁雪荣、黄民成四位同学)写了一篇长长的大字报,12500字,贴在新教学大楼围了一圈。当时有人开玩笑说:"戴眼镜,自带小板凳,看国政四的'125'大字报。"当时矛盾集中在郭影秋问题上,学校分成两派,一派说郭影秋是好干部,另外一派说郭影秋是"黑帮",是修正主义分子。这个时候产生了"人大红卫兵",大概7月份左右。

"人大三红"之一的"人大红卫兵",成立于1967年7月份,发起人是几个干部子弟。他们当时也没有袖标,把红旗撕了后戴在袖箍上。主要的目标就是"反郭"。当时人大的同学、教师、工人,90%都是保郭影秋。因为郭影秋这个人,第一,工作很负责任;第二,密切联系群众;第三,不搞特殊化。你看他在困难时期,给他发的那些高干的票证,什么点心、鸡蛋、糖等的购物证,他都没用。从南京往北京调的时候,秘书收拾他的东西,从办公桌内发现所有的票证还在那儿放着,一张都没用,所以广大师生员工都觉得他是个好干部。

不堪回首：中国人民大学校史管窥（1966-1970）

今天我讲人大"文革"中的一个事情。这些事情都是我亲身经历、而其他同志们都不知道的。

这就是 1966 年 7 月 29 日，我接待"中央文革"派到人大的陶鲁笳、张经武两位领导的事情。

当时中央已经决定撤销工作组，来我校的海军工作组已经撤了。我们人民大学是无政府状态，没人管。我当时思想很沉闷，关心国家大事。当时想，什么时候能见到毛主席，给毛主席反映反映呀！这天上午，我在学校办公楼，也就是老教学楼前的广场上来回转，一圈一圈的转，转了有四五十分钟吧。九点左右，从东校门进来两辆小汽车，一辆黑色的，一辆灰色的，都是上海牌。到了办公楼停下了。我一看，每辆小汽车上各下来一个人。我就走过去了，别人都没注意。第一辆车下来的是一个大胖子，高高的，大概一米八左右。第二辆车下来的是一个小老头，很精干。我走近以后，小老头从后面上来给我介绍说："同学，这位是陶鲁笳同志。"当时我知道了，陶鲁笳是山西省委书记，中央委员。那个大个子马上介绍后面的那个人，他说："同学，这位是张经武同志。"张经武我当然也知道，西藏工委书记，中央委员，那是很出名的。因为我老家是山东，抗战时期，张经武是八路军山东纵队司令员。他们向我说："同学，你们学校现在还有人负责吗？"我说没人负责了，无政府，工作组撤了，党委都打倒了。他们说，那你看能不能把会议室打开，找一些同学，咱们去交谈交谈。我说可以啊，会议室一直开着，没人管啊。我就带他们到了二楼大会议室，这里可以坐一二百人。正好公务员在，打来开水，一会儿就跟着来了很多人。我就给大家介绍，他叫张经武，他叫陶鲁笳。大家也都知道他们两个人的身份，一下子围了一二百人。我在中间，他就跟我交谈，人民大学怎么样啊，"文化大革命"怎么样啊，现在回忆起来是在套我的观点，打听我是"造反派"还是"保守派"。

他们来是干什么呢，他们两个跟我讲，他们是"中央文革"派来的。为什么来呢，就是 7 月 29 号这一天，中央要在大会堂开大会，要求"文化大革命"积极分子也就是"造反派"参加。这个会议名字就叫"无产阶级文化大革命积极分子大会"。他跟人民大学联系，联系不上。要党委，党委没人接电话，要工作组，工作组没人。无政府嘛，没人去领会议票。所以把他们两个派来了，两个中央委员来送票。他们第一个接触的就是我，我就把他们带到这儿来，他一看我的观点亮出来了，是"保守派"。之后，他们就说明了来意，是"中央文革"叫他们来的，了解情况。再一个是下午人民大会堂要开会，要"文化大革命"中的积极分子参加。大家就跟他们要票，他们不给，我跟他们要票，他们也不给。听我话不是积极分子啊，是"保守派"。后来大概有二三百人同他们交谈。有的说郭影秋不好，但大部分还是说郭影秋好的。后来把参加会议的票交给谁了，我记不太清楚。反正是交给一个负责人了吧，由他分到各系去。

这时候，我就反复说，得给我一张票的理由。我说我很想到人民大会堂，肯定毛主席是要出面的，我还可以见到毛主席，我现在思想很苦闷的。两位领导说那不行，上面要我们给积极分子啊。特别是陶鲁笳，态度很坚决。这个时候已经到了12点半，该吃午饭了。我就说先吃中午饭，你们也得吃饭。就在我们这儿吃饭吧。他们两个就说好啊，尝尝人民大学的饭，我就带着他们到了哲学灶饭厅。

当时很多人跟着，我给他们买了饭，有馒头，也有窝头，还有菜。碗是借用同学们的，给他们两个人各打了一份菜。两个人都争着吃窝头，老同志战争年代成天在群众家吃饭，所以很接近群众，很快和群众接触起来了。陶鲁笳、张经武拿到窝头以后，把窝头揉碎了放在菜里，拿勺子一搅和就这么吃。老百姓很多吃饭就这么吃，这种吃法挺接触群众。吃完饭他们临走的时候，我说不行，你们还得给我票。我说，你们看看，要不是我接待你们，都没人管你们，饭票还是我出的。后来半抢半送给我一张票。下午两点，在东校门大松树下集合，那时派了一辆大轿子车，大概一共三四十个人。到底怎么分的票我不清楚，反正我是搞了一张票。我们班是李金海去的，他的这个票就是分的，他是党支部书记。

当时参加会的人不多，一个系三五个人吧，全校十来个系。"7·29"这天大会，我印象中熟悉的就李金海一个人。我们坐上车就去大会堂了，从北门进的。我们坐在大会堂的二楼前边。看到主席台已经坐了很多人，很明显的江青、张春桥、姚文元，他们几个是坐在左边，什么董老啊、朱德啊、陈云这些人都坐在右边，中间闲了几个位置。江青穿了一身灰色的海军服装，很活跃。总理就指挥大家唱歌，什么《我们走在大路上》等歌曲。大概半个小时后就开会了。开会时中间那个位置没人坐，毛主席没来。我很想见毛主席，可毛主席没来，当时很失望。

这个会叫积极分子大会，会上宣布了撤销工作组。主持会的是李雪峰，李雪峰是北京新市委书记嘛。第一个讲话的是邓小平，讲的中心内容就是"老革命遇到新问题"。

邓小平讲完后总理讲话，每个人大概讲三、四十分钟。总理讲话，显得不流畅，原来总理口才很好啊，讲话都是即席讲话，没有稿的，怎么讲得这么坑坑磕磕的呢？后来我分析，当时这个话不好讲，要慎重地表态，慎重地用词。总理讲话，内容是什么呢，主要内容就是大道理管小道理。他说："你们不要打架，我们年轻的时候也是一发火就撸袖子。要大道理管小道理。"这是总理讲的主要内容。总理讲完了，刘少奇讲话，刘少奇讲话的中心内容，是"'文化大革命'怎么搞，你们不晓得，我也不晓得"。他反复讲，"文化大革命"过去没搞过，没有经验。讲了大概有半个小时。

刘少奇讲话以后，毛主席出来了。原来毛主席在后台，一开始没上去。毛主席出来以后，向大家招手，从台这边走到台那边；从台那边走到台这边，最后在中间坐下。这时整个会场沸腾了，大家高呼万岁，跳着喊毛主席万岁！毛主席坐在那里，大家不走。主持人宣布散会，大家还是不走，高呼万岁。还有人大喊："请毛主席讲话！"后来总理指挥大家唱了两个歌，最后散了。散会后，好多老领导走到毛主席面前，跟毛主席说话。大家都认识蔡畅这些老同志，他们向毛主席当面致意后，就都走了。这就是"7·29"大会。后来这个会上的三个讲话，作为重要内容向全国传达。"8·18"以后，我串连到了山东，那里还在用留声机放中央发的唱片，组织各级干部收听"7·29"大会的这三个讲话。

二〇一七年五月十九日　于北京
（作者是中国人民大学国际政治系 1962 级学生）

三、人大"文革"亲历记

张林南

1964年8月，我收到人民大学入学通知书，录取我为"人大"国际政治系的学生。入学后不久，就"下连当兵"，有一位和我编在一个班的同学告诉我，她第一志愿报的是国际政治系，却被分到了党史系，我俩一通气可高兴了，我俩可以换系了，都可以上自己喜欢的系了。入学教育结束，我俩去找分管教务的副校长，要求换系。副校长把我俩批评了一顿，说我们"无组织无纪律"，我俩灰溜溜地走了。过了一段时间，那位副校长将我找去，他说："我和你父母亲一起工作过，你考人大我知道，你考得不理想，是你们学校把你推荐来的，学校介绍了你的情况，说你写了入党申请书，政治热情高。为什么把你分到国际政治系？因为你政治上可靠，家庭出身好，这个系的人将来是要外派的。那位同学有海外关系（注：她父亲是北大教授、印尼华侨），因此不能上国际政治系。"我听了副校长的讲话，才知道了事情的原委，一方面下决心好好学习，不辜负党的培养和期望；另一方面我也为那位同学感到不平。我们高中班有10个同学没有考上大学，绝大多数不是因为考试成绩不好，而是因为"出身不好"未被录取，我也为她们感到不公平。

人大国际政治系一共有五个年级，一个年级一个班，专业都是国际共产主义运动史。我们班35个人，两个女生，有5个干部子弟，其他大多数是工农子弟，一半以上是原来中学里的团支部书记。第一学期的班干部是指定的，我当团支部委员。入学第一天，每人发一个小马扎，一个部队用的小针线包，一个班一套修鞋工具、一套理发工具。学校要求我们保持和发扬人大艰苦朴素的革命传统。入学教育一是劳动——拔校园里的草；二是看《早春二月》《以革命的名义》等电影，批判资产阶级思想，树立阶级斗争观念，立志做又红又专的革命接班人；三是端正学习目的，每个人都要讲讲，自己为什么考人大。有的同学说，为了将来当马克思主义理论家，发展马克思主义；有的想当外交官，有的想到《红旗》杂志工作，还有一个同学说，上了人大可以看《参考消息》……大家敞开思想，讲得既率直又天真。我听了觉得很有意思。因为我的入学动机很单纯，就是想学习毛泽东思想，做一个对人民有用的人。10天后，就让我们"下连当兵"，到昌平第三工程兵学校锻炼一个月。我们除操练外，还学习了摆地雷阵等军事技术，大家感觉很新鲜，很高兴。

大学一年级主要学基础理论，如党史和毛主席的四篇哲学著作。发了一本艾思奇的《辩证唯物主义与历史唯物主义》，但是没有讲。我们班里的学术气氛很浓，大家都能敞开思想，自由发表意见。在一次哲学课的讨论会上，班长发言说："世界的万事万物都能一分为二，那对毛主席能不能一分为二呢？我认为能！毛主席很伟大，但是不可能没有缺点、错误，所以也应该一分为二。"团支部书记说："对毛主席怎么能一分为二呢？我认为不能，毛主席和马恩列斯并列，是绝对正确的！"老师没有批评班长，说这个问题可以讨论。班上少数人同意班长的意见，多数人同意团支部书记的意见，我认为双方的观点都有道理，从普遍意义说，对毛主席也能一分为二，但从感情上讲，毛主席一贯正确，不容怀疑。还有一场辩论会，那次是学习、讨论周扬在哲学社会科学会议上的一个讲话。在掀起反修防修运动的背景下，周扬说："我们需要培养出一批马克思主义理论家。"当时社会上正在兴起学雷锋的高潮，会上有人提出，我们应该做马克思主义理论家，还是做雷锋式的人物？马克思主义理论家和雷锋式的人物哪一个对社会的贡献大？以班长为代表的一种观点认为，马克思主义理论家更重要，雷锋只是普通的人，我们的目标应当使自己成为马克思主义理论家。以我为代表的另一种观点认为，雷锋是革命的螺丝钉，放在哪里都能用，他干一行、爱一行、钻一行，让他学理论，他也能成为理论家。我们要想成为马克思主义理论家，首先要向雷锋学习，做雷锋式的人物。我崇拜英雄，雷锋、焦裕禄都是我心目中的英雄，是我的楷模。

我很热爱我的班集体，真诚地对待每一个同学，常常帮助那些需要帮助的人。我牢记毛主席"干部子弟不能脱离群众"的教导，虚心地向工农子弟学习，和他们交朋友，我和大家的关系非常好。有的同学说我是"活雷锋"，"比金子还纯洁"。上大学时，妈妈给我买的"基洛夫"手表，成了大家的共同财产，同学们轮流戴。一年级放暑假，班里有些同学因为没钱买火车票回不了家，我希望能够帮助他们。回家后，我和妈妈商量，请妈妈帮助这些同学，让他们能够和家人团聚。妈妈给了我200元钱，我分给了这些同学，大家高高兴兴地回家了。1965年8月5日，在大学一年级暑假，我入了党。

"文革"前夕，1965年，学校组织我们批判杨献珍的"合二而一论"。在班里的讨论会上，团支部书记将矛头直指班长。他说班长"学术走错了方向"，"怀疑毛主席，认为毛主席也可以一分为二，这是怀疑一切"，还说班长"反对学雷锋"等等。班长受到了严厉的批判，他们俩从此分道扬镳。我看出支部书记是有意拉班上的人整班长，我不同意他这样做，我认为班长是一个好人，他并不反对毛主席，我很同情他，会上我不发言。班长被批判之后，不大和别人说话了，但是，他经常来找我讲讲心里话。他看了许多马列的原著，还指导我看一些书，我知道他一直没有放弃自己的观点，我很佩服班长对科学的执着精神。在我们那个年代里，能做到像班长那样是很不容易的。

1966年6月，北京大学聂元梓的大字报发表后，我们学校的同学们都去"北大"看大字报。回来后，大家开始给校党委和系里领导写大字报。当时，我是我们班"文革小组"的组长。我没有看出校党委有什么问题，所以没有写大字报。对别人贴出来的大字报，我一篇篇认真地看，发现有的大字报有不实之处，感到很生气，心想都是搞政治的，怎么能胡说八道，不负责任呢？有一次，我看到系里老师写的一篇批判系党总支的大字报，里面有无中生有的东西，我就去找他们，当着这些老师的面说："你们是教马列主义的老师，怎么能不实事求是呢？那个会我参加了，我怎么没有听到你们批判的这些话？"他们无言以对。

我们班的一些同学，在团支部书记的带动下，把矛头指向了我们系的党总支专职书记（女）。这是有历史原因的。我们入学时，老师说:"你们毕业时,将全部是党员。"但是,入党有先有后,没能在"文革"前入党的个别人就不满意,对总支书记有意见;有的同学是因为挨了批评,心里不满;而团支部书记认为,他没有当选我们系一、二年级的党支部书记,也是因为党总支书记的原因,于是,团支部书记就领着这些人,把矛头指向党总支书记,写出一些不符合事实的大字报。他们让总支书记站在桌子上接受批斗,甚至做出揪头发的粗暴举动,还企图砸存放档案的保险柜。我坚决反对他们这样的行为,劝他们说:"你们完全可以给校党委和系总支的领导写大字报,但是要站在党的立场上,抱着对他们负责的态度,实事求是地提意见,而不能站在个人的立场上,泄私愤,图报复。"他们嘴上没有反驳我,心里对我肯定非常不满。

大概是7月底或8月初,党史系的几个干部子弟来找我,说他们要成立一个组织——"中国人民大学毛泽东主义红卫兵",希望我们系的干部子弟也参加。我很反感他们这种脱离群众的做法。为此,我和系里另外两个干部子弟,给"中央文革"写了一封信,表达了对干部子弟脱离工农子弟,成立自己的组织的不满,希望引起中央的重视,纠正这种倾向。

8月18日,毛主席在天安门接见"红卫兵"。几天后,以我们系四年级工农子弟为核心,成立了"中国人民大学毛泽东思想红卫兵",我参加了"毛泽东思想红卫兵"。我们学校的这两个"红卫兵"组织都想紧跟毛主席的伟大战略部署,积极参加"文化大革命",但是在对待郭影秋(人民大学的副校长、党委书记,"文革"初期调任北京市委文教书记)的态度上却截然相反。"毛泽东主义红卫兵"造郭影秋的反,"毛泽东思想红卫兵"保郭影秋。我是坚决保郭校长的,因为他在人大广大师生员工中的口碑很好。他工作作风深入,联系群众,平易近人,对处理人民大学干部由于历史原因不团结的问题,提出了"团结起来向前看"的正确方针,他对教育改革有许多新思路……

8月份,学校里贴出了第一张反郭影秋的大字报《揪出人大"牛鬼蛇神"的总后台——郭影秋》,题目每一个字占一张大字报纸,内容空洞无物,但用词尖刻。说郭校长提出的"团结起来向前看"的方针是阶级斗争熄灭论；郭影秋在"四清"中（郭是"人大'四清'工作队"总负责人）保护了"牛鬼蛇神""走资派"等等。我正好看到，和我一个党支部的我们系一年级的一个党员，带着几个人在贴这张大字报，当场质问他："你凭什么写这样的大字报？你的材料呢？是谁让你写的？"他说："是党史系的××老师让我们写的，他们有材料。"这张大字报在全校引起巨大轰动。我对这种乱扣帽子的所谓造反行为非常反感，我认为在背后指使学生的老师动机不纯。这时，"四清"回来的我校师生纷纷写大字报保郭影秋，讲了许多郭校长在"四清"中的感人事迹。毛主席说："没有调查就没有发言权。"我和班里几个同学，决定去"四清"点上做调查研究。当时还不大会骑车的我，借了一辆破旧的 28 男车，一路跌了数不清的跟斗，行程 60 多里，终于到了"四清"点苏家坨。我们在那里住了几天，走家串户地调查，得出了我们自己的结论："郭影秋不仅不是'牛鬼蛇神'的总后台，不是'走资派'，而是焦裕禄式的好书记。"回到学校后，我们几个人写了一张保郭影秋的大字报，我签了名。

1966 年 9 月，周总理和"中央文革"的领导，在北京广播学院的大操场接见"红卫兵"，要求北京的"红卫兵"到各地去串连，将"文化大革命"的火种传播到全国各地去。当时，把外出串连的"红卫兵"组织了四个大队，我和我们系的十几个人，作为第四大队第三中队的成员前往广州。我们之中大多数，是学生干部和党员。广东省委对我们这些从北京"派来"的"红卫兵"很重视，安排我们住进省委招待所。我们在省委看大字报，到广州的大学里面跑，参加一些学生和群众的集会。还在公共汽车上读毛主席语录，宣传《十六条》。不久，在省委机关礼堂召开了省委的干部大会，让我们介绍北京"文化大革命"的形势。我也作为代表之一上台发了言，讲了"文革"在北京、在大学里是怎么搞起来的，毛主席对"文革"如何亲自指导，寄予怎样的期望。并针对我们看到的广州的情况，强调"革命不是请客吃饭，不是做文章，不是绘画绣花，不能那样雅致，那样从容不迫，文质彬彬，那样温良恭俭让。"呼吁大家一定要关心国家大事，把"无产阶级文化大革命"进行到底！那天晚上，赵紫阳、林里明、欧梦觉等省委领导接见了我们，并与我们座谈。记得我和赵紫阳还辩论起来，他说："我们广东省是祖国的前沿，面对香港和台湾，一定不能乱，不能给敌人造成可乘之机。"我说："我们认为广州没有'文化大革命'的气氛，人们缺少革命热情，都很温良恭俭让！"想想我当时真是不知天高地厚。我回家后和母亲讲起这件事，被母亲批评了一顿，说我太偏激。

10月中旬，我们从广州北上，先去了湖南韶山，瞻仰了毛主席的故居，又到了南昌，参观了"南昌八一起义纪念馆"，然后坐汽车上井冈山，边参观革命圣地，边重温党史。下山时，汽车开到江西共产主义劳动大学井冈山分校时坏了，我们都下了车。学生们知道了我们是北京来的"红卫兵"后，要求我们讲讲北京"文化大革命"的情况，我们讲了以后，学生们感到很新鲜，激发了他们投入"文革"的热情，他们纷纷要求到北京和全国去串连，学校的秩序乱了起来，引起了吉安地委的不安。地委派人来调查我们的来路，说我们把学校搞乱了，把我们扣住不让走了。我们在井冈山分校住了好几天，和学生们的关系搞得非常好。地委放我们走时，学生们送我们每人一双自己编的草鞋，还有竹子做的扁担、水桶、笔筒，还送了一个他们自己种的40多斤重的大南瓜。我们回到北京后，把这些礼物毫无保留地捐献给设在北京展览馆的"红卫兵"战果展览了。

1966年11月初，我们回到学校时，学校里的人还不多，都在外面串连，所以，我们又组织了一次步行串连。这次我们经过了周密的策划，步行串连的宗旨是：重走长征路，一路搞社会调查，从事革命实践，通过实践学习马列主义、毛泽东思想和党史，自己教育自己。路线是从北京一直走到瑞金，再从瑞金开始沿着长征路线走，到达延安，最后走回北京。"长征队"人员22人，其中我们系的人最多，还有党史系、哲学系、农经系的6个同学，另外吸收了两个"人大附中"的初中生和两名北京大学图书馆系的同学，年龄从14岁～28岁，党员占了一半之多。为了走完长征的艰苦历程，根据毛主席"支部建在连上"的指示，我们成立了一个临时党支部，选举了书记、副书记和长征队队长，我当卫生员，负责背药箱。我们背着行李、毛选和油印机、纸张，还有一套《收租院》的图片，平均每人负重30斤。我们还特制了一面写有"长征大学"的红旗。出发那天，先坐车到天安门广场，这是我们长征的起点，大家一起照了相，然后，就高举着大旗出发了。

第一天我们走了七八十里，到白洋淀住了下来。这里是抗日战争中让日本鬼子闻之丧胆的大片芦苇荡。我们请参加过抗日的老乡，给我们讲抗日的历史。第十天，我们到了饶阳县五公村，这是冀中平原首先搞合作化的村子。解放战争时期，耿长锁和徐树宽夫妇，率先办起了互助组，以这个互助组为核心，办起了冀中平原上的第一个合作社。我们走家串户，了解历史，搞社会调查。来这里的中学生多，大学生少，而大学文科生我们是第一批。耿长锁提出一个请求，让我们帮助他们办一个展览，不然来参观的"红卫兵"太多，他们老得讲，耽误生产。我们答应了，开始办"五公村村史展览"。我们早上五点半起床，半天劳动，另外半天一部分人收集材料，办展览，一部分人在周围的几个村子里搞社会调查。

1966年12月，党中央发布了农村"文化大革命"的"十条"政策，我们的社会调查又扩大了几个点，扩展到深县。每天早上，我们分工，有和社员一起劳动的，有到各个点上搞调研的，晚上开碰头会，交流情况，写调查报告。在深县的一个村子里，我们看见，这里一些农民特别穷，住的房子类似猪圈，床上就一张草席子，连被子都没有。而有的房子非常好，有门楼，还有二层楼的，住好房子的都是干部，群众对大队干部很不满，认为他们多吃多占。我们明白了毛主席为什么要搞"四清"了。我们每走一户，送一张毛主席像，有的老乡称我们为"青天"。

不久，天津大学来了一批"红卫兵"，说他们是来贯彻农村文化大革命"十条"的。他们横冲直撞，蛮干，把耿长锁夫妇打成了"走资派"，把我们打成"保皇派"，说我们"右倾"。我们说："你们要做调查研究，不能下车伊始，哇里哇啦！"村里一些人受了他们的影响，想批判我们，但是没有成主流。他们的到来，完全打乱了五公村的社会秩序和生产秩序，我们对他们非常反感。

1967年2月，"中央文革"发出通知，要求结束大串连，回校复课闹革命。尽管我们的宏伟计划没有完成，但是我们在农村和农民同吃、同住、同劳动三个月，各方面的收获还是很大的，特别是对我们没有机会参加"四清"的人，接触和了解了农村的一些情况。我们写了调查报告，回北京后递交给国务院信访局。

回到学校后，两派斗争升级，闹得很厉害。保郭影秋的一派以"毛泽东思想红卫兵"为核心组织了"新人大"，全校70%以上的学生、老师，90%的党员、干部和99%以上的工人参加了"新人大"，是多数派；反郭影秋的一派以"毛泽东主义红卫兵"为核心组织了"人大三红"，是少数派。后者尽管人少，能量不小，自封为人大的"造反派"，视"新人大"为保守派。"人大三红"抄了郭影秋的家，想办一个展览，结果什么对他们有用的东西也没有抄出来，抽屉里翻出不少三年困难时期补助他的副食品票，他都没有用。他们自己说："这只能是一个呈现郭影秋艰苦朴素的展览。"办了没几天就撤了。"新人大"将副校长孙泱打成"走资派"，把他关在图书馆楼的一个屋子里，有一天发现他"自杀"了。"人大三红"占领了教学大楼，"新人大"占领了图书馆大楼，各有各的广播，互相对骂，"人大三红"的开始曲是"解放台湾"；"新人大"的开始曲是《解放南方》。

这时，我的家庭发生了重大的变故，我父亲被打成了叛徒，我成了"狗崽子"。

还是在五公村时，天津大学的"红卫兵"带来了一条消息，他们说，查解放前的旧报纸，发现他们的校长高仰云是叛徒，他是在自首书上签了字出狱的，而且不是高仰云一个人，是一批，薄一波是其中之一。我听了以后，心里咯噔一下，我想到了我父亲。我听父亲讲过他坐牢的事情，他还带我们去过北京草岚子监狱旧址，他说："我当年就是在这里住了四年监狱。在狱中，我们学习马列主义，和敌人进行各种斗争，还坚持锻炼身体，决心'红旗出狱'。"我父亲还保存了一张狱中难友戴着脚镣做操的照片。我也听说过，他们是"组织营救出狱"和"用特殊手段出狱"这样的话。大概是1967年3月，毛主席在批阅农业部报送的廖鲁言的材料上批示："此次运动揪出了一批叛徒……。"从此全国掀起了抓叛徒的高潮。以后就把1936年经北方局营救、党中央批准的经过特殊方式出狱的这些人定为"61人叛徒集团"成员。

从五公村回学校后，有一次去食堂吃饭时，在食堂门口发现了一张大字报，上面写着"从狗洞里爬出来的大叛徒WCZ的爱女王太行，为了保她的叛徒老子，'文化大革命'一开始就打击、压制革命群众造反！……王太行是刘少奇的'黑修养'培养出来的修正主义黑苗子……"我一进食堂，就有人喊："打倒大叛徒WCZ！"我心里很沉重。回家问母亲："我爸爸到底是不是叛徒？"我妈妈毫不犹豫地说："你爸爸不是叛徒。他被叛徒出卖，关进邢台监狱，敌人对他严刑拷打，他至死不供。你爷爷奶奶花钱去赎他，他坚决不出狱，说：'不能红旗出狱，就把牢底坐穿！'他当时只是共青团的总支书记，却被敌人当作共产党的要犯，押解到北平军人反省分院（即草岚子监狱）。他在监狱党组织领导下，坚持对敌斗争，曾绝食七天七夜，和薄一波等12位难友被判了死刑，戴重镣。因国民党驻军和张学良的部队换防，死刑才未执行。他是在狱中由团转党的。他入狱和出狱的情况从来没有向组织上隐瞒，我相信你爸爸不是叛徒。我们要相信群众，相信党，问题总会搞清楚的。"我父亲的老秘书刘叔叔也对我说："你爸爸绝不是叛徒！"我从内心相信，我母亲和刘叔叔的话是真实的。我不相信我父亲会是叛徒，但是，毛主席、党中央给他们61个人定了性，而我又是坚信毛主席和党的，他们毕竟是在自首书上签了字啊！所以，我感到很困惑，底气不足。我想，我是一个共产党员，不管怎么说，父亲的事可以先放在一边，我要响应毛主席"你们要关心国家大事，将'无产阶级文化大革命'进行到底"的号召，跟着毛主席干革命。我又想到在深县农村调查时干部欺压老百姓的例子，说明毛主席发动"文化大革命"还是必要的、及时的。所以，我努力说服自己，不受父亲被打成叛徒的影响，继续积极参加"文化大革命"，自觉在革命实践中经受考验。我的观点倾向"新人大"，也跟他们在一起活动，但由于父亲的"问题"，当时并未从组织上批准我加入"新人大"。

1967年3月3日，"中央文革"成员戚本禹到我们学校做报告，促两派"大联合"，要求两派坐在一起整风，各自多做自我批评。学校开始整风。在我们班的整风会上，我主动检讨自己思想"右倾"，没有阶级斗争观念，把人都往好处想，因此压制了群众造反的积极性，起到了阻碍贯彻毛主席革命路线的作用，我诚恳地希望同学们帮我提高认识。我的检查还没做完,一个同学一拍桌子站了起来,指着我的鼻子说:"王太行,你不要避重就轻!最使你吃不下饭、睡不着觉的是你叛徒老子的问题!你为什么不作检查?!"我愣住了,血一下子涌上了头,我也本能地一拍桌子站起来说:"×××,我告诉你,我没有一顿吃不下饭,也没有一天睡不着觉,我天天高高兴兴地跟着党和毛主席干革命,你别想诬蔑我!"那个带头造系党总支专职书记反的团支部书记(也是我的入党介绍人)声色俱厉地对我说:"要是在战场上,我一枪毙了你!现在我勒令你摘下'红卫兵'袖章!你有什么资格当'红卫兵'?"我马上答:"我是父母所生,但我更是党的孩子,是根据地的老乡给的我性命!我对党的感情比对父母的感情还深,你想拆散我和党的感情,想让我摘下'红卫兵'袖章,从此不革命,没门!"更恶劣的是,他拿出 20 元钱——就是一年级暑假我妈妈给同学们的路费钱,说:"这是我借你的钱,现在还你!"我说:"去你的吧,我才不要你的臭钱呢!"就连长征队也有人批判我'右倾',说我应当和叛徒父亲划清界限。还有的人说我学雷锋、学英雄都是假的。我真是百思不得其解,这些人以前说我是"活雷锋","比金子还纯洁",仅仅一天之隔,知道我爸爸有问题了,就翻脸不认人,想把我打入十八层地狱,通过批判我,和我划清界限来显示自己革命。我感到不是他们不了解我,而是他们自己的灵魂中有肮脏的东西。这场大革命的确容易暴露人们的灵魂,让我看到真实的世界和人情冷暖。我认为这完全不是整风而是整人,毫无团结与联合的诚意,因此十分气愤,当即决定不再参加这样的"整风",我推开门就走了。

  正是在 1967 年 3 月,河北沧州地区发生地震,我和班里一起"长征"的两个同学和我小弟弟,还有别的班的两三个女同学一起去沧州抗震救灾。没有人组织我们去救灾,完全是自愿的行动。

  从灾区回来后,形势急转直下,在康生的指使下,我父亲的骨灰,从八宝山骨灰堂一室被清理出来。系里的"造反派"抄了我的东西,从我箱子里,把好朋友 CH 的日记也给抄走了。我又生气又委屈。回家后,找出我从初中以来的日记——记录了我 8 年(2900 多天)的生活、学习和思想,我青少年时代的点点滴滴——全部烧掉了,一边烧，一边哭，心里埋怨我父亲，"你为什么要在自首书上签字呢？现在说不清楚了，让我连干革命的资格都没有了……"我把我保存的几张爸爸的相片也烧掉了。当时，我的思想很矛盾，既不相信父亲是叛徒，又不敢怀疑毛主席和中央的结论是错的。因为我从小受的教育就是无限热爱党、忠于党，党和人民的利益是高于一切的，胜过自己的生命！我大学一年级做扁桃体手术的时候，忍住剧痛的动力是来自想到江姐在敌人酷刑下宁死不屈。我常常问自己，如果我像《红岩》中那些先烈一样，被敌人逮捕了，会不会投敌叛变？我坚信不会，我会像先烈们一样视死如归！同时，我也记得，当看到焦裕禄的报道时，我一点儿也没有感到惊奇，因为从我看到的、从母亲和叔叔阿姨们那里听到的，我的父亲就是这样的人。这样一心为公的人，难道会贪生怕死、叛变革命吗？！我困惑和矛盾的心情是难以描述的。我最终的选择是：如果父亲确实是自首分子，就和他划清界限，继续坚定不移地跟党走。但我期待着，中央还有与之不同的结论。可以这样说，在"文革"那个特定的年代里，当党和毛主席的决策与我的朴素认识和个人亲情相对立时，我采取的态度是，努力改造自己，压制内在的本性，宁可舍弃亲情，也要站在党的立场上，服从毛主席的革命路线。

也是在1967年3月，我的姥姥去世了。姥姥在解放战争后期，便从老家出来跟随我父母，照顾我和1946年底出生的弟弟。她患了肠癌，送哪个医院都不收。当时，因为杨尚昆被打倒，中央办公厅被全锅端出了中南海，集中在北京郊区办学习班。母亲进了学习班，两个星期才能回一次家。因为我父亲被打成了叛徒，家里的暖气被停了，屋里冷得像冰窖，姥姥躺在床上，疼得昼夜呼喊我母亲的名字，可家里连一片止痛药也找不着。串连回来的我，守在姥姥身边，只会掉泪，束手无策。这是我第一次看到，人在痛苦中无助地垂死挣扎，我的心也痛苦到了极点。姥姥叫了100天，终于停止了呼吸，我亲眼看到她死不瞑目。

1968年，社会上刮起了武斗风，我们学校有人大造舆论说："两派斗争的结果必然导致武斗！"我不同意这种观点，认为武斗没有必然性。在和平年代，在以工农子弟为主的人民大学校园里，怎么可能

不堪回首：中国人民大学校史管窥（1966-1970）

武斗起来呢？！当时，两派已经分开来住，"三红"的人住在学校的南侧，"新人大"的人住在学校的北侧。因为我不相信会发生武斗，仍然住在原来的宿舍（已经成为"三红"的地盘）。当年，美国刚刚发生了著名民权运动领袖和平主义人士马丁·路德·金遇刺的事件，有些人就说我也是没有阶级斗争观念的和平主义者，还送了一个"马路金"的绰号来讽刺我。后来，学校形势的发展果然大大出乎我的意料。先是两大派在各自的广播喇叭里天天激烈地对骂，然后发展到抓对方"有问题的人"毒打，再升级到两派互相扔石头，在楼顶上打弹弓。"三红"总部（教学大楼）和"新人大"总部（图书馆大楼）的玻璃窗全都被打了个稀巴烂，两楼之间的地上都是石头。这时，"三红"的人只能从学校的正门进出，"新人大"的人只能走学校的北门，如果走错了，就有被对方抓起来的危险。

人大的武斗继续升级。从扔石头的初级阶段，很快进入使用武器的高级阶段。有一天晚上，"新人大"的人正在校办工厂里制作长矛，"三红"武斗队的人偷袭进来，用长矛刺"新人大"的人，一位"新人大"的同学在毫无防备的情况下，被长矛戳到了脖子上，立刻血流如注，当场死亡。第二天"新人大"召开隆重的追悼会，追悼这位工人出身的中文系的党员。会上，大家哭成一片。当天中午吃炒菜花，吃完，我全吐了，此后好多年再也不吃菜花了。

"新人大"吃了亏，准备加强防备，在总部大楼前挖壕沟，拉铁丝网，不让"三红"的人冲到总部来。1968年5月22日，"新人大"正在修工事，突然"三红"的武斗队冲到工地上，手持长矛，见人就捅。有人听见，一个武斗队员一边用长矛戳新闻系一年级一个女生的屁股，一边说："看你以后还能生孩子！"新闻系另一个女生的鼻子也被长矛挑破了。一位农经系的女同学，在俯下身子救人时，被一根长矛从后背捅进，从前胸出来，她带着这根长矛，被"新人大"的人送到医院，很快就死了，她也是年青的共产党员。这次武斗中还有好几个人负重伤。

这几次打死人的武斗，对我刺激很大，我对"文革"中出现的许多怪事，都百思不得其解，只能归结为自己阶级斗争观念薄弱，没想到同学中也有这么坏、这么狠的人！

第七章 我们五届

　　武斗中连续死人，两派杀红了眼。武器也从长矛，升级到"真枪实弹"。学校里的工人都是"新人大"的，所以"新人大"就在校办工厂里试做枪、炮和手榴弹。有一次，我们系一个"新人大"的女同学，去北京郊区拉火药，她那天穿的是我新做的一套绿军装，结果路上出了事故，汽车撞到了大树上，火药爆炸，把她炸得浑身是伤，被送进了友谊医院，我们几个女同学轮流去医院照顾她，后来伤虽然养好了，但身上留下不少伤疤，心里更留下了抹不掉的阴影。

　　北京高校的武斗愈演愈烈，我们学校是用长矛捅死了人，听说清华等高校，用真枪实弹也打死了人……各高校已经处于完全无政府状态，谁也控制不了了。1968年7月，工人和解放军宣传队进入高校。宣传队的任务是制止武斗，整风、整党，搞"大联合"。我大弟弟是清华大学工程物理系的学生，他和我都是1965年8月入党。当时，"清华""北大"是样板单位，整党先行一步，我弟弟整党时转了正。我问他是怎么过关的？他把整党时写的材料给我看，讲的许多是违心的话。他说："不违心怎么办，中央已经给爸爸定了性！"我也借鉴弟弟的材料，在整党中做了检查。说：开始对"文革"不理解，思想"右倾"，对老师和同学的造反行动有压制；后来父亲出事了，认为同学们对我的批判很不公平，感到很委屈；现在中央给刘少奇和"61人叛徒集团"定了性，我也应该和父亲划清界限了。我是党的孩子，今后要紧跟党和毛主席干一辈子革命，等等。工、军宣队对我很好，他们认为我本质不错，是可以教育好的子女，我还算比较顺利地转为正式党员。

　　按正常学制，我们班应当1969年7月毕业，但在"文革"的特殊年代，我们依然待在学校里。人民大学从来没有复课，同学们在学校挖战备防空洞，去农村（苏家坨）整党，很多同学参加了北京修建地铁和建"东方红炼油厂"的劳动，我们班大部分同学则去了卢沟桥张百发的建筑工地干活。我整整当了半年灰土工，天天铲石头，有时还背水泥，往搅拌机里送，虽然感到腰酸背疼，早晨起来手肿得攥不住拳头，但能够锻炼自己吃苦耐劳的本领，和学到一些生产技能，心里还是挺高兴的。

　　在"文化大革命"中我也找到了自己的另一半SM——如今我们

已经携手走过了大半生。我们是同班同学，他是我大学一年级赞助同学回家路费的人之一，他从家里回来后，主动还钱给我，我坚决不要，他就买了一套《列宁选集》送给了我。"文革"前，我们不在一个学习组，很少来往。"文革"中，我俩观点一致，都是保守派。无论是串连，还是"长征"，抑或是去地震灾区救灾，他都和我在一起，渐渐熟悉、相知。在我父亲被打成"叛徒"后，班上只有少数几个人，还像过去那样热情诚恳地对待我，他是其中之一。虽然同岁，他却像大哥哥一样处处爱护我，保护我，使我很感动。因此。很自然地由志同道合的朋友发展为恋人的关系。SM 的父亲，是一名大连造船厂的老工人，母亲是家庭妇女，为了供他上大学，妹妹中断了学业去街道小厂参加工作，妈妈给人家看两个孩子。1968 年 6 月，我和系里两个同学及我小妹妹曾与他一起去大连，挤住在他家，天天到大海里游泳。SM 家虽然条件很差，睡的是大炕和木板临时搭建的床，用的是煤油灯，有一间屋还漏雨，但他母亲总是想尽办法给我们变着花样做好吃的。他父亲和妹妹也热情相待，我们彼此留下了相当好的印象。想不到几个月后，我们班一个同学到大连出差时，顺便去他家做客，在饭桌上对他父亲说："你的儿子，找了一个全国'最大叛徒'的女儿！"这个同学回校不久，SM 的家里发来了"母病危，速归"的电报，工宣队准了他的假。过了一周他回校了，我关切地问："你母亲的病怎么样了？"我看到了他脸上从未有过的痛苦表情，他竟然点着了一支烟抽起来，这也是他从未有过的举动。他艰难地对我叙述："我母亲根本就没病，……父亲不同意咱们建立恋爱关系，他认为我们家，祖祖辈辈是劳动人民，没有给我留下任何政治污点，我是他唯一的儿子，他不愿意找一个'叛徒'的女儿作儿媳妇。我中学的朋友也反对我和你确定关系，怕影响我一辈子的政治前程。他们对我不放心，所以把我叫回家。"我听后内心受到非常大的震动，就问："那你怎么办？"他说，给他父亲反复做工作，但是说不通，以至父亲说出："你如果不和她断绝关系，我们就脱离父子关系"的绝情话。SM 也向父亲最后表态说："你不同意我和太行结婚，我尊重你的意见，但是这辈子我结不结婚，和谁结婚，今后你们就管不着了！"他和父亲不欢而散，内心十分痛苦。我听后很伤心，既能理解他父亲的想法，又能理解他的感受。我明智而果断地说："你是个孝子，父母生了 10 个孩子，只养大了你和妹妹两个，我们决不能伤老人的心，一定要尊重他们。我们就不要结婚，以后永远做朋友吧！"这是继父亲被定为"叛徒"后命运对我的又一次打击与考验。我虽然很理智，能首先为别人着想，但感情上却很难接受这样的现实，不知流过多少眼泪。所幸的是，SM 一直对我很好，并没有因为父亲的反对而对我们的爱情发生动摇，我深知自己找对了人，能得到这份真挚的友谊和爱情，使我无比感动和珍惜。此事之前，我已经把和 SM 谈恋爱的事告诉母亲，她知道后高兴地说，"与工农子弟结合，能弥补干部子弟的不足，大有好处！"她见过几次 SM，印象很好，对我很放心。

1970 年 6 月，人民大学的最后两届学生（即 69 届和 70 届）毕业分配。清华和北大"两校"的这两届学生，已经在 3 月先期分配工作。我大弟弟这个清华工物系的高才生，因受父亲问题的牵连，完全被排斥在核工程物理专业之外，分到了辽宁本溪重型机械厂当翻砂工。这时，我们家已基本零散。大妹妹 1968 年（18 岁）夏去黑龙江生产建设兵团 853 农场劳动；母亲于 1969 年 1 月去了江西进贤中央办公厅"五七"干校。这年 3 月，17 岁的小弟弟和 15 岁的小妹妹一起去延安插队。在大弟弟离开北京之前，妈妈回来探亲，她对我们说："咱们都走了，房子不要了，交给公家吧！"于是，1970 年 3 月中旬以后，我们在北京就没有家了。剩下我一个人，平日住学校，周末就去老邻居谷奶奶（谷牧的母亲）家里。6 月中旬，我们学校的分配方案下来了，我们系有 10 个辽宁的名额。我想，SM 有可能分到辽宁，他是独子，父母年事已高，需要有人照顾。至于我自己，到哪里都行，一是母亲长期教育我们，党的需要就是个人的志愿，她是为党而培养我们的；二是身为"可教子女"，根本没有自己选择工作的余地。事情也巧，有两个被工宣队动员去新疆工作的同学（是男女朋友），强调有各种困难不愿意去，工宣队就去找 SM 谈："你是党员，能不能带头到边疆去？"他二话没说就答应了。工宣队知道我们俩的恋爱关系，就把我也分到了新疆。到边疆工作的同学，有 30 天的探亲假，我给妈妈写信说去新疆前，想到干校看看她。她来信支持我到边疆工作，说"3 月份不是刚见过面吗，不要那么多儿女情长了，快去新疆报到吧！"接到妈妈的信，我大哭一场，她还不知道 SM 的父亲不接受我，我已经成为无家可归的人……SM 先回家，再做父亲的工作，我住在谷奶奶家等候他的消息。在他的耐心说服和他妹妹的大力帮助下，终于做通了父亲的工作，我接到他的电报，立即启程赴大连。这一次与他全家的团聚，又伤心又高兴，伤心的是我们远走天边，今后不能时时孝敬辛劳了一辈子的年迈父母；高兴的是，SM 全家终于接纳了我，我们可以无后顾之忧地在边疆携手共进了。

我们这两届学生走了以后，听说是毛主席指示解散了人民大学，他认为文科大学的学生要在三大革命实践中学习，关在学校里学不到什么真正的知识。人大的干部和老师大部分去了干校，少部分分到北京其他高等院校。

回想在人民大学参加"文化大革命"的过程，和我的思想变化、行为表现，还是应验了那个规律，即：我自发的认识往往是正确的，一旦改变自己的认识，紧跟上面的指示，反而是错误的。"文革"一开始，我自发抵制，那是发自内心的朴素认知，是正确的；中期，我不断反省自己，批判自己，改造自己，甚至很不情愿地与父亲划清界限，当我跟上了毛主席的革命路线时，也正是我犯错误的时候。我不像一些干部子弟那样，看出"文革"的荒谬和错误时，按自己的意志办，退出"激烈"的"文革"，或当"逍遥派"，或冷静地思考和学习。我太投入了，太盲目地紧跟毛主席的战略部署走。因为党和毛主席在我心目中太崇高、太伟大了，高于我的父母，胜于我的生命。父亲的问题出来后，并没有影响我的革命积极性，总感到我是党的孩子，决不能因为自己和家庭受到冲击从此就消沉。出于对党的忠诚和对革命事业的责任感，我觉得逍遥是可耻的、是"逃兵"的行为。我母亲曾劝我："你不要去学校了，学校里搞武斗，很危险。"她还多次批评我："你这个孩子是我们家最偏激的，钻牛角尖，小资产阶级狂热性！"我不服气，反驳母亲说："你就没有门合的路线觉悟（门合是'文革'中宣扬的一个所谓有路线觉悟的干部）！毛主席说了，要在大风大浪中学习游泳。我是学政治的，你应当支持我在'文化大革命'的实践中学习和锻炼！"现在回想起来，母亲的批评一语中的，当时头脑太热，根本听不进去。与母亲的冷静和坚毅相比，我感到很惭愧。在我身上，确实有狂热和软弱的一面。母亲始终坚信我父亲不是叛徒，在那样险恶的条件下，她完整地保护了父亲的日记、笔记等材料，1969年1月，她是带着父亲的材料和姥姥的骨灰，去了江西进贤"中办五七干校"。我父亲的老秘书刘叔叔甘愿受牵连，挨批斗，一直坚持说我父亲是最好的人。他把我父亲的大照片，放在毛主席像的背后保存下来，还保存了父亲的大量工作笔记，和他写的回忆我父亲的文章《一颗红星》。而我，却烧了父亲的珍贵照片和自己的日记，犯下了不可饶恕的错误！这是我遗憾终生的一件事，我对不起父亲，也对不起母亲。在此后一生中的任何时候，每当回忆往事，我都不能原谅自己，内心很疼很疼。

2009年8月25日

（作者是国政系1964级届学生）

四、我要回母校道歉

许景禹

（一）紧跟形势，"宁左勿右"

我是1964年以高于北大清华的录取分数，从吉林省考入人民大学的。

新中国成立后，"反右倾"，抓"右派"，"反击右倾翻案风"……始终都是左比右好。

当时中国在国际上反帝反修，国内是学大寨、雷锋、王杰……

在高中时，亲眼看到被下放到母校的一些大学"右派"教工的艰难，到人大后又看到了全国著名大"右派"吴景超、葛佩琦等被打压，女学生林希翎还在监狱服刑的处境……更深受触动。所以立志要当个左派。

"文革"开始时，人大是围绕以保还是反校长郭影秋和校系领导而分成的两派。当时北京的"红卫兵"和后来的北大聂元梓、清华蒯大富等"五大领袖造反派"是得到毛主席支持的，我也要当"造反派"。

特别是"中央文革"的江青、戚本禹都公开说，人民大学的敌人就是孙泱、郭影秋、胡锡奎三个副校长。而"新人大公社"是"保郭"和校系领导的，已经成了执行"资产阶级反动路线"的保皇派。陈永贵也来人民大学题字支持"三红"。所以我选择加入了"人大三红"。

我在"三红"是人所共知的铁杆"造反派"。"左"到啥程度？甚至认为总部的二把手、比较温和稳重的刘庆库（现名刘梦溪）总是"右倾"，几次都想策动，要用我们系的董东庆取代他。

"左"是害人的。"极左"，更只会给人民造成危害。

（二）相信阶级斗争，阶级立场分明

那时专讲阶级，竟有十几次"路线斗争"，阶级斗争是最大的政治。

我本来最敬仰"三朝元老""中共四老"的人大首任校长吴玉章，还参加了他的告别追悼会。当知道吴老反对打倒刘少奇和郭影秋等，竟开始对吴老的"保守"反感，甚至还攻击其秘书王宗伯是个"大扒手"。

在"三红"一派的领导干部、校党委宣传部长朱真被"新人大"抓走后，我曾省下自己的饭票，给他的大女儿朱青鸟（现在美国定居）多次从食堂买最好的饭吃；后来朱真受刑招供"叛变"，我马上就与他们划清了界限。

许慧尔老师在学校大松树前被"三红"的人围殴抓走时，大声呼叫，他身强体壮，几个人都按不住，正巧我路过那里，只因为他是对立一面，就没让放了他，结果后来被打死了。

现在看来，把两派的斗争搞成了你死我活的阶级斗争，挑动群众斗群众，是绝对错误的。今后可千万决不能再乱搞阶级斗争，和什么两条路线、两条道路的斗争了。

（三）一不怕苦，二不怕死的精神

"一不怕苦，二不怕死"是那时最流行的毛主席语录。

我和"人大红卫兵"的组建者刘平凡，曾经用刀割破中指，写下血书，表决心要誓死忠于革命。

我在任"三红"总部宣传部负责人兼台长时，吃住在"东方红广播台"。白天工作一天，深夜还要到"人大三红总部"参加核心组会议，研究作战部署和宣传重点，常年的日夜连续作战，直到最终累病。

在两派斗争激烈时，我在东风 1 楼住处，写了一副对联激励自己和"人大三红"战士："生当忧患原应尔，死得成仁未足悲。"我虽然没参加武斗队，不能亲自上阵，但平时我总是身先士卒，冒着被抓的危险，手持长矛在人大校门口把守、宣传；起早亲自到城里贴大字报，到闹市卖《人大三红报》、发传单。

我曾和值班的女播音员李艳琴一起，手持扎枪，守卫广播台防止对手来攻打抢占。

"三红"每天派一人到林园楼顶上，和对手用大弹弓互射砖石。有一次，被击中的人几乎从5层楼高的人字房顶上滚下来，差点"英勇牺牲"。

江青说"人大三红"保大特务孙泱时，我敢冒险当面顶撞她说："'三红'是造反的、没保。"

为了能揪出大人物，使"三红"更有影响力，在没有任何材料时，"人大三红"冒险支持贴最有权势、最红的康生的大字报。

顺便指出，当年人大确实是"比北大清华校小神灵大，教工学生人少精英多"。例如"三红"的大字报全北京第一；"三红"广播台的大广播喇叭功能全市第一。我还曾为此自豪过。

实际上，在人民大学周围方圆十几里的居民，都被大广播喇叭昼夜不停地打派仗，严重干扰了睡眠和休息。

现在看来，这是何等的冲动、幼稚，甚至愚蠢啊。

（四）做了很多应该反思、检讨的事

1. 在不同观点辩论时，动手打了同班女同学孙晓兰，把她的衣服（那时候是很宝贵的）撕毁，致其痛哭。在本派同学毒打本班同学冯生雨时，虽因个人关系较好，没亲自动手，但也没有制止对他的伤害。

2. 批斗会时，我用脚狠踹当时和自己观点不同的系副主任、后来的人大校长黄达、辅导员李金轩老师等10多人。

3. 我参与了两派互相搞揪阶级敌人的竞赛，结果是新闻系教授蒋荫恩在被"三红"关押在南一楼15号，上吊自尽；法律系教授何思敬被"新人大"关押在北二楼，打成脑出血，死在积水潭医院（后来周总理批示查处）。

4. 大力宣传被"新人大"抓去、遭到残酷毒打也宁死不屈的

"三红"战士谭立清的事迹,给"三红"树立学习榜样,把不同意见者当成了敌我矛盾。

5.双方大喇叭激烈对骂,紧张气氛加剧升温。我甚至绕过编辑不用播音员,直播"可怜的哀鸣"和对手互相攻击。

6.极力宣传反动老保挑动武斗,深夜播红色暴力音乐"造反有理""不怕牺牲"……

1968年第一场大规模武斗,是夺取占领红楼。5月11日,"三红"突袭能制造武斗器械的校办工厂,语文系王锡中同学惨死;总部二把手刘庆库给广播台亲自写的评论稿;广播台仍然鼓励武斗。

5月22日的武斗升级,造成5名人大校友死亡。计统系陈荣祖、农经系廖金妹(和我个人关系较好)、杨大志当场被刺死。经济系沈士根(校舞蹈队成员)被长矛刺入大脑致其瘫痪后痛苦地死亡。

5月23日"新人大"开追悼会,对王锡中的父亲代表家属的发言,我竟表示强烈不满。现在看来,当时实在是让"革命"冲昏了头脑,完全缺乏同情心甚至已没了人性。

这次纪念80周年校庆,我要自费回母校向黄达校长和李金轩老师当面道歉。要向在"文革"中被我伤害的校工师生诚恳地说一声:"对不起!"

(作者是财贸系1964级学生)

五、我从"铁杆老保"到"武斗队长"

李德山

武斗

工宣队、军宣队是制止武斗进校的，那是中央派的。进去以后，他们就把两派的派头，特别是跟武斗有关的这些主要的头儿，都给集中起来办学习班。就是"人大三红"和"新人大公社"两派的派头儿，赵桂林、孔宪龙都在。到我这一级就是武斗队，"新人大"那边就是王凤林都参加了。我同王凤林当时还是一帮一、一对红。工宣队、军宣队进来，办学习班制止武斗，大家都在一起，就是消除隔阂，同时，也了解一些问题。

工宣队、军宣队进校的时候，已经打得很厉害了，升级了。从原来的冷兵器变成枪炮、手榴弹之类的热武器了。

学习班写资料都是背对背的。工宣队和军宣队是有目的的，他们想找谁就找谁，叫来谈话，集中起来以后，让你们互相之间消除隔阂，对立派之间结成一帮一、一对红。当时是我跟王凤林，因为他当时是那边的总指挥，我是这边的总指挥。那时候万德琦可能走了，原来是万德琦，后来可能就是王凤林了，我们那头儿认为是这样，但是他到底是不是，我们也不太清楚。

学习班当时集中住在人大的教学楼。这个过程现在回忆起来，内容也不是很多，就是为了制止武斗，缓和一下。每天学习，工宣队讲讲话，互相说说问题，说问题也不是当面说、不在会上公开地说。工宣队、军宣队觉得应该找谁了，就把谁叫走。也找我谈过，一个一个的谈过，谈过多少次。找我谈的有工人，也有军人。而且都是他们那儿的总负责人谈的。下边的战士啊、普通工人啊，跟我们都不怎么说什么。

问我的，反正都是跟武斗有关系的。工宣队、军宣队当时是怀疑，人民大学这个武斗队后面是有黑手，有部队的高级指挥人员参与、策划、训练、指挥，当时是这么传说的。好像"三红"的武斗背后就是杨、余、傅，就是这么传的。就是愣往上联，背后是杨、余、傅，所以训练有素，出去队伍都很整齐，战斗力很强。认为绝不是学生，绝不是人民大学内部的人做的。这个工宣队、军宣队的领导都找我谈过，直接说，你们背后有没有什么人参与？部队的，让我考虑。这个事儿，完全就是子虚乌有，纯粹是学生自己闹的。为什么"人大三红"的这个队伍训练有素呢？主要是，在这个大规模武斗之前，已经发生过好多次武斗。那个武斗都是比较低级的，用的棍棒、砖头、瓦片。在这种武斗的过程中，"新人大"曾经把教工楼、红楼围过，"人大三红"的去救过，都吃亏了，打得稀里哗啦。开始是"新人大"先占上风，当时指挥的人不知道是谁。最早他们的指挥是军人班的嘛，万德琦是军人班的，这个我们都知道。办班的时候，万德琦也应该在，具体情况，我都不太清楚。"新人大"把教工红楼给围了，这次"三红"这边教师、学生好多人受伤。

审查搞了有个把月。他们工宣队、军宣队的领导都问我，说有没有后台？谈话的时候，他们明确说，对于你，我们已经调查了，家庭出身没问题，你本人一贯表现不错。我父亲是钢厂工人。我当时不是党员，但我在搞"四清"的时候，已经写了入党申请书，支部已经讨论通过了，报到学校党委批的过程中，"文革"开始了。当时管组织工作的老师，在操场见了我，还跟我说了一下，没问题，就等着上面批了，批下来就是党员了。可是还没批呢，"文革"开始了，这事儿就吹了。后来，我又重新入的党。工宣队、军宣队当时就抓两个问题，一是交代出背后的黑手，再一个武斗几次打死人的凶手，一个黑手、一个凶手。说你没有问题，你也没有亲手打人，你也没有其他问题，但是你在这个位置上，你是总指挥。但是我始终跟他们说得很清楚，黑手这个事儿没有，事实上也没有，都是学生的事，杨、余、傅他们跟我们没关系。至于跟总部其他人，他们有什么我不知道，也没有外人帮着策划、帮着指挥，那一个一个的都是我训练的。我跟军宣队说，我为什么参加这个武斗队，其实我一开始一直是反对的，但是身在这一派的组织里面，这一派老吃亏，特别是有一次谭立清，原来是我们总部外联组的组长，他哥哥是个电工，死了，人家发电报来叫他去处理他哥哥的事情，他家也挺穷的，他就到财务处去领钱还是借钱去，这个过程中，他就走到这个图书馆楼旁边，就让"新人大"的人给抓进去了，一关就是多少日子。用里面是钢丝外面包着皮管，那么打。据说回来以后，外面看着没有伤，里面给打坏了。谭立清回来已经不省人事了。当时，我们都跑到那个总部大楼里面去看去了，外面看没有血。后来总部就想办法找人，送去解放军医院去了。后来治回来了，走路说话都不好了。所以这个事儿啊对我刺激挺大的。

我们这边也抓"新人大"的人，肖前、戴逸都是当时我带人抓的。只要在我手里，没有人敢打他们。我也没有打过他们。

后来我档案里塞了好多东西，都是这问题那问题，我当时没看。后来我在基层、在一个县委宣传部的时候，因为表现好，发展我入党。后来一调出来这么老多，那没办法，说你得接受调查。我专门到学校来，那时候工宣队、军宣队还在呢，七零年的时候，我找他们，跟他们谈，后来工宣队说，那我们把这些东西清出来吧。后来又打电话到那边，说把那些东西清出来，退出来。后来这样才入的党。

原来，我跟"新人大"的那些人是一个观点，"保郭"的。后来折腾来、折腾去，这过程很复杂的，"三红"的人把我就给拉过去了。拉过去当小兵，后来武斗的过程中，看着我有用了，就让我去给他们训练。一开始我也不愿意，后来不管怎么说，咱得自卫啊，咱们不能老挨打呀。

"5·22"那个事，完全是一个突发的事情。我当时是在现场，但是这个武斗的场面，你们可以想象，谁也看不清谁是谁，每个人都有面罩，而且盔甲都一样的。"新人大"没有戴面罩，但是我也弄不清谁是谁，混战。都是突发的事情。那个时候，谁都没有准备，"新人大"也没有准备，就是修工事的人，摩擦摩擦，就起来了。我当时知道这个事儿的时候，正在睡午觉，突然有人来叫我，说咱们的人叫人包围了。我当时出来一看，操场里"新人大"的一拨人围过来了。我们当时也就一二十人，都在修工事呢。那地方挨着"新人大"的工事比较近。我一看坏了，让人包了"饺子"了。我就说，赶紧回去叫人支援。跟我在总部一块儿驻守的人，每天我都训练他们的，精锐部队。但是，这个部队里的人，是从各个系里面抽出来的，只是交给我训练，而且装备都比较好，都是盔甲什么的，特别整齐。那时候，咱们学校有个武装部，武装部有刺杀盔甲，他们穿的都是那个盔甲，关节这些地方包得都好。后来工宣队、军宣队问过我多少次，为什么死的都是对方的，你们都没有死？我说谁在战场上都是想打别人、保护自己，我说你不能由此推断出来打人的都是坏学生、是故意的。他确实是因为装备好。盔甲里面，是书绑在身上，外面是铁皮；铁皮不厚，扎透了，里面是书也扎不透、扎不伤。这都是我一个个检查的。那时候，武装部有日本东洋刺刀，钢特别好，锐利得很，但是扎这个书本也扎不进去。

当时是一个学生发明的。他也没别的，只有书。我说你这个是发明创造，后来大家都这么弄了。外面是一层铁皮，铁皮是自己随便找的。正面的盔甲是武装部的，这个扎也扎不透，打也打不动。

所以，这个事儿啊完全是个巧合，是偶然的。我去叫他们出来，这个队伍就在总部，是最精锐的部队，他们平时训练的也多，武装特别整齐。当时"新人大"的人多，这边的人少，这边还有一个大沟，如果一退，全都得掉沟里。当时我特别着急，手里拿一个警报器，就摇这个警报器，摇的浑身都出汗了。这个时候，"新人大"有人开始喊了，"正规部队来了"！我回头一看，我们援兵来了，这下我心里就踏实了，但他们就乱了。我是拿警报器叫的他们，游泳池边上有个大槐树，我就在槐树底下，摇着警报器叫他们赶快来。因为很紧急了。我一摇警报器，当时谁也没听到过警报器的声音，警报器当时是起作用了。一响，"新人大"那边的人就都愣了，人心有点儿散了。

"5·22"这一次，传出去都是"新人大"的死了，"三红"的没有死人，但实际上，"三红"的人伤的也相当多，后来一个能装三四十人的中巴装了一车受伤的、护送的人。

后来工宣队、军宣队几次问我，我跟他讲，你要非得说死人偿命的话，你就把双方总部这些人，包括我，都抓起来问罪就是了。我不怕死，不怕承担责任，你要是认为这个事儿必须得找人偿命，就找这些人。前面那些不管是被打的，还是打人的那些人，是无辜的。

抓肖前

抓肖前，是因为当时戚本禹点了他的名。江青和王、关、戚原来是在一块的，后来又把王、关、戚给推出来了。肖前在"文革"前和关锋是好朋友，都是哲学界的，而且肖前是紧跟关锋的。肖前第一位夫人去世的时候，还是关锋又给他介绍了一个女的。肖前之前还在《红旗》杂志上发表一篇文章《让哲学从哲学家的课堂和书本里走出来》，那篇文章受到了周总理的表扬。那个内幕都是关锋透露给肖前的，那句话原本是毛主席讲过的。所以这篇文章正好迎合了主席的这个想法。肖前一下子火了，这是1963年以前的事情了。那时候，学校应届高中毕业生，在人民大会堂每年都有一个总理接见的机会。我们学校派了两个代表，我是其中一个。

当时我去了人民大会堂，见到了周总理，他表扬了人大的哲学系。所以，当时我高中毕业，第一志愿报考的就是人大哲学系。周总理表扬肖前写的文章，让大学生毕业了也要去火热的人民群众中。因此说，肖前跟关锋的关系很好。关锋他们要被江青抛出来的时候，就开始散布消息，肖前是跑不了的。当时我们就是知道了这个事情。

肖前是被戚本禹解放出来的，戚本禹到人大讲话，一个是解放他，另外一个是解放胡华。所以"新人大"就把肖前弄过去，当个副社长。"人大三红"就抓住了这个机会，要整垮对方组织，他们就想抓住肖前。肖前还不知道呢，那天，我突然得到孔宪龙的通知，要去抓肖前。我就把他弄到了总部去了。"新人大"知道把他们的副社长给抓走了，就开始围楼，围我们的办公楼。"新人大"在武斗的时候是很厉害的，所以，我们想办法把肖前给转移走，运到法律系的东风三楼待了一段时间。到了晚上，"新人大"的人越来越多，待在这里也很危险，就又想办法，和北京体育大学联系，从学校外面找了一辆卡车，开到了墙外面等着。我们把肖前用床单给裹起来，几个人抬着运了出来。我跟了出来，上了墙头，外面还有一个人接应，然后把他放在卡车上，运到了北京体育学院，放在游泳池的更衣室里。肖前是我的系主任，他当时挺可怜的，手也被捆住，整个人是懵住的。看见我，就把我拉住，暗示我，捆着他不舒服，让把他解开，我就帮他解开了。我和哲学系一年级的同学看着他,夜里两人轮流值班。肖前躺在椅子上,也没有被褥,什么都没有。等到了半夜,我们看着肖前也在那里睡觉,其实他毕竟是年龄大、有经验,等我和那个小伙子睡着了,他半夜偷偷跑了。并不是我有意识把他放了,只是我把他给松开了,这给他创造了条件。他踩着凳子顺着窗户爬了出去。墙的另一边是一个土坡,他个子也高,也方便下去。等到第二天,"人大三红"已经策划好了要批斗肖前,结果发现人已经跑了。由此,"人大三红"的人都认为我是把他放走的。但是,他们也没有证据说就是我放的。我自认失职,说当时困了,没有看住。那天晚上,他自己雇了一辆小三轮,又回到了人民大学。这样我也算解脱了,后来"三红"就表示对我还是信任的,还是让我继续看着他。在"三红"的总部,不论白黑,都有人过来,审问他和王、关、戚的关系。这次,感觉他整个人比较绝望,脸煞白,胡子也没刮,他老婆也对他不好。我在那里,看管他那么长时间,也没看见他爱人过来。原来他抽烟很厉害的,以后也没有人给他送烟。那时候我就给他烟,他有时候也会问我要。当时我给他打饭,给他烟。当时他很可怜,有老师来看他,扔下的烟头,他捡起来继续抽。凡是我看着他的时候,他没怎么遭过罪,顶多在被人讯问的时候,别人会骂他几句。后来总部又把他弄到专案组了。

抓戴逸

戴逸这件事与王、关、戚也有关系。王、关、戚倒台之后,戚本禹原来在哲学所搞过历史,他以前写过李秀成。李秀成是忠王不忠,后来李秀成还写过自白书,这个与毛主席对李秀成的看法也是一样的。毛主席也说,李秀成写的不是自白书,这事和瞿秋白很像。

那时候没有清史所,戴逸就是历史系教授,他原来也在学术界很有名,他和戚本禹在一起工作过。所以当时抓戴逸,没有其他的目的,和肖前不一样,抓他的目的是想通过他查出戚本禹的事情,对他本人并没有怎么样。

当时也是总部给我的任务,让我把他带过来。我是执行的人,就带人去了。敲门后,我们蜂拥而入找他,刘岩开的门,她是戴逸的老婆,也是我们哲学系的老师,我们俩很熟,都在西山农场搞"四清",她当时是党组织的成员,我写的入党申请书还是交给她的。刘岩说德山,你们要干什么?我说刘老师,您放心,我们就是调查一点问题,我保证怎么带出来的,就怎么给您还回来。他的女儿可不听这个,拿着擀面杖,就在我脑袋上敲了几下。总部当时给我交代的,也是说你们去的时候不要太过分,客气点。这个人是书生,我们的目的就是把他弄来,并不想伤害他。当时我们就直接把戴逸放进车里,带走了。

当时各派都有汽车,车是哪里弄得,我们也不太清楚。看管戴逸这件事交给了我,头一天也没有发生什么事情,就在教学楼一层一个教室里。我怕这事出问题,他跑了或者自杀了,我还专门跟他说,"你别害怕,就是想问你一些问题,关于戚本禹的事情。"我说,"我看着你,你别有什么想法,之后我还会把你送回去。"

我就和他一起睡觉,陪着他。他吃饭也是我给他打的,在这期间,最多一星期,大规模的武斗还未发生。天还是冷的,刘岩去看了他两三次。当时是法律系的人在门外站岗。进来告诉我,说门口有一个女的找你,我寻思谁找我啊?结果我出去看见了刘岩。我就招呼她进来,让她见到了戴逸,之后她就走了,临走时说,"以后我要是来,还去找你",她心里还是很感激我的。

保郭影秋

我对郭影秋一直都很有好感,因为人大武术队当时得到了郭影秋的重视。我是武术队的队长,加上郭影秋来人大的时间,和我来到人大上学的时间差不多,都是63年。我们入学第一次在文化广场开会,吴玉章介绍了郭影秋来人民大学,郭影秋坐在那里,吴老特意讲话。他说人民大学要增加一位新的校长,他是我问周恩来总理要过来的,他以前是南京大学的校长,周恩来打算把他调到国务院当秘书长,是我们党的得力干部。郭影秋讲话很干脆,这是我对他的第一次印象,很好。之后在上学的过程中,他把人大的校园面貌改的也比较大。他很重视文化和体育活动。他经常早上出来锻炼,他对学校的运动会也很重视。运动会上,他带头运动,走路围着大操场,跟着他走的还有教务长胡林昀。人大的体育队和武术队，都受到了他的重视。那时候大家吃的都不够，他还给运动员增加伙食，每人早上有鸡蛋吃。

关于保郭影秋的事，一个是"文革"前，我们对郭影秋的印象就不错。"文革"开始，他本身是领导文化革命，但是后来随着形势的发展反而烧到了他。"反郭"的人，把他从北京市委揪了出来，然后在哲学系（新饭厅）里进行批斗，我也参加了。但是觉得这样做，有些过分了。批斗的过程中，也没有指出他有什么问题，就是瞎问。后来我看到，有一些贴出来的大字报，也很牵强，所以当时我的思想就倾向于保他，认为不应该这么做。朱中仁也是保他，还弄了一个联络站。朱中仁好像也知道我是支持的观点。有一天，他找到了我，让我做一件特殊的事情，保护郭影秋的安全。具体的行动就是那天，他们又来斗郭影秋，后来"保郭"的这一派，就把郭影秋给保护走了，放在东风一楼去了。

当时在保护他的过程中，我起到了特殊的作用。因为这种闪躲和腾挪的功夫，谁也比不了我。我当时把反对他的人，一个个都给隔离了。这就给了保护他的人足够的空间，然后可以把他转移走了。我跟着保护他的人一起过去，把楼门也给堵上了。楼外吵吵嚷嚷，围了好多人，持续时间也很长，一直到了深夜，朱中仁他们就想办法把他们给支走了。时间持续了两三天。在这个过程中，也有南京大学的学生来看望他，毕竟郭影秋是他们曾经的校长。郭影秋和他们聊了聊，还询问了他们南京大学的情况。其中特别有一个女生，原来可能受过屈辱，郭校长可能处理过她的问题，她是很感激郭校长的。这些过程，当时我都看到了。通过这些，我就了解到，在南京大学时，郭校长也是做得很不错的，在同学中威信也树立得很好。朱中仁和市委取得了联系。当时，市委对郭校长也是保护的态度，朱中仁他们说郭影秋身体不好，在这里吃住也都不好，想去看病，然后以这个名义和市委联系，把他带到了北京饭店。北京饭店有一个里外间，我在外间，他在里间。他的伙食，有时是我帮他打。他在那里，也会给一些领导人写一些东西，然后想办法送出去。但是，他自己想要保留一份底稿，于是就让我给他抄写一份，他自己留下做备份，主要是说明人民大学的情况，和他在人民大学都做了哪些事情。

当时，在北京饭店，也只有我一个人盯着他。好像陶鲁笳、还有谁，也到那里去过。他们还去屋子里看过郭影秋。有一天，刚好我们要去吃饭，开电梯的一个小姐，悄悄告诉我们，说你们赶紧去找个地方吧，别在这里了，这里也乱了，因为也有好多干部住在这里，怕住不下去了。我把这个情况告诉了朱中仁，他们又去北京市委找了吴德、李雪峰，这些人就说，你们转移吧，但不能回学校去了。于是转移到了颐和园。颐和园中间有一个孤岛，那里只有一条路，从西门进来，孤岛里面有两栋楼，北面一座，东面一座，这两栋楼，是北京市委开秘密会议的地方。"文革"一闹起来，那里也不用了，有一个老头，和一个四十多岁的人在那里看着。当时，派了人大交通股的车给他送过去。当时好多司机也是保郭影秋的。这个地方，是北京市委给联系的，当时郭影秋还是北京市委书记嘛，不管后来被撤了还是怎么样，但总归在那里待过。我们在那里度过了一段时间。开始，是我在那里照顾他，我们各住一个房间，我在那里给他做饭，从外面给他买来食材。有时候也会和他家里人联系，让他老伴凌静准备一点东西。我还曾经用自行车，带着他老伴来看他。给他带烟和面，还有其他的生活用品。但是，我做的饭肯定满足不了他的生活要求，就从留学生食堂找了一个大师傅，也在这住了一段时间，我就没有什么事情了。采购加上做饭，都是大师傅的活儿。有时候我帮忙采购，做饭主要是他。在这段时间里，郭校长也会写点东西，我还是帮他抄写东西，闲的时候和他聊天。我也会向他询问一些问题，还会和他下棋，等等。在那里待了有个把月，时间不短。这段时间，不断有学生想去见他，和郭校长谈论一些事情。那些"8·18"保郭影秋的头头有时候也会过来。那时候，还说是郭影秋操纵人民大学"红卫兵"，什么"8·18红卫兵"怎么样。之后，有一天，他们说这里也住不了了。北京市委说，让郭影秋回学校接受群众批判。"8·18保守派"的组织也快要完了。形势越来越严峻，他们保护郭影秋的组织，就是朱中仁他们也招架不了了，他们也很快去串连了。就是说，还得让郭老回去。于是，我也跟着回到了学校，就回到了我们系。把郭校长送到了他家，他就算回去了，这就没事了。

之后，我也和系里的同学去串连了，学校的事情就不知道了。有一段时间，中央发社论，说复课闹革命，让大家回来。我们从长沙开始，到了韶山，然后去了瑞金，本来我们想去延安，但是从瑞金回来了。回来，发现"保郭"的组织已经分崩离析，学校里又成立了很多小组，"人大红卫兵"还在，而且力量越来越大，还有"红卫队"，"东方红"什么的组织。

我回来之后，保护郭影秋的组织全部解散了，都声明造反。我回来引起了"人大红卫兵"的关注，特别是我们班有一部分人造反，他们造反之后敦促我，让我跟着造反。我不愿意受他们的胁迫。后来，我就自己写了一个声明。那时候，留学生楼有一部分教工，他们跟我关系不错。留学生楼有一个师傅给郭影秋做过饭，我就去了他那里。后来"人大红卫兵"，也有老师跟我说，起来揭发吧。不然他们就要开始斗我了。我想，这也没啥，都是一些公开的秘密了，那说就说吧。他们就组织了会，我就成立了知情人战斗队，只有我和大师傅两个人。我就把保护郭影秋的过程写了下来，之后有不少评论，还有画漫画的，说资产阶级反动路线怎么了。我讲完了，这个事情就过去了。之后，形势又开始发展，到了"三结合"了，说革命干部应该勇敢站起来参加到革命队伍里。革命干部自己应该亮相，意思是检查一下过去自己的错误，卸下包袱，表个态，然后实行"三结合"。在这个过程里，我和徐永健走在了一起。徐永健也是不想参加"三红"和"新人大"，我俩一样。他是垮台的"8·18"组织的头，我是"保郭"的铁杆，后来我俩就走在了一块，之后我俩去了北五楼。那时候，没有人住，我们就在那里找了间房子，就转移到了那里。我们俩住一个房间，一人占了一个床，每天在那里讨论问题，说咱们怎么办，想成立什么组织。但是，弄什么啊？后来看了这个形势，不如明着不参加"新人大"，但是，暗地里，帮他们把郭影秋扶起来，徐永健也同意了。于是，我们先去找郭影秋谈话，郭影秋也同意，也在晚上来我们这边说说这些事。那段时间，两派都不管他了，他相对安静了，"反郭"的人也没有找他什么事情。实行"三结合"后，我们就觉得，在人大的干部里面，能够和群众站在一起，做点事情也只有郭影秋了。我和徐永健就考虑了这个问题，我就把这个意思告诉了郭影秋，郭影秋也没有反对。在这个过程里，戚本禹去了，之后点了一个孙、郭、胡三个敌人，让两派联合起来共同对付。他这样说完之后，我们这个事就不好实施了，因为他是代表"中央文革"去的，我和徐永健就把这件事给刹住了。但是，这个过程中，我们班"新人大"一部分人，他们知道我找郭影秋说过什么，可能是徐永健负责和赵桂林联系时，暗中把消息透露了出去。赵桂林讲话时说，有一部分人想给郭影秋翻案，我们班这伙人就把矛头对准了我。还给我贴了张大字报，让我必须老实交代。徐永健和我还贴了一张大字报，帮助双方整风。我俩觉得，我们是诚心诚意帮助赵桂林他们整风，哪里就暗示了，我们把郭影秋找出来，我们应该深刻检讨，我们话里有这个意思，外面的可能都不知道。但是，我们班的同学看了这个很敏感，他们好像看着我和徐永健把矛头对着赵桂林，然后他们就在上面批字，说你本人怎么怎么样。他这么一弄，"三红"的人看见了，就觉得这里有什么事，他们就找我，想让我交代问题。这样一弄，"三红"利用这个机会把我拉了过来。我们系里，"三红"的人也都找我谈话，说不行的话，你们赶紧找我们吧。主要是，这个时候所有人都有组织，你一个人孤零零的什么也干不了。我就禁不住这么一说，就跟"三红"走了。"三红"就组织了一个会，让我把这个事说清楚。我把事情如实说清楚，我说，当时认为郭影秋还是可以站出来的结合的干部，于是我就给他做了工作，"三红"就把我拉了过来，想让我说出"新人大"的问题。我也没有说什么。他们又去找了徐永健。他也比较正直，也没说什么东西，就说了我俩的事。从此之后，我和徐永健谁也没见谁，一直到现在。

（作者是哲学系 1963 年级学生）

六、青袍瘦骨不低头

——人民大学文革保郭纪事

徐东明

1966年的春夏之交

人民大学。1966年4月，北京西郊的柳树发芽了，绽出鹅黄的嫩叶。细长的枝条在春风下摇摆着，好似身段纤细的少女在翩翩起舞。温煦的微风吹拂在面上，分外清爽，我们脱下了棉衣，让身体享受春风的亲吻。仰首观天，天是湛蓝的，晴空万里。而那薄纱似的轻云，多么像纱巾一样铺在天上。风吹过来，纱巾飘去了。蓝的可爱的天空露出原来的面貌。一尘不染，洁白无瑕。

4月26日，学校的学习仍然气氛很浓。我们还在上外国文学史。老师给讲司汤达的《红与黑》。我是班里的学习委员，负责安排课程。我是新闻系二年级文字专业。入学两年，学了许多课程：新闻理论，新闻业务，写作基础，哲学，政治经济学，中国现代文学史，外国文学史，中国新闻史，外国新闻史，中共新闻史，外语（英语，俄语，日语）。进入三年级以后，我们就要进行新闻业务的实习实践了。

5月28日，我在日记中写道：

我感到一场大规模的疾风暴雨式的阶级斗争，就要来临了。山雨欲来风满楼。近来，《解放军报》《光明日报》等报纸，发表大量的工农兵文章，发表姚文元，戚本禹，林杰，关锋等人的批判文章，批判"三家村黑帮"及其后台老板。

6月1日，人民日报社论《横扫一切"牛鬼蛇神"》发表。

6月2日，北大聂元梓大字报出笼，指向校长陆平。

6月6日，中共中央公布《十六条》。

6月8日，经济系揪出系主任宋涛。校园贴满了大字报。新闻系开始斗争罗列（时任系主任——编者注），洪一龙（时任系总支书记——编者注），何梓华。

6月11日，人大语文系大字报出笼，揪出人大副校长，朱德前秘书孙泱。

郭影秋副校长兼党委书记，刚刚被任命为北京新市委文教书记。7月29日，被新闻系和法律系揪回人大批判。夜里三点，在新饭厅斗争郭影秋副校长。郭影秋同志戴着高帽子，举着黑旗，弯着腰，站在高台上。许多人高呼：打倒郭影秋！我当时想，开斗争会，这个方法不好，还没有证据证明郭校长是"黑帮"。但是，有人硬要把郭校长打倒，说他参与"二月兵变"。后来，经过查证，没有这回事。但是，"反郭"和"保郭"的斗争仍然在进行。

8月2日，人大举行郭影秋问题辩论会。中央领导人邓小平、陶铸、吴德、陶鲁笳、张经武等同志亲临现场，邓小平、陶铸讲了话。指出郭影秋与"二月兵变"无关，没有这个事。郭影秋不是"黑帮"分子，是人民内部矛盾。

8月4日，我系各班纷纷成立战斗小组。我班14人，在一起商议，决定成立"东方红战斗小组"。周泰安，徐东明，靳承翼当选组长。上午，系里选文化革命委员会成员和校文化革命委员会筹备会成员。下午，我到郭影秋同志住处，东风二楼228号，问了几个问题。靳承翼说，我昨天访问孙泱时，不很严肃，有些笑眯眯的。这样不好，对敌人怎么能那样"笑容可掬"呢？

我组的孙勇说，我与欧阳杰在一起走，恐怕影响不好。她是"黑帮"分子（指阳翰笙——编者注）的女儿，我与她接触，不斗争，不争取，一味团结，这是投降主义的表现，这是阶级观点不强的表现。

8月20日，再次举行郭影秋问题辩论会，陶铸、张经武出席。陶铸在讲话中，再次强调，郭影秋是人民内部矛盾。听了辩论各方的讲话，和陶铸同志的讲话，我认定郭校长是人民内部矛盾，双方不宜再争论了，要在《十六条》的基础上，团结对敌，把我校的"文化大革命"进行到底。

为了证明我的看法，需要做艰苦细致的调查工作。调查材料还要研究，去粗取精，去伪存真，得出科学的结论。

8月22日，人大"八一八毛泽东主义红卫兵"成立。我们"东方红小组"集体加入。

不久，周泰安筹备成立"首都红卫兵第二司令部"，并任筹委会主任，后来成为司令。

夜读郭影秋诗词

我对郭影秋副校长的印象很好。记得，刚刚上大学，听他做报告，有板有眼，条条是理，分析透彻。感受到他是一个党内有能力、有见识的教育家。后来，了解到，他有不凡的革命经历。

郭影秋（1909－1985年），又作郭映秋，原名玉昆，又名萃章，江苏铜山人。中国教育家。1928年肄业于无锡国学专修科；1932年毕业于江苏教育学院。1934年任江苏省沛县中学教务主任；1935年加入中国共产党，并在教务主任的身份掩护下从事中共地下工作。后投笔从戎，在微山湖一带发动组织抗日，任湖西军分区司令员。后分别担任冀鲁豫军区政治部主任、解放军十八军政治部主任等职。

1952年秋，郭影秋担任云南省政府副主席。当时云南省政府主席是陈赓，省委书记是宋任穷。半年之后，郭影秋被委任为省长，并任省委书记处书记。50年代中，党中央提出向科学文化进军，加强对高等学校的领导。社会上一些人则议论"共产党领导不了高校"，甚至有人公然要共产党"退出高校"。郭影秋主动向中央"请缨"，要求到教育部门工作。他从一个共产党人的责任心出发，"不相信共产党领导不了科学文化和教育事业，也不相信共产党人成不了业务上的内行。"1957年7月，当时的中央组织部长安子文找郭影秋谈话，转达了政治局的意见，决定调他担任南京大学校长兼党委书记。后来，周恩来总理曾对云南籍的辛亥革命老人李根源说："贵省的省长郭影秋，不愿当省长，自告奋勇到大学去"。

经过郭影秋同志同意，我以"八一八红卫兵"名义，到郭影秋家里看他的诗词，要从诗词中看，他是不是有什么问题，是不是"黑帮"分子。

郭影秋的家，在一片小松林后面，在树的掩映下，一处独门独户的院落。他的诗词是手抄本，放在书架上。我拿下来，逐页抄录。几天下来，抄录了许多。我回到自己在南一楼的新闻系宿舍，晚上仔细阅读郭影秋的诗词。

《懵懂集》（一九二五——一九三五年）

　　雪中竹，一九二五年冬

雪花如掌压重楼，竞艳群芳一旦休。
道是此君有劲节，青袍瘦骨不低头。

那时正是郭影秋的青年时代，他歌颂竹子在雪中的气概，在冰雪寒冷中不低头。这种气概是健康和应该鼓励的。看不出有什么问题。

　　吊北伐阵亡将士墓　一九二六年秋

木牌漫灭衡阳郡，雁过徐州不见君。
自古汨罗多奇气，时来大地起风云。

　　　（注：墓在徐州云龙山下。）

吊念北伐将士，是无可指责的。

　　皇藏峪（二首）　一九二七年夏

绿云如海石如船，海上神仙自往还。
人道此间可避乱，如何方丈赖归山。

有个老僧百十七，逢人辄话道光时，
鹤飞龟死空山冷，修得长生也觉痴。

　　（注：皇藏峪在萧县境，一名黄桑峪。皇藏峪僧中甚多，方丈冬苓，经常外出，宿妓不归。峪中有老僧年一百十七岁，尚健步如飞。写僧的诗，我不熟悉。但是，却也发现不了什么问题。能说这些是反革命诗吗？会不会是躲避国民党大屠杀？也未可知。）

懵懂集，可以算是郭影秋探索革命道路吧？
然后，就是参加革命后的诗，《学步集》（一九三六——一九四八）

狱中二首　一九三六年夏

忧时惯作不平鸣，心定何烦草木惊。
试把铁椎敲劲骨，铮铮犹今有金声。

连年提剑觅仇雠，身陷囹圄恨未休。
打掉门牙肚里咽，英雄宁死不低头。

郭影秋参加革命活动，被国民党逮捕，坐监狱。这是光荣的革命历史，不容否认。

徐州狱中寄凌静　一九三六年秋

细参后果与前因，得失由天意在人。
廿七新秋惊老大，十年浪迹走风尘。
强颜不洒穷途泪，抵死难忘一饭恩。
坐对铁窗惆怅久，西风吹雨又黄昏。

郭影秋的夫人，凌静，老革命，是郭影秋的革命伴侣。坐国民党的监狱，郭影秋是不是有悲观情绪？这只能是凭空想象了。没有证据。

湖西起义　一九三八年夏

芦沟烽火接平型，势已燎原匪地明。
虐极庸夫曾斩下，冠弱学子也称兵。
旗传义勇联苏鲁，军号人民薄死生。
风雨如磐勤结纲，看它来日锁长鲸。

（注：湖西，为微山湖以西，亦称苏鲁豫西，为抗日游击区。起义军全称为湖西区人民抗日义勇队。）

郭影秋参加起义队伍，并任司令员。这是光荣的革命历史，是我们应该肯定的，值得大书而特书的。

郭影秋在革命活动中，写下了大量的诗词，都是表达革命的思想情感和感受，哪里有什么问题呢？

我在日记中写道，我希望我校广大革命师生，能够领会陶铸同志的精神，双方在郭影秋同志的问题上，偃旗息鼓，以便能够把"文化大革命"进行到底。

"文革"走向歧途，武斗内斗，最后，学生被处理，老师下放干校，人大解散。

1968年后，全国形势更加混乱。因郭影秋分成两派的人大，非但没有偃旗息鼓，反而变本加厉，演变成武斗。许多学生，正是风华正茂，惨死在武斗中。

1968年5月，学校发生几次大规模武斗，语文系学生王锡中被刺身亡。还有农经系的女学生廖金妹等也惨遭杀害。经过武斗，大家开始反思，我们究竟是为了什么呢？难道这就是干革命吗？于是，许多人变得消沉，以致当逍遥派了。

后来，工宣队进校，搞"大联合"，斗批改，斗私批修，去农村，工厂劳动。但是，恢复"文革"以前的课程，是绝对不可能了。在学校耗到毕业。

1970年7月，新闻系毕业分配，大多数毕业生分配到农村，工厂，农场，边疆。

一场闹剧结束了。新闻系老师下江西"五七"干校。人民大学宣布解散。我们虚掷了数年的大好光阴。

"文革"结束后，人民大学复校。成坊吾任校长。郭影秋任副校长、党委第二书记。

2021年9月6日于美国博伊斯

（作者是新闻系1964级学生）

第八章 祭坛血泪

一、蒋荫恩教授之死

张宝林

一

1968年4月7日中午,我刚吃完饭回宿舍不久,忽听得窗外一片嘈杂,不知出了什么事,赶紧出去看个究竟。

新闻系宿舍在人民大学的南一楼。南字头的楼全用灰砖砌成,两层,好几栋,一模一样;后面几栋依次叫南二楼、南三楼……语文系、经济系、党史系的宿舍都在这里。这几栋楼离学校西门很近,南面紧挨着大操场。

小楼朴实无华,东西两头和中间有楼梯,每个楼梯下的斜角,都隔出一个小杂物间,放些笤帚、簸箕之类。靠南边有宽大的走廊,隔三四米一根柱子。一层的走廊高出地面一级台阶。二层走廊的外沿有半截隔墙,宽宽大大,中间还留着一排十字漏窗。

走廊的北边就是宿舍,一间挨一间,每间有一窗一门,从东向西连续编号,总共大约二十间。房间不小,放四张双层单人床还富裕,住八个人没问题,但是只安排五六个人,空铺放箱子。中间一人一桌,对着拼成一个大长桌。

我的舍友有杨义、王汉文、姜文斌、邬善康、李佳金。屋里冬天烧煤炉,夏天穿堂风,住着还是很舒服的。楼中间,有厕所和水泥盥洗池。池子半人高，一圈水管子。

我从1965年考进新闻系，已在这个小楼生活了近三年。可惜的是，从1966年6月革文化的命起，我们就不上课了，整天"斗批改"，瞎胡闹。我之所以这么详细地描述小楼的结构，是因为接下来要叙述的事，与这个楼的结构有重要关联。

我当时住在二楼东边，出门一看，走廊里已有不少人，而且东边的都往西边走。

"谁啊？谁啊？"有人问。

"蒋荫恩。"

我一听，知道大事不好，又有人出事了！

"文革"以后，"造反派"闹出了不少事。已有好几个老师自杀，包括当过朱德秘书的副校长孙泱。

我挤到西边，只见大家围在15号宿舍门口，从门缝里和窗户往里张望。可是，门窗里面都贴了白纸，什么也看不见。

互相打听，终于明白了是怎么回事。

原来，就在前几天，系里专案组找系副主任蒋荫恩谈话，说他的历史问题严重，还有人揭发他是"国际间谍"，要隔离审查。"文革"一开始，蒋老师已被打入另册，经常和系主任罗列、总支书记洪一龙、"反动学术权威"甘惜分、方汉奇等接受"红卫兵"的批斗。有时斗争校一级的领导，他们还得陪绑。

不过，那时候，批斗完了，还允许回家。这回，谈完话，就把他安排在这间空宿舍里，形同禁闭。

那天早上，没人注意他起没起床，中午才发现他半天没露面。专案组的人敲门，也无人应；这才急了。消息传开，系里系外，好多人都跑来了。

没人敢轻举妄动。忙乱一阵后，有人从门上气窗爬进去，开了门。我看见蒋荫恩老师挂在北边窗户的把手上，头歪着，身子还是站立的。人们把他放到地上。下午两点多，警察来了，拍了照。

蒋老师躺在冰冷的水泥地上。我大着胆子，进屋看了一眼。老师的脸色有点发黄；舌头堵在唇间，并没有吐出来，颜色已经发紫；眼睛微张，不肯瞑目。我心里一阵阵发紧。

这事该怎么办,好像都不知道,也没人管。蒋老师就这么在地上躺着。忘了是谁,在他脸上盖了一块白色的手帕。

二

这件事,顿时成了南一楼议论的焦点。我回到宿舍,发现屋里多了好几个外系同学。大家心情都很沉重。有个同学看得比较细,说蒋老师是把被单撕开,拧成绳子上吊的。有的同学说,人死不能复活,不管有多大罪过,也不该自杀,家人怎么办啊?!

我心里放不下,又出来看看这事究竟怎么了结。突然,一个家伙跑过来,嘴里嚷嚷着,大特务,反革命,死了拉倒!他手里拿着一根绳子,一下子就冲到屋里,把绳子套在蒋老师的脚踝上,打了个结,就使劲往外拉。

干吗?拉哪儿去?大家都很吃惊,但谁也不敢吱声。"牛鬼蛇神""国际间谍""畏罪自杀""死有余辜",这些都是现成的词儿,谁敢表示一点同情?

这家伙一边拉,一边继续骂骂咧咧。遗体本来头朝着门,他一拉,就转了个儿,变成脚朝门了。脚拉出来,腿拉出来,上身也拉出来;再拉,两只胳膊卡在门框上,拉不动了。只见这家伙一使劲,咔嚓一声,一只胳膊折了,整个身体也拉出来了。我真想骂一句"畜生"!但还是没敢。

遗体被拉到中间的楼梯口,这家伙犹豫了一下,自己先下了几级台阶,再一使劲,蒋老师随着被拽下楼。这时候,盖在脸上的那块手帕掉了,老师那颗清癯、瘦削的头颅,一颠一颠地磕在台阶上,头朝下被这个王八蛋拉到一楼。

我和几位同学跟着下了楼。蒋老师的衣服已经被拉得卷了起来,露出了肚子,断了的那只胳膊,夸张地张扬着、摇晃着,像是在抗议。蒋老师的身上、脸上全是土和划痕,头发披散着,也沾满了土,惨不忍睹。

谁知事情还没完。这家伙竟拉着尸首一路往操场方向走。他大概是要把蒋老师扔到操场去。

这时候，楼下已聚了不少同学。大家都看见了这悲惨的一幕。一个堂堂的大学教授，生前挂黑牌，戴高帽，低头弯腰，游街示众，受尽侮辱，死后遗体还要被丧尽天良的狂徒如此作践，天理何在啊！

我心里正骂着，王八蛋又转回来，把遗体放在楼前，绳子一扔，走了。

蒋老师的遗体，后来被暂时塞在东边楼梯角落那间装扫帚、簸箕的小屋里。我似乎记得方汉奇老师也帮助抬过尸体。那间小屋，归方老师分管，因为扫帚、簸箕都是他的"部属"，几间厕所也是他精心照管的领地。过了好长时间，他家里才来人，把尸体运走。

这个罪恶的场面刻骨铭心。49年过去了，只要回忆起这件事，一幕幕恍如昨日。我也不会忘记那个丧心病狂的家伙。但是，非常奇怪，我十分清晰地记得他那些暴虐、粗鲁的动作，但却回忆不起这个家伙究竟是谁，脑海里是脖子以下清晰、脖子以上模糊的怪物。

可以肯定的是，这个人是系里某个年级"造反派"的一个小头头。那几年，这样的人随处可见，头脑简单、四肢发达，口号喊得最响、打人出手最重。

是什么样的魔障进入他的心灵，让他做出如此疯狂的举动？是什么样的"信仰"扭曲了他的理智，让他成为撒旦而不自知？他一定觉得自己特别勇敢、特别正义，是最最纯粹的"革命战士"，正在以实际行动捍卫心中那轮最红最红的红太阳吧！

不知道这段历史后来有没有得到清理，也不知这个"造反派"小头头有没有受到惩处。

三

我们这届70届学生，是"文革"前最后一届，1965年入学，只念了一年书。我们上面最高的是66届，随后的67届没有招生，下面是68届和69届。我和系里的很多老师都不熟悉，因为没有机会上他们的课。但蒋荫恩老师，我还算熟。

1965年夏天，我刚入学没几天，突然有位戴眼镜的老师到我的宿舍，一进门就问，哪位学生叫张宝林啊？他一口江浙口音，我听着很亲切，因为我是上海考来的。

但是，他怎么会认识我呢？我问他。他说，我叫蒋荫恩，蒋介石的蒋，树荫的荫，恩情的恩。我看过你的试卷，你的字写得很漂亮，小时候练过吧？我喜欢写毛笔字，练过几年，还参加过上海青年宫举办的青少年书法训练班，这些，我都告诉他了。

他对着我和其他几个同学说，把字写好很重要。现在人们不太重视书法，其实这是中国的国宝，要多练。他还说自己也是书法爱好者，以后多交流。

这是我第一次见蒋老师，当时还不知道他是我们系的副主任。他平易近人，一点架子也没有，给我的印象很深。后来，我见到的蒋老师，总是衣着得体，举止端严，说话不紧不慢，有一种贵族气质。

"文革"中，哪怕是上台挨斗，他也不卑不亢，我从未见过他颓唐的样子。也许，正是这种高雅的气度、洁身自好的秉性，才让他就毅然决然拒绝更加屈辱的"隔离"待遇，宁为玉碎，不作瓦全。

我后来才知道，蒋老师其实大名鼎鼎。

蒋老师生于1910年，浙江慈溪人。早年就读于北平燕京大学新闻系，1935年毕业后，因成绩优秀留校任教。1936年初到天津《大公报》任编辑，后来还到《大美早报》《大公报》桂林版当过编辑和编辑主任。1942年起，投身新闻教育事业，先后担任燕京大学新闻系主任、副教授。

1948年，蒋荫恩赴美国密苏里大学新闻学院从事研究一年。1949年10月回国，担任燕京大学新闻系系主任、教授。1952年院系调整，蒋荫恩先后出任北京大学总务长、校办主任，兼中文系教授。1958年，北大中文系新闻专业并入人民大学新闻系，他任系副主任、教授。

蒋老师年轻时是名记者，撰写并翻译过大量新闻、通讯、评论。他还得到过中国报业的宗师张季鸾先生的亲传。他到天津《大公报》工作的第一天，张季鸾就把他叫到办公室，对他说，办报是吃力不讨好的事，没有信仰和热情，断不能成功。

他回忆上大学时见张季鸾的情景："百十个青年围坐在燕京大学临湖轩的大厅上，除掉阳光透过树叶射到地板上的一点闪烁外，空气静肃得几乎听到各人的呼吸，大家似乎在等待什么。忽然，门'呀'的一声，走进一个人，矮小、瘦弱，不使人感觉什么。坐下了，开口了，可不同哪，健谈、渊博、诚恳，而且精神焕发，态度闲逸。五十几分钟的话，大家听完了还想听。可是，门'呀'的一声，这位矮小、瘦弱的人，又走出去了。这是我第一次看见张季鸾先生。从此，他的神逸、潇洒的风度，精邃风趣的谈话，就深深地刻画在我印象上了。"

一个成功的报人，为了培养后进，毅然投身新闻教育事业；除了行政管理工作，他教过新闻理论、报纸编辑、新闻采访与写作、广告学等许多课程，可谓新闻领域的全才。他培养的学生，许多成为名编辑、名记者。可是，在新闻系，蒋老师却从不张扬，许多学生甚至不知他这段历史。

"文革"后，蒋老师获得平反。他的名字列入《中国大百科全书·新闻出版卷》。中国新闻界、中国人民大学、中国新闻事业的后继者，不会忘记这位先驱，不会忘记这位殉道者。

2017年2月18日

（作者是新闻系1965级学生）

二、关于许惠尔被打死的情况

高 放

许惠尔不是中国人民大学的教师，他是中国人民大学编译室的翻译，是做翻译工作的。当时主要是翻译各种俄文资料。这个人身体很壮。当时，（学校）来了很多苏联专家，苏联专家讲课需要翻译。另外他们有很多著作，都是编译室的人把它译为中文，我们再出版。我跟他也不在一个单位，但是认识他，那时候我住西郊，他也在西郊住。

"文化大革命"开始以后，大家很难看到各种小报。他很热心，他到清华、北大、北航、地质学院采购各个单位自己出的小报。小报揭露"文化大革命"当中各单位的各个问题。他到各个单位采购，采购完，回来在人大校园推销这些小报。我看他的目的不是为了赚钱。我记得我也买过，一份三分钱、五分钱左右，一般没有超过一毛钱的。为了帮助大家选择内容，看看自己买不买，他就拿好几根绳子，在两棵树之间系个绳子，然后就把小报作为样本挂着，让你看看内容。想买就花三、五分钱买一份；不想买可以不买，我也买过一些。

我看他的目的，还是参加"文化大革命"。让很多学校的信息，大家花一两毛钱，不必再坐车或者骑车到别的学校买了，在校内就可以买得到，不是赚钱的目的。我可以证明这一点，因为并没有把价格抬得很高。后来过不久，他消失了，就听说他被打死了。怎么打死的、谁打死的都不晓得。

当时编译室倒是出了一件事情，可能是不是跟他有关联，编译室曾经奉上面哪个机构，什么人，要编译室去编有关斯大林的材料。"文化大革命"来了，就有人揭发编译室是大反斯大林。问题是还要追究编译室，接受的是谁的指示和命令，有背景吗？谁叫你这么做？斯大林是伟大的领袖，他虽然有错误，可你专门收集他的材料，你的意图何在？当时我记得有这么一件事情，这个事情可能他也参与翻译了，认为与他有关。另外是不是因为他也参加了某一派，另一派就把你视为眼中钉。你自己又有一个"右派"的帽子。许惠尔是摘帽右派，"文革"当中有极左思想，说你虽然摘了帽了，但你仍然还是"右派"，就叫"摘帽右派"。

我们系有个教授叫黄少力，他是1958年才划成"右派"。为什么1958年才划？就是因为北京市委发现，人民大学"右派"划得太少，比例不够，没有达到1.5%。所以，人民大学在1958年秋后又补划一批"右派"，去凑1.5%的数。我们系就把黄少力老同志划成"右派"了。但他始终不承认自己是"右派"，所以就不能说黄少力是"摘帽右派"。

黄少力是顽固不化的"右派"，因为他不承认自己是"右派"。领导说你不承认，也还是要把你当"右派"处理。怎么处理呢？给你工资降三级，工作原来是教师，不能当教师了，就在资料室编资料。

后来到1970年，我们都下放劳动了。下放劳动以前，军宣队、工宣队找黄少力谈话。说你是1936年参加红军的老革命。这么老的同志了，你不承认"右派"，你使党下不了台啊。党给你定的"右派"，你不承认"右派"，你是跟党对抗啊。现在你承认了是"右派"，我们马上给你摘帽，不用经过考验再给你摘帽。因为到1970年了，1956年到1970年过了14年了，你承认你是"右派"，马上就摘帽。

这个事挺有意思。我们教工就开了一个大会，要他做个检查就宣布给他摘帽。他说："我不是'右派'，是军宣队、工宣队给我说的，我承认是'右派'，就算我听党的话了，就给我摘帽。"他说："那我就听军宣队、工宣队的吧。我不跟党对抗，听党的话。党说我'右派'，我就是'右派'，其实我不是'右派'。"

最后他就过关了，给他摘帽了。大家找一个台阶下吧：你承认了马上就给你摘帽，你不承认没法给你摘。党不可能承认党有错误啊，党都是对的啊。你看，有这样滑稽的事情。然后，他跟我们一起就下放劳动去了。

他1936年参加红军。他心态好，能想开，也不记恨，1979年"右派"都改了，都划错了，他也不记恨。他已经是五十七八岁的人了，

第八章 祭坛血泪

他还想念个博士学位。他1936年高中毕业，本来考上燕京大学了，结果自己非要参加革命，放弃了燕京大学上学的机会，跑到游击区、河北的灵寿县参加了红军。但是参加红军不久，就不让他干了。那时候日本人已经占领了北平，他是北平人，可能解放区生活比较艰苦，他托家里人给他带一点什么东西，或者是穿的、吃的比其他人好，结果领导就怀疑他通敌，就不让他当红军了。让他在两项工作当中选择一项，一个是马夫，一个是伙夫。他选择的马夫，伙夫还是辛苦嘛。到1938年，改了名称叫炊事员或饲养员，1936年就是叫伙夫、马夫。后来成立了八路军以后，人员要平等，说不叫伙夫、不叫马夫了，改个称号；伙夫改为炊事员，马夫就改为饲养员。都是员，司令叫司令员，革命队伍里头一律平等，都是员工。

他给我们讲过这个历史。他还有枪伤，他当八路军的时候的枪伤，所以他还是三级残废军人。1950年以后，才到人民大学。我记得抗美援朝的时候，我们一些老革命诉苦，说过去受日本人迫害。他诉苦，说他是三级残废军人，身体里还有一颗子弹。

一直到抗日战争胜利了，共产党解放了北平，了解清楚了他没有通敌行为，1946年，他参加了共产党。入党以后，组织上相信他了，就派他回北平做地下工作。北平解放以后，地下党把他送到人民大学来学习，送到我们教研室。那时候我们教员很缺，一看资历这么老，1936年就参加红军，后来又是八路军干部，又受过枪伤，自己也肯学习，所以马上就把他留下来了。学习不到半年，就当教员了，跟我们在一起。他是一个传奇人物，他从来没有承认过自己是"右派"。

据我了解，许惠尔也是参加某一派的活动，另外一派人就特别恨他，所以把他抓去。人民大学有好几个例子，朱真也是一个例子。朱真写的东西我看过，他错在什么？他错在就是参加了"三红"，因为他爱人是"人大三红"，他参加了"三红"。他参加"三红"，"新人大"这边就特别恨他，朱真参加"三红"，还参加一些活动。你要什么活动都不参加，"新人大"的人也不一定把你当作目标，目标不一定对着你，你就是一个普通人。他参加一些活动，那"新人大"的人就对准了你。

我们系还有一个人也受罪，是普通的资料员，叫张心绪。张心绪这个人，也冤枉了一辈子。怎么冤枉了一辈子？他1950年是人民大学的学生，学习比较优秀，把他选拔为逻辑学的研究生，学逻辑，这是1951年的事情了。结果1951年夏天，第一次审干的时候，他自己也糊里糊涂的，就交代说，他中学的时候参加过"三青团"，别人就问当过什么职务吧，他也糊里糊涂，可能讲当了一个分队长。

他自己以为说了没有什么，但这可不得了喽，"三青团"的分队长，算上骨干了。所以1951年整风，马上就把他从研究生调到资料室当资料员。这个人有重大历史问题，你将来不能够当逻辑学的教员。他也不错，埋头骨干，没有什么怨恨。给他调动，他自己心里明白，组织上也没给他说，他也不是党员；也没给他说，因为你有历史问题，就说现在资料工作很重要，缺个资料员，你做吧。

结果，"文化大革命"他参加"新人大"，参加"新人大"又很积极活动，去贴"大字报"什么的，结果"三红"这边就恨死他了。别人没有什么目标啊，就知道他是"三青团"的骨干，就抓住这个目标，把他抓去跟朱真一样，把他关起来毒打半天。

最有意思的是，经过"文化大革命"重新审查，他根本没有参加过"三青团"。都说他是"三青团"分队长什么的，他自己交代的嘛，就相信了。后来他自己说，"我也不知道，当时组织上问我你参加过什么没有，我们学校有'三青团'，我就说大概参加过吧；问我当时什么职务，我说当时可能当过分队长，就这样。"

后来重新查，去调查他的一些老朋友，查清楚他根本没有参加过"三青团"。你看，冤枉了一辈子。到了人大复校以后，他因为在资料室干了一辈子，就给他当个资料室副主任什么的，后来调到出版社当一个编辑室主任，退下来了。现在还健在，比我还大两岁。

（作者是国际政治系教授）

三、被"王光美专案组"审讯至死的杨承祚

叶永烈

王光美的母校辅仁大学，原本是意大利罗马教廷在中国开办的辅仁社，建校于 1925 年。辅仁社是大学预科，后来改为辅仁大学，开设文、理、教育三院。

1949 年，中国人民解放军高射炮部队驻扎在北平庆王府，对面便是辅仁大学。那时，辅仁大学里确实有特务，他们发出的关于高炮部队的情报被截获了。

辅仁大学在 1950 年被接管，不久并入其他学校。这所在北京一度颇有名气的大学，也就逐渐被人淡忘，以致后来已很少有人知道辅仁大学。

审查王光美，使辅仁大学一下子变成了"热点"。1967 年 7 月 15 日，中国人民大学教授杨承祚和妻子袁绍英突然遭到拘捕，其原因是杨承祚原是辅仁大学教授，跟王光美有点瓜葛。

拘捕杨承祚夫妇是"先斩后奏"的。拘捕之后，"王光美专案组"于 1967 年 7 月 18 日向戚本禹、江青递交了报告。

戚本禹在 7 月 19 日批："此事重要，应送江青同志批准执行。"

同日，江青批："照办。"同日，戚本禹又批："立即执行。"

于是，杨承祚夫妇成了重要案犯，受到"王光美专案组"的反复审问。

杨承祚夫妇是怎么忽地遭捕？内中的瓜葛，不过是如此而已：王光美在辅仁大学读书时，跟杨承祚妻子袁绍英的妹妹熟悉，也就常去杨家。袁绍英的弟弟袁绍文，在美国从事航空工业研究。在"王光美专案组"的眼里，这是极为重要的一条线索，因为航空工业即"军工工业"；在美国从事"军工"研究那就很可能是"美国特务"。倘若袁绍文是"美国特务"，杨承祚夫妇理所当然也可能是"美国特务"。王光美常去杨家，可能是前去"交换情报"，加入了"美国特务组织"！

何况，在辅仁大学发生过特务情报案。

依据这般荒唐的推理，杨承祚夫妇成了"要犯"！

杨承祚教授患有心脏病、动脉硬化等多种疾病。入狱后，日夜受到折磨。后来，在审判江青时，特别法庭曾出示原"王光美专案组"工作人员周耀澄于1967年12月16日听中央专案组华蕴山传达江青指示的原始笔记："江青同志对我们管的三个犯人都作了指示。杨承祚问题，我们提到做脑血流图，江青同志不让。江青同志讲，一方面要治疗，一方面要突击审讯，把我们要的东西，在杨死前搞出来。江青同志讲，杨是重要案犯，一定要抓紧，一定要加强，要突出重点。"

周耀澄1980年12月5日出庭作证，说了以下证词："通过审查杨承祚、袁绍英，来证实王光美同志所谓的'美国特务'问题，是为了说明美国战略情报局特务打入我们党中央，与刘少奇同志结合，很明显是为了打倒刘少奇同志服务的。原中央专案组的华蕴山传达江青的所谓指示，我当时作了记录，这个记录本我已经提供法庭作为证据。"

"王光美专案组"逼着杨承祚承认自己是"美国特务"，接着，再承认王光美是"美国特务"。1967年9月7日，"王光美专案组"给谢富治、江青的报告中写道："遵示，我们加强了对王光美特务问题的审查工作，昨天对美特杨承祚进行突击审讯。杨犯进一步交代了王光美与美国战略情报局的情报关系。"

江青看了报告，批道："富治同志：请提醒专案的同志，杨承祚可能不单纯是一个'美国特务'，应多想想，再进行调查研究。"

江青"启发"专案组"多想想"，杨承祚还可能是"日本特务""国民党特务"！照此推理，王光美也可能是"三料特务"——"美、日、蒋特务！"

杨承祚经受不了百般折磨，终于死于狱中。中国人民解放军总医院1970年2月3日的《关于杨承祚死亡报告》中写道："杨承祚病情时好时坏。1970年1月19日突然发生急性心肌梗死，心力衰竭及酸中毒加重，合并肺部感染，经多方抢救治疗，心力衰竭仍未能控制，于1970年2月3日8时03分死亡。"

（作者是科普文学、报告文学作家。本文摘自《江青传》第十八章）

四、阚玉瑶之死

陆伟国

疯狂迫害的恶浪还殃及到了普通教师和他们的亲属。我的俄语老师阚玉瑶，1966年9月7日在宿舍上吊自杀，那天正是周恩来在人民大学开"红卫兵"大会的日子。

尽管在那个"我哭豺狼笑"的血腥日子里，有那么多的人死去了，就像最高指示讲的："死人的事情是经常发生的。"但是当我们听到阚老师的噩耗时，依然感到非常突然、非常震惊，事先完全没有想到。因为阚老师只是一个普通教师，和政治按说没有什么牵扯，更没有卷入到某些斗争里，平常对我们学生很友好很和善，怎么就是这样也还是被恶浪所吞噬。我们的心里无法接受。好像前面有那么多的"黑五类""走资派"在被批斗、被残杀，怎么在身边、在身后也有人倒在血泊中，那种震颤、那种愕然，甚至超过了悲伤。

阚老师是位优秀的教师，教学很认真很负责，对同学很和蔼很友善。那时中学的外语教学条件很有限，尤其是从农村来的，就更不行。而且那时外语成绩不计入高考总分，所以我们大多数同学，包括我，外语基础都不好，学得都挺费劲。阚老师不厌其烦，从字母发音开始，很耐心地教我们。俄语里有个卷舌音，几个偏远地区来的同学就是学不会，那个怪声音，教室里常常哄堂大笑，阚老师也是很友善地和我们一起笑，而后还是一遍遍地认真纠正。所以当噩耗传来的时候，我们都震惊了。尽管已经是血雨腥风，已经是惨剧连连，也想不到这样的正值中年的好老师，怎么就那样地结束了生命。那壮实的身材、和蔼的笑容、那典型的有磁性的男性音色，就这样永远地消失了，悲惨地消失在恐怖的血色中。也正是这些无辜者的鲜血和生命，使我更快地更深刻地认识了那时的社会状况，更快地更深刻地认识了革命旗号下的"文化大革命"。

不堪回首：中国人民大学校史管窥（1966-1970）

阚老师的死因，有点不一样。因为他没有什么"罪行"。不过那时没有罪行也可以有罪名，而且妄加罪名到了不讲任何道理的地步。只要是学俄语的，那就是"修正主义苗子"。至于像阚老师这样教俄语的，更是不得了了，罪名就更重了，被叫作"苏修特务"。还有一点是，在与阚老师关系比较近的人里，有个叫姚中原，前面提到过他，因为较早贴了大字报，被拉出来批斗了，于是又有人也就此贴了阚老师的大字报。阚老师平常就是个谨慎的人，这使他非常紧张、思想压力很大。那几天，他没言没语，回到宿舍，就躺在床上，不吃不喝。他看到外面那些批斗的场面，戴高帽，挂黑牌，拴铁链，倒上墨水，罚跪罚爬，被打得皮开肉绽还要说"我有罪、我有罪"。阚老师对陪在他身边的母亲说，叫这些人以后怎么活呀。对"左"倾灾难的恐惧终于压垮了他。他害怕社会上越来越残酷而看不到头的打击终将会落到他的头上。在他母亲离开后的第三天，他就撒手人寰，在绝望中自尽身亡。

其实，阚老师有个很革命的家庭。他的妻子是林彪的侄女、张浩（林育英）的女儿——林莉。阚老师死后，他妻子怕牵连到子女，忍着心中的血泪不敢去领回他的遗物。就是这样，事情也没有半点的好转。他的岳母徐克峻为照顾他妻子赶来北京，横遭"造反派"的批斗。到北京仅一年多，1968年9月，这位倔强的老人为抗拒街道上"造反派"的批斗审查，以死相拼，也自杀身亡（也有说是被打重伤致死），倒在北京街头的水沟里。这位不幸的老人，却是位革命的老人。她是云南地区早期共产党员；1934年赴苏；1936年就被斯大林政权押至西伯利亚劳改伐木，长达八年，后因身患重病改去纱厂劳动。新中国成立后，经蔡畅等人出面，才于1951年回国。谁知最终的结局竟是如此的不堪、如此的不公。林莉自己在林彪事件后也无辜受到审查。她虽说是林彪的侄女，其实相互并没有多少往来。后来她也不幸早早离世。阚老师最后竟然也没能留下骨灰，现在哈尔滨与妻子林莉合葬墓里的是他的一块欧米茄金壳手表和一套他自己未曾穿过的送给了弟弟的中山装。

阚老师的外孙女吴金梓女士看到了这一段，和笔者取得了联系。她说，她没见过她外公，她第一次看到了有关她外公的记叙，很感谢这段文字。她还补充了她家庭的一些情况。这份回忆录在出版和网上连载之后,有一些当事人和知情者与笔者联系,除了对回忆录表示肯定,也补充了不少有价值的资料。本人在此一并深表感谢。(主要参见:《蒙化早期第一位女共产党员》,李连海,《大理日报》,2008年9月24日;"林彪远房侄女林莉一家的'文革'遭遇",朱华,中华网论坛,2011.05.16 16:46;以及阚老师的外孙女吴金梓女士与笔者的通信。)

(作者是计划统计系1962级学生。本文摘自作者回忆录《六十年代的大学生涯》,时代作家出版社,2019年,有删节)

五、我了解的阚玉瑶

宋 雪

关于阚玉瑶的生平和他的死因，我把我了解的情况简单介绍一下。

在"文化大革命"那个时期，阚玉瑶是俄文教研室的老师，他原来是俄文专修班的，毕业后在经济系当翻译。当时他要求进步，也要求入党，所以和我关系比较密切。

我记得有一次邓小平来到西郊，给人民大学师生们讲话。阚玉瑶那时住在我的斜对门，那天他没有去听报告。我们听完回来后，惊讶地看到他的门上挂着一条带子，而他已经自缢身亡了。他死前留了一份遗书，遗书上把他为何寻短见写得很清楚。

当时他在经济系当翻译，跟俄文教研室有联系。那会儿他很上进，一直迫切的要求入党，我们俄语教研室的同事都觉得这个年轻同志很不错。当时他的爱人是林彪的侄女林莉，林莉从苏联学习回来，分到人大的经济系当教员。阚玉瑶正好在经济系当翻译，两个人便因此认识，后来就结婚了。

婚后他们生了一男一女两个孩子。那会儿正好赶上"文化大革命"，阚玉瑶当时与校团委书记姚中原有交往，姚中原便告诉他关于苏共的二十大报告的事。当时这个报告算是秘密，他就把这件事跟他的爱人林莉说了。林莉听后，表情很严肃，逼他向上边检举和自首，还告诉他如果他不检举也不去自首，她就去检举他。考虑到林莉是林彪的侄女，他感到压力很大，也觉得已经无路可走，就上吊自杀了。

他为人很负责任，在留下的遗书中做了解释，他的死跟周围的人都没关系。关于他自杀的前后我了解的就是这些。

我当时还不是党员，但是我要求过入党，那个时候正赶上"文化大革命"，我们那批俄文专修班的青年老师，大家都提过要求入党。

我比阚玉瑶大几岁，我们都是华北大学俄文专修班的学员。当时新中国成立之后苏联派了好多专家过来，因此需要大批的俄语翻译，涉及各行业各个方面。华北大学便在全国招考了五百人组成了俄文专修班。阚玉瑶是哈尔滨的，我是哈尔滨呼兰区的，当时不认识。但是他自杀写遗书的情况，大家都比较清楚。

阚玉瑶是挺好的一个同志，年轻、单纯，又要求上进，是我们支部培养的对象。我们两个当时很谈得来，如果他能提前把这个事给我说了，我会劝解他，这个事或许就不会发生。他当时正好住在我斜对门，我们听完邓小平报告回来后，就看到他的门框上挂着一个很高的带子，他就用那个带子自缢身亡了。

阚玉瑶那会儿有一个欧米茄表，那个时候是最好的了，他平时都戴，不知道是不是林莉给他的，他过世后，那个表就放在他旁边。他留了一个遗书，说他为什么要离开这个世界，他怕给别人增加负担，就说跟周围的人没有关系。

阚玉瑶的交友比较广泛，像我们就跟姚中原没什么联系，因为我们是老师，上课就是自己在上课。他呢，跟他熟悉，就从姚中原那儿看到了苏共二十大的秘密报告——赫鲁晓夫秘密报告。我们不知道该传达到哪一级，就知道有这么一个秘密报告。校团委书记可能知道的多一点，就跟他说了这个事，知道这个事之后回到家里一说，他的压力就来了。

林莉说的"你不举报他我就举报你"这句话在他没有走之前并没有告诉我，这个是遗书里面说的。如果以前告诉我的话，我就会劝他了。这个事谁都不知道，我是看了遗书才知道。

我认为一般情况下，自己的爱人遇到这种事应该想办法化解，她不但不化解，而且把他往上推，给他施加压力。后来我们想这也可能是因为林莉长期生活在苏联，使她养成了那种秉公办事，大义灭亲的性格。

林丽原来也不住在人大，她住在外边，但是有的时候阚玉瑶会到这边儿来上课。就有一个青年教师的宿舍，跟另外一个人同住一间房，他当时是和陈宝俊住在一起的。

（作者是俄语教研室教师）

附录　中国人民大学"文革"罹难者名录

陆伟国

1. 王命先，计统系资料员，1966年7月28日在批斗会后投京西运河自杀。

2. 曾老师（名不详），农经系教师，1966年8月上旬在东风二楼后侧跳楼自杀。

3. 王裕国，工业经济系教师，文革初在林园九楼跳楼自杀。

4. 郭海云，总务处副处长，文革初投京西运河自杀。

5. 杨俊，人大附中语文教师，1966年8月下旬的一天晚上，因"出身不好"被"红卫兵"打死。第二天早上他的尸体被席子给卷起来。"红卫兵"谎称他是自杀。在校的老师说，他那天被打得那么厉害，都已经没有能力自杀了。

6. 许惠尔，"摘帽右派"，1966年8月被批斗致死。

7. 阚玉瑶，俄语教师，1966年9月7日在自己宿舍上吊自杀。

8. 孙泱，人大副校长，1967年10月6日死于被关押的"新人大"总部新图书馆地下室，有个自缢的"现场"。

9. 蒋荫恩，新闻系副主任，1968年4月7日在被"人大三红"关押的南一楼15号上吊自杀。

10. 何思敬，法律系教授，被"新人大学工农战斗队"关押在北二楼打成脑出血，1968年4月14日死于积水潭医院。

11. 吴景超，计统系教授，1968年5月7日被迫害致死。

12. 王锡中，语文系学生，1968年5月15日晚死于在校办工厂的武斗。

13. 陈荣祖，计统系学生，1968年5月22日死于图书馆新楼西南空地上的武斗。

14. 廖金妹，女，农经系学生，1968年5月22日死于图书馆新楼西南空地上的武斗。

15. 杨大志，农经系学生，1968年5月22日死于图书馆新楼西南空地上的武斗。

16. 阮季，女，历史系教师，尚钺夫人，1968年12月15日在"铁一号"家中浴室里悬梁自尽。

17. 刘燕，女，总务处职工，1968年末，在"铁一号"家里自缢身亡。

18. 李尚公，中文系教师，1968年12月27日，工宣队审查期间，在北五楼用烧红的铁条直刺心脏自杀。

19. 何干之，历史系教授，因遭受连续数年的批斗迫害，1969年11月16日，突发心梗，死于苏家坨前沙涧大队。

20. 项冲，经济系教授，因受迫害，逃往上海兄弟处。他的兄弟处境也很坏，不敢让他久留，他只得回校。1970年5月2日在江西干校喝敌敌畏自杀。

21. 陈秋梅，经济系教师，在江西干校期间，用刀片自杀。

22. 杨树贵，总务处会计，在江西干校期间，用电锯劈脑自杀。

23. 沈士根，经济系学生，在1968年5月22日的武斗中负重伤，于1970年去世。

24. 铁华，计划统计系主任，在江西干校期间，1970年夏，为救池塘里溺水的妻子，自己却沉入水底身亡。

简要分析：

这份罹难者名录共24人。

按性别分：男性21人；女性3人。

按年龄段分：青年5人；中年15人；老年4人。

按身份分：教师12人；学生5人；领导干部4人；职工3人。此处领导干部指系处级及以上，多数是教师兼任或教师出身。

按时间段分：基本上是三个时间段，从中也可看出罹难的主要原因。

一、1966年恐怖"红八月"及前后，因批斗和社会压力而自杀，甚至直接被打死的有 7 人。

二、1967—1968 年两派对立期间，被一派关押打死、逼死，或死于两派武斗的有 8 人。

三、1968 年秋天之后，至 1970 年，军、工宣队驻校期间，有 9 人。其中 1 人是因为武斗重伤致死，1 人是意外死亡，其余 7 人是因为军、工宣队大搞"清理阶级队伍"等被逼死。这一点，以往不够注意，以为"文革"中的死亡就是因为"文革"初期的"红卫兵"批斗和两派对立。实际上，军、工宣队的杀伤力，同样不能小觑。

按罹难的种类（方式）分：

一、自杀 13 人。其中：上吊 5 人、跳楼 2 人、投河 2 人，尤其是 4 人死于特别惨烈的方式。比如，用烧红的铁条直刺心脏、开动电锯劈脑袋，那是受了多大的冤屈啊，而且这些都是发生在军、工宣队期间。

二、死于两派武斗 5 人，其中 4 人当场毙命；1 人受重伤，两年后死去。

三、在批斗时直接被打死 3 人。

四、被迫害致死 2 人。指因批斗造成严重疾病在"文革"中期去世。

五、意外死亡。指铁华因救在水塘溺水的妻子而身亡。这也是因为"文革"，人大被解散，遣送至江西干校，在那种恶劣的生活条件下才会出现的事故。

这份罹难者名录，经多次补充修订。特别感谢一些罹难者家属提供的珍贵资料。

（作者是计划统计系 1962 级学生）

后 记

张宝林

《不堪回首——中国人民大学校史管窥（1966-1970）》，经过数年努力，终于编竣了。

我们之所以编这本书，首先是有一种对十年荒唐岁月反思的自觉。从1966年到1970年人民大学解散，正是"文革"初起的几年，我们荒废了学业，整天陷在各种斗争中不能自拔。一些老师和同学甚至在严酷的批斗和自斗中失去了宝贵的生命。那些年，我们究竟干了些什么？为什么要那么干？这些荒诞不经、疯狂诡异的故事是怎样发生的？这些问题，多年来始终萦绕在我们心头。

另外一个原因比较偶然，却很重要。吴迪和陈原是老朋友。有一天，他们俩见面，吴迪说，"你们人民大学不像话呀。北大、清华都有反思'文革'的书，就你们人大没有啊！"陈原和高宁是人民日报文艺部的旧同事，也是好朋友，陈原就把吴迪的话告诉了高宁。高宁听了，觉得吴迪讲得很对。我们这些人大同学为什么不出一本书呢？

北京大学、清华大学这些年都有一批热心的校友，编写了学校的"文革"史。比如，早在2013年，北大就出了丛璋、亚达、国真编辑整理的自印书《燕园风云录——北京大学"文革"回忆资料汇编》一、二册。清华出版过孙怒涛主编的《历史拒绝遗忘》十年"文革"回忆反思集。北师大最近也出了一本同类书籍。北大、清华官方，还主持编纂过两校的《纪事》，其中对"文革"几年的记述也还算详细。人大其实也出过厚厚的《纪事》（上、下册），遗憾的是，从1966—1970年，近五年的"事"，只"纪"了薄薄的15页！与北大、清华同是北京市海淀区的著名学府，"文革"中也发生过许多骇人听闻的恶性事件的中国人民大学，没有一本"文革"时期的回忆录专著，这不能不说是一个很大的缺憾。

其实,那段特殊年代的沉重历史,人民大学的领导、老师和同学,都没有遗忘。多年来,陆续发表和出版过一些文章和著作,记录了那段让他们刻骨铭心的历史。我们尊敬的老校长郭影秋写过一本《往事漫忆:郭影秋回忆录》。著名的党史一级教授何干之的夫人刘炼,写过一本《风雨伴君行——我和干之的二十年》。孙泱夫人石琦也写过《我的崎岖之路——石琦回忆录》。人大还编过一套《求是园名家自述》,收录了数十位资深专家学者的文章,其中几乎都涉及"文革"的遭遇。

2016年秋天,高宁找到了她的校友、比她高一届(1964级)的李豫生说起了这件事。她们觉得这件事已刻不容缓。因为,她们尊敬的许多师长、许多"文革"亲历者,一个个地老去,就连她们这些当年刚入学的一二年级学生,也都迈入古稀之年。再不抢救这段史料,也许就会留下一个无法弥补、让人追悔莫及的历史空白。

她们又找了几位校友,包括赵萌和我,还有一位老朋友,北大毕业的王碧滢,一起商量做这件事,还把"始作俑者"陈原也拉了进来,搭了个班子。我们的想法是,花点力气,广搜博采,把已有的资料爬疏、整理、汇总;把目前还不掌握、希望抓紧收集的资料和希望采访的具体人物,列成表格,分工负责,按照时间表,组织人员采集撰写;争取在两年内编出一本"人民大学'文革'简史"来。

这里要特别表扬一下李豫生同学。她在"文革"初期,是人民大学革委会筹委会的副主任,曾参加撰写著名的"人民大学七同学关于教育革命的公开信"。她对"人大文革"这段历史,比其他人都清楚些。她主动请缨,负责联系相关的人大老师、同学,共同为这本书撰稿。她还亲自采访了许多重要事件的知情人和参与者;除了动员他们参与,自己也写了很多稿子。现在书中收录的许多师长的文字,也大多是从她收集的书籍中摘录的。豫生现居上海,经常奔波于京沪之间,不辞劳苦,一直在默默地工作,付出了巨大的时间和精力成本而毫无怨言。去年夏天,由高宁出资,李豫生和王碧滢出差香港,在中文大学图书馆,翻阅并复印了人民大学"文革"时期的大量"红卫兵小报",印证并丰富了许多关于人大重要事件的史实。在此基础上,李豫生又撰写了多篇重头文章。

1962级计划统计系的毕业生陆伟国，堪称人大校友中难得的"文革史专家"，他对"人大文革"中发生的许多事情都有笔记可以印证。2012年漓江出版社出版了他的人民大学的学生时代回忆录《风霜雨雪忆年华》，这是在国内出版的唯一一部由一个普通大学生书写的完整叙述包括"文革"在内的大学岁月的作品。2019年该书扩展至68万字，以《六十年代的大学生涯》为书名，由时代作家出版社重新出版。（最近，伟国兄告知，该书又扩展到了100万字，突破了个人回忆录的框架，以《六十年代的中国人民大学》为书名，年内将由现代文化出版社出版，里面对人民大学的"文革"过程有比较具体完整的描述。——笔者注）伟国兄积极参与了本书的策划。他的著述和后来撰写的几篇资料翔实的回忆文章，为本书增添了厚重感和现场感。

我们的朋友陈原，其实并不是亲历"文革"的"老五届"学生，他是改革开放后的人大"新三届"毕业生，他的父亲还是原人民大学档案系主任。他根据自己的回忆，写了好几篇文章；还通过他的关系，联系了几位远在国外的朋友，请他们撰文或提供现成的文章。李杭回忆在人民大学工作过的父亲、曾在台湾做地下工作的李尚公的文章《基隆吹来暖暖的风》，就是陈原想尽办法联系到李杭，而李杭专门去台湾采访后写成的。尚晓援的文章则是在原有文稿的基础上，做了增删而成。

人大国际关系学院教授高放，在90高龄时，接受了高宁、李豫生等人的采访。他听说我们正在编写"人大文革史"的书，非常高兴，予以表扬，说："这件事很有意义，我支持你们。"他还答应为此书写序。但令人痛心的是，书还没有编完，2018年5月，高放老师就去世了。我们深深地怀念他，为了表示对他的敬意，我们从《求是园名家自述》他的长文中，节录了一部分放在前面，作为代序。

唯一遗憾的是，人民大学有几位一级教授，如何思敬、吴景超，都死于"文革"不正常的政治氛围中。我们力图约请他们的亲属回忆他们的逝世经过，但是，我们没有等来稿件，或者稿件不能符合我们的要求。

这本书分了以下这样几个章节。

前面除了序言，还有一篇概述。由李豫生撰写。

第一章,"文革"纪事。由陆伟国撰写。

第二章,重大事件。包括"人民大学七名同学的一封信";几个"红卫兵"组织,"人大红卫兵""8·18红卫兵"的成立,以及后来演变为"人大三红""新人大"的经过;"8·2""8·20"辩论会的起因、经过和辩论内容;本章还涉及人大停办,有几篇文章分析了停办原因,解读了解散前后的重要事件,以及关于人员成建制安置的建议。

第三章,孙泱之死。这一章之所以单列,是因为孙泱是人民大学的重要领导人,他曾任朱德的秘书,围绕孙泱的斗争,不仅反映了人民大学内部两派的斗争,也反映了中央上层在路线上的严重分歧。孙泱最后死于非命,但他的死因,至今仍是个谜。这一章共三篇文章:孙泱夫人石琦的回忆录摘要《孙泱遇难》;《孙泱死亡之谜》(李豫生);曾任孙泱秘书的阎志民回忆孙泱去世前后的一些情况,非常重要,可以佐证一些文章的分析,即孙泱是被打死的。

第四章,血腥武斗。人民大学的学生武斗,在北京高校不算最惨烈,但前后也死亡多人。本章收集了六篇文章,其中"染血的回忆"是一篇重头文章,试图分析武斗的根源并还原具体经过。这些文章都是当事人的手笔,比较详细地记述了人大几次武斗、特别是1968年"5·22"武斗的经过,和对死难同学的无尽痛惜。这些文字是还原当年血腥残杀的第一手证据。

第五章,惊魂痛史。这一章的内容分两个部分,一部分是书摘,收录了郭影秋《往事漫忆》中"文革"期间特别是在人大工作阶段的相关章节;刘炼的《风雨伴君行——我与何干之的二十年》中的"文革"部分;另一部分是人大几位学者的回忆文章,他们在"文革"中都遭受了不同程度的迫害。这部分文字,除高承宗外,都摘自《求是园名家自述》。其中冯其庸先生的自述摘录较多,我们把它放在"书摘"里,以求风格统一。本章文字,特别是郭校长、刘炼老师的著述极具史料价值。郭校长在"文革"前夕,才被任命为北京市委书记,同时兼任人大党委书记兼副校长。他身处旋涡,身不由己。从中央到北京市委,再到人民大学,完全处于无序状态。政令一日三变,人事乱成一团。不要说普通百姓,就连他这样的高级干部都无所适从,而郭校长对此，记述甚详。由于写作时间距"文革"结束未久，他们梦魇般的血泪经历，极其痛苦的内心挣扎，就是那段荒唐、扭曲与混乱的真实写照。

第六章，亲人遥祭。包括五篇死难者亲属的追忆文章。五位死难者中四位是学校的教职员，一位是家属，即本书策划者之一陈原回忆他祖母的文章，都感人至深。人大铁狮子胡同一号红二楼丙组，堪称"人大'文革'重灾区"。就这一个丙组，被迫害致死的教师及家属就有4人之多！

第七章，我们五届。本章收录的是"文革"在校生的回忆。选录了林俊德、张联瑜、张林南、许景禹、李德山、徐东明的文章。其中林俊德的回忆，是他当年的日记详录。更难能可贵的是，林俊德的日记，事无巨细，几乎把每天的经历、相关人物的重要言行，以及自己当时的认识、感受都记录在案，读来如临其境。林俊德日记部分内容在其他章节也有选用，比如关于"8·2""8·20"大辩论的记述，这些都是十分珍贵的历史史料。

第八章，祭坛血泪。这是我们特地从遇难的教员中，选出几位情节十分离奇、甚至完全匪夷所思的个案，单列一章，旨在反映那个时代的荒诞与诡异。

本书附录部分是《中国人民大学"文革"罹难者名录》及简要分析。

本来，我们还想从香港中文大学复印来的人大"文革造反派"小报中选一些"重要文献"，由于篇幅已经太多，所以决定舍弃。

还有一点，要作个说明。一般说到"文革"，都说"十年文革"。人大"文革"为什么只有五年呢？这是人民大学独一无二的特殊命运造成的。自从最后一届即1970届大学生毕业以后，人民大学就被停办了。此后，人大绝大部分干部和老师均被疏散到江西干校。原来希望江西全部安置人大的下放人员，但江西这么一个经济并不发达的小省，根本无法安置如此多的老干部和老教师。这个时期，许多老同志特别是郭影秋同志多次向中央反映，人民大学是党自己创办的大学，师资力量雄厚，图书馆藏278万册，基础较好，聚集不易，散掉可惜。而且学校的教师和干部都是好的，是能够为无产阶级的社会主义教育事业做出贡献的。在他们的呼吁下，1973年人大原有的大部分教职员工便得以按原建制、原单位为条块，分配到北京的一些学校和单位，如北京大学、北京师范大学、北京师范学院、北京经济学院、北京语言学院及北京市委等。这样的分配办法，为人民大学日后的恢复奠定了基础。惟其如此，人大的"文革"从1966年开始，到1970年解散，加上教职员工未正式分配的那段时间，前后也就大约五年多时间。所以我们书的副题是"中国人民大学校史管窥"（1966-1970）。

还要说明一点，书中很多内容，来自我们搜集并摘录的相关书籍、杂志，这些都是正式出版物。由于出版时间已久，有的作者已经去世，也难以联系到他们的子女，所以我们就径直收编在内，或大量摘引了。我们希望，这些书籍、资料的版权所有人，看到本书，如有需要，请和我们联系。资料的引用，除了改正一些错字、标点，有的另拟了标题以外，原则上未作改动。

在书稿即将编竣之际，我们要感谢为此书做出贡献的许多同学和朋友。他们或是为我们出谋划策，提供指导意见；或是参与或接受采访、写作；抑或是提供线索，联系采访对象。都付出了时间和精力。我们特别要感谢前面已提到的吴迪先生，是他给了我们编书的最初动力。他在研究"文革"史方面的坚持和成就，他创办的《记忆》电子杂志，都给予我们很大启发。他提醒我们要有历史责任感，他帮助我们整理思路，还在收集了部分稿件后，率先在《记忆》电子杂志发了两期人大"文革"专辑。印红标是著名的"文革"史研究专家，他为我们搜集"文革"史料提供了重要意见。人大校友、明史专家毛佩琦先生，热情介绍我们联系高承宗先生，高先生曾任人大校长办公室秘书，他提供了一份采访名单，还亲自领路，陪同豫生采访一些知情者，自己还撰写了一篇回忆文章。我和高宁的社科院研究生同窗、现在香港工作的杨晓霞，为我们在香港中文大学查阅资料提供了支持和帮助。谨在此一并表示感谢和敬意。

2019年10月

本书的编辑过程并不顺利。由于众所周知的原因，联系采访对象十分艰难，许多知情者不愿接受采访，一些同意见面的师友，也要等双方合适的时间。而且我们联系到的作者和采访对象，范围很窄，国政系的同学占了很大部分。种种限制，使本书难以达到最初想要达到的水准。联系出版社更是不易，碰了许多钉子。去年年初，突如其来的新冠疫情，打乱了既定的工作步骤，一些重要采访和写作计划已无法完成，编辑工作一度处于停顿状态，待到疫情缓解，重新启动，不觉庚子已矣，辛丑过半。回过头再看这篇两年前写的序言，有些叙述已不很适宜。本想做些改动，又想不如一仍其旧。从这本小书的遭际，感受历史潮流的几丝飞沫，不也是意外的收获吗？

2021 年 6 月 12 日补缀

www.ingramcontent.com/pod-product-compliance
Lightning Source LLC
Chambersburg PA
CBHW051552230426
43668CB00013B/1824